정보시대의 노동전략

- 슘페터 추종자의 자본전략을 넘어서 -

정보시대의 노동전략

초판인쇄   1999년 11월 8일
초판발행   1999년 11월 13일

지 은 이   이상락
펴 낸 이   조명희
펴 낸 곳   도서출판 **갈무리**
등   록   1994. 3. 3. 제17-161호

주   소   서울 마포구 서교동 385-15호 남성빌딩 2층
전   화   322-3841 / 팩스 : 325-7566

web page   http://galmuri.co.kr
e-mail   galmuri@galmuri.co.kr
참세상 ID   gal21

ISBN 89-86114-27-5 04340
      89-86114-21-6 (세트)

★ 잘못 만들어진 책은 바꾸어 드립니다.

정보시대의 노동전략

- 슘페터 추종자의 자본전략을 넘어서 -

이상락 지음

갈무리

1999

차 례

서문 7

제1장 새로운 노동전략을 찾아서

1. 새로운 노동전략의 필요성 13

2. 새로운 노동전략을 어떻게 구할까? 22

제2장 슘페터와 그의 추종자들의 이론 및 전략

1. 슘페터의 이론 및 전략 33

2. 슘페터 추종자들의 이론 및 전략 44

제3장 슘페터와 그의 추종자들의 전략에 대한 정치적 해석

1. 슘페터의 이론 및 전략에 대한 정치적 해석 71

2. 슘페터 추종자들의 전략에 대한 정치적 해석 88

제4장 슘페터 추종자들의 전략에 맞선 노동계급의 정치적 재구성

1. '전자기술 및 지식'과 노동계급의 정치적 재구성 168

2. '새로운 경영방법과 조직구조'와 노동계급의 정치적 재구성 202

3. '슘페터 추종자의 국가'와 노동계급의 정치적 재구성 215

제5장 정치적 해석이 노동계급에게 주는 교훈

1. 자본주의의 발전과 노동계급의 적대감 ·········· 233

2. 자본주의 발전과정과 계급투쟁의 과정 ·········· 238

3. 투쟁의 출발점 : 노동계급의 자율적인 힘에 대한 인식 ·········· 241

4. 우리의 미래는 현재의 투쟁에 달려 있다 ·········· 245

5. 투쟁의 의미 ·········· 248

6. 투쟁전략 ·········· 256

7. 정보시대의 투쟁전략 ·········· 263

제6장 계급투쟁에서 컴퓨터 통신

1. 컴퓨터 통신 네트워크를 둘러싼 투쟁의 격화 ·········· 269

2. 계급투쟁에서 컴퓨터 통신 네트워크의 사용 전망 ·········· 290

3. 네트워크를 둘러싼 투쟁에서 승리할 필요성 ·········· 297

제7장 컴퓨터 통신 네트워크를 둘러싼 투쟁에서 승리하는 전략 모색

1. 노동계급이 자유롭게 사용할 수 있는 공간으로 전환하는 전략 ···· 305

2. 노동계급의 이용 기회의 확대 전략 ·········· 312

3. 자본을 넘어서는 노동계급의 네트워크 이용 전략 ·········· 317

참고 문헌 및 웹사이트 ·········· 333

서문

　인류 역사상 마르크스처럼 인간의 삶과 사고방식에 큰 영향을 준 사람은 거의 없다. 마르크스를 좋아하는 사람이든 싫어하는 사람이든 간에 이에 반론을 제기하기는 어려울 것이다. 어떤 의미에서 그러한 가? 정치, 경제, 사회, 문화, 철학, 역사 등 모든 분야에서 출중한 이론을 제시했기 때문인가? 『자본론』에서 나타나듯 전 분야에 걸친 그의 해박한 지식 때문인가? 그의 분석이 세련되고 정치하기 때문인가? 그의 정열에 찬 힘있는 문장 때문인가? 물론 다 맞는 말이다. 그러나 이 같은 평가는 그의 껍데기만 설명한 것이지 그의 진정한 위대성을 설명하는 데는 불충분하다. 진정한 그의 위대함은 피지배계층의 입장에서 사회를 설명했고 이를 통해 지배-피지배 관계를 종식시키는 전략을 제시했기 때문이다. 마르크스 이전에는 정치란 지배계급의 정치였고, 경제란 지배계급의 경제였고, 사회란 지배계급의 사회였고, 문화란 지배계급의 문화였으며, 철학은 지배계급의 철학이었다. 그러나 마르크스는 정치, 경제, 사회, 문화, 철학 등 모든 것을 피지배계층의 입장에서 접근하고 설명하였다. 이는 과히 혁명적인 발상이었다.

　마르크스의 위대함은 여기에서 멈추지 않는다. 그의 설명들은 단순한 지적 호기심을 충족시키기 위한 것이 아니었다. 그것들은 피지배계급이 지배-피지배 관계의 사회체제를 벗어날 수 있도록 피지배계급에 전략적 무기를 제공하기 위한 것이었다. 마르크스의 이름으로 사회를 구성한 사회주의 국가에서 그 사회의 지배계층이 도리어 마르크스에 대한 연구를 무서워한 것으로 볼 때, 계급사회가 존속하는 한 마르크스는 지배계급에게는 두려운 존재로 작용할 것이며 피지배계급에게는 희망의 등불로 자리잡을 것이다.

마르크스는 자신의 생존 당시 19세기 서구 자본주의의 사회관계를 연구하여, 이 체제가 하나의 계급사회임을 밝혀 냄과 동시에, 이 체제에서 피지배계급인 노동계급이 어떻게 객체화, 빈곤화, 소외화되는지를 보여주는 한편, 노동계급이 이 체제에서 벗어나기 위한 전략을 제시했다. 만약 마르크스가 오늘날 정보시대에 환생한다면 노동계급에게 어떠한 전략을 제시할까? 이 책을 쓴 목적은 바로 여기에 있다. 마르크스처럼 해박한 지식도 없고, 이론이 세련되지도 못하고, 문장도 힘이 없을지 모른다. 있을 수 있는 이러한 부족함에도 불구하고, 노동계급의 입장에서 정보시대를 보고 이를 넘어서는 노동계급의 전략을 제시하려는 시도라는 데에서 마음의 위안을 삼으려 한다.

1987년에 계량경제학을 전공하기 위해 미국에 갔다가 우연히(?) 클리버(Harry Cleaver) 교수의 『자본론』 강의를 듣게 되었고 그것에 감화된 바 있어 아예 전공을 마르크스의 정치경제학 비판으로 바꾸어 버렸다. 마르크스에 대한 지식이라고는 고등학교 시절 국민윤리 시간에 배운(배웠다기보다 주입된) 것이 고작이었기에 마르크스주의에 관한 책을 많이 읽지 않을 수 없었다. 읽고 이해하는 것은 시간이 해결할 수 있었으나 시간이 해결할 수 없었던 것은 노동계급의 관점에서 읽고 이해하는 것이었다. 박사학위 논문을 쓸 때 클리버 교수는 문장이 어설프고 논리에 어느 정도 허점이 있는 경우에는 너그럽게 고쳐주었지만 노동계급의 관점에서 벗어날 때는 가차없이 질타를 하였다. 마르크스의 용어를 사용하면서도 나 자신도 모르게 자본의 관점에서 이야기할 때가 종종 있었기 때문이다. 이를 통해 나는, 마르크스주의에 대한 공부는 얼마나 많이 아느냐보다 얼마나 철저하게 노동계급의 관점에 서느냐가 더 중요하다는 것을 깨닫게 되었다. 박사학위 논문 집필과정에서 나를 노동계급의 입장에 서도록 도와주었고 또 귀국 후 약 1년 반에 걸쳐 영어로 쓰여진 논문을 한국어로 번역, 수정, 확대하면서 이 책을 준비하는 과정에서도 따뜻한 격려를 아끼지 않은 클리버 교수에게 감사 드린다. 더불어 이 책의 출판을 권하고 바쁜 중에도 교열을 봐주신 이원영 선생님께, 그리고 갈무리 출판사 여러 동지들에게 감사 드린다.

1999년 10월 15일
이상락

새로운 노동전략을 찾아서

1. 새로운 노동전략의 필요성

2. 새로운 노동전략을 어떻게 구할까?

제1장
새로운 노동전략을 찾아서

1. 새로운 노동전략의 필요성

오늘날 우리는 엄청난 변혁의 시대에 살고 있다. 역사상 어느 시대이건 어느 장소이건 변화하지 않고 정체되어 있었던 사회란 없었다. 그러나 오늘날처럼 정치, 경제, 사회, 문화 등 인간의 전반적인 생활습관이나 사고방식에 큰 변화를 야기한 변혁들은 역사상 그리 많지 않았다. 또한 이전의 큰 변혁은 상당한 기간 동안에 걸쳐 진행되어 왔으나 오늘날의 변혁은 많은 사람들이 급격히 변화하고 있다고 느낄 정도로 짧은 기간 동안에 이루어지고 있다. 새롭게 변화되는 오늘날의 사회를 학자에 따라 '후기 산업사회', '포스트 포디즘', '정보화 시대', '포스트 모더니즘', '지식 시대', '신자유주의 시대' 등으로 이름짓는다.

새로운 시대를 맞이하여 많은 사람들은 이를 희망찬 기대감으로 대

한다. 오늘날 대변혁을 야기한 전자기술의 발전과 그 이용은 인류가
즐겁게 일할 수 있는 환경을 제공해 줄 뿐만 아니라 더 적은 노동으
로 더 많은 물건을 만들 수 있게 하여 인류에게 보다 풍부하게 생활
할 수 있는 물질적 조건을 확대할 것이라고 그들은 믿기 때문이다. 즉
생산성이 상승하여 일인당 소득과 부를 증대시킴으로써 인간을 물질
적 제약으로부터 그리고 일의 부담으로부터 해방시킬 것이라고 기대
한다. 과연 이들의 기대처럼 경제발전이 인간을 물질로부터 그리고
일로부터 해방시켜 인간의 자유로운 자기개발의 터전을 구축할 것인
가?

우리는 가까운 과거의 예를 살펴봄으로써 이들의 기대가 얼마나 허
황한지를 알 수 있다. 20세기 동안 엄청난 경제발전을 이룩하였으나
아직까지도 수많은 사람들이 빈곤에 허덕이고 있고 많은 사람들이 이
전보다 더 많은 일을 해야만 살아 갈 수 있는 형편이다. 세계은행은
빈곤층을 정의하는 기준인 하루에 1달러 이하로 살아가고 있는 사람
들의 숫자를 1960년대와 1970년대에는 세계를 통틀어 약 2억 명을 오
르내리는 정도로 추산했다. 그런데 1990년대 초에 이르러서는 그 숫
자가 20억이 된다고 추정한다. 또한 오늘날 지구촌에 살고 있는 50억
의 인구 중에 5억은 안락한 생활을 누리는 반면에 45억은 빈곤으로
고통받고 있는 형편이다. 세계에서 가장 부유한 358명의 재산만도 지
구촌의 극히 빈곤한 주민층의 절반 가량, 즉 약 23억 명의 연간 소득
보다도 많다.[1] 경제발전이 사람들로 하여금 물질적인 제약에서 벗어
나게 하기는커녕 절대적 빈곤이나 상대적 빈곤을 더욱더 크게 하고

---

1) United Nations Development Programme (UNDP) (1996), *Human Development
   Report* 1996, p. 13.

있는 형편이다. 뿐만 아니라 노동시간은 도리어 증대하고 있다. 전후 미국의 생산성 증가와 노동시간의 변화를 분석한 쇼어(Juliet Schor)는 1948년 이래 미국의 생산성은 거의 두 배나 증가했으나 노동시간은 도리어 연간 1개월에 해당하는 163시간이나 증가했다고 추정하고 만일 이런 추세가 지속된다면 2000년에는 노동시간이 1920년대의 노동시간에 육박할 것이라 주장했다.[2] 노동강도의 증가나 노동력 재생산에 투입되는 시간을 포함한다면 노동시간의 증가는 엄청날 것으로 추정되고 있다.

경제발전이 사회의 모든 문제를 해결해 주는 만병통치약이라고 믿는 사고는 경제발전이 사회체제와는 무관하게 어느 시대, 어느 체제에나 적용되는 보편적인 진리로 보고 경제발전과 사회관계를 연결하지 못한 결과이다. 기술혁신을 통한 경제발전이 사람들에게 도리어 더 큰 빈곤을 가져오고 더 많은 일을 강요하는 이유는 무엇인가? 이는 우리가 살고 있는 사회체제가 자본주의 체제이기 때문이다. 자본주의 체제에 대한 비판적 분석은 마르크스 이래로 많은 학자들이 해왔으나 아직까지 마르크스의 분석이 주는 교훈은 너무나 크다. 마르크스에 의하면 자본주의 사회체제란 이전의 형태와는 다른 형태의 계급사회이다. 이전의 노예사회나 봉건사회를 사람의 신분에 따라 사회적 계급을 형성하는 체제라고 한다면 자본주의 사회체제에서 계급이란 사회적인 신분에 의하지 않고 노동력을 하나의 상품으로 사고 파는 것에 의해 규정된다. 노동력을 사고 파는 상품으로 전환하여 어떤 계급은 자신의 노동력을 팔아야만 살아갈 수 있게 되고 다른 한편에

---

2) Schor, Juliet (1991), *The Overworked American: The Unexpected Decline of Leisure*, New York: Basic Books, pp. 1~32.

는 이들 노동력을 이용하여 잉여가치를 창출하여 전용하는 계급이 존재하게 된다. 이같은 자본주의 체제가 유지되기 위해서는 자신의 노동력을 팔아야만 살아갈 수 있는 사람들 즉 노동계급이 존재해야 하며 자본주의 체제의 발전이란 이같은 상황을 발전시키는 것으로 볼 수 있다. 사람들은 자기가 스스로 살아갈 수 있는 여건이 되면 자신의 노동력을 굳이 팔려고 하지 않을 것이다. 이렇게 되면 자본주의 체제는 더 이상 유지될 수 없다. 사람들이 스스로 살아갈 수 있는 상황을 막기 위해 즉 사람들로 하여금 노동력을 팔아야만 하는 상황을 만들기 위해, 자본주의 체제의 성립 초기에는 수많은 농민을 토지로부터 축출하였고 축출된 농민이 자본계급을 위해 일하도록 각종 악법을 만들어 내었다. 자본주의가 어느 정도 정착한 뒤에는 사람들에게 빈곤을 부과하여 계속해서 자신의 노동력을 팔아야만 하는 상황을 유지시켰다. 이같은 노동력 상품을 이용하여 얻은 물질의 증대는 자본주의 사회관계를 더욱더 강화시키고 더 많은 노동력 상품을 필요로 한다. 그러므로 자본주의의 발전은 도리어 사람들을 더욱더 빈곤하게 만들며 동시에 더욱더 많은 일을 부과하는 것이다. 물질적인 부의 증대가 도리어 사람들을 더욱더 못살게 구는 것이다. 이를 두고 마르크스는 "자본주의적 생산에서는 인간 자신의 손의 산물이 도리어 인간을 지배한다"3)고 말했다.

　노동계급은 자신이 살아남기 위해 비록 자신의 노동력을 팔지만, 판 노동력이 전부 자본가계급을 위해 사용되기를 거부한다. 이 때문에 자본가계급은 구입한 노동력으로부터 충분한 잉여가치를 창출하

---

3) Marx, Karl (1976: 1867), *Capital*, Vol. I, Translated by Ben Fowkes, London: Penguin Books, p. 772.

기 위해 노동계급을 끊임없이 통제하고 규율하려고 한다. 다시 말하면, 노동자를 기계처럼 일하는 도구로 전환하여 그들이 구입한 노동력을 최대한 이용하려고 한다. 이런 과정에서 노동계급의 다양한 주체성을 말살하고 그것을 자본발전을 위해 일하는 도구로 전락시키는 것이다. 그러므로 자본주의 사회관계에서 경제발전이란, 한편으로는 끊임없이 노동계급에 빈곤을 강요하여 일을 하게 하며 동시에 노동계급의 다양한 삶의 형태를 일하는 도구로 전환하여 노동계급을 객체화하는 사회과정인 것이다.

사람들을 물질의 제약과 일의 질곡으로부터 해방시킬 수 있는 기술혁신이 자본주의 체제하에서는 도리어 자본의 노동계급 통제와 이윤추구의 도구가 되어 노동계급의 빈곤화와 객체화를 위해 사용된다. 마르크스는 다음과 같이 말했다. "기계 그 자체는 노동시간을 단축시키지만 자본주의적으로 사용되면 노동시간을 연장시키며, 기계 그 자체는 노동을 경감시키지만 자본주의적으로 사용되면 노동강도를 높이며, 기계 그 자체는 자연력에 대한 인간의 승리이지만 자본주의적으로 사용되면 인간을 자연력의 노예로 만들며, 기계 그 자체는 생산자의 부를 증진시키지만 자본주의적으로 사용되면 생산자를 빈민으로 만든다."4)

노예제도하에서의 경제발전이란 노예들이 얼마나 열심히 일을 하느냐에 달려 있다. 노예제도하에서 지배계층은 노예로 하여금 일을 많이 하도록 강요하여 얻어진 물질적 부를 노예에 대한 통제방법을 개발하거나 노예 수를 확대하는 데 사용하여 노예제도를 더욱더 굳건

---

4) Marx (1976: 1867), pp. 568~9.

히 하는 데 주력할 것이다. 봉건제도하에서 봉건제도를 유지하려는 계층은 경제발전을, 이 제도를 더욱더 확고히 하는 데 사용하려고 할 것이다. 마찬가지로 계급사회의 한 형태인 자본주의하에서의 경제발전도 자본가계급이 자본주의 체제를 공고히 하는 데 이용된다. 이를 통해 우리는 생산성의 발전이 사람들에게 미치는 영향은 사회체제와 밀접한 관계가 있음을 알 수 있다. 그러므로 새로운 시대의 도래가 우리들을 자유롭게 한다는 생각은 우리들이 살고 있는 사회체제 즉 자본주의 사회체제를 올바르게 파악하지 못한 결과이다. 인간을 물질적인 제약으로부터 해방시킬 수 있는 기술혁신이나 경제발전이 자본주의하에서는 도리어 노동계급에게 빈곤화와 객체화를 확대 심화시킨다면 우리는 자본주의 사회체제를 벗어나 새로운 사회체제를 구축할 필요성을 절박하게 느끼지 않을 수 없다.

어떤 사람들은 새로운 시대를 두려움으로 대한다. 이들은 새로운 시대가 도래하면 노동계급에 대한 빈곤화와 객체화가 한층 더 강화될 것을 두려워하고 있다. 새로운 시대의 도래에 대한 이러한 두려움은 노동계급의 자율적인 힘을 인식하지 못하고 자본의 발전을 자본의 일방적인 승리로만 보는 데서 출발한다. 노동계급의 힘을 인식하지 못하고 어떻게 새로운 세계를 구축하려는 노동계급의 전략이 있겠는가. 만약 노동계급이 자본주의 사회의 단순한 희생물이고 새로운 세계를 구축할 수 있는 힘을 갖고 있지 않다면 노동해방은 외부에서 주어져야 한다. 이럴 때 노동계급의 전략은 보다 자비로운 자본의 통제방법을 추구하거나 노동계급을 자본의 질곡에서 구해 줄 구세주를 기다리는 것으로 될 것이다. 그러나 노동계급의 해방은 자비로운 노예주인을 바라거나 구세주를 기다리는 것으로 이루어질 수는 없고 노예제도의 철폐를 통해서만 가능하다.

　역사적으로 모든 형태의 계급체제는 유지하기가 쉽지 않았다. 왜냐하면 피지배계급이 그들 나름대로 계급구조를 벗어나려고 끊임없이 노력했기 때문이다. 노예제도하에서나 봉건제도하에서 노예와 농노들이 끊임없이 이들 제도에 대해 반항하고 도전을 가한 것을 역사적으로 우리는 익히 알고 있다. 마찬가지로 자본주의 체제의 유지도 자본의 일방적인 의도대로 되지 못해 왔다. 노동계급이 끊임없이 자본주의 사회체제에 반발해 왔고 이를 넘어서려고 해 왔기 때문이다. 자본이 노동계급을 완전히 객체화시켜서 자본주의 사회체제의 발전에 전면적으로 종속시킬 능력을 갖고 있다면 아마도 자본주의는 노동계급의 능력으로는 극복될 수 없는 체제일 것이다. 그러나 역사는 자본이 그 어떤 형태, 어떤 수단으로도 인간을 완전히 종속시킬 수는 없었으며 오히려 자본의 인간에 대한 지배 형태가 노동자들의 자율성과 불복종의 힘에 적응해 왔다는 것을, 심지어는 자본의 새로운 지배형태가 역으로 노동자들의 자율성과 불복종의 힘을 성장시키는 것으로 작용해 왔다는 것을 보여준다.

　자본주의 사회체제에 반발하고 이를 넘어서려는 노동계급의 투쟁에 대응하여 자본 역시도 노동계급의 이 투쟁을 넘어서려고 노력해 왔다. 자본은 노동계급의 투쟁에서 야기된 자본주의 사회관계의 위기를 도리어 발전의 기회로 삼아 왔다. 노동계급의 투쟁에 의해 야기된 자본주의의 위기를 자본의 발전의 기회로 전환하기 위한 그들의 반응은 크게 둘로 나눌 수 있다. 하나는 노동계급의 투쟁을 억압하는 것이고 다른 하나는 노동계급의 요구를 들어주는 것이다. 왜냐하면 노동계급의 주체성을 완전히 분쇄하기가 어렵다는 것을 자본은 너무나도 잘 알고 있기 때문이다. 노동계급의 힘에 대한 자본의 대응은 다양하다. 신기술 도입, 국가형태의 변화, 노동규제의 변화, 노동력 재생산의 변화 등이 그것이다. 노동계급의 빈곤화, 객체화, 소외화를 추구하는 자본주의의 본질은 그대로 유지한 채 새로운 상황에 대처하는 자본주의 운영의 형태는 계급투쟁의 양상에 따라 끊임없이 변해 왔다. 자본과 노동 간의 힘에 의해서 자본주의의 형태는 '제국주의', '국가자본주의', '자유주의', '신자유주의' 등 여러 가지 형태로 변모해 왔다. 오늘날 우리가 말하는 새로운 시대라는 것도 노동과 자본 사이의 투쟁에서 야기된 하나의 새로운 자본주의 형태라고 말할 수 있을 것이다.

실제로 케인즈적인 경제 이론, 정책, 제도에 기반을 둔 제2차 세계대전 이후의 경제발전은 인간해방보다는 착취와 지배의 재구성에 지나지 않았다고 볼 수 있다. 서방 제국에서 경제발전이란 토지에서 농민의 축출, 도시 집중화, 불균등 산업화, 소득의 불평등 분배의 심화, 소외감의 확대, 비인간화 등을 통한 노동계급에의 끝없는 일의 부과를 재조직하는 데 지나지 않았다. 동구권의 사회주의 여러 나라에서도, 케인즈적인 국가자본주의와 비슷한 형태로, 인간의 복지향상보다는 국가를 위해 주민들에게 일할 것을 강요하는 사회체제가 운영되어 왔다. 1960년대 중반 이후 노동계급의 투쟁(새로운 노동계급의 구성)으로 동서를 막론하고 전후의 케인즈적인 경제발전 모델은 위기에 빠져들게 되었다. 개발국이건 개발도상국이건 서방 세계에서는 민중들이 구식 케인즈적인 체제(단체교섭을 통한 생산성-임금 연계 그리고 저소득 계층의 복지국가로의 통합)와 신식 케인즈적인 체제(저임금의 제3세계의 세계자본주의 체제로의 결합)에 반기를 들었다. 동구권에서는 국가가 국민의 열망을 충족시켜 주지 못하자 민중들은 사회주의적 개발에 그들의 땀과 창의성을 제공하기를 거부하였다. 이로써 동구권 여러 나라의 경제적, 정치적, 사회적 조직체제가 와해되었다.

새로운 노동계급의 투쟁과 주체성 확립에 대응하여 정책결정자들이나 기업전략가들은 전통적인 두 가지 방법으로 대응하였다. 한편으로는 노동계급의 요구를 묵살하거나 탄압해 노동계급의 구성을 와해하려 하면서 다른 한편에서는 노동계급의 에너지를 자본주의 체제에 접목시켜 자본의 발전으로 전용하려고 노력했다. 전자의 예로 임금수준의 하락을 위한 노력, 국가의 사회복지에 대한 지출감소, 여러 사회적 활동들의 규제 등이 있다. 이같은 노력은 국내적으로는 각종 재정금융정책을, 국제적으로는 IMF와 같은 국제기구를 이용하였다. 후자의 예는 국가나 기업정책에 좀더 복잡하게 숨어 있다. 이로써 새로운 노동계급의 주체성에 대응하는 새로운 자본주의 경제발전 전략은 이른바 '정보화 사회', '후기 산업사회', '포스트 포디즘', '포스트 모더니즘', '지식 사회' 등의 이름으로 표현되기 시작했다.

새로운 시대란 새로운 노동-자본 관계의 성립을 말한다. 새로운 시대에 대해 우리는 두려움에 떨 필요도, 장미빛 환상에 사로잡힐 필요도 없다. 단지 이 시대를 우리가 생활하기에 필요한 터전으로 바꾸는 것에 우리의 목표가 있다. 우리는 새로운 자본의 전략과 새로운 노동계급의 대두를 염두에 두고 이 시대에 필요한 새로운 전략을 구할 필요성을 절실하게 느끼고 있다. 새로운 노동계급의 힘에 대응하여 자본이 그들의 규제방식을 강화 혹은 재구성하기 위해 노력하고 있는 상황에서 나의 관심은 어떻게 하면 노동계급이 이 상황을 인간개발을 위한 기회로 즉 자본주의 체제를 넘어서는 새로운 사회를 구축하는 기회로 이용할 수 있겠는가에 있다. 바꾸어 말해, 이 책의 목적은 자본주의적 사회관계를 어떻게 하면 해체할 수 있을까, 자본의 공격에 노동계급이 어떻게 대응할 수 있을까, 노동의 힘을 자본의 발전에 전용하려는 자본의 노력에 어떻게 대처할까 등등을 포함하는 노동계급의 전략개발에 있다.

2. 새로운 노동전략을 어떻게 구할까?

노동계급의 전략을 추출하는 방법에는 여러 가지가 있겠으나 부르주아 이론과 전략의 분석을 통해 구하는 것도 하나의 유용한 방법일 것이다. 이 방법을 택한 이유는, 자본의 이론가나 전략가가 수적으로 노동 이론가나 전략가보다 많아서 그들의 풍부한 자료를 이용할 수 있을 뿐만 아니라 자본의 입장에서 이루어진 그들의 이론과 전략이 우리가 자본의 전략을 이해하는 데에 큰 도움을 주기 때문이다. 마이클 하트(Michael Hardt)는 부르주아 경제학에 대한 분석의 중요성을 다음과 같이 주장한다. "부르주아 이론가들이 주장하는 이론에 대한 연구는 우리로 하여금 그들 내부로부터 현상을 파악하도록 한다. 마르크스는 반동가들이 혁명가보다도 종종 우리에게 혁명의 중요성을 더 많이 가르쳐 주는 경우도 있다라고 말한 적이 있다. 반동가들은 그들이 사랑하는 것에 대한 진실을 말해 준다. …… 그들에 대한 비판은 현실의 베일을 걷어 준다."5)

여러 부르주아 이론가 중에서 현실의 자본의 전략을 살펴보는 데 가장 적절한 이론가는 슘페터(Joseph A. Schumpeter)라 생각한다. 점점 많은 이론가들이 슘페터의 이론을 현 자본주의 위기에 가장 적합한 것으로 간주하고 있으며 현실의 자본전략 중에 슘페터의 전략이

---

5) Hardt, Michael and Antonio Negri (1994), *Labor of Dionysus: A Critique of the State-Form*, University of Minnesota Press, p. 19.

가장 강력한 것이라 보기 때문이다. 경제사상 등 일부를 제외하고는 슘페터가 죽은 후 그에 대한 관심은 거의 없었으나 1980년대에 들어서 케인즈의 전략과 이를 대체한 통화주의 전략이 잇따라 실패를 거듭하자 슘페터에 대한 관심이 고조되기 시작하였다. 많은 사람들이 새로운 자본주의 위기에서 벗어나는 해법을 슘페터로부터 찾을 수 있다고 목소리를 드높였다. 1983년 슘페터 탄생 100주년을 맞아 슘페터의 저서 『경제발전 이론』이 새로 편집되었다. 이 책의 서문에서 엘리옷(John E. Elliott)은, 슘페터의 이론은 경제발전 과정을 보다 현실적이고 유익하게 구축할 수 있는 이론적 틀을 제시한다고 주장했다.6) 독일의 슘페터 추종자 기에르쉬(Herbert Giersch)는 케인즈의 시대는 이미 지나갔고 이제는 슘페터의 시대가 도래할 가능성이 어느 때보다 높다고 주장한다. 그는 새로운 경제분석의 틀로 일련의 슘페터의 패러다임을 제시했다.7) 오스트리아 슘페터의 추종자 매르쯔(Edward März)는 "지난 10년 동안 공급의 경제학이 케인즈의 패러다임을 일시적으로 압도했을 때부터 정책결정 과정에서 슘페터의 영향은 매우 컸다."8)고 주장한다. 우리에게 잘 알려진 기업전략가 드러커(Peter Drucker)는, 이 시대에 슘페터의 정치경제학은 케인즈의 것보다 더 설득력이 있는데 특히 그의 공공부문 축소에 대한 강조는 매우 의미가 있다고 주장한다.9)

---

6) Elliott, John E. (1983), "Introduction to the Transaction Edition," in *The Theory of Economic Development: An Inquiry into Profits, Capital, Credit, Interest, and the Business Cycle*, by Joseph A. Schumpeter, Transaction Books, p. li.
7) Giersch, Herbert (1984), "The Age of Schumpeter," *American Economic Review*, May, pp. 103~9.
8) März, Edward (1988), "The Economic System of Joseph A. Schumpeter: Historical Roots, Theoretical Structure and Sociopolitical Relevance," *History of European Ideas*, Vol. 9, No. 2, pp. 205~14.
9) Drucker, Peter (1983), "Schumpeter and Keynes," *Forbes*, 23 May, pp.124~8.

슈페터의 저작들은 노동계급의 전략에 대응한 자본전략에 부합하는 방향으로 꾸며졌다고 볼 수 있다. 그의 경제사상이나 경제이론에 대한 광범위한 지식은 다른 부르주아 이론가들에게 유용한 아이디어를 제공했을 뿐만 아니라 그의 마르크스 이론과 전략에 대한 분석 연구는 마르크스의 계급간의 투쟁을 자본계급간의 갈등으로 전환시킴으로써 역사이론, 자본축적론, 위기론, 계급론 등에 걸친 마르크스의 혁명이론을 자본주의 발전이론으로 전환하였다. 엘리옷은 이같은 이유로 슈페터를 '부르주아 마르크스'라 불렀다.10) 경제 사회학자 보토모어(Tom Bottomore)는 슈페터의 이론적인 도구는 마르크스로부터 많은 것을 따왔지만 그의 정신은 막스 베버에 더 가깝다고 주장한다.11) 부르주아 이론에서 노동전략을 도출한 마르크스와, 마르크스의 노동전략을 분석하여 자본전략을 이끌어 낸 슈페터와의 관계는 계급간의 전략의 관점에서 특히 관심을 끈다.

슈페터가 관심을 끄는 또 다른 이유는 그가 창조적이고 파괴적인 산 노동의 힘과 이것의 유용성을 인식하고 있기 때문이다. 자본에 적대적인 노동계급의 힘(오늘날 노동계급의 창의력이나 지식)을 자본의 발전에 전용하는 분석은 노동계급의 전략에 매우 중요하기 때문이다. 자율주의자인 네그리(Antonio Negri)가, 슈페터의 전략은 케인즈의 것보다 좀더 공격적이다라고 했을 때,12) 우리는 공격적이란 말의 의미를 되새겨보아야 한다. 케인즈는 노동계급의 투쟁에 직면하여 임금

---

10) Elliott (1983), pp. vii~lix.

11) Bottomore, Tom (1992), *Between Marginalism and Marxism: The Economic Sociology of J. A. Schumpeter*, Harvester Wheatsheaf, p. 3.

12) Negri, Antonio (1968), "Marx on Cycle and Crisis," *Revolution Retrieved: Selected Writings on Marx, Keynes, Capitalist Crisis & New Social Subjects 1967 ~83*, by Negri, London: Red Notes, pp. 47~90.

상승을 허용함으로써 노동계급으로 하여금 자본의 발전에 복무케 하는 방어적인 전략을 채택한 반면, 슘페터는 창의적인 노동의 투쟁에 의해 야기된 위기를 자본의 발전의 기회와 동인으로 삼는 보다 적극적인 전략을 제안한다고 네그리는 평가한다.

슘페터의 수많은 저서와 논문을 다 취급하기란 매우 어렵다. 그래서 그의 여러 이론 중에서 나는 그의 경기순환에 관한 이론을 중심으로 정치적 해석을 하려 한다. 그의 경기순환론은 그의 이론의 중심일 뿐 아니라 자본주의 경제발전을 이해하는 데 풍부한 보고(寶庫)가 되기 때문이다. 그는 경기순환을 대부분의 이론가들이 생각하듯이 자본주의 발전을 저해하는 형태로 보는 것이 아니라 자본주의 발전의 형태로 보고 있기 때문에, 순환의 주기를 짧게 한다든지 없앤다든지 등 경기순환에 대응하는 전략보다는 그것을 자본주의 발전에 적극적으로 이용하는 전략을 제안한다.

나는 이미 죽은 슘페터에는 관심이 크지 않고 아직도 살아서 현실에 큰 영향을 끼치고 있는 슘페터에 큰 관심을 갖고 있다. 그래서 현 자본주의 위기를 극복함에 있어서 슘페터 추종자들이 그의 경기순환에 대한 아이디어를 어떻게 새로운 시대에 알맞게 수정·보완·확대했는지를 보고자 한다. 슘페터 추종자들을 통해서 우리는 오늘날 자본의 전략을 좀더 명확히 볼 수 있다. 뿐만 아니라 슘페터와 그의 추종자들의 전략을 대비함으로써 사회적 여건이 변화할 때, 즉 노동계급의 구성이 변화할 때 자본의 전략이 어떻게 변화되었는지를 이해할 수 있다.

단순히 슘페터와 그의 추종자들의 이론을 이해하는 것을 넘어서 나는, 노동계급의 전략을 얻는 데 도움이 되는 방향에서, 그것에 대한 정치적 해석을 하려 한다. 다시 말해 부르주아 이론의 전략적 분석을 통해서 자본주의 발전전략에 대응하는 노동계급의 전략을 개발하려 한다. 내가 이 책에서 슘페터와 그의 추종자들의 이론을 노동계급의 관점에서 분석하고자 하는 것은 이 때문이다. 노동계급의 관점이란 노동계급이 자본의 지배의 희생물에 불과하거나 단순히 자본에 저항만 하는 계급이 아니라 자본으로부터, 그리고 어떠한 조직(당이나 노동조합)으로부터도 자율적이며 자신의 발전을 위해 끊임없이 노력하는 주체적인 계급이란 인식에 토대를 두고 있다. 클리버(Harry Cleaver)는 노동계급의 관점에서 이루어지는 정치적 분석의 중요성을 다음과 같이 말하고 있다.

"자본주의 체제하에서 계급간의 갈등문제나 이같은 갈등의 발전 및 확대에 대해서 생각할 때 가장 중요한 것은, 노동계급의 힘이 어디에 있는가를 아는 것이 노동계급의 전략의 중심이 되어야 한다는 것이다. 우리의 힘의 정확한 평가에 기초하여 이같은 힘을 어떻게 개발할 것인가가 중요하다. 만약 우리가 자본이 이것을 할 수 있고 저것도 할 수 있다는 식으로 또는 자본이 우리를 이러저러한 식으로 우리를 지배하며 강제한다는 식으로 자본의 힘만 이야기하는 데 시간을 허비한다면 우리가 무엇을 해야만 하는지에 대한 관심을 상대적으로 덜 갖게 되어 우리들을 절망감으로 이끌게 될 것이다. 한편으로는 우리가 가지고 있는 힘을 올바르게 평가하고 우리의 힘에 자본이 어떻게 대응하는지를 정확히 이해한다면 우리는 계급투쟁에서 좀더 유리한 위치를 점할 수 있다."[13]

그러므로, 나는 이 책에서 슘페터와 그의 추종자들의 경기순환 이론에 대한 전략적이고 정치적인 분석을 통해서 현 자본주의 체제에

---

13) Cleaver, Harry (1993), "Intervista Teorico/Politica a Harry Cleaver," Manuscript, p. 1.

대응하기 위해 그리고 그것으로부터 벗어나기 위해, 우리에게 어떤 전략이 필요한지를 찾으려 한다. 슘페터가 마르크스의 이론을 통해서 마르크스가 의도한 것과 정반대의 자본발전 전략을 수립했듯이 나는 슘페터의 이론을 가지고 그의 의도와 대립하는 노동계급의 전략을 수립하려고 한다.

부르주아 경제이론을 노동계급의 관점에서 분석하기 위해서는 먼저 슘페터와 그의 추종자들이 말하는 과학적 분석방법을 계급개념으로 전환해야 한다. 뜨론띠(Mario Tronti)는 노동계급의 투쟁에 대한 자본의 이론적인 대응에 대해서 이렇게 말했다. "그들이 말하는 객관적이고 과학적인 사회과학 이론을 투쟁의 언어로 전환시킬 수 있으며 또 전환시켜야 한다. 가장 추상적인 이론도 가장 구체적인 계급적 의미를 포함하고 있다."14) 뜨론띠는 우리로 하여금 마르크스가 고전파 경제학과 천박한 정치경제학을 가지고 노동계급의 무기를 개발한 사실을 다시 한번 생각하도록 해 준다.

특히 마르크스가 웨이크필드의 주장을 분석한 방법은 부르주아 경제학에 대한 정치적 분석을 수행하는 하나의 좋은 예가 된다. 『자본론』1권 33장에서 마르크스는 아메리카 식민지에서 자본의 발전을 위해, 즉 노동계급의 형성을 위해 토지문제를 다루는 웨이크필드의 생각의 전략적 의미에 초점을 맞추었다. 유럽으로부터 유입된 사람들의 토지소유를 막고 그들로 하여금 노동력을 팔아야만 하는 상황에 처하도록 하기 위해 인위적으로 토지를 희소하게 하려는 웨이크필드의 이론은 분명히 토지에 대한 자본의 정책에 이론적 이데올로기적 합리성

---

14) Tronti, Mario (1972), "Workers and Capital," *Telos*, Winter, pp. 25~62.

을 제공한다. 이보다 더 중요한 점은, 마르크스가 이 분석을 통해, 새
로운 세계에서 이같은 이론과 정책이 계급적인 의미를 내포하고 있다
는 것을, 그리고 노동계급이 토지에 접근하는 것을 막는 것이 자본주
의적 착취를 도와준다는 것을 역으로 보여준다는 것이다. 다시 말해,
그가 노동계급의 토지소유가 노동계급의 힘을 강화시켜 준다는 것을
보여준다는 것이다. 주류 경제학에 대한 이같은 분석은 오늘날 너무
나 등한시되어 왔다. 주류 경제학에 대한 연구는 단순한 비평보다는
'계급 스파이(class espionage)' 입장에서 출발해야 한다. 즉 아군의 전
략을 보다 유용하게 짜기 위해서 적의 전략을 연구해야 한다. 주류 경
제학을 비평하는 것은 상대적으로 쉽다. 그러나 이를 계급분석으로
전환하여 그들의 전략을 알아내고 더욱이 우리의 전략을 뽑아내는 것
은 상당히 어렵다.

우리들의 전략을 짜는 데는 상대방의 힘을 분석하는 것도 중요하지
만 그것 못지않게 중요한 것, 아니 그보다 더 중요한 것이 있다. 그것
은 우리들의 힘에 대한 인식이다. 자본이 노동계급에 대응하기 위한
전략만을 분석하면 종종 자본의 일방적인 이야기만을 할 경우가 많다.
마르크스는 웨이크필드의 주장에 대한 철저한 정치적 분석을 통해 토
지 소유제한이 자본주의 사회관계를 유지하는 데 얼마나 큰 기여를
하는지를 가르쳐 주지만 유럽으로부터 유입된 사람들이 토지를 소유
하기 위해 벌인 투쟁에 대해서는 언급이 없다.[15] 이것은 완전한 노동

---

15) 마르크스는 『자본론』 제1권 8편 시초적 축적에서 노동계급과 자본가계급의 형성과
   정을 피의 역사로 묘사하고 있다. 그러나 그는 이 설명에서, 토지에서 분리된 농민
   들이 일방적으로 노동자로 전환되는 과정만 묘사하고 농민들이 토지에서 분리되는
   것에 반발하고 투쟁한 것에 대해서는 묘사하지 않았다. 그 결과 마르크스는 무엇이
   일어났는가만을 우리들에게 말해 줄 뿐 이것이 일어나게 된 계급간의 힘관계에 대
   한 분석은 전달해 주지 못한다. 우리는 여기서 러시아 아나키스트 크로포트킨(Peter

전략이 되기에는 불충분하다. 그래서 나는 노동전략을 좀더 유용한 것으로 하기 위해서 노동계급이 자본에 대응해서 혹은 자본을 뛰어넘기 위해서 어떻게 투쟁을 하고 있는지를 살펴볼 것이다. 다시 말해, 자본이 노동계급을 와해하려는 전략에 대해서 노동계급은 어떻게 계급을 정치적으로 재구성하는지, 그리고 새로운 노동계급의 주체성이 자본에 어떻게 항거하며 아울러 자본에 어떻게 압력을 가하는지를 살펴볼 것이다. 이렇게 해서 새로운 시대에 알맞는 새로운 노동계급의 전략을 찾아보려 한다.

Kropotkin)의 경고를 생각할 필요가 있다. "인민(투쟁)에 대한 언급이 없는 역사에는 혁명이 어떻게 시작되었는지를 알 수 없다." Kropotkin, Peter (1901), "Modern Science and Anarchism," reprinted in Roger Baldwin (ed.) *Kropotkin's Revolutionary Pamphlets*, New York: Vanguard Press, 1927, p. 186.

슘페터와 그의 추종자들의 이론 및 전략

1. 슘페터의 이론 및 전략

2. 슘페터 추종자들의 이론 및 전략

슘페터와 그의 추종자들의 이론 및 전략

제2장
슘페터와 그의 추종자들의 이론 및 전략

경기순환에 관한 슘페터의 폭넓은 서술과 분석에도 불구하고 그의 경기순환 이론은 한 문장으로 요약할 수 있다. 경기순환은 '창의적 기업가(Entrepreneur)'에 의해 도입된 '기술혁신(Innovation)'에 의해서 발생되며 그 과정은 '창조적 파괴(Creative Destruction)' 과정이기 때문에 자본주의 발전의 형태이다. 그래서 이 장에서는 대표적인 세 가지 개념, 즉 기술혁신, 창의적 기업가, 그리고 창조적 파괴를 중심으로 슘페터의 이론과 전략을 분석하고 이를 발전시킨 그의 추종자들의 이론과 전략도 살펴보겠다.

1. 슘페터의 이론 및 전략

'기술혁신'

슈페터의 경기순환 이론은 그가 만든 개념인 상상의 시장경제이며 추상적인 모델인 소위 '순환적 흐름상태(circular flow state)'에서부터 시작한다. 그는 '순환적 흐름상태'를 다음과 같이 설명했다: "해마다 똑같은 상태가 단순히 반복하는 과정이다. 소비재나 생산재가 매년 동일한 종류이며 똑같은 질과 양을 나타낸다. 또한 모든 기업은 매년 동일한 가격에 생산적인 재화나 용역을 이용하여 생산활동을 한다."1) 그에 의하면 전통이나 관습은 '순환적 흐름상태'하에서 생산을 지배하는 요인이다. 즉 전통과 관습이 무엇을 생산할지, 어떻게 생산할지, 그리고 얼마나 생산할지를 결정한다는 것이다. 달리 말하면 생산은 틀에 박혀 있으며 어떠한 개인도 현존의 틀을 변화시킬 수 없는 상태를 '순환적 흐름상태'라고 슈페터는 간주했다.

슈페터는 경제의 상승이나 하강은 '순환적 흐름상태'에 여러 가지 요인들이 영향을 미치기 때문에 일어난다고 생각했다. 이들 요인 중 어떤 것은 경제 외부적 요인이며 어떤 것은 경제 내부적 요인이라 믿었다. 그는 외부 요인으로 전쟁, 혁명, 자연재해, 사회적 불안, 일국의 관세정책이나 조세정책의 변화, 사회발전 조치들, 각종 정부의 규제, 발명, 타국가의 경기변동, 이민 등을 들었다.2) 한편 슈페터는, 내부 요인으로, 소비자 기호의 변화, 생산요소 양의 변화, '기술혁신'을 들었다. 그는 외부 요인들과 기술혁신을 제외한 내부 요인들에 기인한 경제변화는 다소간 완만한 조정을 통해 경제체제에 흡수될 뿐 경제체제를 근본적으로 변혁시키지는 못한다고 믿었다. 이같은 경제변화는 단지 경제의 양적 변화만 나타내는 경제성장이라 보고 이 자체는 호

---

1) Schumpeter, Joseph A. (1939), *Business Cycle: A Theoretical, Historical, and Statistical Analysis of the Capitalist Process*(이하 BC로 표현), McGraw-Hill, p. 41.
2) BC, p. 73.

황이나 불황을 야기하지 못한다고 믿었다.3) 양적 성장은 그 자신이 말하는 경제발전 즉 질적인 변화와 구분했다. "아무리 객차를 많이 연결한다 해도 이것이 철도가 되는 것은 아니다"4)고 그는 말했다.

슘페터의 주된 관심은 경제의 '순환적 흐름상태'에 비연속적이면서 이를 파괴하는 변화에 있었다. 그는 비연속적인 경제변화의 양적·질적 측면을 정형화하려고 노력했으며 이를 경제발전이라 명했다. 경제에 영향을 주는 여러 내부 및 외부 요인들 중에서 오직 기술혁신만이 경기순환의 형태인 비연속적이고 양적인 변화를 야기한다고 그는 보았다. 그러나 아주 규모가 작거나 점진적인 기술혁신은 다른 요인들과 마찬가지로 경제에 어느 정도 지속적으로 그 효과가 흡수 소멸되기 때문에 급격한 변화 즉 경기순환은 일으키지 못한다는 것이다. 그에게 관심을 주는 기술혁신이란 정의상 급격한 변화를 야기하는 획기적인 기술혁신이었다. 획기적인 기술혁신의 특징을 그는 비연속적인 것으로 보고 있었다. 그는 말하기를 "새로운 기술결합(기술혁신)이란 확률법칙에 따라 시간의 흐름 속에서 일정하게 나타나는 것이 아니라 …… 비연속적으로 무더기로 나타난다."5)

슘페터는 자본주의 경제에서 기술혁신의 중요성을 두 가지 점으로 설명했다. 첫째, "기술혁신은 기존의 생산함수를 부수고 다른 생산함수로 대체한다."6) 신고전파 용어로 말하자면 슘페터의 기술혁신이란

---

3) BC, p. 84.
4) Schumpeter, Joseph A. (1934), *The Theory of Economic Development: An Inquiry into Profits, Capital, Credit, Interest, and the Business Cycle*(이하 ED로 표시), Transaction Books, p. 64n.
5) ED, p. 223.
6) BC, p. 89.

단순히 기술변화가 아니라 생산함수 그 자체의 근본적인 변화이다. 둘째, 기술혁신은 기존의 사고방식이나 행동양태를 탈피하여 경제생활에 새로운 사고방식이나 행동양태를 도입하는 것이다. 슘페터는 기술혁신의 예로 여러 가지를 들었다.[7] 첫째, 새로운 상품의 도입을 기술혁신으로 보았다. 왜냐하면 철도, 자동차, 철강, 전기기구 등 신제품은 기존의 공급을 파괴하는 새로운 공급이 되기 때문이다. 둘째, 기계화된 공장설립, 전기시설이 구비된 공장, 새로운 수송방법, 테일러의 과학적 경영방법의 도입과 같은 새로운 생산방식의 도입 등도 슘페터는 기술혁신의 예로 들었다. 셋째, 새로운 시장 개척도 기술혁신의 한 예라 보았다. 넷째, 라플라타(La Plata) 양털, 미국의 면화, 카탕가(Katanga)의 구리 등 새로운 생산요소의 개척도 그가 말하는 기술혁신의 예다. 마지막으로 그는 백화점과 같이 기존의 상점과 형태가 완전히 구분되는 기업조직의 새로운 형태도 기술혁신으로 보았다.

슘페터는 기술혁신과 '발명(invention)'을 철저히 구분했다. 발명은 사회경제적 변화를 일으키는 중요한 요인이지만 그 자체가 반드시 기술혁신으로 전환되지 않으며 발명은 오직 하나의 가능성만 제공할 따름이라고 그는 간주했다. "기술혁신이 과학적으로 우수한 것이든 아니든 문제가 되지 않는다. 발명과 그에 따르는 기술혁신은 완전히 구분되는 것이다. 발명이 기술혁신으로 전환되자마자 경제에 변화를 일으키는 요인이 된다."[8] 그는, 역사적으로 볼 때 모든 축적된 과학지식이 반드시 산업발전에 사용된 것도 아니고 과학지식을 현실에 적용하는 것은 과학지식 자체에 달려 있다기보다 이를 현실에 적용하려는

---

7) ED, p. 66. BC, p. 84.
8) BC, pp. 84~6.

노력에 달려 있다고 보았다.

'창의적 기업가'

과학이나 지식을 산업에 이용하는 것이 기술혁신이며 이 기술혁신을 도입하는 사람을 슘페터는 '창의적 기업가'라 불렀다. 그는 창의적 기업가를 경제진보와 사회변혁의 주체로 보았다. 창의적 기업가는 정치적 지도자들이 하는 것처럼 사람들의 지지를 획득하려 하거나 설득하려 하지 않고 사람들의 노동력을 구입하여 자신이 필요하다고 생각하는 곳에 이들 노동력을 사용하여 생산수단을 새롭게 재조직한다고 그는 주장했다.9) 경제의 잉여가치는 창의적 기업가의 이같은 활동에서만 창출되기 때문에 그는 창의적 기업가만이 유일하게 생산적인 계급이라 보았다. 자본이란 창의적 기업가가 없다면 생산적으로 되지 못한다고 그는 굳게 믿고 있었다.

슘페터는 계급을 창의적 기업가와 그 외의 사람으로 구분한다. 그는 선천적이든 후천적이든 개인의 차이에서 계급을 구분했다. 그는 지식, 상상력, 창의력, 용기, 안목과 같은 인간의 능력이 인간의 발전에 중요한 요인으로 보고 있었다. 개인 능력의 차이 중에 특히 통솔력(leadership)은 큰 역할을 한다고 그는 보고 있었다. 그에게 역사란 소수 엘리트의 지배를 위한 경쟁과정에 지나지 않는다. 한마디로 말해 슘페터는 창의적 기업가의 특성은 소수에게서만 볼 수 있는 것이지 모든 사람들이 지니고 있는 것이 아니라고 보았다. 보통 사람들은 통솔력이 결핍되어 있고 심지어 자기 자신을 위해 생각하는 능력도 결

---

9) ED, p. 89.

여되어 있다고 그는 보았다. 그는 "대부분의 사람들은 자기 자신이 스스로 어떤 명확한 의견을 개진할 수 없다."[10]고 말하기까지 한다. 그는 자본주의하에서 노동이란 경영자나 생산업자나 창의적 기업가가 하고 싶은 대로 사용할 수 있는 하나의 생산요소에 지나지 않는다고 보고 있었다.

슘페터의 창의적 기업가에 대한 개념은 보통 우리가 생각하는 것과는 다르다. 한편으로 창의적 기업가에 대한 슘페터의 개념은 일반적인 개념보다 넓은 개념이다. 그는, 기술혁신을 도입하는 사람인 한에서는, 기업주가 아니더라도, 즉 경영인, 이사회 구성원과 같은 회사의 고용인도 창의적 기업가로 본다.[11] 다른 한편으로 그것은 일반적인 개념보다 좁은 개념이다. 기술혁신을 도입하지 않고 단지 기존의 기업관행에 따라 활동하는 기업의 소유자는 슘페터가 정의한 창의적 기업가가 되지 못한다.[12]

'창조적 파괴'

창의적 기업가에 의해 기술혁신이 경제에 도입되자마자 확장국면 즉 호황국면(Prosperity)이 뒤따른다고 슘페터는 보았다. 순환적 흐름 상태는 생산요소가 정상이용(완전고용)되는 상태이기에 기술혁신의 도입으로 인해 부가적으로 필요한 생산수단은 다른 곳에서 빼내거나 아니면 신용대부에 의해 자금을 조달해야 한다고 그는 설명했다. 그

---

10) Schumpeter, Joseph A. (1942), *Capitalism, Socialism and Democracy*(이하 CSD라 표시), Harper Torchbooks, p. 145.
11) ED, pp. 74~5.
12) ED, p. 75.

래서 슘페터는 은행의 신용대부를 기술혁신의 화폐적 보완이라 간주했다.13) 기술혁신을 통해 생산된 재화는 그렇지 않은 전통적인 재화에 비해 생산량이 증대하거나 가격이 올라간다. 그 결과 기술혁신을 도입한 기업은 특별 이윤을 가지게 된다. 그러나 기술혁신의 도입이 점차 경제 전반에 파급됨에 따라 기술혁신을 통해 생산된 재화는 점차 많아지게 되고 가격은 점차 하락하게 된다. 또 창의적 기업가는 은행으로부터 빌린 돈을 갚아야만 한다. 가격하락과 원금상환으로 호황국면은 끝나고 침체국면(Recession)에 들어선다고 그는 주장했다.

슘페터는 침체국면을 호황국면과 마찬가지로 경제발전의 순환과정에서 정상적이며 필요한 과정이라 보고 있었다. 그는 경제침체의 유일한 원인은 그 전의 호황 때문이다라는 주글러(Clément Juglar)의 말을 신봉했다. 침체국면은 단순히 불행이 아니라 그 전의 기술혁신의 도입에 따른 성과를 수확하는 기간이라고 슘페터는 주장했다.14) 기술혁신의 도입으로 재화의 공급이 증대한 결과 침체기의 가격하락은 실질임금을 증대시켜 소비자에게 보다 유리하게 된다. 뿐만 아니라 호황기에 살아남은 구식 기업도 침체기에는 살아남지 못하고 청산된다. 침체기에 구식 기업이 청산되는 것은 자본주의 발전의 정상적인 과정이며 중요한 과정이라고 그는 주장했다.

호황국면과 침체국면만으로 구성된 이같은 추상적인 경기순환을 슘페터는 '제1차 접근(First Approximation)'이라 명하고 이는 "순환적 현실의 단순한 모델에 지나지 않는다"15)고 말했다. 제1차 접근이 비

---

13) BC, p. 11.
14) BC, p. 143.
15) BC, p. 130.

현실적이라 인정하고 그는 이같은 순환에 외부적이고 비정상적인 왜곡 요인들을 첨가했다. 이에 따른 순환을 '제2차 접근(Second Approximation)'이라 부르면서 이제 호황기와 침체기에 이어 불황기와 회복기를 포함시켰다.16)

슘페터는 불황국면이 나타나는 것은 기업의 지불실패, 비정상적인 구식 기업의 청산과 기업의 투기에 의해 발생한다고 보았다. 첫째, 호황기 동안 만약 은행으로부터 대부를 받은 기업이 파산하거나 혹은 그들의 부채를 갚지 못하거나, 만약 은행의 신용이 비생산적인 곳, 예를 들면 소비자 신용에 주어진다거나, 만약 은행의 신용이 구식 생산설비의 확장에 사용되고 창조적 기업가의 목적에 사용되지 않는다면 가격수준은 그 신용이 창조적 기업가의 목적에 사용된 것보다 훨씬 높아질 것이다. 이것은 호황기를 확대할 것이지만 침체기 역시 악화되어 불황에 접어들 것이다. 둘째, 호황기에 은행으로부터의 지나친 차입은 침체기에 구식 기업의 청산을 완전히 이룰 수 없다. 셋째, 은행으로부터의 차입이 생산에 사용되지 않고 투기의 목적에 사용된다면 침체기를 악화시킬 뿐 아니라 연장시킨다.17)

기본적으로 슘페터는 불황기는 침체기의 연장이며 이 기간 동안에 구식 기업의 청산은 계속된다고 보고 있었다. 비록 그는 불황기의 병적인 요인을 인식하였으나 이는 어디까지나 일시적인 현상이고 불황기에 경제를 회복하려는 힘이 경제 자체 내에 존재한다고 간주했다. 그는 다음과 같이 말했다 : "기업이 경제를 회복시키는 방향으로 행

---

16) BC, p. 145.
17) ED, p. 227.

동하지 않는다는 말은 기업이 기계나 설비를 이윤이 남는 방향으로 사용하는 것을 포기한다는 말과 같다."18) 비록 불황기 동안 비관적인 예상이 지배적이나 경제활동을 확대하거나 새로운 경제활동을 시작하려는 낙관적인 소수의 예외적인 사람은 항상 존재한다고 그는 믿고 있었다.

슘페터의 경기순환 과정에서 중요한 것은 기술혁신의 도입에 참여하지 않은 기업은 도산해야 한다는 데 있다. 슘페터는 경기순환 과정을 때때로 자본주의의 고통스러운 발전과정으로 설명하고 있다: "경제발전이란 자본주의 사회에서는 혼란을 의미한다."19) 그는, "산업변화는 모든 사회체제가 한걸음 한걸음 진보하는 것과 같이 조화로운 전진이 아니다."20)라고 보고 있었다. 그래서 경제발전이란 "본질적으로 순환을 그리며 경제 세계를 불안정하게 한다."21) 슘페터는, 기술혁신의 도입으로 야기된 경제순환 과정에서 기술혁신을 도입하지 못하는 기업들이 도산하는 과정을 '창조적 파괴(creative destruction)'의 과정이라 이름붙이고 이 과정은 자본주의 체제라면 피할 수 없다고 주장했다. 모든 자본가들이 관심을 가질 수밖에 없는 이 창조적 파괴의 과정은 현존 기업의 이윤 폭에 영향을 주는 것에만 한정되는 것이 아니라 기업의 존립에 영향을 주는 치열한 경쟁의 과정이다.22) 그래서 그는, 경기순환 과정이란 계속해서 자본주의 체제에 새로운 활력을 주입하는 과정이라고 보았다.

---

18) BC, p. 152.
19) CSD, p. 32.
20) BC, p. 10.
21) BC, p. 138.
22) CSD, p. 84.

이상의 경기순환 이론을 통해 슘페터는 구체적인 정책적 제안은 거의 하지 않았다. 그는 과학적 이론과 경제정책 결정은 명백히 구분했다.[23] 그뿐만 아니라 그는 과학적 이론에만 신경을 쓸 뿐 경제정책의 제시에는 상대적으로 등한시하였다. 그러나 그의 이론에 나타나는 주장을 통해 그의 경기순환 이론이 자본주의 발전전략으로 크게 사용됨을 알 수 있다.

첫째, 슘페터의 자본주의 발전전략은 급격한 기술혁신을 경제에 도입함으로써 의도적으로 구식의 생산함수를 파괴하고 새로운 생산체제를 확립하는 것이다. 둘째, 이같은 기술혁신을 도입하기 위해서 그는 기술혁신을 도입하는 창의적 기업가를 보호육성하여야 한다고 제안한다. 그는 창의적 기업가가 화폐적 동기에 의해서뿐만 아니라 비화폐적 요인(개인의 욕구 충족)에 의해서도 행동하기 때문에 화폐적 유인책도 중요하지만 창의적 기업가의 욕망이나 욕구를 자극하는 것도 중요하다고 믿었으나 구체적인 방법은 제시하지 않았다. 그러나 그의 이론에서 나타나는 주장을 통해 우리는 그의 기본적인 전략을 알 수 있다. 여러 가지 화폐적 혹은 비화폐적 유인을 통해 창의적 기업가를 자극하고 보호하며 동시에 이에 등한시하는 비창의적 기업가에는 기업도산이라는 벌칙을 부과하는 것이 그의 전략이다. 이같은 당근과 채찍의 전략으로 창의적 기업가로 하여금 기술혁신을 도입하

---

23) Freeman, Christopher (1990), "Schumpeter's *Business Cycles* Revisited," in *Evolving Technology and Market Structure: Studies in Schumpeterian Economics*, eds.) Arnold Heertje and Mark Perman, The University of Michigan Press, pp. 17 ~38.

도록 하는 것이다. 셋째, 경기순환의 과정을 정상적인 과정이며 자본주의 발전에 필요한 과정으로 보기 때문에 슘페터는 국가의 제한적이고 규제적인 정책을 반대했다. 국가의 정책이 창의적 기업가의 활동을 제한해서는 안 된다는 것이 그의 국가에 대한 기본 전략이다. 구체적인 정책제안을 하는 것을 싫어하는 그였지만 슘페터는 정부의 간섭에 반대하는 주장 속에서 몇몇 구체적인 국가정책의 전략을 제시하기도 했다. 실업은 경기순환의 과정에서 자연스러운 것이기에 정부는 실업을 감소하는 정책을 실시하지 않아야 한다고 그는 주장했다.[24] 그는 역시 노동자를 위한 복지정책이나 세금감면에도 반대했다. 그는 이같은 정책은 노동자로 하여금 일하고 저축하려는 유인을 없앤다고 간주했다. 조세문제에 대해서 그는, "국가가 사람들로부터 너무 많은 것을 요구하면 사람들은 생산할 의욕을 잃는다"[25]고 주장했다. 그는 구식 기업에 대해서 어떠한 보호조치, 보조금, 구제조치 등을 주는 것을 반대했다. 왜냐하면 이같은 조치가 경제적 낭비를 초래하며 경제의 구조조정을 방해하기 때문이라고 그는 보고 있었기 때문이다.[26] 그러나 기술혁신을 적극적으로 도입하는 기업에 대해서는 슘페터는 그들의 이윤을 보호하기 위해 특허와 같은 법률 제정을 권유하였다. 그는 특허권이란 자본주의 사회에서 이윤의 사회적 기능을 법적으로 인정하는 것이라고 말했다.[27] 그는 기술혁신의 도입을 방해하고 창의적 기업가의 이윤을 보호하지 못하는 반독점법을 반대했다. 독점을 통해, 기술혁신을 낳은 기업은 가격이나 제품 결정에 그들의 힘을 발

---

24) CSD, p. 69.
25) Schumpeter, Joseph A. (1918), *The Crisis of Tax State, in The Economics and Sociology of Capitalism/ Joseph A. Schumpeter,* ed.) Richard Swedberg, New Jersey : Princeton University Press, pp. 99~140.
26) ED, p. 244, p. 253.
27) BC, p. 107n.

휘해야만 한다고 그는 보고 있었다.[28] 그러나 대부분의 경우 슘페터는 가장 좋은 정부정책이란 비개입 정책이라 믿고 있었다. 다른 한편 슘페터는 극심하고 장기적인 불황은 몇몇 재조정이나 조절로는 해결할 수 없기에 병적인 현상으로 보고 있었다. 이 경우 그는 창의적 기업가 정신을 파괴시키지 않는다는 조건하에 정부의 한정된 안정화 정책을 인정했다. 그러나 그는 안정화 정책의 구체적인 예는 제시하지 않았다.

2. 슘페터 추종자들의 이론 및 전략

새로운 기술혁신(전자기술)과 지식

1960년대와 1970년대의 위기 이래로 장기 경기순환에 대한 관심이 고조되기 시작하였다. 여러 학자들 중에서 슘페터 추종자들은 제5차 콘트라티에프 사이클의 존재 여부와 이 사이클이 새로운 기술혁신의 도입과 관계가 있는지에 대해 관심을 두기 시작하였다. 그들은 자본주의 경제의 장기순환의 존재를 믿고 있을 뿐만 아니라 이 장기순환은 새로운 기술혁신의 도입과 밀접한 관계가 있다고 믿었다.[29] 지금은 제5차 장기순환에 속해 있으며 이 콘트라티에프 사이클을 야기한 급격한 기술혁신은 '전자기술(Microelectronics)'이라고 그들은 주장했다. 그 전의 장기순환을 일으킨 기술혁신으로 선철, 증기력에 의한 수송기술, 철강, 석유의 순서로 그들은 파악했다.[30]

---

28) CSD, pp. 84~5.
29) Kleinknecht, Alfred (1990), "Are There Schumpeterian Waves of Innovation?" *Cambridge Journal of Economics*, Vol. 14, No. 1, pp. 81~92.

　각각의 급격한 기술혁신의 도입은 상대적으로 비용을 급격히 떨어
뜨리고, 장기간에 걸쳐 공급을 증대시키며, 경제 전반에 걸쳐 이들 두
요인이 사용될 수 있는 잠재력이 매우 높다. 이러한 생각에 기초하여
슘페터 추종자들은, 경제발전의 속도는 새롭고 급격한 기술혁신(전자
기술)을 쉽게 수용하고 사용될 수 있도록 경제제도, 사회제도, 그리고
정치제도가 적절하게 변화하는 데에 달려 있다고 주장한다. 새로운
기술혁신의 도입이 자동적으로 경제제도, 사회제도, 그리고 정치제도
를 변화시킨다는 슘페터와는 달리 그의 추종자들은 이들 여러 제도가
새로운 기술혁신을 보다 적극적으로 이용될 수 있도록 변화해야 한다
고 주장한다. 그들은 전자기술의 도입으로 경제의 생산체제가 물적
생산에서 지식의 생산으로 그 중요성이 바뀌었다고 생각한다. "매일
매일의 사람들의 지식과 이를 이용하는 것이 사회를 움직이는 근본
법칙이 되는 새로운 시대에 돌입했다."31) 전자기술의 도입으로 지식,
발명, 과학은 자본주의 역사상 생산의 가장 중요한 요소가 되었다고
그들은 믿고 있다. 그래서 그들은 생산에 지식을 더욱더 이용하기 위
해 모든 경제체제, 사회체제, 그리고 정치 체제 등이 전자기술을 적극
적으로 이용해야 한다고 주장한다.

____

30) Perez, Carlota (1983), "Structural Change and the Assimilation of New
　　Technologies in the Economic and Social System," *Futures*, Vol. 15, No. 5, pp. 357
　　~75. Freeman, Christopher and Carlota Perez (1988), "Structural Crises of
　　Adjustment: Business Cycles and Investment Behavior," in *Technical Change and
　　Economic Theory*, eds.) Giovanni Dosi et al., Pinter Publishers, Chapter 3.
　　Roobeek, A. J. M. (1987), "The Crisis in Fordism and the Rise of a New
　　Technological Paradigm," *Futures*, Vol. 19, pp. 129~54. 특히 루빅은 오늘날 급격한
　　기술혁신으로 전자기술 이외에 생명공학과 신소재개발을 포함하였으나 많은 슘페터
　　의 추종자들은 전자기술을 새로운 급격한 기술혁신으로 든다.
31) Dressler, Fritz R. S. and John W. Seybold (1985), *The Entrepreneurial Age: The
　　21st Century Renaissance of the Individual*, Seybold Publications, p. i.

슈페터는 급격한 기술혁신만이 경기순환을 야기하여 자본주의 경제가 발전한다고 보았다. 그의 추종자들도 급격한 기술혁신의 중요성을 인정하고 있으나 이에 못지않게 급격한 기술혁신이 확산되고 적용되는 과정에서 유발되는 점진적인 기술발전도 매우 중요하다고 간주한다. 왜냐하면 기술혁신의 파급과정에서 발생하는 유발된 기술혁신, 점진적인 기술발전, 그리고 최초의 기술혁신의 개선은 최초의 급진적인 기술혁신과 마찬가지의 영향을 준다고 그들은 믿고 있기 때문이다.32) 그래서 그들은 급격한 기술혁신에 못지않게 점진적인 기술향상도 매우 중요시했다.

슈페터 추종자들이 점진적인 기술혁신에도 큰 관심을 가지게 된 몇 가지 이유는 다음과 같다. 첫째, 슈페터 추종자들은 급격한 기술혁신이 파급되는 과정에서 나타나는 점진적인 기술혁신을 통해서만 최초의 기술혁신이 완전한 형태가 된다고 보고 있다.33) 그들은 기술혁신의 도입과 파급을 두 개의 같은 개념으로 보고 있다. 기술혁신이 없이는 기술파급이 없고, 기술의 파급이 없이는 기술혁신은 하나의 독립적인 사건으로만 나타난다고 그들은 주장한다. 둘째, 최초로 기술혁신을 도입한 나라가 반드시 가장 급속한 기술파급을 일으키며 가장 높은 생산성의 이득을 취하지는 않는다고 그들은 보고 있다. 일본과 같이 기술혁신을 수용하여 잘 이용하는 나라가 때때로 기술혁신을 도입

---

32) Ruttan, Vermon (1959), "Usher and Schumpeter on Innovation, Invention and Technological Change," *Quarterly Journal of Economics*, Vol. 73, No. 4, pp. 596~606. Rosenberg, Nathan (1976), *Perspectives on Technology*, Cambridge University Press. Gold, Bela (1981), "Technological Diffusion in Industry: Research Needs and Shortcomings," *Journal of Industrial Economics*, Vol. 29, pp. 247~69. Freeman (1990).
33) Ruttan (1959). Freeman (1990).

하는 나라보다 기술혁신의 효과가 더 크다고 그들은 주장한다. 셋째, 대다수의 기업들은 급격한 기술혁신을 할 능력이 없으며 단지 다른 기업이 기술혁신을 도입한 것을 그들의 신상품이나 새로운 생산과정에 이용하거나 확대 발전시킨다고 그들은 보고 있다. 단지 몇몇 기업만이 급격한 기술혁신을 이루는 것이 가능하며 또한 급격한 기술혁신이란 어떤 산업에 집중되는 경향이 있다. 많은 서비스산업이나 몇몇 제조산업도 거의 기술혁신을 하지 못하며 어떤 경우에는 하나도 하지 못한다. 그래서 기술파급의 중요성은 1980년대와 1990년대에 대부분의 OECD 국가들의 정책에서도 잘 나타난다.[34]

슘페터는 기술혁신과 발명을 전적으로 별개의 것으로 파악했다. 그러나 그의 추종자들은 지식생산에서의 점진적인 기술혁신을 위해 발명활동과 기술혁신의 활동은 서로 상관이 있고 중복된다고 보고 있다.[35] 그들은 20세기의 중요 기술혁신은 그 전의 과학적 지식의 축적 없이는 불가능했다고 보고 최근의 과학의 발달은 경제발전에 핵심적인 기여를 하였다고 주장한다. 그래서 그들은 과학과 기술의 상호 의존성이 점점 커지는 것을 인식하고 과학과 산업의 긴밀한 협조의 중요성에 관심을 가진다.[36] 슘페터는 발명은 주어진 것이며 인위적으로 변경할 수 있는 대상이 아니라고 보고 있다. 그러나 그의 추종자들은

---

34) OECD (1991), *TEP: Technology in a Changing World*, Paris, OECD.
35) Rosenberg (1976). Pavitt, Keith (1984), "Patterns of Technical Change: Towards a Taxonomy and a Theory," *Research Policy*, Vol. 13, No. 6, pp. 343~73. Mansfield, E. (1980), "Basic Research and Productivity Increase in Manufacturing," *The American Economic Review*, Vol. 70, pp. 863~73. Rosenberg, Nathan (1990), "Why Do Firms Do Basic Research with Their Own Money," *Research Policy*, Vol. 19, No. 2, pp. 165~75.
36) 실제로 기술의 전통적인 개념은 과학의 산업에로의 이용이다.

발명이란 인위적으로 변경 가능할 뿐만 아니라 오늘날 경제발전의 핵심요소 중 하나가 되었다고 보고 있다. 오늘날 과학과 지식이 생산에 중요한 요소가 됨에 따라 슘페터의 추종자들은 지식의 양적 확대에 관심을 갖게 되었다. "최소한의 교육, 경영지식, 연구 및 개발, 디자인 능력 등이 부족한 국가는 국제 경쟁력에서 심각한 불이익을 당하게 된다"[37]고 프리만(Christopher Freeman)은 주장하고 있다.

생산에 끊임없이 점진적인 기술혁신을 도입하기 위해 슘페터 추종자들은 기업 내부와 외부에서 이용할 수 있는 모든 지식의 축적을 강조하였다. 그들은 기술혁신의 개념은 물론 몇몇 중요한 기술혁신을 포함해야 하지만 산업발전의 실제 경험의 연구에 비추어 볼 때 기술혁신은 매일매일 작업장에서, 마케팅에서, 디자인 과정에서, 기업의 발전 대책에서 일어나는 조그마한 지식의 축적도 중요하기 때문에 이를 포함하는 개념이 되어야 한다고 주장한다.[38] 그들은 또, 지식의 축적에 특히 중요한 점은 기업의 정규적인 훈련과정에서나 업무를 배우는 과정에서 야기되는 지식습득이라고 주장한다. 그들은 지식습득의 원천으로 '업무 중의 지식습득(learning by doing)', '사용과정에서의 지식습득(learning by using)', '실패 경험에 의한 지식습득(learning by failing)', '경쟁기업으로부터의 지식습득(learning from competitors)' 등을 들고 있다. 이와 같은 매일매일의 업무과정에서의 지식습득 이외에도 그들은 기업의 연구 및 개발도 중요시하여 공장을 하나의 연

---

37) Freeman (1990), p. 35.
38) Dahmen, Erik (1984), "Schumpeterian Dynamics: Some Methodological Notes," *Journal of Economic Behavior and Organization*, No. 5, pp. 25~34. Arrow, Kenneth (1962), "The Economic Implications of Learning by Doing," *Review of Economic Studies*, Vol. 29, pp. 155~75. von Hippel, Eric (1976), "The Dominant Role of Users in the Scientific Innovation Process," Research Policy, Vol. 5, pp. 212~39.

구실과 같이 운영할 것을 권한다.

  슘페터 추종자들은 기업 외부로부터의 지식도 매우 중요하다고 여
긴다. 그들은 기업이 고객이나 제품의 사용자, 그 기업의 제품공급자,
그 기업의 제휴기업, 대학, 정부의 연구기관, 자문회사, 기술공여하는
곳, 기술전수하는 곳 등등의 다양한 기업 외부로부터 지식을 습득해
야 한다고 주장한다. 슘페터 추종자들은 여러 기업 외부의 지식의 출
처 중에 대학이나 정부의 연구기관을 중요 지식의 원천이라 보고 있
다. 넬슨(Richard R. Nelson)은 "대학은 공공의 과학이나 기술적인 지
식의 보고일 뿐만 아니라 제품이나 생산과정의 기술혁신의 아이디어
와 기술을 지닌 과학자들을 배출한다. 최근에는 많은 기업들이 개별
로 혹은 단체로 대학연구소에 기금을 제공하여 그곳으로부터 연구결
과에 접근할 수 있도록 한다"[39]고 말한다. 그는 실리콘 밸리의 성공
이 고도의 기술을 지닌 기업과 대학의 밀접한 유대의 결과라고 보고
있다. 넬슨과 로젠버그(Nathan Rosenberg)는 제2차 세계대전 이래로
정부의 연구 및 개발이 자본주의 기술혁신 체제에 중요한 부분이 되
었다고 주장한다.[40]

  슘페터의 추종자들은 대학이나 정부의 각종 연구소 이외에도 기업
제품의 사용자의 불평이나 아이디어도 기업 외부의 지식의 원천으로
서 중요하다고 보고 있다. 그들은 공급자와 사용자 간의 비공식적인

---

39) Nelson, Richard R. (1988), "Institutions Supporting Technical Change in the
    United States," in *Technical Change and Economic Theory*, eds.) Giovani Dosi et
    al., Pinter Publishers, chapter 15.
40) Nelson, Richard R. and Nathan Rosenberg (1993), "Technical Innovation and
    National Systems," in *National Innovation Systems: A Comparative Analysis*, ed.)
    Richard R. Nelson, Oxford University Press.

정보의 흐름은 실제로 공식적인 것에 못지않게 중요하다고 보고 있
다.41) 사용자들은 종종 기술혁신을 촉진하는 데 앞장을 선다고 보고
이를 기술혁신의 국가체제나 기술의 국제화에 중요한 사항이라 보고
있다.42)

슘페터 추종자들은 기업의 내부와 외부의 풍부한 지식의 존재만으
로는 불충분하고 이들을 연결해야 한다고 주장한다. 기업 내부에서
디자인 부서, 개발 부서, 생산 부서, 마켓팅 부서 등 기업 내부의 각종
부서들의 긴밀한 연결이 성공적인 기술혁신의 결정적 조건이 된다고
주장한다.43) 기업 실패의 많은 경우가 연구개발, 생산, 디자인, 마켓
팅 사이에 연결이 제대로 되지 않는 데에 기인한다. 이들 각 부문간의
긴밀한 체제를 형성한 일본식의 경영방식이 고도의 경제발전을 이룩
한 것은 이를 반증한다.44)

이들은, 기업 내부의 연결로 인한 지식의 원활한 교통도 중요하지
만 기업 외부와의 지식과 과학의 연결도 중요하다고 본다. 그들은 기
업 외부의 지식과 과학을 생산에 최대한 이용하기 위해 과학적 · 기술
적 정보와 지식의 원천과의 연결, 타기업들과의 연결, 자기 제품의 사
용자와 하청업체와의 연결 등을 주장한다. 기술혁신의 성공과 실패는

---

41) Hakansson, Hakan and Jan Johanson (1988), "Formal and Informal Cooperation
    Strategies in International Industrial Networks," in *Cooperative Strategies in
    International Business*, eds.) Contractor, F. J. and Lorange, P., Lexington Books.
42) von Hippel, Eric (1988), *The Sources of Innovation*, Oxford University Press.
43) Freeman, Christopher (1974), *The Economics of Industrial Innovation*, Harmondsworth:
    Penguin. Mansfield, E. (1988), "Industrial Innovation in Japan and the United
    States," *Science*, 241, pp. 1760~4.
44) Goto, A. (1982), "Business Groups in a Market Economy," *European Economic
    Review*, Vol. 19, pp. 53~70.

기업 내부와 외부의 긴밀한 연결이 매우 중요하며, 이를 위해 기업이나 국가는 정보, 지식과 과학의 외부 출처와 연결할 수 있는 네트워크를 개발해야 한다고 보고 있다.[45] 프리만은 1970년대와 1980년대의 새로운 기술(정보와 통신 기술, 생명공학, 신소재 기술)의 확산의 혁신적인 성공은 과학과 기술의 연결과 외부 네트워크의 사용의 결과라고 보고 있다.[46] 슘페터 추종자들은 과학과 지식의 양적 증대를 위해 그리고 생산에 과학과 지식을 이용하기 위해 네트워크가 매우 중요하다고 인식한다. "공장의 작업장은 교육, 연구 및 개발, 디자인, 작업장 활동, 정부의 규제와 결정, 제품 판매, 작업 훈련, 고객과의 연결 등 모두 네트워크로 형성되게 될 것이다."[47] 그러므로 과학과 지식의 생산에의 이용은 다양한 네트워크를 통하여 즉 경제에 정보와 통신 기술을 도입함으로써 가능하다고 그들은 주장한다.

새로운 경영방법과 조직구조

슘페터는 창의적 기업가를 경제에 급격한 기술혁신을 도입하는 소수의 엘리트로 한정하였다. 그러나 그는 경기순환을 야기하기 위해서는 급격한 기술혁신이 불평등하게 분포되어 있어야 한다고 주장한다. 그의 주장에 따르면 기술혁신의 불평등한 분포가 있기 위해서는 창의적 기업가의 존재와 활동도 불평등하게 분포되어 있어야 한다. 그의 추종자들은 중요하고 급격한 기술혁신이 긴 기간에 걸쳐 발생하는 이

---

45) Rothwell, R. (1992), "Successful Industrial Innovation: Critical Factors for the 1990s," *R&D Management*, Vol. 22, No. 3, pp. 221~39.

46) Freeman Christopher (1994), "The Economics of Technical Change," *Cambridge Journal of Economics*, Vol. 18, pp. 463~514.

47) Dressler and Seybold (1985), p. 11.

유에 대한 슘페터의 설명이 만족스럽지 않다고 보고 그의 생각에 동의하지 않았다. 특히 쿠즈네츠(S. Kuznets)는 창의적 기업가가 매 50년마다 발생한다는 생각에는 동조하지 않았다.[48]

슘페터 추종자들은 기술혁신이란 몇몇 사람들에 의해 이루어지는 것이 아니라 여러 사람들의 공동의 노력에 의해 이루어진다고 본다. 그래서 그들은 오늘날 사회의 소수 재능있는 사람에 의해서가 아니라 수많은 사람들의 지식과 동기에 의해서 기술혁신이 일어난다고 주장한다. 사람들의 지식의 중요성과 새로운 기술의 민주적 특성은 새로운 기술에의 접근이 소수의 엘리트, 모험가, 전문 기술자, 학자들에만 가능한 것이 아니라 모든 사람에게 가능함을 암시한다. 더욱이 급격한 기술혁신의 확산과정에서 이루어지는 점진적인 기술혁신의 중요성을 인식한 슘페터 추종자들은 수없이 많은, 때때로 이름도 없는 다양한 과학자, 기술자, 엔지니어, 노동자, 경영인, 사용자들의 공헌을 중요시하였다. 그래서 그들은 이름 없이 기술혁신에 기여하는 많은 사람들을 '생산 챔피언(product champions)',[49] '기업 혁신자(business innovators)',[50] '창의적 노동자(entrepreneurial workers)',[51] '지식 노동자(knowledge workers)',[52] '기업 내부 창의자(intrapreneurs)'[53] 혹

---

48) Kuznets, S. (1940), "Schumpeter's Business Cycles," *The American Economic Review*, Vol. 30, pp. 257~71.
49) Schon, D. A. (1973), "Product Champions for Radical New Innovations," *Harvard Business Review*, Vol. 51, March-April.
50) Freeman (1974).
51) Dressler and Seybold (1985).
52) Applegate, Lynda M. (1994), "Managing in an Information Age: Transforming the Organization for the 1990s," in *Transforming Organization with Information Technology*, eds.) Richard Baskerville et al., Amsterdam: North-Holland, pp. 15~94.

은 '네트워크 조정자(network coordinators)'[54] 등으로 부른다. 그래서 그의 추종자들은, 소수의 창의적 기업가의 창의성을 살리기 위해 유인과 채찍의 전략을 사용한 슘페터의 전략을 노동자에게까지 확대하여 적용한다.

슘페터 추종자들은, 오늘날, 경영인이나 엔지니어보다는 일반 노동자들이 업무방법의 구체적인 내용에 더 많이 통제력을 갖고 있고 이들이 매일의 생산 경험을 통해 업무를 개정 보완하고 있다고 믿는다. 이같은 새로운 노동자들이 창의성과 지식을 갖고 있다는 사실에 대한 인식에 기초하여 이들은, 이 일반 노동자들의 창의성과 지식을 생산과 관련짓기 위해 새로운 경영방식이나 조직이 필요하다고 주장한다. 그들은 또 기업간의 기술혁신의 수용의 차이와 그에 관계되는 생산성의 차이는 이들 새로운 노동자를 어떻게 조직하고 경영하느냐에 달려 있다고 주장한다. 즉 그들은 성공적인 기술혁신은 단지 운에 달려 있는 것이 아니라 이 새로운 노동자들을 조직하고 경영하는 전략에 달려 있다고 보고 있다.[55] 새로운 조직이나 경영방법의 적용은 기업의 전략이다. 만약 기업이 노동자에게 동기유발을 잘 시키면 노동자는 보다 많은 창의성을 생산할 뿐만 아니라 생산물의 결함도 막거나 줄일 수 있다. 이같은 새로운 방식의 기본적인 원칙은 유인과 벌칙을 적절히 부과하는 것이라고 그들은 주장한다.

---

53) Pinchot, Gifford (1985), *Intrapreneuring: Why You Don't Have to Leave the Corporation to Become an Entrepreneur*, Harper & Row Publishers.
54) Robert, E. B. (1991), *Entrepreneurs in High Technology: Lessons from MIT and Beyond*, New York: Oxford University Press.
55) Coombs, Rod (1994), "Technology and Business Strategy," in *The Handbook of Industrial Innovation*, eds.) Mark Dodgson and Roy Rothwell, Edward Elgar, pp. 384~92.

슘페터 추종자들은 새로운 노동자를 동기 유발하기 위해 임금구조를 적절히 이용할 것을 주장한다. 노동자의 보수는 노동자의 업무수행과 연결해야 한다는 전통적인 원칙을 보유한 채 이들 임금과 생산성의 연계를 더욱 유연하게 적용해야 한다고 그들은 주장한다. 기업에 좀더 많은 창의력을 제공하는 창의적인 노동자에게는 좀더 많은 보상을 주고 이에 게으른 노동자에게는 좀더 심한 벌칙을 부과해야 한다는 것이다. 일본식 보너스 임금제도가 지식이 생산에 중요한 위치를 점하는 이 시대에 적당한 임금체계라고 그들은 말한다.[56] "보너스 임금체계는 고용주에게는 비용조정의 수단이 되며 노동자에게는 유인책으로 작용한다."는 것이다.[57]

슘페터 추종자들은 노동자들의 창의력을 추출하기 위해 임금체제 못지않게 비화폐적 동기유발도 중요시한다.[58] 그들은 사람을 기계보다 중요시하며 효과성(일을 하는 것)을 효율성(일을 최소의 비용으로 하는 것)보다 중요시했다. 그들은 기계나 컴퓨터는 인간의 도움 없이 스스로 일을 할 수는 없다고 보고 기계를 중심으로 사람을 조직했던 과거와는 달리 오늘날 새 시대에 기계는 인간을 보조하는 것에 지나지 않는다고 주장한다.[59] 그래서 그들은 인간의 감정, 행위, 욕망 등이 오늘날 생산에서 매우 중요하다고 보고 있다. 인간은 그들 스스로

---

56) Dressler and Seybold (1985). Applegate (1994).
57) Shimada, H. (1991), ""Humanware" Technology and Industrial Relations," in *Technology and Productivity: The Challenge for Economic Policy*, OECD, p. 466.
58) Shimada (1991). Dressler and Seybold (1985). Applegate (1994).
59) 자본주의에서는 기계를 중심으로 인간을 조직한다는 생각이 기본적이다. 마르크스의 『자본론』 1권 15장 "기계와 대공업"에서 이에 대한 분석이 이루어진 이후, 테일러의 과학적 경영방법, 포드주의를 거쳐 공장의 자동화에 이르기까지 이 생각은 면면히 이어져 오고 있다.

의 가치를 추구하고, 레크리에이션이나 놀이에 의미를 부과하기보다 자기가 하는 일에 의미를 둔다고 그들은 생각한다. 어디에서나 탁월성은 인간들이 추구하는 바이며, 정신을 움직이는 요체이며, 끊임없는 동기유발을 일으키기 때문에 사람들은 자기 자신의 목표를 추구할 때 일을 가장 잘 한다고 그들은 주장한다.[60) 그래서 인간의 욕구를 어떻게 이용하느냐가 기업의 성패를 좌우한다고 그들은 보고 있다.

이러한 인간관에 기초하여 슘페터 추종자들은 업무를 보다 재미있고 도전적으로 만들어야 한다고 주장한다. 이같은 목적을 수행하고 업무에 자긍심을 심기 위해 그들은 기업 경영에서 업무 증진을 위한 특정 수치의 목표량, 슬로건, 각종 포스터나 그림 등을 없앨 것을 요구한다. 그 대신 그들은 기업의 의사결정에의 노동자들의 참여, 자신의 일을 스스로 한다는 욕구의 창출, 보다 자유로운 조직 등을 권유한다. 한마디로 노동자 스스로가 일을 하는 분위기를 만들어 줄 것을 주장한다. 지식과 창의성을 생산에 이용하는 오늘날, 노동자가 스스로 일하는 분위기를 만들기 위해서 슘페터 추종자들은 평등하고 수평적이며 분권적인 조직을 권한다. 창의성은 자유로운 아이디어의 흐름이 필요하기 때문에 될 수 있는 한, 조직은 느슨하게 하여 밑으로부터의 추진력을 장려하고 의견의 자유로운 표현을 조장하여야 한다고 그들은 보고 있다. 이전의 시대에 통용되었던 경직된 사고방식이나 피라미드 형태의 조직구조를 버려야 하며 중간경영층을 과감히 줄여야 한다고 그들은 본다. 새로운 조직체제는 노동자에게 자율성과 자유를 좀더 많이 보장하는 방향으로 전환되어야 한다고 그들은 주장한다. 수평적이고 유연한 조직체제는 의사결정의 분권화와 이윤과 손실의

---

60) Dressler and Seybold (1985).

책임을 명확히 하는 데에서만 가능하다. 이같은 조직구성과 관련해 그들은 몇몇 구체적인 방법을 다음과 같이 제시한다. 구체적인 업무 규정을 피할 것, 유연성을 키우고 노동자의 추진력을 살릴 것, 명령에 복종만 하는 것보다 스스로 조직의 목표를 위해 일할 수 있도록 용기를 심어 줄 것 등이다.[61] 평등한 작업장을 실현하기 위해서 슘페터 추종자들은 임금지불 체제, 업무 외 보상, 복장, 식당 사용, 기업의 각종 설비의 이용과 같은 데에 경영층, 감독층, 노동자 사이에 차별이 없도록 해야 한다고 권장한다. 이렇게 함으로써 회사에 대한 노동자의 충성심, 소속감, 연대감은 증진된다고 그들은 주장한다.[62]

슘페터 추종자들은 노동자들의 지식과 창의성이 생산성을 증대시키는 중요한 요소가 됨을 인식하고 그것을 증대시키는 경영전략을 찾는다. 그들은 정규적인 훈련과정을 통해 배우는 기술형성뿐만 아니라 일을 하고 설비를 이용하면서 노동자간에 서로 접촉하는 가운데 배우는 기업 내의 기술형성이 지식의 축적에 중요한 요인이라 본다. 이를 위해 그들이 제시한 구체적인 전략은 다음과 같다. 교육 및 재훈련의 제도화, 모든 단계의 교육 증진, 비정규적 토의에서의 통찰력, 작업장에서의 품질에 관한 토의, 전문가의 세미나 등에서 얻은 지식을 공동으로 사용하고, 심지어는 휴식시간에서의 잡담까지도 생산성에 이용하는 것 등이다.[63] 한마디로 말하면 공장을 하나의 연구실과 같이 이용하자는 것이다.

슘페터 추종자들은 오늘날 세계는 엄청나게 빠르게 변화한다고 보

---

61) Dressler and Seybold (1985). Applegate (1994).
62) Shimada (1991). Applegate (1994).
63) Dressler and Seybold (1985). Applegate (1994).

고 이같이 급변하는 환경에 유연하게 대처하는 능력을 기업은 가지고 있어야 한다고 주장한다.[64] 기술혁신이 고도로 요구되는 이 시대에, 조직의 환경이 급속히 변화되어야 하는 이 시대에, 조직의 유연성은 매우 필요하다. 그래서 기업은 새로운 기술적 기회(전자기술)를 이용하기 위해서 조직을 끊임없이 재구성할 필요가 있다고 주장한다.[65]

슘페터 추종자들은 소규모의 기업들이 대규모 기업들보다 그것의 유연성 때문에 생산에 지식을 이용하기가 쉽다고 믿는다. 하우드(Edwin Harwood)는 기술혁신에서 소규모 기업의 이점을 이렇게 말한다. 대기업은 의사결정을 하는 데 많은 시간이 소요되나 소규모의 창의적 기업은 빠르게 움직일 수 있다는 것이다.[66] 최근 몇몇 연구에 의하면 소규모의 기업이 발명이나 기술혁신에 큰 기여를 하며 이 기여도가 점차 상승하는 추세로 나타난다고 보여준다.[67] 컴퓨터 사업이 대표적인 예이다. 그들은 역시 CAD(Competer-aided design)와 관련이 되는 분야나 생명공학과 연관되는 분야에서는 초기 단계에 소규모의 새로운 기업들의 역할이 매우 크다고 보고 있다. 비록 슘페터 추종

---

64) Klein, Burton H. (1992), "The Role of Positive-Sum Games in Economic Growth," in *Entrepreneurship, Technological Innovation, and Economic Growth: Studies in the Schumpeterian Tradition,* eds.) Frederic M. Scherer and Mark Perman, Ann Arbor: The University of Michigan Press, pp. 281~99.
65) Fairtlough, Gerard (1994), "Innovation and Organization," in *The Handbook of Industrial Innovation,* eds.) Mark Dodgson and Roy Rothwell, Edward Elgar, pp. 325~36.
66) Harwood, Edwin (1979), "The Entrepreneurial Renaissance and Its Promoters," *Society,* Vol. 16, No. 3, March/April, pp. 27~31.
67) Pavitt, Keith, Robinson, M. and Townsend, J. (1987), "The Size Distribution of Innovative Firms in the UK: 1945~1983," *Journal of Industrial Economics,* Vol. 35, No. 3, pp. 297~319. Kaplinsky, R. (1983), "Firm Size and Technical Change in a Dynamic Context," *Journal of Industrial Ecnomics,* Vol. 32, pp. 39~59.

자들은 소규모 기업의 유연성을 강조하지만 대규모 기업이 기술이나 기술혁신의 중요한 원천임을 잊지 않는다.68) 20세기의 대규모 기술혁신 기업들은 급격한 기술혁신의 확장기에 처해 이들 기업의 기존의 기술과의 관련이나 생산과정에 문제점이 나타나는 경우도 있지만 그래도 여전히 대기업은 기술혁신에 중요한 역할을 한다고 그들은 믿는다. 이들 대규모 기업의 조직도 유연하게만 운영을 한다면 기술혁신에 큰 장점을 유지할 수 있다고 보고 그들은 대규모 기업에 다양한 팀 제도를 도입할 것을 주장한다. 팀이란 엔지니어, 판매 부서의 사람들, 회계 직원 등등 다양한 사람들이 각각의 지식과 기술을 모아 하나의 업무계획에 따라 움직이는 조직형태이다. 팀은 세부적인 규제를 받지 않고 팀의 각 구성원들이 자신의 지식과 기술을 자신의 규제하에 움직이는 것이다. 한 팀 내에는 수십 명의 사람들이 한 매니저에게만 보고를 한다. 슘페터 추종자들은 팀을 조직의 기본 단위로 하여 사람들이 서로 정보를 공유하고, 서로서로 도우며, 작업을 순환하도록 권한다.69)

슘페터 추종자들은 또한 개인간 혹은 집단간의 긴밀한 협조를 강조한다. 그들은 노동자간의 협동은 새로운 경영방식이나 조직의 주요 기본원칙이 되어야 된다고 보고 있다. 노동자간의 협동 방법의 예로 생산직 노동자, 판매직 노동자, 부품공급자, 하청업체, 자재공급자 등 간의 긴밀한 대화를 든다. 이로써 정보를 서로서로 공유하여 서로간의 지식을 증대할 뿐만 아니라 문제가 발생하면 확실히 효율적으로

---

68) Pavitt, Keith (1994), "Key Characteristics of Large Innovating Firms," in *The Handbook of Industrial Innovation*, eds.) Mark Dodgson and Roy Rothwell, Eward Elgar, pp. 357~66.
69) Fairtlough (1994), Shimada (1991).

해결할 수 있다. 의사소통이나 정보를 공유함으로써 관계되는 모든 사람 즉 노동자, 관리자, 엔지니어, 보조원 등의 관련된 기술과 지식을 가진 사람들이 함께 문제를 푸는 것이 매우 중요하다고 그들은 보고 있다. 생산직 근로자들은 기계나 설비의 설치에 가끔 참여하기도 한 다. 광범위한 정보의 공유로 참여의식도 증진된다. 모두가 합의하는 의사결정은 조직 내의 의사결정에서 갈등을 방지하며, 그 결과 투자 전략과 경영구조가 조직적으로 통합되게 한다고 그들은 주장한다.[70] 동시에 모두가 합의하는 의사결정 과정은 최하층에서부터 최고위층 으로 가치있는 정보를 이전할 뿐만 아니라 전문 기술자를 일반 경영 진으로 전환함으로써 조직의 결합을 증진시킨다. 그룹간의 협동이나 그룹 내의 구성원간의 협동은 새로운 조명을 받는다. 사람들간의 네 트워크는 지식이나 과학의 네트워크이며 사람의 생산성은 지식이나 과학의 생산성이다. 협동은 기업의 성패를 좌우하는 요인으로 그들은 보고 있다.[71]

슘페터 추종자들은 노동자의 창의성이, 기업이 이를 규제하는 한, 이윤의 원천임을 인식하고 있다.[72] 그들은 사람들에게 힘을 불어넣고 그들로 하여금 창의력을 발휘하게 하기 위하여 느슨한 경영을 해야 하지만, 이 경영은 엄격한 계획하에서 실행되어야 한다고 믿는다. 기 술혁신의 조직 문화는 느슨하고, 공개되어 있고, 신뢰할 수 있고, 규제

---

70) Shimada (1991). Lazonick, William (1992), "Controlling the Market for Corporate Control: The Historical Significance of Managerial Capitalism," in *Entrepreneurship, Technological Innovation, and Economic Growth: Studies in the Schumpeterian Tradition*, eds.) Frederic M. Scherer and Mark Perlman, The University of Michigan Press, pp. 153~99.
71) Dressler and Seybold (1985).
72) Fairtlough (1994). Pavitt (1994).

가 없는 것이어야 한다. 그러면서도 모든 조직의 구성원들은 조직의 목표를 충분히 이해하고 이를 수행해야만 한다는 것이다. 그래서 계획은 조직원의 적절한 한계를 규정한다.[73] 슘페터 추종자들은 느슨하지만 엄격한 조직구조를 주장한다. 이같은 조직구조는 노동자들의 창의성을 기술혁신으로 상업적 성공으로 전환하기 위해 자율성과 규제를 동시에 할 수 있는 반면 기계적이거나 무정부적인 형태의 조직구조는 성공하기가 어렵다고 그들은 주장한다.[74] 그들은 유기적인 조직체가 좋다고 보고 있으나 규제의 정도를 어느 정도 높이기 위해 관료적인 조직의 몇몇 좋은 점은 도입해야 한다고 보고 있다. 느슨하면서 엄격한 조직구조는 기술혁신을 위한 조직구조의 주요 요소이다. 그들은 전자기술에 바탕을 둔 통신이나 정보 기술이 이같은 느슨하면서 엄격한 조직구조를 가능하게 한다고 주장한다.

국가의 역할

슘페터와 마찬가지로 그의 추종자들도 자본주의하의 경제발전의 과정을 '창조적 파괴' 과정이라 보고 있다. 슘페터는 창조적 파괴 과정이 자본주의 발전의 정상적인 과정일 뿐만 아니라 고통스런 과정으로 보고 있다. 슘페터 추종자들 중 일부는 경기순환의 고통스런 측면보다 정상적인 측면을 더 강조한다. 이들은, 경기침체는 경제가 과잉규제가 되지 않으면 쉽게 해결되는 일시적인 현상으로 보고 있다. 비록 새로운 기술혁신이 없다하더라도 생산요소나 생산물의 상대적인 변화가 회복하려는 유인을 충분히 작용시킨다는 것이다. 즉 이윤이나

---

73) Fairtlough (1994).
74) Applegate (1994). Peters, T. and Waterman, R. (1982), *In Search of Excellence*, Harper and Row.

예상 이윤을 충분히 높여서 창의적 기업가로 하여금 현 공급자에게
유리하게 작용하는 참여 저지를 극복할 수 있도록 한다는 것이다.[75]
이들 슘페터 추종자들은 케인즈의 큰 정부에 대항하여 정부의 비간섭
정책을 강조한다.

다른 한편으로는 창조적 파괴 과정의 정상적인 측면보다 고통스런
측면을 더 강조하는 슘페터 추종자들도 있다. 이들은 경제체제 내에
자동적으로 균형으로 이끄는 힘은 없으며 자본주의 발전을 야기하는
경기순환은 불확실하며 갈등으로 이루어진 것으로 보고 있다. 이는
자본주의 경제체제 내에 자연히 균형으로 이끄는 경향이 있다는 슘페
터의 생각을 거부하는 것이다. 이들은 새로운 기술혁신이 세계적인
규모의 경기순환을 야기하기 전에 사회적 제도의 조정 기간이 있다고
보고 있다. 이 기간에는 새로운 기술혁신과 구식의 사회제도 사이의
구조조정에 마찰이 있다는 것이다. 이 구조조정은 고도의 불안정성과
제도적 혼란으로 규정지을 수 있다.[76] 이같은 사정 때문에 이들은 이
과정을 극복하려는 창의적 기업가를 보호육성하는 데 알맞은 환경을
조성하기 위해 정부의 간섭이 필요하다고 본다.

슘페터 추종자들 중에 정부의 간섭을 줄여야 한다고 주장하는 사람
들은 시장 메커니즘의 효율성을 강조한다. 실업구제책, 조절정책, 산

---

75) Giersch, Herbert (1987), "Economic Policies in the Age of Schumpeter," *European Economic Review*, Vol. 31, pp. 35~52. Schultz, Theodore W. (1980), "Investment in Entrepreneurial Ability," *Scandinavian Journal of Economics*, Vol. 82, pp. 437~48.
76) Perez, Carlota (1985), "Microelectronics, Long Waves and World Structural Change: New Perspectives for Developing Countries," *World Development*, Vol. 13, No. 3, pp. 441~63.

업정책의 각종 프로그램, 자유무역을 방해하는 각종 보호정책이나 보
조금 정책 등 경제에 대한 정부의 간섭은 경제의 조정능력을 약화시
키고 기업의 국가에 대한 의존성을 높인다고 그들은 보고 있다. 정부
의 간섭을 줄임에 있어서 슘페터 추종자들이 가장 좋아하는 것은 각
종 사회보장에 대한 지출감소이다. 그 외에 그들은 재분배적인 각종
조세정책도 반대한다. 대중의 인기에 영합하는 큰 정부는 노동자로
하여금 일하려는 의욕과 저축하려는 의욕을 저해하며 이것이 경제성
장을 저해할 뿐만 아니라 또한 자본주의의 생활수준 향상 능력을 저
해한다고 그들은 주장한다.[77]

슘페터와 마찬가지로 그의 추종자들은 부실 산업이나 기업에 대한
정부의 보조지출에 대해서도 역시 반대한다. 시장보호, 보조금 지급,
각종 규제조치와 같은 정부의 기업활동에 대한 간섭은 기업으로 하여
금 불경기에 대처하는 능력을 저해한다고 그들은 믿는다. 그들에 따
르면 급변하게 변화하는 세계 경제하에서 다 죽어 가는 산업이나 기업
을 보호하기보다 기업들이 새로운 환경에 적응하도록 하기 위해서는,
정부가 시장보호나 보조금 지급과 같은 정책의 사용을 피해야 한다.
왜냐하면 이러한 정책들은 기업들로 하여금 '랜트시킹(rent-seeking)'
에 눈을 돌리도록 하여 미래 지향적인 기업 활동을 위한 창의적 기업
가의 재능을 정부를 상대로 로비하는 것으로 전환하기 때문이다.[78]

---

77) Jackson, Peter M. (1988), "The Role of Government in Changing Industrial
    Society: A Schumpeter Perspective," in *Evolutionary Economics: Applications of
    Schumpter's Ideas*, ed.) Horst Hanusch, Cambridge: Cambridge University Press,
    pp. 285~308. Newsweek, November 9, 1992, p. 61. Seidl, Christian (1984), "The
    Tax State in Crisis: Can Schumpterian Public Finance Claim Modern Relevance?"
    in *Lectures on Schumpterian Economics: Schumpter Centenary Memorial
    Lectures Graz 1983*, ed.) Christian Seidl, Berlin: Springer-Verlag, pp. 89~109.

몇몇 미국 기업은 그들의 큰 국내시장을 믿고 게으르게 경영을 하며 큰 노동조합과 큰 경영 카르텔을 운영하여 많은 비용을 지출하면서 생산한다고 모리스(Charles R. Morris)는 개탄을 한다.[79] 그는 유럽도 대표적인 예로 보고 있다. 유럽의 여러 나라들도 지난 40년 동안 국내 시장을 보호하고 자국의 기업을 보호하는 데에만 관심을 가졌다는 것이다. 정부의 보조금을 받은 영국의 자동차 산업은 결국 망하였다. 세계의 어느 자동차 회사도 영국의 정책과 같다면 영국의 자동차 산업과 같은 결과를 초래할 것이다. 결국 정부의 간섭은 구조조정을 악화시키기 때문에 슘페터의 창조적 파괴의 교훈에 따라 청산되어야 한다고 그는 본다.

　경제에 대한 정부의 비간섭을 주장하는 슘페터 추종자들은 기업이나 토지의 국가 소유를 역시 반대한다. 그들은 공기업은 사기업보다 덜 효율적이라고 주장한다. 왜냐하면 사기업은 시장에서 이윤을 극대화한다는 목적을 항상 세우고 있는 반면에 공기업은 비경제적인 결정을 하는 데 좀더 많은 재량을 가지고 있어서 노동자나 고객으로부터 랜트시킹을 하도록 압력을 받기 때문이다.[80] 스타크(David Stark)는 헝가리에서 공기업의 비효율성에 대한 증거자료를 제시했다. 토지의 사적 소유가 전 헝가리 경지면적의 12퍼센트에 지나지 않으나 여기에서 모든 농산물의 25퍼센트를 생산하며 총 농민생산의 34퍼센트를 생

---

78) Giersch (1987). Time (1985). "The Job Ahead for U.S. Business," *Time*, October 7, 1985, p. 35.

79) Morris, Charles R. (1989), "The Coming Global Boom," *The Atlantic Monthly*, October, pp. 51~64.

80) Giersch (1987). Hammond, Peter J. (1984), "What to Do About Business Cycle?" in *Lectures on Schumpeterian Economics: Schumpeter Centenary Memorial Lectures Graz 1983*, ed.) Christian Seidl, Berlin: Springer-Verlag, pp. 59~75.

산한다는 것이다.[81]

결국 정부의 경제에의 간섭을 줄이도록 주장하는 슈페터 추종자들은 기업활동을 저해하는 각종 규제도 풀어야 한다고 주장한다. 1960년대 이래로 생산력 상승률 저하의 큰 원인 중 하나는 환경이나 오염에 대한 정부의 규제, 작업장의 안정성이나 소비자보호에 대한 규제 등 각종 정부의 규제 때문이라고 그들은 주장한다. 그들은 이들 규제들이 기업에 영향을 준다고 보고 있다. 기업의 연구 및 개발에 대한 지출을 감소시키고 이 대신 공기나 물의 오염을 방지하는 데 지출을 증대하고, 작업장의 안전에 대한 지출을 늘리고, 상품의 안정성을 높임으로써 기업비용을 증대시킨다고 본다.[82]

이상과 같이 정부의 각종 간섭을 줄일 것을 강조하는 일부 슈페터 추종자들도 있지만 다른 일부는 도리어 창의적 기업가의 활동에 유리한 환경을 조성하기 위해서는 정부의 적극적인 간섭이 필요하다고 주장한다. 기술혁신이 도입된 이후에 기업은 불확실성을 극복하기 위하여 정부의 각종 정책을 이용해야 한다고 클래어(David J. Clair)는 주장한다.[83] 그는 1930년대 자동차 산업이 연방 고속도로 정책을 이용한 것을 예로 든다. 기업에 상수(常數)로 작용하던 사회환경과 같은 변수가 이제는 기업이 변경할 수 있는 변수(變數)가 되어야 한다는

---

81) Stark, David (1986), "Entrepreneurs on the Road to Post-Communism," *Contemporary Sociology*, September, pp. 671~4.
82) Rosenberg, Nathan (1986), "Technological Innovation and Economic Growth," in *Advances in the Study of Entrepreneurship, Innovation, and Economic Growth*, ed.) Gary Libecap, Connecticut: JAI Press Inc., pp. 11~24.
83) Clair, David J. St. (1980), "Schumpeter's Theory of Capitalist Development: Revisited and Revised," *Economic Forum*, Summer, pp. 62~78.

것이다. 그래서 그는 사회의 재구성은 기술혁신의 결과이나 기술혁신의 방향에 알맞게 사회구성도 변화되어야 한다고 주장한다. 기술혁신의 도입으로 야기된 위험과 기회에 대한 정부의 다양한 대응이 발전의 차이를 심화시키는 경향이 있다고 믿고 있는 슘페터 추종자들은, 기술혁신이 어떤 경우에 기업의 신뢰성을 회복시키며 어떤 경우에 그 반대의 결과를 가지고 오는지를 아는 것이 중요하다고 주장한다.[84] 무계획적이고 조정이 되지 않은 자본주의 경제에서 연구 및 개발은 비효율적으로 되는 경향이 크다고 보고 있다.[85] 그들은 일본 정부가 특정 산업의 연구 및 개발에 대해 취한 정책의 효율성을 지적하였다. 그래서 새로운 기술혁신의 도입과 정부의 정책적 배려의 적절한 배합이 중요하다고 강조한다.

이들 슘페터 추종자들은 창의적 기업가의 활동을 보호하기 위한 각종 재정정책을 제시한다. 첫째, 그들은 창의적 기업은 기술적인 그리고 경제적인 위험을 감수해야 하기 때문에 이들 기업에 대해서는 마이너스의 세금을 부과해야 한다고 주장한다.[86] 둘째, 기초과학 분야에 대한 공공 투자를 요구한다. 왜냐하면 이것이 없이는 많은 창의적 기업가가 기술혁신에 필요한 지식을 얻을 수 없기 때문이다. 최신 기술의 향상 특히 정보기술은 오늘날 거의 모든 OECD 국가들에 있어서 그들 국가의 과학정책이나 산업정책에 따라 결정된다고 그들은 보고 있다.[87] 셋째, 그들은 인력자원에 대한 정부투자를 증대할 것을 주장한다. 기업은 외부로부터 그들이 필요한 기술적 과학적 지식, 정

---

84) Freeman (1990).
85) Nelson (1988).
86) Klein (1992).
87) Freeman (1994).

보와 기술을 얻기 위해 국가의 교육이나 직업 훈련, 상담 서비스, 정부의 연구기관 등의 이용을 필요로 하며 이것이 기업의 기술혁신의 수행에 큰 영향을 미친다는 이유에서이다.[88] 넷째, 그들은 통신이나 수송 등 기간산업에 대한 정부의 지출의 중요성을 강조한다.[89] 루빅 (A. J. M. Roobeek)은 "전자기술이나 정보 분야에 의해 경제성장이 이끌어진 것은, 이것들이 전화통신의 사회 간접자본을 통해 정보의 사용자나 이용자 모두에게 저비용의 용이한 접근을 허용했기 때문으로 보고 있다."고 말한다.[90]

정부의 간섭을 주장하는 슘페터 추종자들은 정부의 재정정책 이외에 금융정책의 중요성도 강조한다. 그들은 은행가를 위험을 즐기는 도박자가 아니라고 보고 있다. 금융시장의 위험에 대한 회피는 창의적 기업의 활동을 제약하며 발전의 속도도 늦춘다고 한다. 그래서 그들은 공공부문이 이같은 위험을 어느 정도 감수해야 하며 타당한 조건으로 자금을 직접 대여해야 한다고 주장한다.[91] 로젠버그는 "높은 저축률과 자본형성을 하는 경제는, 그것이 낮은 경제보다 발명의 생산성 증대 효과가 훨씬 크다"고 말한다.[92] 산타랠리(E. Santarelli)는 자본주의 발전 역사상 각 호황기에는 금융과 기술혁신 간의 상관관계가 매우 크다고 주장한다. 기술혁신은 단순히 새로운 기술의 출현뿐만 아니라 다른 형태의 금융구조의 탄생과도 밀접히 연관되어 있다는

---

88) Freeman (1990). Nelson (1988). Freeman (1994).
89) Freeman, Christopher (1988), "Japan: A New National System of Innovation?" in *Technical Change and Economic Theory*, eds.) Giovani Dosi et al., Pinter Publishers, chapter 16. Nelson (1988).
90) Roobeek (1987).
91) Jackson (1988).
92) Rosenberg (1986).

것이다.93)

　이들 슘페터 추종자들은 국가의 규제 역시 생산에서의 지식의 사용을 용이하게 하며 창의적 기업을 보호한다고 주장한다. 지적소유권을 충분히 보장하는 것은 투자에 하나의 유인을 제공한다.94) 물론 기업 측에서 보면 기술혁신을 하기 위해서는 지식의 사적 소유가 필요한 경우도 있는 반면에 지식의 사적 소유가 장애가 되는 경우도 있다. 예컨대 특허권 같은 것은 지식 소유자에게 독점적 지위를 부여함으로써 발명을 촉진하는 작용도 하는 반면에 이같은 독점이 여러 기업에서의 지식의 공동 이용을 저해하기도 한다는 것이다.95) 그래서 그들은 특허의 성질에 따라 특허권을 유연하게 이용해야 한다고 주장한다.

　이상과 같은 정부의 간섭과 불간섭에 관한 논의에서 몇몇 슘페터 추종자들은 정부의 간섭과 불간섭을 구분하는 것은 큰 의의가 없다고 주장한다. 중요한 것은 창의적 기업가의 활동을 보호육성하는 국가의 역할이라 보고 있다. 그들은 정부의 계획하에 지식을 생산에 적극 이용하는 국가체제를 구축할 것을 주장한다. 즉 지역 수준에서는 '테크노폴리스(technopolis)'나 '사이언스 파크(science park)' 같은 것을, 국가 수준에서는 '기술혁신의 국가적 체계(national system of innovation)'를 구축할 것을 주장한다.96) 그들은 이러한 것들이 잠재적·창의적

---

93) Santarelli, E. (1989), "Financial and Technological Innovations During the Phases of Capitalist Development," in *Technological and Social Factors in Long Term Fluctuations*, eds.) Massimo Di Matteo et al., Springer-Verlag, pp. 384~402.
94) Giersch (1987).
95) Freeman (1994).
96) Dressler and Seybold (1985). Freeman (1994). Lundvall, Bengt-Ake (1988), "Innovation as an Interactive Process: User-Producer Relations," in *Technical*

기업가들이 활동하기에 유리한 조건들을 제공한다고 주장하면서, 일단 그러한 조건들이 주어진다면 그 효과는 눈더미처럼 커질 것이라 본다. '테크노폴리스'나 '사이언스 파크' 그리고 '기술혁신의 국가적 체계'를 만들기 위해서 이들 슘페터 추종자들은 이에 걸맞는 정부의 역할을 요구한다. 첫째, 정부가 사적 부문을 규제하고 통제하기 위해서, 그리고 사적 부문의 의사결정에 빠르게 대응하기 위해서 지방정부나 중앙정부는 유연한 조직형태를 취해야 한다고 주장한다. 법적인 구조 속에서의 계획 허락 처리과정의 지연되는 시간 때문에 기업의 추진력이 저해될 수 있다고 본 것이다. 특히 정보화 시대에 공공의 부문은 좀더 유연하게 만들어져야 한다고 한다.[97] 둘째, 그들은 과학과 기술에 대한 정책이 정부의 다른 정책 즉 경제정책, 사회정책, 산업정책, 에너지정책, 교육정책, 인력정책 등과 밀접하게 통합되어야 한다고 주장한다.[98]

Change and Economic Theory, eds.) Giovanni Dosi et al., Pinter Publishers, chapter 17. Nelson (1988). Shapero, Albert (1975), "The Displaced Uncomfortable Entrepreneur," *Psychology Today*, November, pp. 83~8.
97) Jackson (1988).
98) OECD (1991).

제3장

슈페터와 그의 추종자들의 전략에 대한 정치적 해석

1. 슈페터의 이론 및 전략에 대한 정치적 해석
2. 슈페터 추종자들의 전략에 대한 정치적 해석

제3장

슈페터와 그의 추종자들의 전략에
대한 정치적 해석

이 장에서는 앞 장에서 살펴본 슈페터와 그의 추종자들이 객관적인 과학인 양 설명한 이론과 전략을 계급적 의미로 전환하여 그것들의 전략적 의미를 파악하려 한다. 자본의 전략 파악을 중심으로 다루기 때문에 자칫 자본의 일방적인 이야기로 들릴 수 있다. 나는 자본의 전략이란 노동계급과의 투쟁으로부터 분리할 수 없는 것임을 알고 있다. 그럼에도 불구하고 이렇게 자본의 전략을 노동계급 투쟁으로부터 분리해서 다루는 것은 자본의 전략을 좀더 명확하게 드러내고 싶기 때문이다. 노동계급의 투쟁에 관해서는 다음 장에서 따로 다룰 것이다. 그리고 여기서 설명하는 자본전략은 현실적으로 완전히 성공한 것이 아니고 단지 그들의 희망사항이라는 점을 먼저 밝힌다.

1. 슈페터의 이론 및 전략에 대한 정치적 해석

급격한 기술혁신을 도입함으로써 옛 생산함수(기존의 생산방법)를 파괴하고 새로운 생산함수를 구축하려는 슘페터의 전략은 우선 구식의 생산관계를 가지고는 노동계급의 투쟁에 대응하기 어렵게 되자 이에 대처하기 위한 자본의 대응이라 생각할 수 있다. 생산함수란 투입 생산요소와 생산물의 관계를 나타낸다. 이는 생산설비나 생산요소를 자본이 얼마만큼 효율적으로 사용하느냐를 의미한다. 생산함수에서 주요 부분인 노동의 효율적인 사용은 매우 중요한 것이 된다. 그렇기 때문에 구식의 생산함수가 자본의 발전에 도움이 되지 않는 주된 이유는 노동의 효율적인 이용이 어렵기 때문이라고 할 수 있다. 자본이 노동을 이윤축적의 도구로 사용하기가 어려운 이유는 노동계급의 투쟁으로 노동의 가격인 임금이 높아졌다거나 임금을 주고 구매한 노동력이 자본을 위한 잉여가치를 생산하는 것을 거부하는 경우이다. 이같이 노동의 힘이 강해지면 자본이 계획한 생산함수는 그 역할을 할 수 없게 된다. 이렇게 되면 자본은 새로운 생산함수를 창출할 필요가 있다. 다시 말해 노동의 힘이 강해짐에 따라 구식의 생산함수로는 자본주의 사회체제를 유지하기가 어려워지며 위기에 직면한다. 이 위기를 극복하고자 자본은 새로운 생산함수의 도입을 절실히 필요로 한다. 미래란 항상 불확실한 것이다. 만약 새로운 생산방법의 도입이 성공을 거두지 못한다면 새로운 생산함수를 구축하려는 시도가 도리어 손해를 볼 수 있다. 그럼에도 불구하고 왜 자본은 새로운 급격한 기술혁신을 필요로 하는가? 이는 구식의 생산함수(생산방식)로는 자본주의 사회체제를 유지하기가 어렵기 때문이라 하겠다. 그렇다면 슘페터가 말하는 기술혁신의 도입을 통한 새로운 생산함수의 도입 전략이란 노동계급의 힘이 세어짐에 따라 기존의 사회체제로는 이를 제압할 수

없어서 자본이 노동계급을 제압하는 새로운 방법을 찾는 것이라 하겠
다.

슘페터의 '순환적 흐름상태(Circular Flow State)'란 마르크스의 단
순 재생산 모형과 비슷한 상상의 경제이다. 양자의 개념은 자본의 재
생산에 양적·질적 변화가 없다는 가정에서 출발한다. 마르크스의 재
생산 모형에서는 자본이 노동시장에서 노동력을, 생산요소시장에서
생산수단을 화폐로 구입한다. 이렇게 구입한 노동력과 생산수단을 가
지고 상품을 생산한다. 상품생산을 계속하기 위해서 자본은 생산된
상품을 생산물시장에서 화폐의 형태로 바꿔야 한다. 이 화폐로 자본
주의적 생산방법을 반복한다. 이같은 경제가 계속해서 움직이기 위해
서는 노동시장에서 자신의 노동력을 팔아야만 살아갈 수 있는 많은
사람들이 존재해야 한다. 그리고 그들의 생산활동이 자본의 재생산에
서 원료로 투입되어야 하며, 그들이 판매한 노동력이 상품생산으로
실현되어야만 할 뿐만 아니라 많은 사람들이 생산한 상품에 대해 그
들이 구매자로 존재해야 한다. 만약 상품생산 이전의 생산요소와 생
산수단을 구입한 화폐액과 생산한 제품의 시장판매 후의 화폐액이 같
고, 자본의 재생산과정에서 생산된 상품의 질에 변화가 없다면 마르
크스가 말하는 자본의 단순 재생산과 슘페터가 말하는 순환적 흐름상
태란 근본적으로 동일한 개념이라 볼 수 있다. 이는 자본주의 사회체
제가 변화 없이 단순히 유지되는 것을 의미한다. 슘페터나 마르크스
양자 모두는 이같은 경제를 비현실적이라 보고 있다.

슘페터의 경제성장(질적인 변화는 없고 단지 양적인 변화만 있는 경
우)에 대한 개념은 역시 마르크스의 질적 변화가 없는 확대 재생산
개념과 비슷하다. 만약 생산 이전의 화폐액과 생산 후의 화폐액에는

변화가 있지만 재생산과정에서 상품의 질에는 변화가 없다면 이는 마르크스의 질적 변화가 없는 확대 재생산이며 슘페터의 경제성장이라 할 수 있다. 자본의 성공은 생산 이전의 화폐액과 생산 후의 화폐액과의 차이(즉 이윤 혹은 손실)에 달려 있다. 그렇다면 이윤이란 단순한 물적 개념이라기보다 자본의 노동 지배의 성공 여부를 재는 척도로 볼 수 있다. 노동계급의 입장에서 보면 자본에게 이윤이 많이 남는다는 것은 노동에 대한 착취율이 증대됨을 의미한다.[1] 때때로 이윤은 단순히 잉여가치의 실현물로, 즉 물적인 것으로 설명되지만 이러한 설명은 이윤의 사회관계적 성격을 놓치게 된다. 이윤이 남는 재생산을 확대하거나 유지하는 것이 자본의 목표다. 자본은 이윤이란 것을 가지고 또다시 자본의 사회관계(노동계급에 대한 끊임없는 일의 부과)를 심화시키는 데 사용하기 때문이다. 즉 사회적으로 이윤이란 계급관계의 확대 재생산을 도모하기 위한 수단이 된다. 그렇다면 슘페터의 경제성장이란 자본주의 사회체제에 질적인 변화가 없는 상태에서 단순히 노동과 자본 간의 힘 관계의 변화로 볼 수 있다.

그러나 자본주의적 확대 재생산(축적)은 다양한 위기의 가능성을 내포하고 있다. 첫째, 노동시장에 위기의 가능성이 있다. 만약 노동계급이 자신들의 노동력을 판매하기를 거부하거나 보다 높은 임금을 요

---

1) 마르크스는 『자본론』에서 잉여가치율을 설명할 때 이윤율을 $s/c+v$로, 착취율을 s/v로 표시하고 있다(s는 잉여가치, c는 고정비용, v는 가변비용). 여기서 이윤율이란 투하된 총 화폐에서 잉여가치가 차지하는 부분의 백분비를 나타내어 자본의 입장에서 본 개념이라면, 착취율이란 투하된 자신의 노동력에서 잉여가치를 생산하는 데 사용되는 부분의 백분비를 나타내는 것으로 노동의 입장에서 본 개념이다. 마르크스 이후 착취율 개념보다 이윤율의 개념으로 분석하는 것이 마르크스주의자들 사이에 일반화되었다. 자본의 운영 논리를 제공하는 『자본론』에서 노동계급의 무기가 되는 『자본론』으로의 전환이 시급하다. 이에 대해서는 다음을 참조하라. Cleaver, Harry (1979), *Reading Capital Politically*, Austin: The University of Texas Press.

구한다면 자본의 입장에서는 노동시장이 효율적으로 움직인다고 볼 수 없다. 둘째, 농민들의 토지를 위한 투쟁, 광산노동자들의 투쟁, 환경운동 등은 생산수단의 공급에 차질을 일으켜 생산요소시장이 자본을 위해 원활히 움직이지 않게 만든다. 셋째, 생산과정에서의 파업, 태업, 사보타지 등은 생산수단과 노동력의 상품으로의 전환을 어렵게 한다. 넷째, 노동자들이 특정 상품의 구입을 거부하거나 상품을 약탈한다면 상품시장의 운영을 어렵게 한다. 그러므로 확대 재생산(슘페터의 경제성장) 과정은 모든 고리고리마다 계급투쟁으로 이루어져 있으며, 자본의 확대 재생산의 성공은 자본이 노동계급의 투쟁을 극복할 수 있는 능력에 달려 있다고 볼 수 있다.[2]

자본은 확대 재생산을 성공으로 이끌기 위해 즉 계급투쟁에서 이기기 위해 여러 가지 방법을 사용한다. 슘페터는 그 중에서, 일반적인 경우에는, 시장 메커니즘을 가장 중요한 도구로 보고 있다. 슘페터의 성장모델은 시장 메커니즘이 효율적으로 작용한다는 가정하에서 출발한다. 만약 자본의 확대 재생산과정에서 노동계급의 투쟁으로 시장과 생산과정에 위기가 발생한다고 하더라도, 생산물 가격이나 생산요소의 상대가격의 변화로 노동계급의 투쟁을 약화시킬 수 있다는 것이다.[3] 일례로, 경기순환의 과정에서 노동계급이 생산성의 증가보다 더 큰 임금인상을 요구하여 이윤의 폭이 감소하도록 투쟁을 하면 호경기가 불경기로 전환되는 경기순환을 야기할 것이다. 이 경우 자본의 확

---

2) Bell, Peter F. and Harry Cleaver (1982), "Marx's Crisis Theory as a Theory of Class Struggle," *Research in Political Economy*, Vol. 5, pp. 189~261.
3) 대부분의 주류 경제학자들과 마찬가지로 슘페터는 자본가들이 생산과정에서 노동계급을 완전히 통제할 수 있다고 보고 생산물이나 생산요소의 시장에만 초점을 모은다. 만약 생산과정에서 노동자들을 완전히 통제하지 못한다면 이는 어디까지나 경영의 문제로 한정한다.

대 재생산에 충격을 가하는 노동계급의 임금인상 요구에 대해 자본은 시장 메커니즘을 통한 상품생산 감소나 실업증대, 혹은 상품가격 상승이나 임금인하로 대응한다. 이로써 이윤 수준은 회복되고 투자는 활발해져 경제는 성장을 이룩할 수 있다는 것이다. 이같이 시장 메커니즘을 통한 임금하락이 쉽게 작용하는 한 자본은 그들의 확대 재생산의 모형을 바꿀 필요성이 적을 것이다.

그런데 왜 슘페터는 시장 메커니즘으로 가능한 경제성장 즉 경제의 양적 성장에 만족을 하지 않는가? 아마도 양적 성장이 자본의 사회관계를 공고히 하는 것으로 작용하기보다는 도리어 노동계급의 힘의 증대에 더 많이 이용되기 때문일 것이다. 즉 노동계급이 증대된 양적 성장을 노동의 몫으로 전환하는 투쟁에 성공하여 그 증가된 노동의 몫을 자본을 위해 일하는 것을 거부하는 투쟁의 기금으로 이용하게 되면서 기존의 자본이 시장 메커니즘을 이용하는 것으로는 노동계급의 힘을 억제할 수 없기 때문일 것이다. 또 상대가격을 변화시키기 어려운 요인으로는 노동자들의 임금하락에 대한 저항과 노동생산성의 증대에 대한 거부 등을 들 수 있다. 임금이나 노동의 생산성은 물질적인 생산요소와는 달리 자본이 일방적이고 기술적인 계획을 할 수 없는 것들이다. 왜냐하면 이것들은 인간행위이기 때문이다. 부르주아 경제학에서 사용하고 있는 '임금의 하방경직성'과 '후방굴절형 노동공급곡선'은 이같은 인간행위를 나타내는 대표적인 예이다. 자본이 임금하락에 저항하는 노동계급 투쟁의 힘을 통제하지 못하는 한 자본은 노동자의 파괴적인 힘을 통제하기 위한 보다 진보된 방법을 찾으려 할 것이다. 이같은 상황에서 노동의 저항을 분쇄하기 위해 급격한 기술혁신을 도입하는 것은 자본에게 좋은 무기가 될 수 있다.4) 슘페터는 완만한 기술혁신의 도입은 노동계급의 힘을 억제하는 데 아무런 소용이 없다고 믿는다. 왜냐하면 완만한 기술혁신에는 노동계급이 쉽게 적응할 수 있어 그것으로 노동계급의 저항을 완전히 분쇄하기가 어렵다고 보고 있기 때문이다. 급격한 기술혁신을 도입하여 노동계급의 저항을 근본적으로 파괴함으로써 보다 굳건한 자본주의 사회체제를 유지하자는 것이 바로 슘페터의 전략인 것이다.

예를 들어 질적 변화가 없는 확대 재생산에서 총 산출고 중 임금의 몫이 70퍼센트이고 이윤의 몫이 30퍼센트라 가정해 보자. 만약 노동계급의 투쟁으로 노동의 몫이 70퍼센트에서 80퍼센트로 증대하고 상대적으로 자본의 몫이 30퍼센트에서 20퍼센트로 하락하였다면, 다시 말해 확대 재생산에도 불구하고 하락한 20퍼센트의 자본의 몫이 그 전의 30퍼센트의 몫보다 작다면, 또한 자본이 시장 메커니즘을 이용하더라도 임금의 몫을 낮출 수가 없다면, 자본은 자신이 취할 이윤몫이 이전의 이윤몫 30퍼센트와 같거나 크게 하는 방법을 찾으려 할 것이다. 만약 구식의 생산방법으로는 이윤의 증대를 이룩할 수 없다면 생산함수의 변화(마르크스의 용어로는 자본의 유기적 구성도의 변화)는 한 해결책이 될 것이다. 슘페터가 말하는 급격한 기술혁신의 도입으로 증대된 산출고는 노동계급의 임금인상 요구를 들어주는 동시에 이전보다 더 높은 이윤을 보장할 수 있기 때문이다. 이런 의미에서 볼 때 자본주의 발전의 가장 중요한 성격 중 하나인 질적 변화를 통한 자본주의 축적은 노동계급의 주체성에 대한 자본의 반응으로 이루어

---

4) 빤지에리, 클리버 등은 기술을 노동계급의 구성을 와해하기 위한 자본의 도구로 간주하고 있다. Panzieri, Raniero (1980), "The Capitalist Use of Machinery: Marx Versus the 'Objectivists'," in *Outlines of a Critique of Technology*, ed.) Phil Slater, Humanities Press, pp. 44~68. Cleaver, Harry (1981), "Technology as Political Weaponry," in *Science, Politics and the Agricultural Revolution in Asia*, ed.) Robert Anderson, Westview, pp. 161~76.

졌다는 것을 알 수 있다. 질적 변화를 통한 자본의 확대된 축적 없이
는 자본주의 사회는 노동계급의 힘 때문에 확대 발전할 수 없다. 그러
므로 자본주의 발전(축적)과정은 노동과 자본의 끊임없는 투쟁과정이
며, 자본주의의 발전이란 노동계급에 의해 야기된 자본주의의 위기를
자본이 도리어 자본주의 체제의 발전 기회로 이용하는 것을 의미한
다.5)

그러면 왜 슘페터는 급격한 기술혁신을, 구식의 생산함수를 파괴하
는 유일한 방법으로 생각했을까? 그의 기술혁신이란 생산에서 노동과
자본의 관계에 질적인 변화를 가져오는 것을 의미한다. 마르크스의
용어로 말하면 급격한 기술혁신이란 자본의 유기적 구성의 변화이다.
이것은 종종 실업을 야기하여 노동계급으로 하여금 자신의 노동력을
더 싼값에 판매하도록 유도할 수 있으며, 현역노동자에게는 더 낮은
임금에 더 많은 일을 부과할 수 있게 하며, 산업예비군과 현역노동자
사이에 경쟁을 유발하여 자본의 지위를 공고히 할 수 있는 상황을 만
들어 갈 수 있다. 특히 노동자간의 경쟁은 자본가로 하여금 자본에 집
요하게 저항하는 노동자들에 대한 해고를 쉽게 하며 자본의 명령에
상대적으로 온순한 노동자들을 고용하도록 한다. 동시에 새로운 급격
한 기술혁신의 도입은 노동자로 하여금 새로운 기술을 갖도록 요구하
며 자본으로 하여금 새로운 생산체제하에 적합한 새로운 역할을 하도
록 요구한다. 새로운 역할에 알맞은 자본의 새로운 경영방식은 노동
계급의 주체성을 와해하고 업무에서 자본의 통제를 확대 심화하는 것
이다. 자본의 새로운 전략은 노동자들을 경영하기 쉽도록 업무구조에
새로운 조직구조를 접목하는 것이다. 그러므로 급격한 기술혁신으로

---

5) Negri (1968).

새로운 생산함수를 도입하고자 하는 전략은 노동자의 투쟁에 대한 자본의 대응인 동시에 노동계급의 정치적 구성을 와해하기 위한 자본의 공격 전략이다.

'창의적 기업가'의 정치적 해석

급격한 기술혁신은 구식의 생산체제를 파괴하고 새로운 생산체제를 도입함으로써 계급투쟁에서 승리하는 데 주요한 무기가 될 수 있다. 슘페터는 이러한 급격한 기술혁신을 도입하는 사람을 창의적 기업가라고 하면서 창의적 기업가를 보호하고 육성하는 것이 경제발전의 주된 요인이라고 보고 있다. 창의적 기업가를 보호육성하기 위해 금전적 혹은 비금전적 유인책을 제공하고 창의적 기업가가 아닌 기업가에 대해서는 벌칙을 부과해야 한다는 것이다. 창의적 기업가에 대한 슘페터의 이같은 강조는 기술혁신의 도입과 마찬가지로 노동계급의 힘에 대한 자본의 대응 전략으로 설명할 수 있다.

앞에서 살펴본 바와 같이 기술혁신의 도입은 노동자들의 투쟁에 대한 자본의 대응이며 노동자들의 파괴적인 힘을 자본의 발전으로 전환하려는 자본의 전략임을 알았다. 슘페터의 창의적 기업가는 급격한 기술혁신을 경제에 도입하는 사람이기에 그의 창의적 기업가 정신에 대한 강조는 계급투쟁에서 노동의 힘에 비해 자본이 열세에 있다는 것을 암묵적으로 나타낸다. 또한 슘페터는 창의적 기업가를 물적 자본의 소유자이건 아니건 관계없이 경제에 기술혁신을 도입하느냐 아니냐에 따라 규정한다. 그러므로 창의적 기업가란 기능적으로 자본의 발전을 위해 노력하는 '대자적 자본계급(Capitalist Class-for-itself)'이라 할 수 있다. 자본주의 사회체제를 유지 발전시키기 위해 끊임없이 노력하는 사람이 바로 슘페터의 창의적 기업가인 것이다. 자본주의 발전을 노동계급에게 끊임없이 일을 부과하는 사회체제로 본다면 창의적 기업가 정신에 대한 슘페터의 강조는 노동계급에게 일을 부과하는 데에서 새로운 방법이 개발되어야 함을 강조하는 것과 마찬가지다. 북한의 천리마운동에 대한 강조로부터 우리가 북한의 노동자들이 얼마나 사회주의적 일의 부과에 반대하는지를 유추할 수 있는 것과 같이 창의적 기업가 정신에 대한 강조로부터 우리는 자본이 노동자들의 투쟁 때문에 그들에게 일을 부과하기가 어렵다는 사실을 간접적으로 알 수 있다. 다시 말해 슘페터의 창의적 기업가 정신에 대한 강조를 통해 우리는 그것이 노동계급의 힘에 대한 자본의 대응임을 유추할 수 있다.

슘페터는 창의적 기업가를 자본주의 발전의 지도자로 표현한다. 자본주의 발전의 지도자에게는 자본주의 발전의 장애물을 없애는 것이 주된 임무 중에 하나일 것이다. 그러면 자본주의 발전의 중요한 방해란 무엇인가? 앞에서 살펴본 바와 같이 자본의 확대 재생산에 있어 가장 큰 장애물은 각 시장과 생산과정에서 나타나는 노동계급의 투쟁이다. 노동자들이 자본의 계획에 잘 따르지 않기 때문에 슘페터는 이 불복종적 노동의 저항을 극복하기 위하여 창의적 기업가의 지도력을 강조하지 않을 수 없었을 것이라고 볼 수 있다. 슘페터는 창의적 기업가를 잉여가치(이윤)의 유일한 원천이라 보고 있다. 이윤이란 생산 전의 화폐액과 생산 후의 화폐액 간의 차이이다. 만약 생산물시장이나 생산요소시장에서 평등한 교환이 일어난다고 가정하면6) 잉여가치

---

6) 평등한 교환을 가정하지 않아도 별 문제는 없다. 만약 불평등 교환이 발생한다면 이는 이윤의 재분배에 지나지 않는다.

의 유일한 원천은 생산과정이다. 자본은 이윤을 증대하기 위해 생산과정에서 노동의 생산성을 증대하거나 소위 말하는 자본의 생산성을 증대하여야 한다. 노동의 생산성 증대는 노동의 집약적 사용, 노동시간의 연장, 노동의 질의 향상, 노동을 자본의 명령에 순종적으로 만드는 것 등을 통해서만 가능하다. 소위 말하는 자본의 생산성 증대는 자본을 좀더 효율적으로 사용하는 것을 통해 가능하다. 다른 말로 여러 가지 기계나 설비를 노동자로 하여금 일하게 하는 데 좀더 효율적으로 사용하는 것을 의미한다. 노동생산성의 향상이건 자본생산성 향상이건 이윤의 증대는 자본이 노동을 얼마나 잘 통제하느냐에 달려 있다. 이런 의미에서, 슘페터가 이윤의 원천을 창의적 기업가에서 찾을 때, 우리는 이 주장을 통해 그가 노동계급에 대한 통제를 이윤의 원천으로 보고 있으며 그의 주장은 결국 노동의 힘에 대한 자본의 대응임을 이해할 수 있다.

슘페터의 창의적 기업가에 대한 강조가 노동의 힘에 대한 자본의 대응이라면 어떻게 자본이 노동의 힘에 대응하는가. 슘페터는 창의적 기업가를 보호육성하기 위해, 노력하는 자에게는 부의 약속을, 게으른 자에게는 파멸의 위협을 주는 것이 가장 좋다고 보고 있다. 슘페터에 있어서는 창의적 기업가란 기능면에서 '대자적 자본계급'이기 때문에 이들에게 이윤과 손실을 매긴다는 것은 기업가들 사이에 경쟁을 유발한다는 것이다. 주류 경제학자들과 몇몇 마르크스주의자들까지도 자본주의 발전과정을 단순히 기업간 혹은 산업간의 경쟁의 결과로만 보면서 노동계급은 자본주의 발전과정과는 아무런 관련이 없는 것처럼 본다. 그러나 자본간의 경쟁은 누가 노동에 대해 더 큰 통제력을 가지고 있는가를 둘러싼 경쟁이기 때문에 자본간 경쟁의 순 효과는 자본가계급으로 하여금 노동계급에 좀더 공격적인 '대자적 자본계급'이 되도록 강요하는 것이다. 그러므로 노동자의 관점에서 볼 때 (그들이 그것을 인식하느냐 못하느냐와는 관계없이) 자본가 사이의 경쟁이란 그들 사이의 단순한 격투에 그치는 것이 아니라 계급투쟁과 밀접한 관계가 있는 것이다.7)

　　이를 좀더 상세히 설명해 보자. 자본가간의 경쟁은 그들 중에서 누가 더 노동자를 잘 규제하느냐를 포함한다. 예를 들어 전통적인 기업간의 가격경쟁은 누가 비용을 더 많이 절감하는가에 달려 있는데 비용의 주요 부분은 노동자에게 지불하는 임금과 혜택이다. 경쟁시장에서 이들 비용을 가장 잘 절감하는 자본가가 가장 많은 이윤을 얻을 수 있고 그들의 상대적인 지위를 개선할 수 있는 가장 큰 기회를 가진다. 최근에는 기업간의 경쟁이 제품차별이나 기술혁신을 둘러싸고도 일어나게 됨에 따라 노동자들의 상상력이나 창의성을 가장 잘 이용하는 자본가가 다른 자본가에 비해 경쟁력을 높이는 것을 볼 수 있다. 이런 점에서 자본가간의 경쟁은, 노동계급과는 상관이 없는 기업간의 골육상쟁이 아니라, 개별 자본가가 노동에 대한 통제를 극대화하도록 하도록 하면서 결국 전체 자본의 노동에 대한 통제력을 증대시키는 과정이다.8) 기업 서로간의 경쟁을 통한 자본의 힘의 증대는 노동자들 사이의 혹은 노동자와 자본가 사이의 관계구조의 변화를 통해서 얻어지기 때문에 이 변화는 계급간의 힘의 양적인 재분배이면서 동시에 노동의 힘의 와해를 의미한다. 이는 자본계급의 힘을 재구성하는 동전의 양면이다.

---

7) Cleaver, Harry (1990), "Competition? or Cooperation?" *Common Sense*, No. 9, April, pp. 20~2.
8) Cleaver (1990a).

창의적 기업가 정신에 대한 슘페터의 강조는 노동계급의 힘을 와해하기 위한 자본의 이데올로기로도 사용된다. 이데올로기란 사람들의 사고방식을 장악하고 또 재생산하는 것이다. 자본의 이데올로기란 자본의 사회관계를 당연한 것으로 옹호하는 사고방식이다. 창의적 기업가의 개인적 차이에 대한 강조는 임금의 격차를 당연시하는 이데올로기로서 노동자들을 임금격차로 분할하여 임금인상 요구 투쟁을 저해하는 데 사용된다. 개인적 능력 차이에 대한 슘페터의 강조는 소득의 불평등한 분배는 개인차에서 발생하는 자연스러운 현상이며 소외나 빈곤문제는 사회적인 문제가 아니라 개인의 능력 문제이라는 것이다. 또한 창의적 기업가만이 이윤의 원천이며 유일하게 생산적인 계급이라는 슘페터의 이데올로기적 주장은 노동계급은 생산적이 아니라는 사회 여론을 형성하여 자본가들이 노동자의 요구를 묵살하는 데 사용된다. 서구 자본주의 사회에서는 이같은 이데올로기는 신보수주의의 이데올로기로, 즉 빈민을 위한 각종 사회보장제도는 개인의 일하려는 의욕을 저해한다는 이데올로기로 되었다. 개발도상국가에서 이것은, 기업인들이 자유롭게 활동할 수 있는 터전을 마련하는 시장개방의 구호로 사용되었다. 동구권에서 이것은, 국가 소유의 기업이나 토지는 보다 나은 경영이나 경작을 하도록 할 유인책을 주기 위해 자유롭게 이윤을 추구할 수 있도록 사기업 형태로 전환해야 한다는 이데올로기로 사용되었다.[9] 이는 노동계급의 힘을 약화시키려는 자본의 의도의 표현들이다. 개인의 능력에 따라 차별대우를 하는 것을 당연시하는 이 이데올로기는 개인간의 차이가 개인의 다양성을 발휘하는 데 이용되는 것이 아니라 개인이나 집단들 사이에 적대감을 갖도록 하여 노동계급을 분열시키는 것으로 사용된다. 나아가 여러 집단들간의 차이

---

9) Cleaver, Harry (1990), Course Package, p. 44.

를 수입이나 인종, 성, 그리고 지역에 따른 상호 적대감으로 전환함으로써 노동계급의 힘을 무력화시키는 데 사용된다. 이것은 사회적으로 공공연히 표출되는 구조적 폭력을 재생산하는 것으로 나아간다. 구조적 폭력은 테러와 대량투옥을 통해서 합법적으로 자행되면서 노동계급에게 물리적 위협을 가한다. 구조적 폭력은 다시 상징, 이데올로기, 사회정책 등을 통해 강화된다. 이것은 일부 사람들을 가난과 빈곤, 교육의 결핍, 참정권 박탈 등과 같은 처지에 놓이게 함과 동시에 다른 사람에게는 이러한 상황에 처할지도 모른다는 공포감으로 다가간다.

'창조적 파괴'의 정치적 해석

슘페터의 경기순환 과정에 대한 설명에서 나타난 경제에 대한 정부의 개입 축소전략도 노동계급의 힘에 대한 자본의 반응으로 설명할 수 있다. 슘페터의 제1차 접근(호황기와 침체기만 있는 경기순환)은 창조적 파괴의 과정을 통해 급격한 기술혁신이 전파되는 과정을 설명하고 있다. 위에서 우리는 이미 자본가들이 급격한 기술혁신을 노동투쟁을 극복하는 데 어떻게 사용하는지를 살펴보았다. 창조적 파괴 과정이란, 노동계급을 통제하는 데 새로운 도구를 사용하는 기업은 번성하고 노동계급을 통제하는 데 이들 도구를 사용하는 것을 게을리하는 기업은 사라져야 한다는 것이다. 이는 자본의 개혁과 혁명을 의미한다. 제1차 접근의 창조적 파괴 과정은 엄밀히 노동계급의 투쟁은 하나도 없고 단지 자본의 계획이 완전히 실행됨을 의미한다. 왜냐하면 제1차 접근에서 침체기란 기술혁신의 확대로 인해 이윤의 폭이 점점 감소되는 국면으로 이윤은 여전히 정상 이윤을 초과하고 있어 자본의 진정한 위기의 상태가 아니기 때문이다. 그러나 슘페터는 경기순환의 제1차 접근은 비현실적이라 보고 제2차 접근(호황기, 침체기, 쇠퇴기,

회복기로 구성된 경기순환)이 좀더 현실적이라 보고 있다. 여기서 쇠퇴기란 이윤이 정상 이윤을 유지하지 못하여 손실을 발생시키는 경우를 말한다. 그렇다면 슘페터는 현실적으로 자본의 계획에는 여러 가지 장애요소가 많음을 인정한 것이다.

슘페터는 비효율적인 기업에의 지나친 대부, 새로운 기업의 지불실패, 투기 이 세 가지 요인이 쇠퇴기를 초래하는 장애요소로 보고 있다. 이같은 요인들이 쇠퇴기 즉 자본의 위기를 가져온다는 것이다. 비효율적인 기업에 화폐가 사용된다는 사실은 다른 말로 아직까지도 노동자의 투쟁을 극복하지 못하는 기업에 자금이 사용된다는 것을 의미한다. 이것은 자원이 자본의 발전에 효율적으로 사용되지 않음을 의미하고 이는 다시 노동계급의 투쟁을 제어하는 데 실패한 기업도 존재함을 의미한다. 다시 말해 계급투쟁에서 자본이 실패하고 있음을 의미한다. 기술혁신을 도입한 새로운 기업이 빚을 갚는 데 실패한다는 것은 자본의 확대 재생산을 원활히 하는 데 예상한 것보다 자원이 더 많이 사용되었거나 충분히 높은 수준의 효율성이나 산출고를 만드는 데 실패했음을 알 수 있다. 우리가 이미 앞에서 살펴본 대로 자본의 확대 재생산에서의 문제점은 각종 시장과 생산과정에서 노동자투쟁의 성공이다. 투기는 노동자투쟁에 대한 자본의 또 다른 대응 방식이다. 그것은 노동계급의 힘 때문에, 돈이 노동자들을 통제하는 데 사용되지 않고 노동자와의 대면으로부터 도망을 치는 것이다. 어떻게 보면 '자본의 파업(Strike)'이다. 즉 돈이 노동계급의 투쟁이 심한 곳을 피해 노동계급과 직접적으로 대면하지 않는 자산에 그 가격 차액을 목적으로 투기되는 것이다. 자본의 파업은 고용량을 줄여서 노동자에게 빈곤을 부가하여 계급투쟁에서 승리하려는 전략이다. 슘페터가 말하는 경기순환의 호황기가 노동계급의 투쟁에 대한 자본의 대응

(기술혁신의 도입)이 성공적으로 행해진 것을 의미한다면, 쇠퇴기로 접어드는 것은 노동계급이 자본에 대응하여 성공적으로 투쟁한 것을 의미한다. 그러므로 자본의 확대 재생산의 순환형태(자본주의 발전과정)는 자본가와 노동계급 사이의 힘의 관계로 볼 수 있다.

슘페터는 경기순환의 과정을 설명하면서 쇠퇴기는 창조적 파괴의 효과로 인정하지만 심각한 쇠퇴기는 자본의 파멸로 갈 가능성이 많다고 보고 심각한 쇠퇴기를 벗어날 몇몇 정부의 정책(그의 개념으로는 정부의 간섭 축소)을 제시한다. 실업에 대한 정부의 각종 구제책에 대한 그의 반대는 산업예비군을 이용하여 현재 고용되어 있는 노동자에 압력을 가하자는 것이다. 각종 사회보장에 대한 지출축소 주장은 비임금 노동자의 소득을 축소시켜 직접적으로 자본에 대항하는 노동계급의 투쟁능력을 감소시키자는 것이다. 이는 19세기에 사용한 반구빈법과 같은 효과를 노동계급에 가져온다. 구식 기업에 대한 그의 보조금 철폐 주장은 노동계급의 투쟁을 극복하지 못하는 기업은 정부가 도울 필요가 없다는 것이다. 기업에게 노동계급의 투쟁을 극복하도록 독려하자는 것이다. 동시에 그의 특허권 보호법 제정요구와 반독점법에 대한 반대는 기업을 차별화하여 계급투쟁에서 이길 가능성이 높은 새로운 기업에게 정부가 보다 많은 힘을 주는 유인책을 펴야 한다는 것이다. 앞에서 살펴본 경쟁의 성격을 상기할 때, 이같은 슘페터의 전략의 핵심은 노동자들을 잘 착취하는 기업은 도와주고 그렇지 못한 기업은 도태시키자는 것에 있다.

비록 슘페터가 이상과 같은 정부정책을 정부 간섭의 축소라고 묘사했지만 그 내용은 정부의 강력한 개입을 의미한다. 작은 정부라고 해서 노동계급에게 약한 정부를 의미하지는 않는다.[10] 슘페터가 말하는 정부 간섭의 축소란 국가가 노동자들에 의해서 이용되어서는 안 된다는 것이다. 실제로 노동계급이 국가를 자신에게 유리하게 이용한 적도 많이 있다. 그래서 슘페터가 주장하는 국가의 역할 축소란 이러한 노동계급의 구성을 와해하기 위한 자본의 전략일 뿐이다. 즉 계급간의 투쟁에서 국가를 노동계급에는 불리하게, 자본에게는 유리하게 사용하자는 것이다. 케인즈의 국가는 노동계급의 힘에 대한 소극적인 전략이라면 슘페터의 국가는 노동계급의 힘을 정면으로 쳐부수는 적극적인 전략이다. 전통적으로 국가에 대한 부르주아 전략들은 국가를 이용하여 기업가를 보호하고 노동자를 탄압하는 전략이다. 그러나 전통적인 부르주아의 국가전략은 창의적 기업가와 구식의 기업가 사이, 그리고 일반 노동자와 창의적 노동자(실질적인 기능상 이들은 자본가이다) 사이를 구별하지 않는다. 단지 기업가와 노동자의 구분만 있을 뿐이다. 그러나 슘페터는 자본의 발전에 적극적인 기업가와 노동자를 그렇지 않는 기업가와 노동자로부터 구분한다. 그래서 창의적 기업가를 보호육성하는 데 정부를 이용하려는 슘페터의 전략은 국가에 대한 어떤 다른 전통적인 부르주아 전략보다 더 강력한 전략이라고 볼 수 있다.

---

10) 거대한 독점자본이 소규모 형태로 전환하는 것에 대해, 소규모 형태의 기업은 거대 독점자본에 비해 노동계급에 덜 독재적일 것이라는 생각에서 슈마허는 '작은 것이 아름답다(Small is beautiful)'라고 주장했다. 여기에 대해서 1960년대에 맛떼라는, 이태리에서 유행한 소규모 형태의 기업으로의 전환은 단지 노동계급의 투쟁에 대응하기 위한 자본의 대응전략일 뿐이며 소규모 형태로의 전환이라고 해서 자본의 권력이 작아진 것이 아니라 노동계급의 통제에 더 강력한 힘을 발휘하기 때문에 '작은 것은 아름답지 않다(Small is not beautiful)'라고 주장했다. Mattera, Phil (1980), "Small is not Beautiful: Decentralized Production and the Underground Economy in Italy," *Radical America*, Vol. 14, No. 5, Sept.-Oct.

2. 슘페터 추종자들의 전략에 대한 정치적 해석

'전자기술 및 지식'에 대한 정치적 해석

포드주의 위기에 따른 자본의 대응

슘페터와 마찬가지로 그의 추종자들도 경제에 급격한 기술혁신(전자기술)을 도입함으로써 구식의 생산함수는 파괴하고 새로운 생산함수를 구축하는 것을 자본주의 발전의 핵심요소로 간주한다. 구식의 생산함수인 포드주의 대량생산 체제에서 자본의 명령에 순종하여 기계의 부속품처럼 일을 할 것을 강요당한 노동자들은 스스로가 기계의 부속품이 되기를 거부하고 자아를 확립하여 자신들의 창의성을 발휘하려고 했으며 또 대규모 노동운동을 통해서 노동시간을 줄이고 임금을 상승시키려 했다. 포드주의 대량생산 체제 방식이 위기에 처한 것은 이 때문이다. 이에 대응하여 자본은 한편으로 노동계급의 창의적 적대감을 억누르고 다른 한편으로 노동계급의 창의성을 부추길 수 있는 새로운 생산방식의 개편을 시도하였다. 여기서 슘페터 추종자들은 전자기술이 포드주의 대량생산 체제의 위기에 해독제 역할을 할 수 있다고 보았다.

포드주의 대량생산 체제는 테일러(Frederick Taylor)의 과학적 경영방법과 포드(Henry Ford)의 자동 조립라인에 기초한 생산체제이다. 이 생산체제는 원래 20세기 초 숙련 노동자(Skilled Worker)의 주체성을 극복 와해하기 위한 자본의 대응 체제로서 나타난 것이다.[11] 자본

---

11) Bologna, Sergio (1972), "Class Composition and the Theory of the Party at the Origin of the Workers-Councils Movement," *Telos*, Fall, pp. 14~21. Braverman,

주의 생산체제의 초기 단계는, 자본가가 물적 자본을 가지고 공장과 기계설비를 구입하고 여기에 봉건제도 길드체제에서 양성된 장인과 도제를 고용하여 생산하는 생산체제였다. 점차 장인은 숙련 노동자로 도제는 미숙련 노동자로 전락하게 된다. 자본은 노동자를 숙련과 미숙련을 기준으로 분할하여 쉽게 노동자들을 통제했다. 그러나 숙련 노동자들은 생산과정에 대한 지식을 완전히 보유하여 직접 생산과정을 통제했기 때문에 자본가들은 생산을 직접 통제하기가 어려웠다. 20세기 초반 이같은 숙련/미숙련 노동계급의 구성은 노동계급의 투쟁에서 지도자와 추종자의 구분으로 나타난다. 러시아의 볼셰비끼와 독일의 '평의회 커뮤니즘(Council Communism)' 운동이 대표적인 형태인데 이들 운동의 공통점은 그 당시 노동계급의 구성을 반영한 계급의 전위 형태와 생산에 있어서의 직접 경영이다.

숙련 노동자의 혁명적인 투쟁에 의해 야기된 자본주의 위기에 대항하여 자본은 계급투쟁에서 승리하기 위한 방법의 일환으로 기존의 생산체제의 급격한 재구조화를 실시했다. 숙련 노동자들을 노동 전위에서 떼어내기 위해 그리고 숙련 노동자들이 지녔던 생산에서의 헤게모니를 박탈하기 위해 자본은 생산과정을 대중화시키고 숙련 노동자들로부터 그들의 생산에 대한 기술을 빼앗을 필요성을 가지고 있었다. 이렇게 함으로써 새로운 노동력을 생산에 투입하고 기존의 노동계급의 귀족(숙련 노동자)들의 생산과정에서의 통제력을 약화시키고 그들의 정치적 잠재력을 중립화시키자는 것이었다. 이같은 목적을 수행하기 위해 자본은 테일러의 과학적 경영 방법을 적극적으로 도입하였다.

Harry (1974), *Labor and Monopoly Capital: The Degradation of Work in the Twentieth Century*, Monthly Review Press. Zerzan, John (1988), *Elements of Refusal*, Seattle: Left Bank Books.

테일러는 생산과정을 하나하나 분석하고 한 업무를 여러 부문으로 나누어 여기에 필요한 노동자의 행동을 하나하나 시간으로 측정하고 기록하였다.12) 이러한 과학적 경영 방법의 도입은, 한편으로는 노동자의 관념적인 측면과 실천적인 측면 혹은 정신적인 측면과 육체적인 측면 사이의 업무 분할을 통해 노동자를 정신 노동자와 육체 노동자로 분할하여 서로 경쟁하게 하고, 다른 한편으로는 생산과정에서의 모든 기술을 임금이 높고 기능상 경영층에 가까운 엔지니어란 새로운 계층에게 독점시킴으로써 생산과정에서 자본의 통제력을 강화하는 것으로 나타났다. 이로써 노동자의 일은 더 적은 기술과 지식을 요구하는 업무로 바뀌었다. 포드는 테일러와 같이 노동자의 일을 계속 분할하고 전문화시켰을 뿐만 아니라 노동자의 업무 분할과 전문화를 생산기계 즉 자동화 조립라인에 통합함으로써 자본가의 생산과정에 대한 장악력을 좀더 강화시켰다. 공장은 고도의 생산, 운영, 통제, 계획에 적합하도록 자본가 위주로 설계되었다. 포드주의의 자동화 조립라인에 의한 대량생산 체제는 노동의 세분화, 단순화, 기계화를 야기했다. 조립라인에서 기술이 없어진 노동자들은 기계의 속도에 맞추어 일을 할 것을 강요당했다. 숙련 노동자들은 미숙련의, 뿌리뽑힌, 이동성이 높고 교체 가능한 근대적 조립라인 노동자(대중노동자 : Mass Worker)들에게 길을 비켜 주었다. 자본은 새로운 생산체제인 포드주의 대량생산 체제를 통해 생산과정에서의 계급투쟁에서 승리하려 했다. 이같은 생산방법은 대량생산, 규모의 경제, 자연자원의 대규모 사용, 그리고 획일적 상품생산으로 나타난다.

포드주의 대량생산 체제에 대한 노동자들의 저항은 꾸준히 있어 왔

---

12) Taylor, Frederick (1947), *Scientific Management*, New York: Harper.

다. 그 결과 1960년대 말과 1970년대 초 서구 자본주의 국가에서는 포드주의 대량생산 체제를 더 이상 유지하기가 어렵게 되었다. 포드주의 생산체제에서 야기된 작업장에서의 노동자 소외, 일의 단순함, 개인의 기술이 크게 비중을 차지하지 않음, 업무 강도의 심화 등으로 노동자의 저항이 여러 형태로 나타났기 때문이다. 숙련과 미숙련의 분할이 없어지고 노동자계급이 탈숙련된 대중노동자로 단일화된 노동계급 구성은 노동자들이 자본에 맞서 스스로를 독립적인 계급 세력으로 결속할 가능성을 그 어느 때보다도 높여 놓았다. 노동자들의 대중적 파업은 증대했고 노동자 전위들은 대중 수준에서 활동하기 시작했다. 대중노동자들의 투쟁은 정규적인 조직형태(산업의 노동조합)로 혹은 비정규적 형태(간헐적으로 은밀하게 이루어지는 계획적 결근, 업무태만, 사보타지 등)로 임금인상과 노동시간의 단축을 요구하게 되고 그것이 상당한 성공을 거두었다. 동시에 생산라인에 있는 노동자들은 주어진 업무를 단순히 기계처럼 수행하기보다 생산활동에 창의성을 발휘하면서 엔지니어나 경영인들이 독점하려 한 지식과 기술에 도전하기 시작했다. 대중노동자들의 투쟁과 생산성의 증대에 의해 임금이 상승되고 노동시간이 단축됨에 따라 노동계급은 자기활동을 증대하고 자기가치를 추구하면서 획일적인 생산물보다 다양한 스타일과 품질의 생산물을 요구하기 시작했다. 또 그들은 실질임금의 상승으로 보다 많은 자유로운 시간을 가지려 하고 자본을 위한 일은 점점 줄이려 하였다.

대중노동자들의 투쟁으로 포드주의 대량생산 체제는 더 이상 자본의 이윤을 보장하기 어렵게 되었다. 이같은 위기에 대응하는 하나의 수단을 제공해 준 것이 바로 새롭고 급격한 기술혁신인 전자기술의 이용이다. 자본은 전자기술을 이용하여 한편으로는 노동계급의 저항

을 분쇄하여 그들을 억압하고 다른 한편으로는 좀더 유연하고 적응적
인 방법을 구사하여 노동자들의 지식과 창의력이 작업장에서(미국은
이 점에서 일본에 뒤진다) 그리고 사회 전반(정보사회를 열어가는 문화
나 여가산업)에서 이윤의 새로운 원천이 되도록 하였다. 제조산업에서
정보산업 분야로의 주요산업 분야의 전환은 새로운 급격한 기술혁신
인 전자기술이 어떻게 이 위기를 야기한 노동자의 주체성과 양립할
수 있는가 즉 포드주의 대량생산 체제를 어떻게 혁명적으로 넘어설
수 있는가에 관한 슘페터의 아이디어의 실마리를 제공한다.

'전자기술 및 지식'을 이용한 노동계급 와해

   슘페터 추종자들은 오늘날 자본주의 발전을 도모하기 위해서는 전
자기술을 적극적으로 이용하여 사람들의 지식이나 창의성을 뽑아내
는 데 적합하도록 정치·사회·경제적 체제를 재구성해야 한다고 주
장한다. 그러나 그들은 왜 전자기술이 지식을 사용하는 사회체제를
재건하는 데 중요한지에 대해서는 거의 설명이 없다. 다시 말해 전자
기술을 이용해 노동계급을 어떻게 해야 한다는 식의 설명은 없다. 그
러나 그들의 보편 타당한 이론의 뒷면에는 계급투쟁에서 어떻게 하면
자본이 이길 수 있을까라는 자본의 전략이 숨어 있다. 그래서 여기서
는 비록 슘페터 추종자들이 직접적으로 언급은 하지 않았으나 자본이
전자기술을 그들의 이윤과 통제수단으로 어떻게 이용하는지 즉 자본
이 전자기술을 이용하여 그들의 힘을 강화시키는 한편 노동계급의 계
급구성을 어떻게 와해하고 노동자들의 주체성을 어떻게 단순한 노동
력으로 전환시키려 하는지를 좀더 상세히 살펴보겠다.

   슘페터 추종자들이 전자기술의 이용을 강조하는 여러 이유 중 하나
는 전자기술이 생산과정을 변혁시켜 노동계급의 힘을 약화시킴으로

써 계급투쟁에서 자본이 주도적인 위치에 서려는 것이다. 새로운 생산과정으로의 변혁은 기존의 생산직 노동자의 생산성을 향상시켜 고용을 줄이고 이들 노동자들을 좀더 기계화시키고 노동강도를 증대시킴으로써 자본에게는 힘을 실어주는 대신 노동계급의 힘을 약화시킬수 있게 한다. 전자기술에 기초한 컴퓨터가 생산에 도입되고 자동피드백제어가 가능해짐으로써 기존의 생산방식과는 근본적으로 상이한 새로운 생산방식의 도입기 가능하게 되었다. 프로그램에 의해 자동제어가 가능한 로봇이나 수치제어(Numerical Control) 공작기계, 자동조립기계, 자동운반기계, 자동검사기계, 자동설계기계 등등 컴퓨터를 활용한 무수한 자동기계들이 이전에 생산직 노동자들이 하던 일을 대신하게 되고 이것들이 도리어 이들 노동자들에 대한 지배를 강화하게 되었다. 이같은 변화를 'CIM(Computer-Integrated Manufacturing)', 'CAD(Computer-Aided Design)', 'CAM(Computer-Aided Manufacturing)'등으로 부른다. 이것들 중에 가장 발전된 형태는 분리된 여러 생산과정을 연결하여 고도의 통합을 이룬 제조체제인 컴퓨터화된 공장이다. 이는 컴퓨터 스크린에 나타난 기호의 해석이나 조정을 통해 작업하는 공장으로, 생산직 노동자들이 공장의 작업장에 있는 물건들, 원료들, 기구들을 직접 손으로 다루는 전통적인 생산과정을 대체한다.13) 자본은 이것을, 노동시간을 줄이거나 임금을 증대시키는 데 사용하는 것이 아니라, 생산과정에서 노동자를 더 잘 통제할 수 있는 여건을 만드는 데에, 생산직 노동자들의 업무를 이전보다 더욱 단순화·기계화시

---

13) 컴퓨터 자동화가 노동자에게 미치는 영향에 대해서는 다음을 참조하라. Zuboff, Shoshana (1988), *In The Age of The Smart Machine: The Future of Work and Power*, New York: Basic Books. Shaiken, Harley (1984), *Work Transformed: Automation and Labor in the Computer Age*, New York: Holt, Rinehart and Winston. Morris-Suzuki, Tessa (1988), *Beyond Computopia: Information, Automation and Democracy in Japan*, London: Kegan Paul International.

킴으로써 노동자들의 노동강도를 증대시킬 수 있는 여건을 만드는 데에, 즉 계급투쟁에서 자본이 우위를 점하는 데에 이용한다.

전자기술의 도입으로 사무직 노동도 역시 단순화되고 노동강도가 심화된다. 제조업 분야에 적용되는 논리가 사무자동화에도 적용된다. 대규모 사무실에서는 기록, 타이핑, 회계, 재고조사, 전화받기, 기록과 분류 등의 업무는 이미 공장의 생산체제처럼 전환되었다. 오늘날 사무직 노동자들도 컴퓨터 프로그래밍의 속도에 맞추어 일을 해야만 한다. 컴퓨터라는 새로운 기구를 일에 이용하게 된, 초기 단계에서는 노동자들에게 새로운 기술과 지식을 얻는 것이 때때로 흥미롭고 도전적인 일일 수 있었다. 그러나 이같은 기술의 도입으로 사무직 노동자도 제조업 노동자와 마찬가지로 기계장비의 부속품으로 전락되었고, 일의 다양성은 떨어졌으며, 앉아서 일하는 시간은 길어지고, 일의 성격역시 보다 반복적이고 추상적인 것으로 된다.14) 컴퓨터로 자동화된 사무실에서 사무직 노동자들은 컴퓨터 프로그래밍에 따른 속도에 맞춰 계속 일을 해야만 하고, 눈을 종이와 스크린 사이로 끊임없이 왕복시키는 작업을 몇 시간이고 계속해야 하고, 얼마 되지 않는 휴식시간마저도 상대적으로 외롭게 보내야만 한다. 예를 들어 자동스위치의 출현 전까지만 하더라도 전화교환수는 전화가 왔다는 불이 켜진 후 교환수 자신이 코드를 꽂았다. 그러나 자동 스위치가 도입된 이후에는 교환수가 원하든 원하지 않든 전화는 자동으로 접속되어 교환수는 숨쉴 틈도 없이 이에 응답해야 한다.15) 이것은 마치 이전의 공장에서

---

14) 이같은 일의 성격에 대한 예는 다음을 참조하라. Horowitz, Tony (1996), "Mr. Edens Profit from Watching His Workers' Every Move," in *Computerization and Controversy: Value Conflicts and Social Choices*, ed.) Rob Kling, 2nd edition, Academic Press, pp. 322~5.

의 자동화 조립라인을 연상케 한다. 더욱이 컴퓨터란 자기 스스로 일
하는 것이 아니다. 노동자들은 컴퓨터를 작동하는 법을 배워야 하며
이것을 일과 통합해야 하는 것이다. 컴퓨터를 효과적으로 일에 사용
하기 위해 노동자가 컴퓨터를 자기의 돈과 시간을 투자하여 배우거나,
지침서나 동료의 조언을 통해 배우거나, 때로는 학원에서 배워야 한
다.16) 그래서 노동자들은 자신들의 휴식시간이나 자신들의 돈을 컴퓨
터를 배우는 데 사용해야만 한다. 그러나 노동자들의 증대된 기술향
상이 항상 봉급이나 진급 혹은 일의 감소로 나타나는 것은 아니다.

　전자기술은 전통적인 육체 노동자나 정신 노동자뿐만 아니라 과학
자, 엔지니어, 소프트웨어 프로그래머 등 전문직 노동자의 일도 단순
화, 추상화시킨다. 컴퓨터는 특히 테일러의 과학적 경영방법을 이전에
육체 노동자에게 부과한 것처럼 전문직 노동자에게 부가할 수 있는
기술적 가능성을 제공하기도 한다.17) 컴퓨터는 기업 안팎의 지식 노
동자들 사이에 커뮤니케이션을 증대함으로써 지식생산에서 노동의
분업을 더욱 쉽게 한다. 이같은 경향은 지식이 복잡하게 됨에 따라 더
가속된다. 이로써 전문직 노동자들의 업무는 더욱 좁은 영역으로 더
욱 제한된 분야로 한정된다. 전문직 노동자들은 일에서 자율성이 줄
어들고 지식생산 체제의 전체 과정을 이해할 수 없게 되며 그것의 일
부분에만 한정된다. 전자기술에 기초한 새로운 정보처리기술, 정보계

---

15) Iacono, Suzanne and Rob Kling (1996), "Computerization, Office Routines, and
　　Changes in Clerical Work," in *Computerization and Controversy: Value Conflicts
　　and Social Choices*, ed.) Rob Kling, 2nd edition, Academic Press, pp. 309~15.
16) Kling, Rob (1996), "Computerization at Work," in *Computerization and Controver-
　　sary: Value Conflicts and Social Choices*, ed.) Rob Kling, 2nd edition, Academic
　　Press, p. 292.
17) Morris-Suzuki (1988), p. 144.

획기술, 조절기술의 도입을 통해 기업은 전문적 작업의 여러 과정과
이들 상호 연관성을 장악할 수 있는 능력을 제고할 수 있고, 전문직
노동자의 재량권이나 판단력을 대체하는 자동 체제를 구축할 수 있
다.18) 종래의 건축가의 업무는 컴퓨터의 이용으로 인해 어린아이들의
장난감 조립과 같은 업무로 바뀌었다. 숙련 노동자의 기술을 빼앗은
테일러의 과학적 경영방법과 같이, 전자기술은 자본이 전문직 노동자
로부터 전문적인 지식을 빼앗아 장악하게 한다. 전문적 노동자의 탈
기술화는, 숙련 노동자에 대해 테일러주의가 한 것처럼, 이들 노동자
들을 쉽게 통제하려는 자본의 의도가 관철된 결과이다.

지식을 창출하는 일을 단순화시키는 것만이 자본전략의 유일한 방
도는 아니라는 것을 여기서 유의할 필요가 있다. 앞 장에서 슘페터 추
종자들의 전략에 대해 살펴본 바와 같이 자본은 노동자들이 교육이나
직업 훈련을 통해 기술을 보강하는 것을 장려하고 새로운 경영방식이
나 조직을 통해 노동자들의 창의성이나 지식이 적극적으로 표출되도
록 장려한다. 그러므로 자본에게 중요한 것은 지식이나 창의성 그 자
체에 있는 것이 아니라 작업과정에서 노동자들의 지식과 창의성을 어
떻게 통제할 것인가에 있다. 새로운 시대의 자본전략에서는, 노동자가
탈기술화되는가 아닌가에 대한 논의는 별로 중요하지 않고 자본이 노
동계급을 어떻게 이윤의 수단으로 만들 것인가 하는 문제만이 중요하
다고 할 것이다.

슘페터 추종자들이 전자기술의 도입을 자본주의 경제발전의 주요

---

18) Garson, Barbara (1988), *The Electronic Sweatshop: How Computers Are Transf-
orming the Office of the Future Into the Factory of the Past*, New York: Simon
and Schuster.

요인이라고 강조한 다른 이유 중 하나는 바로 전자기술의 사용을 통해 자본이 노동시장에서도 유리한 위치를 점할 수 있기 때문이다. 전자기술의 도입으로 제조분야 노동자, 사무직 노동자, 전문직 노동자들 사이의 업무 단순화로 야기된 생산과정에서의 큰 변화는 자본의 기술적 구성(K/L, 자본장비율)에도 큰 변화를 가져온다. 새로운 기술의 도입은 주로 자본장비율을 높인다. 자본이 주어진 양을 생산하는 데 보다 적은 노동자가 필요하게 됨에 따라 실업이 커지고 자본은 실업을 이용하여 노동자들의 주체성을 와해할 수 있다. 새로운 기술도입은 단기적으로는 실업을 창출하나 장기적으로는 직업창출의 효과가 있다고 주장하는 사람도 있다. 자본은 노동자들에게 일을 끊임없이 확대 부과하는 것을 본성으로 하기 때문에 새로운 기술도입이 장기적으로 직업창출 효과가 있다는 것은 인정할 수 있다. 그러나 우리들이 관심을 가져야 할 것은 단기에 있어서의 기술적 실업의 존재와 장기에 있어서 창출된 직업의 성격이다.

전자기술의 도입으로 기존의 공장을 '노동자가 필요없는 공장'으로 전환함으로써 자본이 완강한 노동자를 순한 노동자로 보다 쉽게 대체할 가능성이 증대한다. 단기적으로 전자기술은 전통적인 제조업 분야의 고용을 감소시킨다. 비록 미국의 제조업이 전체 생산량에서 차지하는 비중이 계속해서 증대해 왔고 여전히 세계 제일의 위치를 점하고 있지만, 제조업 분야의 노동력은 이전에 33퍼센트를 차지하던 것이 지난 30년 동안 17퍼센트로 감소하였으며 10년 이내에 12퍼센트 이하로 내려갈 것이며 2020년경에는 2퍼센트 이하로 내려갈 것이라고 예상하는 사람도 있다.[19] 전자기술은 사무직 관련 분야의 노동력도

---

19) Rifkin, Jeremy (1996), "Civil Society in the Information Age," *The Nation*, Febru-

대체하고 있다. 지난 10년간 미국에서는 300만 개 이상의 화이트칼라 일자리가 사라졌다. 정보처리 기술과 인공지능 기술을 포함한 컴퓨터 기술의 급속한 발전은 향후 화이트칼라 부문에서 수많은 과잉노동력을 창출할 것이다. 또한 컴퓨터 통신 네트워크는 기업 내 조정의 담당자였던 위계를 대체하는 경향이 있다. 그 결과 수직적 피라미드 형태의 조직구조가 수평적 조직구조로 전환되어 수많은 중간관리자층이 직장에서 쫓겨 나가야만 했다. 이로써 전반적인 실업은 꾸준히 상승하고 있는 추세이다. 1950년대에는 대부분 경제학자들이 3퍼센트의 실업률을 완전고용 수준으로 간주해 왔으나 1960년대 케네디와 존슨 정부는 4퍼센트의 실업률을, 1980년대의 다수의 주류 경제학자들은 5 내지 5.5퍼센트를 완전고용의 목표로 책정하였다. 오늘날에는 6퍼센트의 실업을 완전고용으로 보고 있는 실정이다.[20] 오늘날 미국 노동자들의 40퍼센트가 일시해고, 작업시간 감소, 임금삭감에 대해서 우려하고 있으며, 77퍼센트는 지난 몇 년간 누가 해고되었는지를 개인적으로 알고 있다고 응답했고, 67퍼센트는 실직이 사회에 커다란 영향을 미친다고 응답했다.[21] 이같은 현상은 미국에 한정된 것이 아니라 전 세계적으로 보편화되고 있는 현상이다. 전자기술의 도입으로 자본은 생산성의 향상, 원가 절감 및 작업장에 대한 보다 큰 통제력 등의 이득을 얻을 뿐만 아니라 경제의 어디에선가 착취가 가능한 엄청난 수의 실업노동자 예비군[22]을 만들어 냄으로써 또 다른 이득을 얻고

---

ary 26, p. 11.
20) *New York Times*, May 24, 1994.
21) *New York Times*, March 11, 1994.
22) 마르크스는 실업자를 산업예비군이라 칭하고 있다. 왜냐하면 산업예비군도 자본의 발전에 큰 역할을 하고 있기 때문이다. 이들의 존재는 작업장에서 일하고 있는 노동자에게 엄청난 압박을 가한다. 그러므로 작업장에서 일하는 노동자만을 중요시해서는 안 된다.

있다. 이같은 단기적인 기술적 실업은 노동시장의 전체 구조를 변화시킬 것이고 고임금의 강력한 노동자를 감소시킬 것이며 상대적으로 저임금의 말 잘 듣는 노동자의 숫자를 늘릴 것이다.

전자기술의 도입으로 발생한 수많은 실업자들이 가는 곳은 시간제 업무나 서비스 부문이다. 전자기술의 도입은 육체적·정신적 노동자들의 업무를 단순화시키면서 기존의 전일 업무 중 많은 부분을 시간제 업무로 바꾸게 되었다. 자본은 시간당으로 일하는 사람들에게는 의료보험이나 임금 외 각종 혜택 그리고 연금 등을 지불하지 않아도 되기 때문에 자본에 대한 노동자들의 교섭권은 악화된다. 또 시간제 업무는 노동자들 사이에 새로운 계층을 만든다. 소수의 고임금 노동자, 많은 수의 저임금 노동자, 그리고 실업자로 구성된 노동자들 사이의 계층화는 노동계급의 단결을 약화시킨다. 또 구조조정이나 노동자 감축으로 실업에 처한 많은 사람들은 요리, 주방일, 이미용, 세탁, 간호 등과 같은 일반적으로 제조업보다 임금이 싼 분야에 고용된다. 이러한 고용 양태는 20세기 후반 들어 많은 선진국에서 확대되는 현상이며 IMF 사태 이후 우리 나라에서도 쉽게 볼 수 있는 현상이 되었다. 미국에서 1994년 4월에 창출된 새로운 일자리들의 2/3가 이같은 저임금 부문이라는 기사도 있다.23) 이들 분야는 대체로 소규모이기 때문에 진입의 장벽은 낮지만 노동자들은 거의 노동조합에 가입할 수 없다. 그 결과 이들 분야는 쉽게 실업자를 흡수하여 확대될 수 있는 반면 그러한 고용 확대는 노동계급의 임금과 혜택의 수준을 전반적으로 하락시킨 대가로 이루어지는 것이다. 전통적으로 기계화되지 못한 공장에서 일하는 저임금의 노동자와 기계화된 공장에서 일하는 고임

---

23) *Washington Post*, May 7, 1994.

금의 노동자 사이의 격차는 계속 존재하고 있을 뿐만 아니라 어떤 의미에서는 확대되고 있다.[24] 예컨대 지불되지 않던 가사일이 지불되는 노동력의 영역으로 전환되는 것은 가사일이 상품화되어 가는 것이다. 이것은 자본의 영역이 확대되는 것을 의미하며 보다 직접적으로는 노동자에 대한 일의 부과가 증대되는 것을 의미한다. 뿐만 아니라 산업 예비군의 증대로 최저임금의 50~60퍼센트만 지급하는 '견습계약'이 광범위하게 이용된다. 이에 따라 노동자들은 반복적으로 해고되고 재채용되는데 이는 고용주들이 영구적으로 임금비용을 절감할 수 있는 방법이 된다.

노동력의 상대적 초과 공급에는 '자기고용'이 늘어나는 현상이 뒤따른다. 소규모 가내공업, 음식점, 만화점 등을 자신이나 그의 가족들이 직접 운영하는 경우가 이에 해당한다. 그런데 '자기고용'이란 실은 '자기착취'를 우회적으로 표현하는 말에 지나지 않는 경우가 허다하다.[25] 자기고용을 하는 많은 사람들은 성과급 임금 노동자와 다를 바가 없다. 자기고용자는 자신이 얼마나 열심히 일하느냐에 따라 돈(성과급 임금)을 벌며, 이를 위해 스스로가 자신을 규제하고 통제하기 때문이다. 실업이 광범위하게 만연하고 임금도 하락하면서 일자리를 가진 사람들의 경우에도 시간 외 근무를 찾는 경우가 부쩍 늘어났다. 그런데 이러한 잔업에 대해서 잔업수당을 지급하는 경우도 있지만 노동계급의 힘이 약한 곳에서는 지급하지 않는 경우도 적지 않다. 특히 임시직 노동자의 경우에는 잔업수당을 지급하지 않는 경우가 허다하다. 심지어 시간 외 근로에 대해 아예 임금을 지급하지 않는 경우도 있다.

---

24) Morris-Suzuki (1988), p. 101.
25) Gray, Anne (1995), "Flexibilization of Labour and the Attack on Workers' Living
    Standards," *Common Sense*, Vol. 18.

또 실업의 위협을 사용해서 사용자들은 각종 방법으로 노동자들에게 작업량을 늘리도록 강요했다. 예를 들어 일하는 사람의 수효는 줄이면서 작업량은 줄이지 않으면 1인당 작업량이 자동적으로 늘어나게 되는 것이다.

전자기술의 도입으로 소프트웨어 프로그램밍, 컴퓨터, 통신, 정보 등과 같은 새로운 산업 부문에 고용 기회가 창출되기도 한다. 새로 창출된 업무는 기존의 업무와 다른 새로운 성질을 갖고 있다. 지식이 중심이 되는 생산에서 기업은 노동자들에게 단순히 일할 수 있는 능력보다 더 많은 정보와 기술을 요구한다. 노동자의 지식은 다른 사람에게 일단 알려지게 되면 기업의 이윤창출에 아무런 소용이 없다. 즉 노동자가 지식을 독점하지 않는 한 그들은 쉽게 직장에서 퇴출된다. 연구직에 근무하는 많은 연구자들 중에 자신의 지식이 일단 기업에 제공된 이후 곧장 퇴출되는 예가 적지 않다. 지식이 중심이 되는 생산은 유연성에 크게 의존한다. 그래서 이들 새로운 산업에서 노동에 대한 수요는 매우 간헐적이다. 자본은 이들 노동자들과 종신계약이나 장기계약보다는 단기계약을 맺기를 원한다. 이러한 업무들의 경우에는 노동자들을 쉽게 고용하고 해고할 수 있음으로 해서, 자본의 작업장 통제력을 제고하는 한편 노동자의 직장 안정성을 낮춘다.

전자기술의 도입은 작업장의 개념을 바꿔 놓는다. 보다 진보된 전자기술은 노동자들을 육체적으로 어떤 작업장으로부터 분리시킬 수 있다. 전자기술은 중심 사무실에서 떨어진 작업장을 가능하게 한다. 멀리 떨어진 곳에서 컴퓨터화된 네트워크에 접속하는 것이 가능하자 작업장에서 전통적으로 자본에 방해가 되어 온 요인, 즉 노동자들의 작업장에서의 강력한 단결력을 와해시킬 수 있게 된다. 컴퓨터를 이용한 '재택근무(Home Office)'가 좋은 예가 된다. 재택근무는 어떤 장소에 집중화된 작업장에서 노동자들이 쉽게 단결하여 투쟁하고 그들의 자율성을 좀더 많이 보장하도록 요구하는 것에 대한 자본의 여러 대응책 중 하나다. 자본이 작업장을 개별화하는 것은 노동자들에게 분권화되고 자율적인 일을 제공하는 것을 목적으로 하기보다 노동자들간의 접촉을 줄여서 집단적인 행동을 막으려는 데 그 주요 목적이 있음은 말할 필요도 없다. 이같은 방법으로 노동계급의 힘을 약화시킴으로써 자본은 생산과정에서의 위기의 가능성을 줄인다. 동시에 자본은 컴퓨터화된 네트워크를 이용하여 노동자들의 업무를 통제하고 감시하는 것이 가능하게 된다. 자본은 중앙통제력을 증대시키는 동시에 조직에 대한 개인의 힘을 약화시킬 수 있다.

자본은 전자기술을 이용하여 생산체제를 전 세계적인 규모에서 좀더 효율적으로 사용할 수 있다. 자본주의 역사를 살펴볼 때 세계화는 새로운 것이 아니다. 자본주의가 시작한 이래로 자본은 항상 생산체제를 전 세계적인 규모로 유지하려고 노력해 왔다. 예를 들어 19세기 초에 자본은 아프리카 주민을 노예로 만들어 이를 미국의 목화생산에 투입하고 여기에서 생산된 목화를 영국의 공장으로 보내 영국이나 아일랜드인들의 노동으로 가공하게 했다. 오늘날 컴퓨터 네트워크는 전 세계를 이전보다 더욱 긴밀하게 연결한다. 컴퓨터 네트워크는 자본에게 생산 판매 자금조달의 다국적인 운영을 좀더 쉽게 할 수 있는 능력을 제공하기도 한다. 컴퓨터 네트워크를 이용하는 오늘날 기업들은 이전 시대에 비교하여 구입 비용이 가장 싼 곳에서 원자재를 구입할 수 있고, 싸고 말 잘 듣는 노동자가 있는 곳에서, 환경에 대한 규제가 적은 곳에서, 노동에 대해 좀더 강압적인 국가에서 생산을 할 수 있으며, 그 후에 가장 큰 이윤을 남길 수 있는 곳에 판매를 할 수 있다. 임

금이 높아 고이윤이 보장되지 않는 산업은 제3세계로 생산 기지를 이
전한다. 이 때문에 중남미나 동아시아 등에 나사를 돌리는 조립공장
이 우후죽순처럼 생겨난 것이다. 이런 재배치는 한 나라 안에서도 나
타나는데, 노동계급의 힘이 강한 곳에서 약한 곳으로 공장 입지를 이
전하는 것은 그러한 사례 중의 하나이다. 국가경쟁력을 강화해야 한
다는 무자비한 압력하에서 일부 산업과 서비스는 노동비용과 환경보
호가 자국보다 저렴한 국가들로 이동해 왔다. 그 결과 나타난 저비용
노동 경쟁과 생산 이전에 대한 위협은 안전하고 적절한 임금 수준을
보장하는 일자리에 대한 압력을 가중시키고 있다.

이같은 전 세계적인 생산체인은 지역간 국가간의 노동분업을 재편
성하며 또한 지역간 국가간의 경쟁을 심화시킨다. 제3세계에서는 임
금이 최저생계비에도 미치지 못하는 실정이고, 업무상 건강이나 안전
조건들이 열악하며, 성적 차별이나 장시간 노동이 만연된 상태이다.
선진국에서는 직장을 잡기가 매우 어렵게 되었다. 이는 자본이 전 세
계적 규모의 네트워크를 이용하여 어떤 지역이나 국가 정부가 자본의
요구를 거부하기가 어렵도록 만들기 때문이다. 전자기술의 도입으로
자본의 이동성이 커짐에 따라 자본은 자신들의 이윤을 감소시키는 여
러 장애들을 극복할 수 있는 잠재적 가능성을 제고시킬 수 있다. 왜냐
하면 자본이 자금을 다른 장소로 쉽게 옮길 수 있는 이점을 이용하여
해당 지역이나 중앙정부로 하여금 기업에 유리한 조건을 제시하도록
압력을 가할 수 있기 때문이다. 예를 들어 "1970년대 프랑코 독재를
청산하고 포르투갈에 사회당 정부가 들어섰을 때 외국인 투자의 철수
로 인한 국가의 지불불능 상태를 피하기 위해 정부는 많은 진보적인
정책을 포기해야만 했다. 똑같은 일이 1980년대 초 자메이카의 국민
당과 1980년대 말 프랑스의 사회당에서도 벌어졌다."[26] 이전에 한국

에 생산의 많은 부분을 하청주었던 리바이스나 나이키 같은 미국의
섬유·신발 업체들은 한국에서 대규모 노동운동이 발생하자 노동운
동이 아직 한국처럼 강력하지 않는 중국이나 인도네시아에 하청을 주
었다. 전 세계적인 규모에서 생산체제를 쉽게 이동하는 것은 종종 민
족주의적 반응을 재강화시켰다. 이러한 점은 많은 미국 노동자들의
자동차에 붙은 "미국 물건을 사자"는 범퍼 스티커를 통해 확인할 수
있다. '세계화'라고 불리는 이러한 조류는 사실상 점진적으로 분절된
세계를 창조하고 있다. 나라 사이의 거대한 임금 격차가 다양한 나라
의 노동자들을 경쟁 속으로 몰아넣는 것이다.

　　전자기술을 이용하여 생산과정이 쉽게 연계되면서 기업들은 부품
이나 중간재를 생산하는 생산공정들을 하도급 또는 재하청하는 풍토
를 넓힐 수 있다. 전자기술에 기반한 총체적 생산체계가 확립되고 모
기업과 하청기업 간의 통합이 강하게 이루어지면서 하청기업의 노동
자들 역시 모기업의 생산과정에 직접적으로 포섭된다. 경영자측은 노
동자들을 두 개의 바퀴로 나누는 데 성공한다. 한 바퀴는 노동조합에
의해 어느 정도 보호를 받을 수 있는 본 공장 노동자들이고, 다른 한
바퀴는 노동조합이 없으며 일시해고에 대한 아무런 보호조치도 없고
실직이 되어도 추가 보상도 받지 못하는 하청업체 노동자들이다. 이
는 소수의 특권적인 노동자들과 주로 하청업체에 고용되어 있는 여성
들, 소수 인종들, 불쌍한 주변부 노동자들 사이에 경쟁을 유발시켜 서
로 적대하도록 만든다. 하청기업이 모회사와 계약을 할 때, 상대적으
로 빈곤한 하청업체 노동자들은 자신들의 일자리를 유지하기 위하여

---

26) Miller, Steven E. (1996), *Civilizing Cyberspace: Policy, Power, and the Information Superhighway*, New York: ACM Press, p. 9.

작업량을 늘릴 것을 약속하는 경우도 있다.

  슘페터 추종자들이 전자기술의 도입을 강조하는 다른 이유는 새로
운 기술이 노동자들을 통제하기에 좋은 수단이 되기 때문이다. 기업
에 지역적 유연성을 제공하는 것 이상으로 컴퓨터, 컴퓨터 네트워크,
비디오 카메라, 전화, 팩스와 같은 전자기술은 역시 자본에게 생산과
정에서 노동자들의 행동을 감시하고 통제하는 수단을 제공하기도 한
다. 컴퓨터 네트워크는 노동자들이 얼마만큼 타이핑을 하며, 얼마만큼
오타가 있고, 얼마만큼 수정을 하며, 기계조립에 얼마만큼의 힘이 들
어가며, 작업의 속도는 얼마며, 작업장에서 떨어져 있는 시간은 얼마
인지 등등을 멀리서도 감지할 수 있는 능력을 자본에게 제공한다. 노
동자들의 여러 가지 작업행동들은 중앙컴퓨터에 연결되어 계속해서
기업의 목표와 비교된다.[27] 요즈음 기업들은 주차장, 출입구, 엘리베
이터, 작업장, 사무실, 화장실 등등 작업장 안팎에서 노동자들의 행동
을 감시한다. 대표적인 예가 빌딩이나 공장을 출입할 때마다 전자출입
카드를 사용하는 것이다.[28] 1991년 보스톤에 있는 세라톤(Sheraton)
호텔의 두 남자 고용인이 휴게실에서 옷을 갈아입는 동안 자신도 모
르는 채 비디오에 찍힌 사건이 있었다.[29] 호텔측에서는 이것이 종업
원들이 마약을 하는지를 감시한 것이라고 발뺌을 했으나 종업원들은
자신들의 행위가 감시되는 데에 경악을 금치 못했다. 전화나 전자메

---

27) Winner, Langdon (1992), "Silicon Valley Mystery House," in *Variations on a Theme Park: The New American City and the End of Public Space*, ed.) Michael Sorkin, New York: Hill and Wang, pp. 31~60.
28) Marx, Gary T. (1990), "The Case of the Omniscient Organization," *Harvard Business Review*, March-April, pp. 12~6.
29) Linowes, David F. (1993), "Your Personal Information Has Gone Public," *Illinois Quarterly*, Vol. 6, No. 2, pp. 22~4.

일의 검열도 노동자의 감시에 이용되는 주요 수단이 된다. 직원과 고객들 사이에 이루어지는 전화통화에 대해 자행되는 통신검열이 해마다 4억 건에 이른다고 추정되고 있다.[30] 통신검열은 전화통신회사, 보험회사, 은행에서 많이 사용하고 있으며 모든 사업에 점차 많이 사용되는 추세이다. 퍼시픽 벨(Pacific Bell), 노드스트롬(Nordstrom), 코닥(Kodak)과 같은 회사들은, 전자메일은 회사의 소유이므로 회사의 운영방침에 맞게 사용되어야 한다는 이유로, 직원들에게 공개적으로 전자메일은 검열을 받는다고 알려준다.[31] 고용주의 전자메일에 대한 검열은 널리 이용되고 있고 아직까지 법에 의해 금지되지 않고 있는 곳이 많다. 기업들은 전화통신에 관한 컴퓨터 프로그램을 이용하여 직원들의 사사로운 전화통화를 봉쇄하기도 하고 원하지 않는 전화는 끊기게 만들기도 한다. 이것 이외에도 전화통화들이 어디서 걸려왔는지 누구에게 걸었는지 상세히 기록된다.[32] 어떤 회사는 고용원들의 개인 사생활까지 침해하면서 업무시간 동안에 사용한 개인적인 통화까지 감시한다. 기업은 또 직원들이 업무 중에 컴퓨터를 가지고 오락을 하는 것을 감시하거나 못하게 하기 위해서 각종 프로그램을 사용한다. '웹트랙(Webtrack)', '설프워치(Surf Watch)', '넷네니(Net Nanny)'와 같은 소프트웨어를 이용하여 노동자들이 인터넷을 이용하여 포르노를 본다든지 오락을 하는 것을 막는다. '언게임(UnGame)'이란 프로그램은 컴퓨터에 있는 '둠(Doom)'이나 '테트리스(Tetris)'와 같은 오락 프로그램들을 지우는 데 사용한다. 기업주는, 전자기술을 이용하여,

---

30) Linowes (1993), p. 23.

31) Cappel, James J. (1993), "Closing the E-mail Privacy Gap: Employer Monitoring of Employee E-mail," *Journal of Systems Management*, Vol. 44, No. 12, December, pp. 6~11.

32) Marx, Gary T. (1990).

업무시간에 노동자들이 노는 것을 철저히 막는다. 전자기술 진보의 결과로 가능해진 감시 수법은 갖가지 통제방법을 더욱 철저하게 만들어 인권에 대한 심각한 위협을 제기하고 있다는 것이 제네바에 본부를 둔 국제노동기구(ILO)가 최근 조사에서 내린 결론이다.[33] 미국의 경우 보험, 통신, 금융권과 항공권 발매와 같은 분야에서는 근로자들의 80퍼센트가 전화나 컴퓨터에 의한 감시를 받고 있다고 보고 있는 형편이다.

전자기술을 이용한, 기업의 노동자에 대한 감시의 목적은 노동강도를 증대시키는 데 있다. 기업은 노동자들이 명령을 받았는지, 일을 끝냈는지, 표준 생산성 기준에 맞게 일을 처리했는지를 알아 내 만약 일의 할당량에 미치지 못하다든지, 지나친 불량률을 나타낸다든지, 고객들로부터 지나친 불평이 들어온다든지 하면 이를 토대로 임금, 승진에 불이익을 주고 심하면 해고까지 한다.[34] 이는 노동자의 노동의 강도를 증대시키는 것이다. 예를 들어 옛날에는 비서가 한 시간에 30,000타 정도를 쳤는데 이같은 감시의 결과 오늘날의 비서는 거의 80,000타 정도를 치고 있다는 보고도 있다.[35] 이것이야말로 이곳저곳 다니면서 누가 얼마만큼 일을 하는지를 감시하던 테일러 방식의 통제가 현대화된 것에 지나지 않는다. 일이 이렇게 변하게 되자 눈병, 근육통, 스트레스와 연관된 질병 등 노동자들의 건강이나 안전문제가 심각해지고 있다. 기업들은 또한 전자기술에 의한 감시와 통제를 이

---

33) 『뉴스위크』(한국어판), 1994년 9월 1일.
34) Grant, Rebecca and Chris Higgins (1991), "The Impact of Computerized Perform-ance Monitoring on Service Work: Testing a Casual Model," *Information Systems Research*, Vol. 2, No. 2, pp. 116~41.
35) Winner (1992), p. 58.

용하여 노동자들을 위협한다. 카펠(James J. Cappel)은, 전자메일을 통해서 고용주를 비난한 노동자들이 해고된 몇몇 경우를 보여주고 있다. 니산(Nissan) 자동차 회사에서 두 명의 근로자가 전자메일을 이용해서 회사에 크게 불평하는 것이 발견된 후 해고의 위협을 당한 것이 그 한 사례이다.36) 노동자들에 대한 이러한 위협은 노동자들로 하여금 회사에 대해 불만을 사전에 차단하고 회사에 순종케 하는 수단이 된다.

국가가 전자기술을 사회통제의 수단으로 이용하게 되면서 국가는 '사회라는 공장(Social Factory)'을 자본에 보다 유리하고 노동에는 불리한 터전으로 만들 수 있게 되었다. 다시 말해 전자기술은 일정한 국가 내에서 자본의 활동을 보호하고 노동계급을 통제하기 위해서 국가가 사용할 수 있는 무기로 되었다. 국가의 관료집단은 정보가 권력의 원천이기 때문에 정보를 좋아하는 경향이 있다. 국가는 경찰, 국세청, 법원, 내무부 등 각종 정부 부처에서 국민에 대한 수많은 데이터를 보유하고 있다. 전자통신 기술을 이용하여 이들 데이터는 쉽게 기록되고 분류되고 분석된다. 이같은 데이터 분석을 통해서 정부 관료는 사람들이 무엇을 하는지 무엇을 원하는지를 추적한다. 미국 LA 경찰청에서는 불량배 단속이라는 명목으로 엄청난 양의 흑인, 라틴계열 젊은이들에 대한 데이터 베이스를 구축해 놓고 있다. 이 데이터 베이스는 FBI의 비디오, 사진판독 기술에 의해 더 강력해졌다. 일본에서는 재일동포와 범죄자들에 대해 지문날인을 강요하고 있으며, 한국에서는 사람이 태어나자마자 고유번호를 부가하는가 하면, 지문날인을 데이터 베이스화하고 있다. 이러한 것들이 디지털화하고 네트워크화할

---

36) Cappel (1993).

때는 모든 곳에서 개인의 비밀은 공개될 위험에 놓이게 되며, 감시와 통제로부터 자유롭지 못하게 되는 것이다.

컴퓨터 네트워크의 출현으로 국가는 광범위한 주민들의 데이터를 이용하여 새로운 조사방법을 창출한다. 여러 시스템에 산재되어 있는 다양한 개인정보를 합해서 하나의 형태로 만드는 '기록 통합(Record Integration)', 두 개 이상의 개인 데이터 시스템에 수록된 파일을 결합하여 데이터간의 유사점과 차이점을 확인하는 '컴퓨터 매칭(Computer Matching)', 특정 성향을 보이는 사람들의 과거행위 양식을 모형화하고 평가하기 위해 분리된 자료를 연결시키는 '컴퓨터 프로화일링(Computer Profiling)', 그리고 경찰이나 은행 등 각종 기관에서 이미 일상화되어 있는 컴퓨터 신원조회 등 사회적 감시능력을 확대시키는 다양한 정보기술들이 개발 활용되고 있다.[37] 특히 컴퓨터 매칭이라는 방법으로 범법 용의자를 확인하기 위해 관련도 없는 사람들의 컴퓨터 자료를 이용한다.[38] 이것은 어떤 한 개인을 목표로 하는 것이 아니라 일정 부류의 사람들을 대상으로 한다. 어떤 사람의 범법을 조사하기보다 그들이 속한 부류가 어떠냐를 분류하여 정부의 정책에 이용하는 것이다. 데이비스(Mike Davis)는 이것의 문제점을 다음과 같이 말한다. "광범위한 데이터와 정보통신 기술을 이용하는 이것의 실제적인 위협은 이것이 몇몇의 특별 범죄의 경우에 사용되는 것이 아니라 어떤 특정집단을 범죄시하여 그들의 계층이나 인종을 통제하는 데 사용되고 있다는 것이다."[39]

---

37) 이윤희 (1999), "정보화와 위험사회," 『시민이 열어 가는 지식 정보사회』, 크리스챤 아카데미 시민사회 정보포럼 편, 대화출판사, pp. 305~25.

38) Shattuck, John (1984), "Computer Matching is a Serious Threat to Individual Rights," *Communications of the ACM*, June, Vol. 27, No. 6, pp. 538~41.

이같이 국가가 정보통신 기술을 통제적 목적으로 이용하는 것은 노동계급의 투쟁능력을 크게 감소시킬 수 있다. 자유로이 쓰고 읽고 서로 의사교환을 하는 능력 그리고 자본과 국가의 행위를 아는 능력은 국가의 공권력으로부터 자신을 보호하고 나아가 국가의 잘못된 권력에 대항하는 능력을 노동계급에게 준다. 반대로 국가가 주민들의 행동을 하나하나 알고 있고 국가가 자본의 도구로 전용될 때 국가에 대항하는 노동계급의 투쟁능력은 제한되게 된다. 국가는 전자기술의 이용으로 벤담(Jeremy Bentham)의 '판 옵티콘(Pan Opticon)'을 현대적으로 확대 변형하는 능력을 가질 수 있다.[40]

전자기술은 자본이 공장 내외에서 우리들에게 직접적으로 감시·감독하는 수단을 제공한다. 나아가 자본은 이를 이용하여 노동자에 관한 정보를 수집 해석하고 우리들의 행동을 종합 분석하여 계급투쟁에서 우위를 점하려 한다. 전자기술의 발달은 자본으로 하여금 직장을 구하려는 사람의 구직신청서로부터 개인적인 데이터를 얻을 수 있게 만든다.[41] 이외에도 자본은 건강, 활동사항, 부모의 직장, 배우자의 상태, 친구, 교육정도, 신용상태, 파산이나 주택부금의 태만상태, 자동차 사고, 면허증 정지, 보험, 보상, 군 경력, 전세이용상태, 범칙금, 체포경험, 범죄행위 등 각종 개인자료를 이용하여 노동자들을 채용할

---

39) Davis, Mike (1992), "LA: The Fire This Time," *CovertAction Information Bulletin*, Summer, No. 41, pp. 12~21.
40) "1791년 영국의 개량주의자인 제라미 벤담은 중앙관제소로부터 끊임없이 죄수들을 감찰할 수 있는 형무소를 제시하였다. 끊임없는 감찰은 죄수로 하여금 처음에는 발각의 두려움 때문이지만 점차 하나의 습관으로 전환하여 형무소 규칙에 항상 따르도록 하는 제안이다. 벤담은 이같은 형무소를 형무소 당국이 모든 것을 다 알 수 있도록 만든다는 의미에서 '판 옵티콘(Pan Opticon)'이라 불렀다." Miller (1996), p. 263.
41) Gary T. Marx (1990).

때 누구를 뽑고 누구를 탈락시킬지를 결정한다. 이들 정보는, 직접적
으로는, 고용계약에서 자본에게 유리한 입장을 제공하며, 간접적으로
는, 노동자가 자신의 노동력을 재생산하는 데에 신경을 쓰도록 한다.
이는 개인의 생활방법이나 가족생활 심지어 사회생활까지도 자본의
통제를 받는 것과 같다. 그래서 자본이 개인 자료를 이용하여 노동자
들을 분류하는 것은, '멕스웰의 악마(Maxwell's Demon)'란 우화에서
설명되는 것처럼, 자본주의 사회의 역사적 멸망을 지연시킨다. 그렇지
만 자본주의의 멸망을 완전히 멈출 수는 없다.42)

자본은 전자기술을 이용하여 개인의 정보를 쉽게 구하며 이를 마켓
팅에도 이용한다. 자본은 컴퓨터화된 네트워크를 이용하여 저비용으
로 많은 개인의 데이터를 획득하고 처리하여 물건을 반드시 구입할
만한 고객만 추릴 수 있고 이들에게만 자신의 상품을 선전할 수 있
다.43) 컴퓨터 네트워크를 이용하여 기업들은 신용카드, 전화주문, 수

---

42) 열역학의 제2법칙에 의하면 폐쇄된 체제 내에서 엔트로피(일하는 데 사용할 수 없는
에너지의 양)는 최대한으로 증대한다. 폐쇄된 체제 내에서도 공기를 뜨거운 것과 차
가운 것을 분리할 수 있다면 온도 차이로 에너지가 증대한다. 멕스웰의 악마란 가스
분자를 평균보다 뜨거운 것과 평균보다 차가운 것을 분리하는 것처럼 노동자를 높
은 엔트로피의 노동자와 낮은 엔트로피의 노동자로 분리할 수 있는 악마를 말한다.
이 악마가 존재한다면 다 죽어 가는 자본주의 체제도 움직이게 할 수 있다는 것이
다. Caffentzis, George (1992), "The Work/Energy Crisis and the Apocalypse," in
Midnight Oil: Work, Energy, War, 1973~1992, ed.) Midnight Notes Collective,
Autonomedia, pp. 193~271.
43) 정보통신 기술을 이용하여 기업이 마켓팅 전략에 이용하는 예는 다음과 같다.
Gandy, Oscar (1995), "It's Discrimination, Stupid!" in *Resisting in Virtual Life:
The Culture and Politics of Information*, eds.) James Brook and Iain A. Boal, San
Francisco: City Lights, pp. 35~47. Schwartau, Winn (1994), *Information Warfare:
Chaos on the Electronic Superhighway*, New York: Thunder's Mouth Press.
Dawson, Michael and John Bellamy Foster (1996), "Virtual Capitalism: The
Political Economy of the Information Highway," *Monthly Review*, July-August,

표이용, 제품보증 등 개인들의 구매 기록을 얻는다. 기업들은 역시 신용카드 신청서, 주택할부융자, 은행대부 등 각종 신청서에 기재된 내용을 토대로 개인의 재정능력에 관한 데이터도 수집할 수 있다. 그리고 건강기록, 법원의 기록, 보험회사의 기록, 경찰서의 기록, 은행기록, 세금기록 등을 수집하여 개인의 나이, 성, 소득수준, 신용상태 등을 알아낸다. 이같은 데이터를 이용하여 기업들은 개인의 취향, 선호도, 욕구 등을 면밀히 검토하고 분석하여 마켓팅에 이용한다. 이것을 전문으로 하는 회사인 타임-워너(Time-Warner)는 미국의 5천2백만 가구의 데이터를 갖고 있다.44) 기업은 이들 기록 덕분에 자신의 고객의 행위를 보다 정확하게 예측할 수 있게 된다. 시장을 분리하여 특정 부류의 고객에 초점을 맞추는 현대 마켓팅 전략은 풍부한 자료에 기초하여 생활습관이나 개성에 부합하는 방식으로 고객을 유인하는 전략이다.45) 이는 개인의 욕구를 자본주의 발전을 위한 수요 창출에 이용하기 위한 자본의 전략이다.

이 외에도 아파트 주인, 은행, 보험회사 등은 개인의 데이터들을 가격을 결정하거나 자신들의 위험을 줄이는 데 사용한다. 개인의 신상자료는 누구에게 대부를 하는 것이 안전한지 누구에게 얼마에 아파트를 빌려 줄건지를 결정하는 데에 사용된다. 기업들은 이와 같은 개인정보를 데이터 중개상으로부터 구입하기도 한다.46) 은행이나 보험회

---

   pp. 40~58.

44) Dawson and Foster (1996).

45) Pope, Daniel (1983), *The Marketing of Modern Advertising*, New York: Basic Books, pp. 288~90.

46) 전자기술의 도입으로, 정부의 각종 인구조사, 경제 데이터, 각종 법령을 수집하여 판매용으로 만드는 회사까지 나타났다. Kling, Rob, Mark S. Ackerman, Jonathan P. Allen (1996), "Information Entrepreneurialsim, Information Technologies, and

사는 수많은 데이터를 처리하고 관리하는 장치와 기구를 사용하고 회사 고객들의 행위를 분석하고 추적하는 전문인을 고용한다. 이같이 자본이 개인의 사적인 정보를 이용하는 것은 수요와 공급을 연결하여 생산된 상품의 화폐자본으로의 전환에서 발생 가능한 위기를 사전에 막으려는 시도 즉 생산물시장에서의 마찰에서 발생하는 과소소비나 과잉생산을 피하기 위한 것이다.

전자기술의 발전으로 인해 가능하게 된 정보의 상업적 목적으로의 사용은 정부에 의한 사회적 정보의 거대한 보유량과 생산량이 사적인 정보 기업체에 의해 조직되고 포장되어 판매되고 있는 것으로 발전하게 된다. 정보의 생산, 저장, 검색, 분배, 활용과 관련되는 활동의 급속한 발달은 전자기술에 의해 가능해졌다. 공공 재원의 지출로 생산된 정보가 상업적 판매를 도모하는 사적인 정보회사에 의해 획득되고 있다. 정부 정보 공급의 사유화는 공적 데이터를 기업체에게 옮겨 주고 공적으로 수집된 정보에 대한 완전한 공공 접근을 축소 혹은 배제하는 일련의 정책들을 포함하는 복잡한 과정이다. 이는 노동계급에 대한 정보 공개를 가로막는 것으로 전환될 수도 있다.

전자기술의 발전으로 자본은 정보뿐만 아니라 문화와 지식을 상품화하여 직접적으로 이윤을 창출하는 데 사용할 수 있게 되었다. 오늘날 미국의 최대 수출품은 영화 타이타닉, 리안라임즈의 노래, 혹은 마이크로소프트의 소프트웨어 프로그램 등이다. 지난 1990년대 내내 2위 자리를 지켜 오던 미국의 저작권 관련 산업은 마침내 1997년 601

---

the Continuing Vulnerability of Privacy," in *Computerization and Controversy: Value Conflicts and Social Choices*, ed.) Rob Kling, 2nd edition, Academic Press, p. 727.

억 8천 달러 수출을 달성함으로써 수출 1위 자리를 차지하였다. 영화, 음반, 출판, 그리고 소프트웨어 산업들을 포함하는 핵심적인 저작권 관련 산업들이 영원할 것 같던 선두 주자들 — 농업, 항공·우주 산업, 그리고 자동차 산업 — 의 자리를 빼앗았다고 국제지적재산권연합47)의 보고서는 밝히고 있다. 또한 이 보고서는 미 상무부가 수집한 1996년의 수치들을 근거로 하여, 저작권 관련 산업들이 인플레이션율의 두 배에 달하는 5.5퍼센트의 성장을 기록함으로써 미국 경제 부문에서 가장 빠른 성장을 보인 분야 중에 하나가 되었다고 말한다.48) 자본은 컴퓨터 통신 네트워크를 이용하여 오락, 도박, 정보에의 접근 (TV 프로그램으로부터 증권가격까지, 정부자료, 교육자료) 등으로 이윤을 취하기도 한다.49) 최근의 아메리칸 온라인(American Online), 콤퓨서브(Compu Serve), 프로디지(Prodigy), 천리안, 나우누리, 하이텔 등과 같은 정보통신사가 이를 이용하여 엄청난 성장을 하고 있는 형편이다.

정보의 소유, 혹은 최소한 정보에의 접근, 문화와 지식의 상업적 이용 등이 새로운 이윤확보의 수단으로 제시되자, 이 부문은 새로운 투자 영역을 찾고 있던 개인 기업가들에 의해 석권되고 있는 실정이다. 모든 측면에서 예전에는 이윤의 원천으로 간주되는 일이 거의 없었던 기능들이 이윤의 원천으로 새로운 주목을 받고 있다. 이것은 오늘날 경제의 많은 영역에서 나타나고 있는 정보, 지식, 창의성, 문화에 대한 독점화와 사유화의 원천이다. 정보의 중요성과 상업성에 대한 자본의

---

47) 이 연합은 미국동영상협회, 미국음반업협회, 그리고 미국음악발행자협회를 포함하고 있다.
48) *Wired News*, May 8, 1998.
49) Miller (1996), pp. 11~2.

관심이 높아감에 따라 엄청난 결과가 빚어졌다. 일단 정보가 판매 가능한 하나의 상품으로 자리잡게 되자, 학교나 도서관, 혹은 정부 자체 등과 같이 의례적으로 정보를 생산하고 보존하고 분배하던 공공기관들은 스스로 사유화가 되지 않으면 자신의 기능을 상실할 지경에 처하게 된다. 정보, 지식, 문화 등과 관련된 공공기관의 존속 이유는 공공의 목적에 의해서가 아니라 이윤의 기준에 의해 결정된다.

정보, 문화, 창의성 그리고 지식을 상품화하면서 이제까지 공유의 대상이었던 것들이 지불능력에 따라 접근될 수 있는 것들이 되었다. 지식이나 정보가 배타적인 상업적 산물로 될 때, 그것들은 곧 이윤을 위해 생산되는 것이나 다를 바가 없다. 따라서 누가 그 대가를 지불할 것인가, 그 비용은 얼마나 들것인가는 모든 사람에게 영향을 미치는 문제이다. 지불능력이라는 기준이 정보 접근을 위한 표준 척도가 될 때 그리고 정보의 제공이나 분배가 시장 논리에 의해 지배될 때 일어나는 현상은 바로 사회의 분열이다. 가난한 사람들은 자신의 조건을 개선시킬 수 있을 만한 수단으로부터 격리되어 한층 더 가난해진다. 부유한 사람들은 자기네 힘의 근거를 확대시키고 공고히 할 수 있는 수단을 장악하고 있으므로 전보다 한층 더 부유해진다. 무한 경쟁으로 점철된 시장질서가 정보의 빈부격차를 낳고 있다는 것이다. 사회 전체가 사용하는 정보의 양이 점차로 많아지고 또 그 중요성이 증가하고 있는 것이 분명한 사실이라면, 부의 격차가 아니라 정보의 빈부 격차가 많은 사람들을 더욱더 소외시킬 것이고 사회적인 불평등 원인이 될 수 있다. 이는 소득 불평등 못지않게 노동계급의 분열을 획책하는 자본의 전략이 될 수 있다. 더욱이 통신공급자는 인터넷에 접근하는 것도 가격을 매김으로써 인터넷 접근 가격의 조정을 통해 노동계급의 인터넷에 대한 접근을 통제할 수 있다. 만약 공급자가 가격상승

이 총수입을 증대시킨다고 생각하면 그들은 노동계급의 접근의 용이
성과 무관하게 가격을 올리려 할 것이다.

　정보, 문화, 창의성 그리고 지식의 상품화는 인간 가치를 사유화하
는 데까지 나아간다. 인간의 가치와 행동에 대한 상업적 메시지의 홍
수가 안겨다주는 충격은 결코 과소평가되어서는 안 된다. 이미 강력
하게 유형화되어 있는 개인적 욕구와 소비자의 행동을 한층 확대시키
는 데 대한 광고의 기여를 정확하게 평가해 낼 수는 없다. 초국가적
기업들은 막대한 자금을 가지고 그들이 원하는 메시지의 직·간접적
인 전달을 위해 각종 미디어와 커뮤니케이션 회로를 이용하고 있다.
그들은 전 세계의 상업적 정보시스템을 거의 완전히 장악하는 동시에
그 자체에서 엄청난 양의 메시지들을 제작하고 있다. 자본은 정보나
오락 등을 상품화함으로써 노동자들의 사고방식이나 생활방식에 그
들의 통제력을 확대시킬 수 있다. 특히 오락을 상품화함으로써 오락
을 자본의 강력한 선전수단이 되게 할 수 있다. 정보나 오락의 상품화
는 소비자들의 요구를 충족시키면서 이와 동시에 그 요구를 확정한다.
이전에는 정보나 오락이 언어에 의해 그리고 이데올로기적 및 문화
예술적 생산의 조직에 의해 개별적으로 생산되었다면, 오늘날은 상업
적으로 조직된 생산과정에서 생산된다. 정보와 오락은 수익성의 명령
에 따라 조직되어 대량으로 재생산된다. 이 생산물들이 이번에는 필
요들, 이미지들, 그리고 취향들의 강력한 생산자가 된다. 이들 상품의
소비행위는 상품의 이데올로기적 문화적 환경을 확대하여 그것을 사
용하는 사람을 변형한다. 소비주의의 확립, 정보의 차단, 가상현실과
잘못된 욕구의 창조, 현실 왜곡, 노동계급의 현실 거부 행동의 차별화
등을 통해서 현실을 자본의 이미지로 보게 한다. 이것은 노동계급의
행동이나 사고방식 영향을 미쳐 그들의 투쟁능력을 상실하게 한다.

즉 현실의 자본주의 체제의 냉혹함을 자연스러운 것으로 생각하도록
한다. 인종주의, 국가교조주의가 판을 치게 만들어 노동계급을 분할하
여 지배하려고 한다. 또 노동자들의 지적 생활 중 많은 부분의 상품화
는 노동자들의 생활 자체가 유용성에 의해서가 아니라 교환성에 의해
지배되도록 만든다.

　슘페터 추종자들은 급격한 기술혁신의 도입도 강조하지만 이에 못
지않게 점진적인 기술혁신의 도입도 강조한다. 우리는 이미, 전자기술
과 같은 새로운 급격한 기술혁신이 노동시장, 생산요소시장, 생산과
정, 그리고 생산물시장에서 벌어지는 계급투쟁에서 그리고 사회라는
공장에서 벌어지는 계급투쟁에서 자본이 유리한 위치를 점하려는 자
본의 전략임을 살펴보았다. 그러나 슘페터 추종자들은 전자기술이 갖
고 있는 잠재적인 능력만으로는 자동적으로 완강한 노동계급의 투쟁
을 완전히 제압하지는 못한다는 사실을 잘 알고 있는 듯 하다. 급격한
기술혁신(전자기술)은 자본만이 사용하는 것이 아니다. 노동계급 역
시 자본에 대한 투쟁이나 노동계급의 발전을 위해 전자기술을 적극적
으로 이용한다(이에 대해서는 다음 장에서 구체적으로 살펴볼 것이다).
도리어 자본의 축적이 노동계급의 적대감의 축적으로 진행됨에 따라
자본의 발전은 노동계급의 투쟁을 심화 확대시켰다. 전자기술의 도입
으로 창의성, 지식, 정보, 문화 등을 자본의 발전에 적극적으로 이용할
수 있는 가능성이 커짐에 따라 대학이나 연구소 등을 자본의 공장 안
에 두게 되고 사람들의 정신적인 영역까지도 그들의 지배 영역에 두
려고 함에 따라 노동계급의 적대감이 심화 확대되었으며 노동계급의
일상사가 투쟁의 대상이 되었다. 노동계급의 일상화된 투쟁을 패퇴시
키기 위해 자본은 점진적인 기술혁신(급격한 기술혁신의 끊임없는 수
정과 개선)의 계속적인 도입을 주장하게 된 것이다. 그래서 슘페터 추

종자들의 점진적인 기술혁신에의 강조는 급격한 기술혁신이 자본의 발전에 주는 잠재적 가능성을 현실화하려는 자본의 전략으로 파악할 수 있다. 그렇지만 점진적인 기술혁신의 중요성에 대한 슘페터 추종자들의 주장의 이면에는 끊임없이 계속되는 노동계급의 투쟁이 있다는 것도 알 수 있다.

 슘페터 추종자들은 기술혁신과 지식의 양은 별개라는 슘페터와는 달리 기술혁신의 도입은 지식의 양과 밀접한 관계가 있다고 주장한다. 이전에는 생산을 할 때 그 자원을 주로 노동력과 토지, 광물, 석유 등과 같은 자연자원에서 찾았다. 비록 그 당시에도 자본은 노동자들의 창의성, 지식, 기술 등을 생산에 필요로 하였지만 그것들의 중요성은 오늘날보다는 낮았다고 볼 수 있다. 상품이 노동자들의 취향에 따라 신속히 변화해야 하고, 보다 낮은 가격에 대한 노동자들의 요구 때문에 생산비를 절감시킬 전자기술을 산업에 적극적으로 이용하게 되면서, 정보나 지식이 직간접적으로 상품화되게 되었다. 이에 따라 노동계급의 지식과 창의성은 자본의 발전에 매우 중요한 요소가 되었다. 이같은 상황에서 자본은 자신의 확대 재생산을 보다 원활히 하기 위해 양질의 풍부한 지식과 창의성을 필요로 하게 된다. 이는 이제까지의 인류의 유산인 지식이 자본의 이용 대상으로 전용되는 것을 의미한다. 이것은 어떤 의미에서 또 하나의 새로운 시초적 축적의 형태이다. 이전에는 토지와 자연자원에 대한 투쟁이 생산의 주요 요소였기에 매우 중요했으나 오늘날은 생산에서의 지식과 창의성을 둘러싼 노동과 자본의 투쟁이 매우 중요하게 된다. 국가나 기업들은 기술개발 경쟁에서 우위를 차지하기 위해 서로 전력 투구하고 있다. 이러한 상황은 국가나 기업들로 하여금 노동자들이 더욱더 많은 지식을 보유하도록 강요하게 만든다. 노동자들이 삶의 많은 부분을 자본을 위한 지식 투여에 쏟도록 강요받는 것이다. 이는 인간의 삶의 전체를 자본의 착취의 조건으로 만들려고 하는 자본의 전략으로 볼 수 있다. 시청각적 생산, 광고, 패션, 소프트웨어 생산, 사진, 문화 활동 등의 생산에 필요한 노동은 고전적인 정의의 노동과는 다르다. 왜냐하면 그것들은 노동의 여러 가지 다양한 유형들의 결합이기 때문이다. 즉 지식, 창조성, 상상력 등의 결합이기 때문이다. 이런 종류의 노동에서는 여가시간을 노동시간으로부터 구별하는 것이 점차 어렵게 된다. 어떤 의미에서 삶은 노동으로부터 분리 불가능하게 된다.

지식이란 개인의 소유물인 육체와는 달리, 단순히 개인의 소유물이기보다 사회의 전체 공유물이다. 지식에 대한 자본의 강조는 공공 재산의 사적 전유를 목적으로 하고 있다. 공공 도서관과 대학 도서관 등도 개인 정보 공급자나 판매자로부터 그와 비슷한 압력을 받고 있다. 도서관의 정보능력이 크게 고양된 것은 아무도 부정할 수 없다. 하지만 이러한 이익은 도서관에 대한 전통적인 자유접근 정책의 포기를 수반하는 것이었다. 사용자부담 정책이 도입되면서 도서관의 공적 성격은 약화된 반면 그 상업적 연계성은 그만큼 강화되었다. 따라서 도서관의 고객은 일반 대중에서 지불능력을 갖춘 이용자로 바뀌게 되었고 이러한 변화는 도서관 소유물의 구성과 특성까지도 변화시키게 되었다.

지식의 확대에 대한 슘페터 추종자들의 강조는 대학이나 연구소를 자본의 필요에 예속시키는 것이다. 대학으로부터 지식을 얻기 위해 자본은 여러 가지 명목의 기금을 그것들에 사용한다. 이들 기금을 얻기 위해 교수나 학생들은 자본의 요구에 따라 공부하고 연구해야 한다. 만약 그들이 자본의 요구를 거부한다면 그들은 이 자금들을 얻을 수 없을 뿐만 아니라 그들 자신들이 관심을 가지는 분야를 추구할 수 있는 능력도 발휘할 수 없다. 이를 통해 대학이나 연구소들은 자본의 부속기관으로 변화하게 된다. 이들 기관이 공공 기관이건 사적 기관이건 여기에서 근무하는 학생이나 연구원들은 직접적으로 노동자가 된다. 산학협동의 비밀은 바로 여기에 있다. 공공기관의 경우는 노동자들의 납세를 자본의 발전에 이용한다. 또 여기에서 생산되는 지식은 이윤을 위한 지식일 뿐 인간을 위한 지식이 되지 못한다. 자본이 축적함에 따라 자본주의적 사회관계뿐만 아니라 이윤을 위한 지식도 축적된다. 지식은 점차 축적이나 통제의 수단이 되어 간다. 노동계급의 입장에서 보면 이것은 인류의 지식의 발전 방향을 왜곡하는 것이다. 이런 의미에서 과학의 발전 방향은 중립적인 것이 아니라 오늘의 노동계급의 투쟁에 따라 결정된다. 그래서 지식은 하나의 중요한 계급투쟁의 장이 된다. 예컨대 1970년대 반핵운동에서 친환경과학자들이 그들의 지식과 창의성을 핵에 대한 비판에 사용했던 것, 그리고 나아가 그것들을 좀더 깨끗한 환경을 유지하는 방법을 찾는 데 사용했던 것은 이러한 사실을 보여주는 하나의 사례이다.[50]

기업의 내부와 외부에 있는 지식을 연결할 것을 강조한 슘페터 추종자들의 전략은 자본은 모든 지식과 과학에 대해 통제력을 가지고 있어야 한다는 것이다. 비록 지식의 양이 많더라도 만약 자본이 이를 통제하고 이윤으로 전환할 수 없다면 이같은 지식은 자본에게는 아무런 소용이 없다는 것이다. 자본의 궁극적인 목적은 지식의 양적 증대에 있는 것이 아니라 지식을 이윤축적에 사회통제에 자본의 사회질서

---

50) Garza, Margarita Perez (1990), *The Antinuclear Power Movement and the Crisis of the U.S. Nuclear Power Industry, 1973 to 1989*, Ph. D. Dissertation(The University of Texas at Austin).

를 재생산하는 데에 사용하는 것을 목적으로 한다. 슘페터 추종자들의 이같은 강조는 또 자본은 각각 떨어진 시장들과 생산과정을 조정해야 한다는 것을 의미한다. 비록 전자기술의 도입과 점진적 기술혁신의 사용으로 자본이 각 시장과 생산과정에서 유리한 위치에 처하게 되었다하더라도 자본의 확대 재생산은 여전히 어려운 것이다. 그래서 그 확대 재생산의 모든 과정에서 자본은 자신의 계획을 좀더 공고히 해야 한다는 것이다. 컴퓨터와 전자기술은 사회라는 공장에서 신경과 같은 역할을 한다. 시간을 재는 기계, 기계 장치, 검사소, 디자인 부서, 창고 등에 있는 컴퓨터로부터 많은 정보가 나온다. 자본은 이 정보를 연결 이용하여 자본의 계획성을 높이고 노동계급의 투쟁도 극복한다. 전자기술의 도입으로 기업의 내외부를 연결하는 것은 낭비를 제거함으로써 기술적 효율을 극대화하는 데도 사용된다. 놀고 있는 자재, 노는 기계, 노는 사람이 전혀 없이 빈틈없게 관리하자는 것이다. 대표적인 것이 일본 토요타 자동차 공장의 '즉시공급(Just-In-Time) 생산방식'이다. 이 방식은 최종생산물이 나오는 속도에 맞추어 앞 공정에서 그 다음 공정으로 그 즉시 자재나 부품이 공급되게 하는 작업방식이다. 이렇게 함으로써 모든 작업이 최종생산물을 산출하는 최후 공정의 작업 속도에 맞추어질 수밖에 없게 되고, 그래서 공장 전체적으로 작업 속도를 높일 수 있게 된다. 또 공정의 중간에 쌓여 있는 재고를 줄일 수 있게 된다. 나아가 각 작업 공정에서 여유 인력을 즉각 발견해 내어 다른 곳으로 투입할 수 있고 어떤 경우에는 해고까지 한다. 이를 통해 자본은 정보를 집중함으로써 각 부분에 대한 통합성과 계획을 고도화하는 것이다. 이렇게 통합성을 높임으로써 효율을 제고할 뿐만 아니라 시장의 다양하고 가변적인 수요에 기민하게 대응할 수 있다. 이렇게 함으로써 자본은 구조적으로 더 이상 늘어나지 않는 수요에 대해 소비 욕구를 충동하여 새롭고 다양한 수요를 만들어 내고 이를 효과적으로 흡수할 수 있다. 이를 통해서 자본은 노동계급을 자본의 계획 속에 유기체처럼 통합시키는 것이다.

'새로운 경영방법과 조직구조'에 대한 정치적 해석

포드주의 경영방법의 위기에 따른 자본의 대응

슘페터 추종자들의 새로운 경영방식과 조직구조에 대한 강조는 새로운 노동자들의 투쟁에 대한 자본의 대응으로 해석할 수 있다. 역사적으로 살펴볼 때 슘페터의 창의적 기업가 개념에 대한 그의 추종자들의 재해석은 포드주의의 조직과 경영의 위기에 대처하는 자본의 일련의 반응으로 볼 수 있다. 포드주의 경영방식이란 개별공장이나 산업수준에서 총 노동자의 임금수준과 그들의 총 생산성을 연결하는 것에 기초를 둔다. 포드주의 대량생산 체제에서 노동자들은 기계의 속도에 맞추어 일을 하기 때문에 노동자간의 일의 성과에 대한 차이는 그렇게 심하지 않다. 단지 몇몇 엔지니어나 경영자만 생산에 대한 기술과 지식을 독점하고 있기 때문에 노동자들 사이의 개인적인 생산성의 차이는 그리 크지 않다. 그래서 노동조합과 직면할 때 포드주의의 경영은 임금의 증대를 생산성의 증대와 연결하려는 '생산성 거래(Productivity Deal)'를 포함하는 단체교섭으로 임금과 생산성을 유지하려고 한다. 단체교섭에서 합의된 생산성과 임금을 연계시키는 전략은 적절한 임금구조로 노동자들의 투쟁에 재갈을 물리려는 전략이다. 또 포드주의 경영 조직은 복잡한 노동분업의 증대로 야기된 통합과 조정의 문제를 해결하기 위한 수단으로 관료적인 계층을 유지한다. 기업 조직구조를 보면 현장 스태프와 생산 노동자들은 계층의 맨 바닥에 있고, 전문 관리의 상위 스태프는 계층의 위쪽에 있으며, 최고경영자는 맨 꼭대기에 위치하는 피라미드처럼 나타난다. 기업조직 사다리의 각 단계에 있는 종업원들에게는 직무가 할당되어 있고, 피라미드의 바로 상층에 대해 직무에 대한 책임을 지니고 있다. 생산, 분배, 마켓팅에 관한 중요 정보는 각각의 단계에서 처리되고 나서 명령의 체계를 따라 올라간다. 결국은 최고경영층에 도달할 때까지 다음 단계로 전달되고, 이는 다시 방향을 바꾸어 명령의 의사결정으로 사용된 정보는 그 다음 계층의 아래로 전달되고 기업구조 각각의 하위 차원에서 수행된다. 이같은 조직제도는 기업계층에서 상하로 흐르는 정보를 처리 전달하고 기업의 여러 직능을 조정하고 통제하는 점점 더 비대해진 중간경영 계층에 많은 부분을 의존하였다.

단체교섭이 일단 이루어지면 노동조합의 간부는 생산성을 증대시키기 위해 일선의 노동자들을 통제한다. 노동조합이 포드주의의 발전전략에 통합되게 됨에 따라 노동자들은 자본에 대해서뿐만 아니라 노동조합에 대해서도 저항하고 반박하기 시작했다. 그리하여 노동조합과 자본에 대한 노동자들의 자발적인 투쟁의 축적은 임금과 생산성의 연결을 유지하려는 자본의 전략을 결국 파괴하게 이르렀다.51) 노동자들은 생산성의 증대보다 더 높은 임금상승을 요구하거나 노동시간의 단축을 요구하여 상당한 성공을 거두었다. 그 결과 노동자들은 보다 많은 임금을 얻을 수 있었고 노동시간을 줄여서 자기활동에 더 많은 시간을 사용하였다. 또 노동자들은 획일적인 생산물보다 다양한 스타일과 품질을 요구하기 시작했다. 노동자들은 단순히 누구의 지시를 따르는 것을 거부하고 자신들이 주체임을 주장하게 된다. 자신의 창

---

51) 노동조합이 단체교섭으로 자본과 '생산성 거래'를 한 후, 일선 노동자들은 노동조합이 생산성 증대를 위해 자신들을 통제하는 것에 대해 반대하면서 자본과 노동조합에 대해 자율적으로 투쟁하기 시작했다. Glaberman, Martin (1952), *Punching Out*, Detroit: Correspondence Publishing Committee.

의성을 스스럼없이 발휘하고자 했다. 자본은 창의력이나 기술혁신의 능력을 보유하고 있으며 누구에게 지시받기를 거부하는 새로운 노동자를 기존의 경영방식으로는 통제하기 어려움을 알게 되었다. 작업장에서의 노동자들의 조그마한 기술혁신으로부터 사회 전반에서의 문화적 혁명에 이르기까지 포드주의하에서 소수의 특정인에게만 보유되었던 기술혁신의 독점이 붕괴되기에 이르렀다. 생산라인에 있는 노동자들은 창의적인 생산활동으로, 엔지니어나 경영인들이 독점하려는 지식과 기술에 도전하기 시작하였다. 많은 노동자들이 수동적인 지위를 거부하고 지도자의 역할을 하고 창의자의 역할을 하게 됨에 따라 노동자들은 전혀 다른 노동력이 되었다. 이들 노동자들은 테일러나 포드식의 경영과 조직으로는 통제할 수 없게 되었다.52)

　　이에 자본은 노동자들의 임금상승과 노동시간의 감소에 대응하고 이들 노동자의 창의성과 지식을 이윤극대화에 이용하려고 했다.53) 이제는 될 수 있는 한 많은 노동자들로부터, 그리고 디자인, 생산, 사용 등 모든 분야로부터 노동자들의 상상력, 발명능력, 창의성을 끄집어내어야 한다. 더 이상 노동자들을 억압만 해서는 이것들을 끄집어내지 못한다. 자본은 노동자들의 새로운 자기개발 활동을, 자본을 위해서 기꺼이 일하려는 새로운 형태의 노동력으로 전환시키려고 했다.54) 노

---

52) Cleaver, Harry (1994), "The Zapatistas and the Electronic Fabric of Struggle," in his web site (http://www.eco.utexas.edu:80/Homepages/Faculty/Cleaver/chiapas95. html).

53) 예를 들면 "1980년대 초 개인용 컴퓨터가 급격히 사용되기 시작할 때, 이것은 하나의 반문화적 현상이었다. 조그마한 창고에서, 대학의 캠퍼스에서 사람들은 돈을 벌려는 생각 없이 단순히 자기의 창의력의 발현으로 개인용 컴퓨터를 개발하였다." Baran, Nicholas (1995), "Computer and Capitalism: A Tragic Misuse of Technology," *Monthly Review*, September, p. 46.

54) Cleaver (1994).

동자로부터 지식을 추출하여 이를 이윤으로 전환시키기 위해서는 노동자들을 억압하는 것만으로는 충분하지 않았기 때문에, 노동자의 창의성을 부추기고 이를 추출하여 이윤으로 전환하기 위해 자본은 새로운 경영방식이나 조직구조를 찾게 되었다. 슘페터 추종자들의 제안이 새로운 경영과 조직의 중심이 된 것은 이런 맥락에서이다.

'새로운 경영방법과 조직구조'를 이용한 노동계급 와해

슘페터 추종자들의 새로운 경영방법이나 조직구조는 결국 노동계급의 새로운 주체성에 대한 대응이며 동시에 노동계급의 새로운 주체성을 와해하기 위한 자본의 전략이다. 슘페터 추종자들은 '창의적 기업가 정신(Entrepreneurship)'이란 개념을 일반 노동자들에게 확대 적용한다. 슘페터의 창의적 기업가가 소수 엘리트에 한정된 것을 탈피하여 일반 노동자들의 창의성과 상상력의 중요성을 인식한 것이다. 마르크스는 이미 자본주의를 넘어설 수 있는 '산 노동(Living Labor)'의 힘을 발견하였다. 슘페터의 추종자들도 산 노동의 힘을 발견하고 이를 자본의 발전에 전용하고자 했다. 이를 위해 산 노동의 힘을 어떻게 억압할 것이며 만약 억압이 잘 되지 않으면 어떻게 그것을 부추길까를 연구한 것이다. 그들은 노동자들의 창의성과 상상력을 부추기기 위한 창의적 기업가 정신이란 전략으로 노동자들의 영혼까지 추출하려 한다.[55] 포드주의 공장은 정신 노동과 육체 노동을 분리함으로써 이를 어느 정도 수행하였다. 포드주의 공장에서 엔지니어나 과학자와 같은 정신 노동자들의 경우 이같은 상상력과 창의성의 추출은 일반적으로 수행되었다. 그러나 육체 노동자들의 경우 영혼은 그들 자신의

---

55) 이것은 인간의 소외(인간의 특성을 자본이 전용하는 것)라는 마르크스의 개념을 매우 추상적으로 표현한 것이다.

것이고 정신은 단지 육체적 에너지를 발현할 때만 유효하다는 전제하에서 단지 육체적인 에너지만이 추출될 뿐이었다. 그러나 후기 포드주의에 와서 슘페터 추종자들의 전략은 정신 노동과 육체 노동 간의 구분을 없애고 모든 노동자들의 정신을 상품화하여 영혼의 전용을 보편적인 것으로 만드는 것이다. 노동자들로부터 창의성과 상상력을 뽑아내려는 슘페터 추종자들의 전략은 오늘날 노동자들이 창의성의 원천임을 말해 준다. 그러나 창의성과 상상력을 부추겨서 자본의 이용으로 전환되어야 한다는 주장은 동시에 노동계급이 자본주의 관계를 넘어서는 능력을 가지고 있음을 암시한다.

노동자에게 창의적 기업가 정신을 장려하기 위하여 슘페터 추종자들은 한편으로는 유인책을 주고 다른 한편으로는 벌칙을 부과했다. 이렇게 해서 소수의 엘리트에게만 적용되던 슘페터의 전략은 일반 노동자들에게도 확대 적용되었다. 이 전략 중 대표적인 것이 개별 노동자의 보수를 — 단체교섭에 의한 임금결정에서와는 달리 — 각 개인들의 일(육체적인 노동 외에 창의성과 지식 등의 발현을 포함)과 개별적으로 연결하는 것이다. 이 전략은 개별 노동자의 생산성과 보수를 직접적으로 연계한 것으로 "일을 더 많이 할 수록 더 많이 번다"는 성과급 임금의 전략과 비슷하다. 전통적 성과급 임금의 경우에 보상이란 주로 화폐임금이고 생산성이란 주로 육체 노동의 생산성이다. 슘페터 추종자들은 화폐적 임금뿐만 아니라 작업환경과 같은 비화폐적인 보상도 보수로 포함하고 육체 노동뿐만 아니라 창의성의 발현도 생산성에 포함한다. 그러므로 보상과 생산성을 연결함으로써 창의적 기업가 정신을 장려하는 전략은, 지식 중심 생산에 적용할 수 있도록 성과급 임금제를 현대화시킨 것에 지나지 않는다. 이 현대화된 성과급 임금제 하에서 노동자에게 주어지는 벌칙에는 해고, 임금인하, 경고, 압력, 비금전적 혜택의 삭감, 힘든 새 과업의 부여, 기타 여러 종류의 징계 조치 등이 포함된다.

　슘페터 추종자들이 노동자에게 창의적 기업가 정신을 장려하기 위해 기획한 성과급 임금제 전략은 노동계급의 와해를 목적으로 한다.56) 첫째, 개인의 업무와 개인에 대한 보상의 연결은 노동자들 사이의 임금계층화를 심화시킨다. 이같은 임금계층의 다층화와 개인화는 노동자들 사이에 경쟁을 유발시켜 노동자들의 단결을 파괴한다. 둘째, 이처럼 노동자간에 임금계층화를 심화시키는 것은 노동계급의 그 다양한 층들 사이의 역할을 재구성한다. 어떤 노동자에게는 좀더 많은 책임을 부과하여 자본의 앞잡이 행동(다른 노동자에게 일을 부과함)을 하게 하고 어떤 노동자에게는 그 전보다 명령계통에서 더 낮은 위치를 점하도록 한다. 이는 원래의 노동-자본 간의 적대감을 자본에 덜 적대적인 노동자들과 더 적대적인 노동자들 사이의 적대감으로 전환한다. 이것은 "분리해서 점령한다(divide and conquer)"는 자본의 전략의 현대적이고 복잡한 형태이다. 셋째, 슘페터 추종자들이 창의적 기업가 정신을 장려하는 것은 성과급 임금제에서와 마찬가지로 노동자로 하여금 자기 스스로가 자신에 대해 더 많은 일을 강요하는 효과를 가져온다. 자본에 의한 직접적인 감시가 감소되고 품질관리가 저절로 되는 경향이 있다. 그러나 노동자들의 내면에서는 더 큰 심리적 갈등이 유발된다. 한편으로는 자본가적인 관점에서 자신에게 좀더 양질의 품질을 좀더 많이 생산하도록 강요하고 다른 한편으로는 놀이, 인생을 즐기기 등과 같은 노동자 자신의 욕구와 필요를 더 많이 추구

---

56) 마르크스는 그의 생존 당시 이미, 성과급 임금제가 노동자에게 미치는 영향을 간파하고 있었다. Marx, Karl (1976; 1867), Chapter 21.

하는 경향이 발생하기 때문이다. 넷째, 창의적 기업가 정신의 함양은 육체적 노동의 상품화뿐만 아니라 모든 사람들의 정신, 사고방식, 욕구, 지식 등의 상품화를 포함한다. 그 결과 모든 인간행위가 이윤-손해라는 보편적인 척도에 종속되어 개인의 문화적 능력이나 차이까지 화폐에 의해 측정되기에 이른다.

업무를 도전적이고 흥미롭게 만들어 노동자 스스로가 자신의 일을 하는 것처럼 만들려는 슘페터 추종자들의 전략은 노동자 스스로 일을 자기에게 부과하는 방식으로 노동의 강도를 높이는 것이고, 자본에 대한 적대감이나 불만을 줄이는 것이며, 자본의 잔인함을 숨기는 것이고, 노동자들을 스스로 자본의 발전에 적극 참여시키는 전략이다. 오늘날 노동자들은 새로운 경영방식으로 자기 자신을 스스로 통제할 수 있고 스스로 책임감을 가지는데, 이것이 바로 인간해방의 성공이라고들 말하는 사람들이 있다. 그러나 이 성공이 노동계급의 투쟁의 결과임에는 틀림이 없으나 그것이 동시에 노동자들의 주체성을 부추기어 스스로 일을 부과하도록 하는 자본의 전략 중의 하나임을 잊어서는 안 된다. 지식이 중심이 되는 생산에서는 노동자가 좀더 많이 이해하고 상상하는 것이 필요한데 이를 위해 노동자들에게 좀더 많은 책임과 자율성을 준 것에 불과하다. 또 업무에 만족감을 주는 것은 노동자들의 창의력을 뽑아내는 자본의 전략에 불과하다. 이같은 새로운 업무는 노동자에게 스트레스를 주는 것이며 노동자들로 하여금 자신의 착취를 최대한으로 증대시키는 것이다.57)

---

57) Parker, Mike and Jane Slaughter (1988), *Choosing Sides: Unions and the Team Concept*, Boston: South End Press.

의사결정에 노동자들을 참여시키는 형태로 노동자들의 비위를 맞추는 슘페터 추종자들의 전략은 노동자들의 주체성을 이윤을 위한 생산에 전용하기 위해 노동자들에게 아부하는 전략이다.58) 노동계급의 주체성을 억압 속에 가두어 두는 것이 더 이상 가능하지 않게 되자 노동자 참여라는 방법으로 노동자들의 주체적 능력을 생산을 위한 생산의 조건으로 만드는 것이 필요하게 된 것이다. 이리하여 "주체가 되라"는 슬로건은 위계와 협력 사이의, 자율성과 명령 사이의 적대를 제거하기는커녕, 실제로는 그 적대를 더 높은 수준으로 끌어올린다. 왜냐하면 자본은 노동자들의 참여를 경영 의사결정에, 효율성의 기준에, 그리고 힘의 관계에 종속시키기 때문이다. 이로써 노동자들은 더 많은 책임을 지게 된다. 또 의사결정에의 노동자 참여는 모든 참여자들이 조직의 목표를 함께 설정함으로써 조직의 목표를 성공적으로 수행하려는 전략이다. 그들이 말하는 노동자들의 재량권의 확대도 제한된 자율성이라는 경영 토대에 한정되어 있다. 결국 노동자들의 참여란 보다 높은 생산성과 보다 양질의 품질을 유지하려는 자본의 전략이다. 이는 모든 사람이 조직의 목표에 응해야 한다는 생각을 당연시하고, 경영의 목적 범위 내에서 책임을 지고 일할 때에만 한 개인의 능력이 최대한 발휘될 수 있다는 생각을 당연시한다. 이는 다시 보면, 노동자들이 자기 나름의 자원이나 권위를 가지지 못하고 책임만 더 커졌다는 것을 말해 준다. 함양된 노동자의 힘이 자본의 발전에 사용되어 도리어 자신들의 직장을 없애는 데 사용되고, 일의 강도를 더욱 높이면서 보상은 상대적으로 적게 되어 노동자들의 처지는 더욱 위험해지게 된다.

---

58) Lazzarato, Maurizio, "General Intellect: Towards an Inquiry into Immaterial Labour," Manuscript.

교육과 훈련을 통해 노동자들에게 기술과 지식을 많이 갖게 하려는
슘페터 추종자들의 전략은 노동자들의 힘을 강하게 하는 것을 목적으
로 하는 것이 아니라 단지 지식 중심 생산에서 양질의 원료(지식)를
확보하는 것을 목적으로 한다. 우리는 자본가들이 좀더 일을 많이 시
키기 위해 노동자들에게 기름진 콩을 먹을 것을 강요하는 마르크스의
예를 기억해야 한다.[59] 노동자들의 기술을 증대시키려는 자본의 노력
은 노동자들을 위한 것이 아니라 자본을 위한 것임을 우리는 명심해
야 한다. 자본은 교육과 훈련을 통해 증대된 기술과 지식을 도리어 노
동자에게 일을 부과하기 위한 경영 통제의 방향에서 사용한다. 자본
은 증대된 기술과 지식을 품질향상, 중앙통제 기능의 강화, 생산과정
의 통제, 표준 업무수준의 제고 등에 사용함으로써 일의 강도를 증대
시킨다. 기업이 교육이나 훈련의 결과를 평가하는 경우에는 노동자들
은 업무 이외에도 일하도록(즉 공부하도록) 강요받는 셈이다. 또 많은
노동자들에게 새로운 기술을 훈련시키는 것은 기술을 가진 노동자의
공급을 증대시켜 그들에게 낮은 임금을 강요할 수 있게 한다. 예이츠
(Michael Yates)는 이를 "1980년대 후반 생산성의 향상은 동시에 실
질임금의 계속된 하락을 가져왔다."[60]는 말로 요약한다.

분권화 조직을 장려하는 슘페터 추종자들의 전략은 중간경영진에
소요되는 비용을 절감하려는 자본의 전략으로 생각할 수 있다. 역사
적으로 점차 증가하는 조직의 복잡성이 경영진들의 인식 능력을 넘어

---

59) "남아메리카의 광산노동자들은 …… 빵만 먹으려 하겠지만, 그들의 주인은 빵만으
　　로서는 그들이 그렇게 힘든 일을 할 수 없다는 것을 알고 노동자들을 우마와 같이
　　취급하여 그들에게 강제로 콩을 먹이고 있다." Marx (1976: 1867), p. 718n.
60) Yates, Michael (1994), "The Myth of a High Skill, High Wage Future," *Z
　　Magazine*, December, pp. 44~7.

서게 되었다. 소수의 최고경영진들이 매일매일의 생산활동 전반에서 일어나는 것들을 전부 규제하거나 그것들을 총괄하는 의사결정을 하기가 점차 불가능해져 갔다. 이같은 문제를 해결하기 위해 최고경영진은 여러 조직구조에 하부 경영진을 두어서 그들에게 어느 정도 의사결정권을 주는 중간경영 체제를 구축하였다. 이것은 보기가 흉하고 비용이 많이 드는 관료조직을 출현케 하였다. 오늘날 전자통신이나 컴퓨터화된 보고체제를 구축하게 됨에 따라 중간계층을 줄일 수 있게 되고, 최고경영진들이 모든 노동자들을 그들의 직위와 관계없이 직접 접촉할 수 있게 되었다. 과거에는 손으로 작성한 수많은 데이터를 관리하고 하부계층의 노동자들을 관리감독하던 중간계층 경영진들의 일은 오늘날 컴퓨터에 의해 수행될 수 있게 되었다.61) 그래서 많은 기업들은 이들 중간계층의 경영진들을 없애기 위해서 그들의 조직을 재조직한다. 이것은 중간경영진에 들어가는 비용을 줄일 수 있고 하부 노동자에 대한 최고경영진들의 통제를 증대시킬 수 있기 때문이다. 그러나 중간계층이 없어졌다고 해서 실질적으로 노동자들 사이의 계층화를 감소시키는 것은 아니다. 왜냐하면 조직의 계층은 성과급 임금제의 도입으로 다양한 소득계층으로 대체되었기 때문이다. 그래서 중간경영진들의 축소는 보다 평등한 작업환경을 만들어 노동자들의 자본에 대한 적대감을 축소시키는 동시에 자본의 통제를 강화시키기 위한 자본의 전략으로도 볼 수 있다. 또 많은 기업들이 중간계층의 노동자들을 축소함으로써 실업이 유발되어 그나마 남아 있는 중간계층의 노동자들에게는 더욱더 일이 더욱 강도높게 부과된다. 비록 분권화된 정보기술이 분권화된 조직을 가능케 하지만 이것이 자동적으로

---

61) Meiksins, Peter (1996), "Work, New Technology, and Capitalism," *Monthly Review*, July-August, p. 106.

실질 권력의 분권화를 의미하는 것은 아니다. 왜냐하면 통신정보 기술을 가지고 자본은 중간계층 없이도 노동자들을 적절히 통제할 수 있기 때문이다.62) 컴퓨터 네트워크를 통해서 어느 곳에서나 정보를 수집할 수 있는 능력은 고위 경영진들로 하여금 모든 사람들을 감독하고 그들의 성과를 감시할 수 있도록 해 준다. 이제는 최고경영진들의 직접 규제 범위는 이전보다 더 커지게 되었다. 이것은 자본에게는 집중된 힘을 주며 노동자에게는 책임을 가중시키는 것이다.

슘페터 추종자들이 주장하는 기업 조직의 유연성은 소비자들의 다양한 요구, 생산요소 가격의 상승, 기술의 급격한 발전 등 변화하는 환경에서 노동자들을 유연하게 이용하여 자본의 발전을 도모하는 전략으로 해석할 수 있다. 예측 가능한 고장이나 문제 상황에 대처하기 위해 부품의 재고를 보유하거나, 결근한 노동자를 대신하기 위해 별도의 노동자를 고용하는 것이 필요하다. 그러나 노동력의 유연화는 이러한 예비비용을 축소시킨다. 컴퓨터화된 자동화가 이와 같은 유연성의 중요한 기술적 기반이 된다. 프로그래밍된 지침은 일반적인 목적에 사용된 기계를 특정한 목적에 이용할 수 있기 때문이다. 만약 생산물을 변화시키는 것이 필요하면 기계에 새로운 지침을 프로그래밍하여 사용한다. 노동자에게 기계의 속도에 맞추어 일하도록 강요하는 포드주의 경영에서와 비슷하게, 유연화된 경영방식은 노동자에게 프로그래밍된 지침의 규정에 따라 일하도록 강요하는 것이다. 그러나 슘페터 추종자들이 주장하는 유연성이란 노동자들에게 자본의 요구에 따라 그들의 일을 쉽게 바꾸도록 하는 것 이상이다. 이것은 노동자

---

62) Harrison, Bennett (1994), *Lean and Mean: The Changing Landscape of Corporate Power in the Age of Flexibility*, New York: Basic Books.

들의 고용안정도 심각하게 해친다.

슘페터 추종자들이 주장하는 유연성이란 노동자들에게 일을 부과시킴에 있어 시간적·공간적 한계를 파괴하려는 목적도 포함하고 있다. 정보통신 기술은 기업으로 하여금 어떤 특정 사업에 노동자들을 정확하게 맞출 수 있도록 한다. 기업은 들고 다닐 수 있는 컴퓨터나 전자통신을 이용하여 노동자들이 일하는 데 유연성을 높인다. 들고 다닐 수 있는 컴퓨터는 노동자로 하여금 그들의 사무실 밖에서도 일을 하게 만든다. 노동자들은 노트북 컴퓨터를 가지고 퇴근 후 집에서, 혹은 주말여행에서의 비행기 속에서 근무시간 이후에도 업무를 하게 한다. 기업은 이 시간에 대해 임금을 지불하지 않을 수 있을 뿐 아니라 노동자들을 항상 연결하여 접촉할 수 있다. 이처럼 유연성이란 노동자들의 업무시간을 멋대로 조절할 수 있어 고정된 노동시간의 비생산적인 효과를 감소시킬 수 있으며 값비싼 자본장비의 이용도를 높일 수 있다. 작업시간을 마음대로 변경함으로써 노동자들의 노는 시간을 줄일 수 있고 과외 업무에 대한 초과 지불을 줄일 수 있다. 일을 부과하는 데 시공간이 없어지게 됨에 따라 업무시간은 더 이상 작업시간에만 연결이 되지 않고 노동자들의 생활 전체에 연결되어 노동 이용의 규제 비용을 줄이는 것이 가능하게 되었다. 그들이 말하는 유연화는 노동의 유연화에 다다른다. 노동력의 사용을 유연하게 하려면 정규직은 줄이고 비정규직을 늘려야 한다. 요컨대 마음껏 자를 수 있고 마음껏 부릴 수 있어야 한다. 노동력은 파편화되어 자본이 자유자재로 쓰고 버릴 수 있어야 한다. 역사적으로 볼 때 유연화는 자본가의 작업 규율에 반대하는 노동자측의 교섭 무기가 된 적이 간혹 있었다. 출퇴근 시간을 자유롭게 할 것을 요구하는 경우가 그러한 예일 것이다. 그러나 1980년대 이후 '노동의 유연성'이 노동에 대한 착취를 강화하기 위한 자본의 유력한 무기가 될 수 있다는 것을 자본측이 새삼 발견하게 되면서 경영자측에서 이것을 적극 도입했다. 이런 의미에서 '노동의 유연화'는 '유연화를 통한 착취'라고 말하는 것이 보다 정확할 것이다.

슘페터 추종자들이 말하는 조직의 유연성의 전형적인 예가 팀 제도의 운영이다. 그들에게는 소규모 기업이나 대기업에서나 팀이란 그렇게 다르지 않다. 팀이란 관계를 중시한다. 업무수행의 질은 팀 구성원 간의 교통 통신 조정의 질과 같다. 팀을 잘 운영하기 위해서 오늘날 기업은 '그룹웨어(Groupware)'를 사용한다. 그룹웨어란 많은 사람들이 전자통신이나 전자회의 설비를 통해 서로 의사교환하도록 함으로써 집단의 기능을 수행하도록 하거나 공동의 업무를 수행하거나 동료의 시간표를 서로 사용함으로써 일을 하는 컴퓨터 체제 전반을 의미한다.63) 모든 노동자들은 품질, 생산, 양 그리고 자본장비의 이용 등 여러 부면에서 팀의 책임하에 일을 해야 한다. 팀 제도를 유지하기 위해서는 노동자들이 동료를 대신해 여러 가지 다양한 작업을 수행할 수 있어야 하며 그런 의미에서 상호 대체 가능성을 포함하고 있다. 또 팀 제도는, 직무 분류를 과감히 축소시킴으로써 사용자가 노동력을 유연하게 부릴 수 있는 능력을 높여 주어야 한다. 엄격한 직무 분류의 철폐와 직무 할당에서의 상호 대체성의 증대란 경영자들이 팀 방식을 얘기할 때 사실상 가장 원하는 중요한 내용이다. 모든 직무수행 과정이 단계별로 세밀하게 제시되기 때문에 경영자측이 작업수행 과정을 통제할 수 있는 힘이 커지고, 노동자들의 참여로 노동자들 자신의 작

---

63) Kling, Rob (1996), "The Centrality of Organizations in the Computerization of Society," in *Computerization and Controversy: Value Conflicts and Social Choices*, ed.) Rob Kling, 2nd edition, Academic Press, pp. 108~32.

업 부담이 늘어나는 효과를 동시에 갖는다. 예전에 감독자들이 하던 일을 일선 노동자들이 맡게 됨으로써 노동자들의 책임 부담은 증대되나 직무상의 권한은 별로 늘어나지 않는다. 팀 제도는 팀 구성원간의 경쟁을 유발한다. 경영자측은 노동자들에게 공장 내 여러 부문이나 개별 노동자들이 전체적으로 서로 연결되어 있음을 주지시키려고 노력한다. "나는, 일하러 와서 내 일만 하고, 다른 사람이나 생산성, 품질 등에는 신경을 끈다"라는 생각을 떨쳐버리게 만든다. 더 나아가 다른 팀이나 다른 공장들과의 경쟁을 강조함으로써 다른 팀이나 다른 공장으로부터 자신의 일자리를 보호하고 유지시킬 수 있는 것은 바로 노동자 자신이라는 이데올로기적 환경을 조성한다. 생산을 통제하고 생산성 향상을 촉진하기 위해 이같은 물리적·사회적·심리적 스트레스 등 모든 종류의 스트레스를 이용한다. 이 방식은 체계적인 노동 강도의 강화와 각종 부품의 즉시공급, 세부작업 과정에 대한 엄격한 통제 등 모든 것을 적절히 결합시켜서, 노동자들에게 숨쉴 틈도 주지 않고 조그마한 실수도 허용하지 않는 생산체계를 만들고자 하는 것이다.[64]

팀은 노동강도의 증대를 목적으로 한다. 노동자들이 파편화되고 그들의 직무가 세분화됨으로써 단순 반복적인 노동을 하는 것이 아니라, 직무순환이나 직무확대를 통해 노동자 개개인의 숙련과 기능의 수준을 향상시키고 이들 개개인들을 몇 개의 팀으로 나누어 각 팀에 일정한 작업상의 자율성을 부여하여 생산성을 증대하는 것이다. "일을 몇몇 그룹으로 나누어 하는 것은 변화된 기술의 발전에 의해서 가능하

---

64) 마이크 파커, 제인 스토터 (1996), 『팀 신화와 노동의 선택』, 강수돌·이호창·강석재·김종환 옮기고 씀, 도서출판 강.

다. 기술변화의 많은 것이 생산과정에서 대기시간을 줄이는 데 있다. 이것은 생산에 참여하는 노동자가 조그마한 고장을 수리하는 일이나 품질을 관리하는 업무를 하는 것을 요구한다."[65] 자본은 팀 내에서 가장 일을 잘하는 사람을 작업 기준으로 삼아서 팀 구성원간의 경쟁을 유도한다. 개인이 아니라 팀이 기여도에 따라 보상을 받기 때문에, 컴퓨터를 이용해 최근의 생산성을 모든 사람에게 알려 노동자들로 하여금 그들의 팀이 어느 정도 일을 하였으며 어느 개인이 한 시간, 일 주, 혹은 한 달 사이에 가장 많이 일을 했는지를 알게 함으로써 노동 자들에게 일을 강요한다. 컴퓨터를 통해, 당신은 기준보다 10퍼센트 더 많이 일을 하였다고 축하의 메시지를 보내기도 하고 당신은 팀의 평균보다 업무가 늦다고 경고하기도 한다.[66] 이처럼 팀 체제는 팀간 의 경쟁도 유발한다. 그래서 팀은 노동자에게 팀의 구성원으로서의 책임과 개인으로서의 책임이라는 이 중 책임을 부과하여 팀 내와 팀 간의 경쟁을 유발한다. 한 노동자가 결근함으로써 생기는 모든 문제 는, 바로 그 노동자와 함께 일상적으로 일하는 동료나 그의 바로 위 감독자가 책임져야만 한다. 결근자로 인해서 발생되는 문제는 이전처 럼 인사부로 이전되는 것이 아니라 현장에서 자체적으로 해결해야 하 는 것이다. 예전 같으면 인사부에서 결근자를 대체할 수 있는 여유 인 원을 추가로 고용하여 언제든지 투입할 수 있게 해 놓았다. 그러나 이 제는 이러한 추가 인원을 뽑지 않으므로 결근자가 생기더라도 자체에 서 해결해야 한다. 팀 구성원들은 이제 작업동료들이 결근하지 못하 게 서로 못살게 굴고, 결근하면 몹시 원망하게 된다. 왜냐하면 동료의 결근으로 인해 자신들이 직접 피해를 입게 되기 때문이다. 여기에 더

---

65) Tomaney, John (1994), "A New Paradigm of Work Organization and Technology," in *Post-Fordism: A Reader*, ed.) Ash Amin, Oxford: Blackwell, p. 164.
66) Marx, Gary T. (1996), p. 320.

하여 집단 성과급을 부과함으로써 팀간의 경쟁을 유발하고 노동계급 내부의 적대감을 불러일으킨다.

팀 제도는 일단 문제가 발생하면, 노동자나 팀 리더 또는 하위 감독자가 즉각 그 문제를 발견하여 해결하도록 함으로써 책임과 압력을 아래로 이양시키 데 이용된다. 한 작업 팀이 최선의 노력을 기울였다는 것이 증명될 때까지 경영진은 외적인 도움을 주지 않는다. 경영자 측의 명령이 아니라, 스트레스가 이 체계의 다양한 부서들을 통합하는 원리이다. 처음부터 끝까지 관철되는 스트레스가, 경영관리의 목적에 맞춰 시스템이 스스로를 '자동조절'하도록, 서로 다양한 생산과정을 확실하게 엮어 내도록 하고 있는 것이다. 이것은 최고경영층에게는 이상적인데, 왜냐하면 최고경영자들은 생산물과 관련된 몇 가지 중요한 결정만 내리고, 그 밖에 요구 조건에 맞는 생산물을 가능한 한 효율적으로 값싸게 만들도록 조정해 나가는 일은 시스템 스스로가 맡기 때문이다. 즉 최고경영층은 각 부서의 일상적인 생산과정에 대해 일일이 감독할 필요가 없는 것이다. 대신에 경영진은 공장 전체에 총괄적인 생산계획 같은 것만 알려줄 뿐이다. 이러한 체제가 즉시공급으로 짜여져 있을 때에는 노동자에게 미치는 압력은 그만큼 더 크다.

노동자들의 그룹간 협동을 중시하는 슘페터 추종자들의 전략은 모든 노동자를 개별적·집단적으로 연결시켜 그들을 자본의 감시 통제 하에 두는 자본의 전략으로 볼 수 있다. 노동자 개인이나 그룹간의 갈등은 이윤을 감축시킨다. 한편으로는 노동자간의 경쟁을 유지하면서 다른 한편으로는 노동자간의 협력을 유지하는 것이 바로 이들의 전략이다. 그래서 노동자들 사이, 그리고 그룹들 사이의 협동은 자본에 투쟁하는 노동의 단결을 보장하는 것이 아니다. 그것은 오히려 노동자들을 순응적으로 만들어 자본이 쉽게 계획할 수 있는 객체로 되게 함으로써 이윤극대화에 그들을 통합하는 전략이다. 자본은 그들이 노동자들을 통제할 수 있는 범위 내에서만 노동자들 사이의 협동을 허용한다. 노동자간의 협동 증진을 위한 자본의 전략은, 노동자들 사이에 정보와 지식을 서로 나누어 갖게 함으로써 그들의 지식과 정보를 자본에게 노출하도록 하기 위한 것이다. 자본은 누가 어떠한 지식과 정보를 얼마만큼 가지고 있는지를 쉽게 파악할 수 있다. 최고경영진들은 이같은 정보를, 노동자와의 계약에서 유리한 위치를 점하는 데 사용한다.

새로운 경영방식은 노동자의 관찰력이나 아이디어들을 그냥 흘려버리는 것이 아니라, 가치로운 것으로 인정하고 그것을 잘 활용할 수 있는 방안을 강구한다. 노동자들은 수많은 제안을 하게 되고, 경영자들은 이를 채택할 것인가 하지 않을 것인가를 결정하게 된다. 그러나 일단 어떤 제안이 들어가면 그 지식은 작업현장의 모든 노동자들을 통제하는 경영 권력의 일부로 바뀌게 된다. 테일러는 노동자들이 가지고 있는 작업상의 비밀과 지혜를 한꺼번에 다 파악하여 단번에 그들을 아무런 정신적인 능력이 없는 단순한 일손으로 만들어버릴 수 있다고 생각하였다. 그러나 슘페터 추종자들의 새로운 경영방식은 좀 다르다. 그들은, 실질적으로 작업을 계속 수행하는 것은 노동자들이기 때문에 작업과정과 관련된 지식은 여전히 이들이 갖고 있으며, 따라서 관리자들이 손대기 어려운 부분이 있기 마련이며 노동자들은 결국 생산과정에 대해 여전히 어느 정도 힘을 행사하고 있다고 보았다. 그래서 새로운 경영방식은 작업현장으로부터 모든 의사결정권을 송두리째 빼앗아 가는 것이 아니라, 노동자들이 가지고 있는 힘들을 하위 감독자층 수준의 관리에게 이전시키거나 경영에 적극적으로 협조하는 노동자들에게로 넘긴다는 기본 구도를 갖는다. 새로운 경영방식은 새로운 정보 덕택에 경영자들로 하여금 생산과정의 아주 세밀한 부분까지도 잘 통제할 수 있게 한다. 기존의 경영자들은 현장에 대한 세밀한 지식과 정보가 없었기 때문에, 무엇을 생산하려고 하면, 작업과정에 관한 한 노동자들에게 어느 정도의 유연한 여유 공간을 줄 수밖에 없었던 것이다. 그러나 새로운 경영방식은 지난날의 경직화된 생산체계 속에서도 그나마 남아 있었던 노동자들의 작은 자율성과 재량권마저도 송두리째 앗아가고자 한다. 자율화와 분권화를 주장하지만 그 내면에는 자본의 독재만 있을 뿐이다.

슘페터 추종자들은 노동자의 상상력이나 창의력을 부추겨서 이것들을 자본의 이윤의 원천이 되도록 하는 새로운 경영방식이나 조직구조를 개발하였다. 업무를 도전적으로 만드는 것, 스스로 일하는 분위기를 확대하는 것, 의사결정에 노동자를 참여시키는 것, 노동자에 대한 교육 및 훈련, 수평적이고(즉 분권화된) 유연한 형태의 조직구조는 그들의 경영방식과 조직구조의 예들이다. 그러나 우리는 여기서 노동자들의 상상력이나 지식의 자유로운 표현은, 자본이 노동을 위해 허용하는 것이 아니라 자신의 이윤을 위해 허용하는 것이라는 점을 잊지 말아야 할 것이다. 자본은 항상 노동자들의 창의력을 그들의 계획하에 두려고 한다. 슘페터 추종자들이 말하는 느슨하지만 엄격한 경영방식이란 노동자들의 창의성을 발휘하는 데에는 느슨한 경영을 그리고 노동자들의 창의성을 이윤의 기준에 종속시키는 데에는 엄격한 경영을 하는 것을 의미한다. 다른 말로 표현하면 그들의 전략은 노동자들의 저항은 분쇄하고 노동자들의 창의성은 부추기는 것이다. 자본은 이윤 가능성의 기준에 따라 탄압도 할 수 있고 부추기기도 할 수 있고 양자를 동시에 사용할 수도 있다. 노동자들의 저항이 거셀 때 그리고 자본이 노동자들의 지식과 창의성을 필요로 할 때에 자본은, 감시와 통제만이 노동자들의 업무수행을 제고할 수 있다고 믿지 않는다. 자본은 자신이 노동자들을 통제할 수 있는 범위 내에서 노동자에게 약간의 유연성과 자기행동을 허용해 노동자들이 높은 생산성과 품질을 유지할 수 있도록 유도한다.

우리가 이미 위에서 살펴보았듯이 느슨하면서 엄격한 경영을 가능케 하는 것은 정보통신 기술이다. 이들 기술을 이용하여 자본은 모든 부서의 모든 정보를 얻을 수 있고 노동자들이 무엇을 하고 있는지를 보다 세밀하게 알 수 있다. 노동자에 대한 통제 없이는 기업이 이같은 새로운 경영방식이나 조직구조를 운영하는 것은 불가능할 것이다. 예컨대 경영인들은 전자기술을 통해, 라인의 속도를 높이는 방법, 인원을 줄이거나 기계장비의 수를 줄이는 방법, 같은 노동자들에게 더 많은 일을 부과하는 방법 등을 가지게 된다. 전자기술은, 경영자측이 완벽하다고 생각하는 그 어떤 지점을 향해서 끊임없이 더 높은 효율을 찾아 재조정과 합리화를 계속해 나가는 도구이다. 전자기술을 이용한 새로운 경영방법이나 조직구조는 '신속한 내부 반응 회로'를 가진 고도의 통제체제라고 말할 수 있다. 이러한 생산 시스템의 유일한 문제는 이 시스템의 톱니 역할을 하고 있는 것이 진공관이나 컴퓨터나 엔진이 아니라 바로 인간이라는 것이다.

전자기술을 이용해서 노동자들이 어떻게 일하는지를 생생하게 눈에 보이도록 관리하려는 새로운 경영방법의 원리는 간단하다. 만일 모든 사람들이 어떤 작업에 대한 책임이 누구에게 있는가를 뻔히 알 수 있다면, 작업을 제대로 해내지 못하는 사람은 분명히 많은 심리적인 압박감을 받게 될 것이다. 예컨대 어떤 기계가 고장이 나는 경우 그것은 금방 눈에 띄게 되고 보전반 노동자들은 심리적인 압박을 받아 신속히 이 고장을 제거하지 않을 수 없다. 경우에 따라서 이들은 너무 급한 나머지 안전 조치를 무시하고 수리를 하기도 한다. 물론 이러한 압력은 예전의 공장에도 있었지만, 새로운 경영방식에서는 더 적은 보전 노동자, 작업 내용의 부단한 변경, 직무 경계의 불명확성, 즉시공급의 요구 등으로 말미암아 불안정한 직무의 수와 그 스트레스의 수준은 자꾸만 높아 간다. 현실에서 개별 노동자가 해야 할 동작들이 한층 더 세세한 부분까지 지시되고 있는 것이다. 이런 의미에서 오늘날의 경영방식은 테일러의 과학적 경영방법의 포기가 아니라, 오히려 과학적 경영방법을 더 강화시키고 있다고 할 수 있다. 이렇게 다듬어진 작업 절차는 사실상 노동자들의 모든 여유 공간을 없애버리고 그들의 일거수일투족을 엄밀히 규정하게 된다.

이상의 정치적 해석에서 새로운 경영방식이나 조직구조는 소수의 노동자의 경우(슘페터 경우)이건 다수의 노동자의 경우(슘페터 추종자들의 경우)이건 노동계급의 주체성에 대해 복잡한 형태로 적응하여 이를 이용하는 자본의 전략임을 알 수 있다. 이같은 변화는 단순히 자본의 의도만으로 행해진 것이 아니다. 힘이 많이 드는 일의 자동화, 새로운 사용자가 편리하게 이용하는 기술, 정보화된 작업장에서의 협동적인 업무구성, 고기술 생산성에 의한 풍요 등은 노동계급의 투쟁의 산물이어서 결국 노동과 경영 간의 타협에 의해 이루어진 것임을 알 수 있다. 자본이 노동계급의 주체성에 적응하면서 동시에 이를 이용하는 현실은 오늘날 자본의 발전이 이전의 자본의 발전 역사에 비해 노동자들의 창의성에 더 의존하고 있음을 보여준다. 새로운 경영방법은 노동계급의 창의성을 이윤극대화의 수단으로 전환하려는 자본의 전략이다. 이러한 새로운 경영방식이나 조직구조는 기업체뿐만 아니라 공공부문에까지 뻗어나가고 있다. 이렇게 볼 때 이들이 말하는 새로운 경영방법이란 정보기술의 활용을 통해 자본주의 사회조직 전반의 효율성(노동계급에 대한 자본의 통제력)이 증가되는 사회적 과정을 가리키는 것에 다름 아니다. 이는 위기에 대처하기 위한 자본주의 사회구조의 개혁이며, 자본주의 사회조직의 혁신이다.

'슘페터 추종자의 국가'에 대한 정치적 해석

케인즈 국가의 위기에 따른 자본의 대응

슘페터 추종자들의 국가정책에 대한 관점은 케인즈적인 국가정책의 위기에 대응하는 자본의 전략이라 볼 수 있다.[67] 숙련 노동자들의 주체성을 파괴하기 위한 테일러와 포드의 노력의 결과 노동자들은 상당히 대중화되기 시작했다. 대중화된 노동계급의 운동은 새로운 형태의 노동운동, 대규모 대중 노동운동의 형태로 나타났다. 1920년대와 1930년대 노동자들의 투쟁과 그 세력은 이미 상당한 정도로 성장해 있었다. 그들은 실질임금의 하락을 저지했을 뿐만 아니라 집합적 자본가로서의 국가에 대해 취업이나 사회복지의 요구를 증대시킴으로써 자본을 보호하고 노동을 탄압하는 전통적인 자본주의 국가의 처방

---

67) 케인즈주의 국가의 위기에 대해서는 다음을 참조하라. Negri, Antonio (1971), "Crisis of the Planner-State: Communism and Revolutionary Organization," in *Revolution Retrieved: Selected Writings on Marx, Keynes, Capitalist Crisis & New Social Subjects 1967~83*, by Negri, London: Red Notes, pp. 97~148. Cleaver, Harry (1992), "The Rise and Fall of the Keynesian State," in his course package. Hirsch, Joachim (1985), "Fordism and Post-Fordism: The Present Social Crisis and Its Consequences," in *Post-Fordism and Social Form: A Marxist Debate on the Post-Fordist State*, eds.) Werner Bonefeld and John Holloway, Macmillan, pp. 8~34. Bonefeld, Werner (1987), "The Reformulation of State Theory," *Capital & Class*, Winter, pp. 96~127.

을 불가능하게 만들었다. 이것은, 계급간의 세력관계와 기본적인 사회
구조가 실업증대와 임금인하라는 고전적인 경기순환 정책으로는 더
이상 해결할 수 없을 정도로 변모했음을 의미했다. 이 위기에서 살아
남기 위해 자본주의는 자유방임을 대체할 새로운 전략과 이데올로기
를 필요로 했다.

노동계급의 투쟁에 대응해 기존의 시장 메커니즘을 이용하는 자유
방임주의가 위기에 도래하자 자본주의 사회 계획가들은 광범위한 사
회공학을 통해 거의 사회 전체를 재구성하려 했다. 이것이 케인즈적
국가가 등장한 배경이 된다. 케인즈적 국가에서 국가의 개입은 단순
한 경제발전의 사회화를 넘어서 국가가 경제발전의 형태와 리듬을 직
접 조정하는 것을 의미한다. 즉 자본 활동의 위험성을 없애기 위해 국
가가 직접 자본의 위험성을 보증해 주는 것을 의미한다. 그래서 국가
는 자본의 총체적 계획자의 역할을 수행하게 되었다. 그 결과 경제제
도는 더 이상 소수의 창의적인 기업가 영역에 의존하는 것이 아니라
국가의 계획을 통해 미래의 불확실성을 탈피하기 위한 제도로 구축되
었다. 국가는 이제 생산적인 자본의 집단적인 대표로서 나타난다. 국
가 자체가 경제구조가 되었으며 생산적인 주체가 되었다. 국가가 생
산적인 자본으로 변했을 때 국가는 개별 자본이 야기하는 즉 시장경
제가 야기하는 구조적인 마찰을 극복할 수 있다. 공장에서의 독재와
사회에서의 무정부 상태의 모순이라는 자본주의의 모순은, 국가 계획
에 따라 사회 전체를 착취하는 자본의 독재의 확립을 통해, 사회적으
로 조정되었다. 정도의 차이는 있으나, 스탈린주의 당처럼 권력을 독
점하여 계획에 따라 경제를 움직이는 사회주의 국가나 히틀러의 파쇼
국가가 케인즈의 국가와 비슷한 내용을 지니고 있다고 말할 수 있을
것이다.

케인즈 국가는 생산성 증대의 한계 내에서 실질임금의 상승을 보장해 주며, 임금협상을 제도화하고, 복지국가제도를 정착시키며, 화폐를 통해 경제에 개입하는 방식을 취한다. 케인즈의 국가는 공장 내에서 그리고 사회라는 공장에서 노동계급의 투쟁을 자본의 확대 재생산에 적합한 형태로 만드는 것을 목표로 삼는다. 임금인상에 대한 요구를 생산성의 향상을 통한 이윤의 증대로 조정하는 것이다. 각 단위별 공장에서는 단체교섭에서 합의된 생산성-임금 연동제로 노동자들의 임금투쟁에 재갈을 물린다. 그 결과 미국의 대부분의 노동조합들이 이 시기에 보수화되었다. 사회라는 공장에서 비임금 노동자에 대한 여러 가지 지출은 자본 전체의 생산성에 기여하는 방향으로 사용되었다. 예를 들어 공공 교육에 대한 지출은 자본에게 더 많은 생산성을 야기시킬 수 있는 노동력을 재교육시키며, 저소득자에 대한 지출은 노동력을 쇠퇴하지 않도록 하는 것이다.

케인즈의 국가는 사회적 수준에서 임금을 생산성 향상과 연결할 뿐 아니라 상승된 임금을 자본을 위한 소비자원으로 이용한다. 공장 내에서 그리고 사회라는 공장에서 임금상승은 자본을 위한 소비 기금으로 기능한다는 점을 그들은 잘 파악하고 있다. 임금은 무엇보다도 자본주의 체제 전체의 동학과 연동되어 사용되는 일반적인 소득률로, 즉 계획된 발전의 틀 내부에 투입되는 자본의 일반율로 되었다. 국가의 재정 금융정책 때문에, 비임금 노동자들의 소득상승은 총수요를 안정적으로 관리하는 데 사용되었다. 이는 자본의 과잉생산의 가능성을, 그리고 자본순환의 기능마비의 가능성을 없애는 것이다. 각종 사회보장제도는 작업장에서 쫓겨난 노동자들을 소비자로 그리고 직장을 구하는 사람(산업예비군)으로 유지하려는 제도이다. 여러 가지 재정 금융정책은 자본의 확대 재생산에 필요한 사회 전반에 대한 규제제도를 제공하는 것을 목적으로 한다. 요컨대 국가의 계획에 의해 전 사회를 착취하는 자본의 독재를 사회적으로 조직하는 것이다. 자본은 사회적 자본이 되고 사회 전체가 공장이 된다.

집합적 자본가로서의 케인즈식 국가에서는 노동계급의 수요가, 새로운 '소비자주의(Consumerism)' 지배논리에 의해 기계화된 소비영역의 관리로 전환되는 것으로 풀이된다. 노동계급의 양적 수요를 충족시키는 동시에 질적 수요를 조작함으로써 서구 자본주의는 노동자들의 경제투쟁을 자본 내에 통합하고 이로써 노동자들의 의식형성과 봉기를 무디게 할 수 있게 되었다. 이것은 자본주의 계획의 문화적 측면이다. 이제는 더 이상 주기적인 위기를 통해 노동자들의 임금투쟁을 부수는 것이 아니라 아예 그들이 체제에 도전하지 않도록 노동계급의 필요를 질적으로 그리고 양적으로 관리하는 것이 승부의 관건이 되었다. 상품형태가 생활의 각 측면에 확대되면서 거의 모든 문화 영역은 소비를 조작함으로써 통제된다.

케인즈의 국가는 비록 자본이 지배적이기는 하지만 노-자 간에 타협을 하면서 경제를 운영하는 패러다임이었다. 물론 노-자 간의 타협의 정도는 나라마다 차이가 많았다. 그렇지만 원칙적으로는 타협하는 것을 당연시했다. 케인즈주의는 노동자계급의 변혁적 진출 앞에서 위기를 맞이한 자본주의를 구제하기 위해 고안된 패러다임이기 때문이다. 케인즈 자신은 '자유방임의 종언'을 선언하고 "타협하지 않으면 다 망한다"고 하면서 타협 노선을 제창했다. 이렇게 하여 노동조합의 합법성을 인정하고 그 활동을 법적으로 보호해 주면서 노동자 대중의 생활을 유지 혹은 향상시켜 줌으로써 노동자들의 불만을 달래어왔다.68) 즉 자본은 노동계급의 힘을 완전히 제압할 수 없다고 보고 이

들의 힘을 적절히 자본의 발전에 이용한 것이다. 그래서 경제정책의
목적은 소비와 소득의 적절한 상승을 조정하면서 생산과 투자를 유지
하여 정치적인 균형을 취하는 것이다. 또한 케인즈의 사회민주적인
타협은 계급투쟁의 평화로운 제도화를 통해 완전고용을 유지하면서
자본의 발전을 이룩하려는 것이다. 결론적으로 케인즈의 국가란 노동
계급의 불만을 어느 정도 수용하면서 그것을 자본의 발전의 축으로
이용하는 자본의 전략인 것이다. 이것은 노동계급의 주체성을 자본주
의 체제 내에 한정하면서 노동계급의 투쟁을 자본의 발전의 원동력으
로 사용하는 전략이다. 이리하여 노동계급의 투쟁은 이제 자본의 구
조에 내부화된다.

공장 안의 노동자들은 노동조합이 자본의 앞잡이 노릇을 할 때 가
차없이 노동조합에 대응하고 자발적으로 보다 많은 보수와 보다 적은
일을 요구하여 상당한 성공을 거두었다. 대중노동자는 업무와 기술의
수직적인 분할을 꾀하려는 노동조합의 단체교섭을 넘어서 그리고 생
산에서 자신들에게 가해지는 통제를 넘어서 공장과 사회 전체의 자본
주의적 조직에 대항한다. 대중투쟁은 계획국가라는 케인즈적인 규제
를 훨씬 뛰어넘고 사회주의적인 생산의 관점을 뛰어넘었다. 투쟁의
평등주의(생산성과 관계없는 평등한 임금 요구)는 임금과 일과의 관계
를 붕괴시켰으며 공장에서의 수직적인 노동분할을 붕괴시켰다. 보다
많은 임금과 보다 적은 일을 위한 투쟁은 이제는 사회 전체로, 즉 사
회라는 공장으로 확대되었다. 노동거부, 정치적 임금, 전용(appropriat-
ion)이라는 구호는 노동운동의 기본이 되었다. 노동계급의 정치적 재

---

68) 전태일을 따르는 민주노조운동연구소 편역 (1998), 『신자유주의와 세계민중운동』,
한울, p. 23.

구성은 노동력의 높은 수준의 대중화와 사회화로 되었다. 1960년대의 사회라는 공장에서 비임금 노동자들이 노동, 보건, 사회복지, 연금, 주택보급 등을 둘러싼 투쟁에서 승리를 거두자 국가 재정은 위기에 빠졌으며 자본의 발전에서 국가가 수행해 온 역할이 위태롭게 되었다. 그 결과 케인즈적인 스태그플레이션, 국가의 재정위기, 사부문에 비한 공부문 생산성의 상대적 하락, 관료적인 행정 및 계획의 경직성과 차질 등이 일어났다.[69]

또한 학생, 여성, 농민 등은 인종차별, 학원통제, 소외, 착취, 제국주의, 비인간화, 여성차별, 소비자주의, 환경파괴 등에 극렬히 투쟁하여 상당한 성공을 이룩하였다. 사회라는 공장에서 다양한 노동계급의 자율적인 투쟁들은 연대투쟁으로 발전했다. 예를 들어 미국에서 흑인 실업자를 길거리에서 제거하려는 정책에 대한 투쟁이 공장에서 흑인을 기계화하는 것에 대항하는 투쟁으로 발전하고 이것이 다시 백인 산업노동자들의 투쟁과 연결되고 이것이 또 학교와 군으로 확장되어 결국 반전운동으로까지 확대된다. 나아가 이 반전운동은 동남아의 농민운동과 연결된다. 이같이 투쟁에 있어서 고도의 상호 보완성은 그 이면에 흑인, 여성, 황인종, 미국 원주민, 그리고 기타 소수민족의 확고한 자율성이 있었다. 자동차와 광산 등 주요 부문에서의 산업투자만이 새로운 노동계급 투쟁에 의해 강타당한 것이 아니라 케네디, 존슨 시대의 빈민굴과 대학에의 인적 자본에 대한 투자마저도 비임금 부문의 새로운 운동에 의해 와해되었다. 비임금 부문에서의 투쟁은 투쟁순환의 진정한 국제적 성격을 내포하고 있다. 1960년대의 사회갈

---

69) O'Connor, James (1973), *The Fiscal Crisis of the State*, New York: St. Martin's Press. Crozier, Michel, Samuel P. Huntington, and Joji Watanuki (1975), *The Crisis of Democracy*, New York: New York University Press.

등의 국제적 순환은 개별 국가 내에서 케인즈식 전략의 붕괴를 알리는 것이고 1971년의 국제통화 체제의 붕괴는 이러한 위기가 세계적인 차원에서 케인즈 시대의 폐막으로 귀결되었음을 알리는 것이다.

노동자의 투쟁에 대응하는 포드주의 대량생산 체제에서 유연한 지식생산 체제로의 전환 역시 케인즈적인 국가의 위기를 가져 왔다. 노동자에게의 책임성과 자율성의 보장, R&D 비용의 증대, 급격히 변화하는 경제와 상품의 라이프사이클의 단축, 시장 실패의 보다 큰 위험, 각 부문간의 의견교환과 통합을 더 잘 이용하기 위한 기술사용 증대 등이 포드주의의 임금체제와는 모순에 처하게 되었기 때문이다. 노동계급의 투쟁이 노동과 자본의 관계를 전환시키게 됨에 따라 이제까지 자본의 발전을 위해 사회 전반을 조직하고 규제한 케인즈식의 국가는 사회질서를 통제하기에는 점차 취약하게 되었다. 이같은 위기에 대응하여 슘페터 추종자들은 노동자들의 요구를 줄이고 소비형태를 변화시키고 사회복지 국가 기능을 없애거나 재조직하고 어떤 경우에는 국가의 간섭을 줄이는 규제완화를 취하고 어떤 경우에는 시장 기능에 활력을 넣기 위해 국가의 간섭을 증대시키는 등 다양한 국가정책을 제안하였다. 다시 말해 슘페터 추종자들은 새로운 노동계급의 자율적인 투쟁에 대응하여 한편으로는 국가의 각종 정책이 자본에 유리하도록 노동정책을 구사하고 다른 한편으로는 기술혁신을 장려하기 위해 공급 분야에 적극적으로 간섭을 해야 한다고 제안하였다.

'슘페터 추종자의 국가'를 이용한 노동계급 와해

이상에서 우리는 슘페터 추종자들의 국가에 대한 전략이란 다름 아니라 노동계급의 힘에 대응하기 위한, 다시 말해 노동계급을 와해하기 위한 전략임을 알 수 있다. 그러면 어떻게 이들의 전략이 노동계급을 와해하는지를 살펴보겠다. 슘페터 추종자들 사이에서도 자본의 발전을 위한 국가 이용 전략에 관해 견해가 일치하는 것은 아니다. 경제발전을 위해 어떤 사람은 국가의 경제에 대한 간섭을 줄여야 한다고 믿고 있으며 어떤 사람은 간섭을 오히려 증대시켜야 한다고 주장한다. 이들을 각각 살펴보겠다. 먼저 국가의 간섭을 될 수 있는 한 줄이려는 사람들의 주장부터 보자.

  슘페터 추종자들이 말하는 정부의 경제에 대한 불간섭이란 사회복지와 같은 노동계급에 대한 정부지출을 줄이는 것부터 시작한다. 노동계급에 대한 정부지출의 감축은 비자본적인 방법으로 사회적 부를 사용함으로써 자본축적의 기반을 흔드는 노동계급에 대한 자본의 반응이며 또한 공격으로 볼 수 있다.[70] 노동계급은 인간에 대한 투자(인적 자본)와 복지기금에 대한 지출과 같은 케인즈적인 정부투자를 투쟁을 위한 자원으로 이용하였다. 이에 대해 슘페터 추종자들은, 국가는 노동자들이 직간접적으로 통제할 수 있는 사회적 부를 줄여야 한다고 주장하는 것이다. 노동계급에 대한 정부지출의 감소는 직접적으로 비임금 노동계급의 소득을 감소시켜 노동계급이 착취에 저항하는 경제적 능력을 없앰으로써 노동계급의 힘을 약화시킨다. 비임금 노동자들에게 지출되던 공공지출의 축소는 임금 노동자와 비임금 노동자 사이의 소득 격차를 넓혀 공장에서의 노동투쟁을 위축시킨다. 소득 분배의 불평등이 심화됨에 따라 노동계급 사이에 경쟁을 유발시키기 때문이다. 공공지출의 감축은 역시 공공부문의 대량실업을 낳게 한다. 결국 정부지출의 감소는 노동계급의 빈곤을 유발하여 자본이

---

70) Cleaver, Harry (1995), "The Subversion of Money-as-Command in the Current Crisis," in *Global Capital, National State and the Politics of Money*, eds.) Werner Bonefeld and John Holloway, St. Martin's Press, pp. 141~77.

노동계급에게 보다 쉽게 일을 부과할 수 있는 터전을 마련하는 것이다. 공공지출의 감소는 또 노동계급에게 검약을 부과함으로써 노동에 대한 통제력을 강화하는 데 사용한다.71) 전반적으로 이같은 정부의 정책은 지금까지의 힘있는 노동자들을 분열시키고 유연화하여 값싼 것으로 만들어 자본이 전용하는 것을 목적으로 하고 있다.

정부지출의 감소로 정부는 얼마 남지 않은 공공지출도 노동계급의 통제에 유용하게 사용한다. 노력하는 사람에게만 도움을 준다는 선별 기준을 갖고 노동에 대한 통제를 강화할 수 있다. 최저생계비 지출과 의료지출의 축소는 낙태를 하려는 여성에게, AIDS에 걸린 가족에게, 가족이 아닌 사람과 사는 사람에게, 불구자와 함께 사는 사람에게 벌을 주는 역할을 하기도 한다.72) 다른 말로 표현하면 이와 같은 조치는 일의 부과를 쉽게 받아들이는 사람에게는 좀더 많은 보상(복지지출)을 지불하고 일을 거부하는 사람에게는 보상을 없애거나 줄이는 것을 목적으로 한다. 심지어는 복지지출을 실업자에 대해 유연화하는 것까지 이용하고 있다. 실업자들은 국가로부터 실업 급여금을 받을 수 있기 위해서는 '고용노동과 유사한 업무들(work-like activities)'에 부지런히 종사하도록 요구받고 있다. 이같은 업무에 고용되는 실업자들은 '의사 고용(quasi-employment)' 상태가 된다. '의사 고용'이 만연된 상태에서 노동자들은 임금이 낮고 고용 계약 기간은 임시적인 열

---

71) 네그리는, 오늘날 자본의 발전은 결핍과 절제의 이데올로기에 의해 계획된다고 말했다. Negri, Antonio (1980), "Crisis of the Crisis-State," *Revolution Retrieved: Selelcted Writings on Marx, Keynes, Captialist Crisis & New Social Subjects 1967 ~83*, by Negri, London: Red Notes, pp. 181~97.
72) Adam, Barry D. (1993), "Post-Marxism and the New Social Movements," *Canadian Review of Sociology and Anthropology*, Vol. 30, No. 3, August, pp. 316~36.

악한 조건의 일자리를 받아들이도록 강요받고 있다. 또한 공식적으로 실업자로 등록된 사람들에 대해서는 일정한 훈련이 의무화되고 있는데, 이 훈련 노동은 노동자에게 회사 규율에 대한 복종심을 강요하거나, 임금을 떨어뜨리고, 나아가 기대하는 임금의 수준을 낮추도록 하는 등의 역할을 한다. 이같은 훈련 노동을 거부하거나 낮은 임금의 일자리를 거부하는 사람에 대해서 정부는 소득 보조금(실업 급여금) 지급을 철회한다. 이는 노동을 강요하는 복지제도이다. 복지체제의 이러한 변화는 사회복지를 받을 권리를 공격함으로써 노동자들로 하여금 실업 급여를 받는 데 안주하지 못하고, 일자리를 구하는 데 더욱 신경을 쓰게 만들었다. 이로써 자본을 위한 풍부한 노동공급원이 형성되는 것이다. 이는 사회적 가변자본의 비용을 줄이고 사회적 착취율을 높이려는 전략이다. 공공지출의 삭감을 정당화하는 신비화된 주장의 이면에는 이처럼 케케묵은 자본의 논리가 숨어 있는 것이다. 공공지출을 삭감한다고 해서 그것이 경제에 있어 국가의 역할을 축소한다는 것을 의미하지 않는다. 오히려 그 반대이다. 국가의 경제정책이 없어지는 것이 아니라, 국가는 점차 그 나라의 가변자본(노동계급)을 보다 엄격히 관리하는 방향으로 가고 있다. 이외에도 슘페터 추종자들이 주장하는 재분배적 조세의 철폐도 노동자들의 실질소득을 감소시켜 좀더 많은 일을 부과할 수 있도록 하는 정책이다.[73]

슘페터 추종자들이 주장하는 공공부문의 사기업화(민영화)는 사회복지에 대한 지출을 감소시켜 노동자들의 힘을 약화시키는 것 이외에도 간접적으로 노동계급의 실질소득을 감소시키는 동시에 직접적으

---

73) Cleaver, Harry (1981), "Supply Side Economics: The New Phase of Capitalist Strategy in the Crisis," in his web site (gopher://mundo.eco.utexas.edu:70/11/fac/ hmcleave/Cleaver퍼센트20Papers).

로 자본의 활동 영역을 확대한다. 사기업화의 근본 목적은 축적에 대한, 그리고 권위에 대한 노동계급의 집단적인 위협을 제거하고, 이전에는 자본의 영역이 아니었던 보건, 보험, 치안, 연금, 교육, 운송, 에너지, 교도소 등과 같은 것들에 자본이 쉽게 접근할 수 있도록 하는 것이다. 그 결과 사람들은 점차 사회적 문제들을 사적으로 해결하게 되었다. 노동계급의 비용은 점차 증대하게 되고 전체로서의 자본은 시장에서 제외되었던 부문을 상품화하는 한편, 시장원리의 도입으로 자본에 대한 저항을 와해하여 이득을 얻는다. 민영화는 공공부문을 기업의 이윤과 손실의 기준에 종속시킨다. 시장원리라는 기준을 내세워 핵심적인 서비스, 예를 들어 교육 같은 것을 민영화(그리하여 상업화)함으로써 자본의 발전 여건을 조성한다.[74] 자본이 민영화를 이용하는 예를 살펴보자. 미국에서는 외국인 억류자 수가 폭증함에 따라 1985년에서 1995년 사이에 민간 회사에 의해 운영되는 감옥이 500퍼센트나 확장되었다. 그래서 감옥을 세워 운영하는 사업이 가장 유망한 사업 중의 하나가 되었다. 감옥을 운영하는 회사들은 일단 국가의 보조금이 안정적으로 확보되면 오로지 비용을 절감하고 수익을 극대화하는 데 관심을 집중한다. 죄수들은 수익 사업에 이용된다. 가구회사(Michigan Brill Manufacturing Co.) 노동자들의 대부분은 그들의 일자리와 시간당 5.65달러의 임금을 잃어버렸다. 그 대신에 주(州) 감옥의 수용자들이 시간당 56센트에서 80센트 사이의 임금으로 채용되었다. 이것은 감옥을 외주화된 강제노동 수용소로 이용하는 경우이다.[75]

---

74) Ovetz, Robert(1996), "Students Struggles and the Global Entrepreneurialization of the Universities," *Capital and Class*, Vol. 58, Spring.

75) 매시모 드 안젤리스 (1996), "경제의 자율성과 세계화," 『신자유주의와 세계민중운동』, 전태일을 따르는 민주노조운동연구소 편역, 한울, 1998, pp. 101~35.

특수한 부문에서의 몇몇 예외를 제외하면 처음부터 자본주의적이었다고 할 수 있는 미국에서도, 초기는 많은 활동들이 국가의 몫으로 남아 있었다. 그것은 그러한 활동들이 사기업체에게 이윤을 보장해 주지 않는 것이었기 때문이기도 하고, 다른 한편에서는 그것이 신생 국가의 발전과 자위를 위해서도 지극히 중요했기 때문이기도 했다. 정부의 비영리적 활동인 공공 분야는 자본주의적 경제 속에서도 어느 정도 노동계급을 위한 영역이 되어 왔다. 민영화는 직접적으로 노동계급을 공격한다. 미국의 경우 공공 우편이 그 기능을 차츰 사기업체에게 넘겨주었을 때 결국 손해를 보는 사람들은 농촌이나 도시 내심의 가난한 이웃들, 조그만 교외 마을 사람들 등 고급의 사적 서비스의 대가를 지불할 수 없는 집단들이다. 이같은 민영화는 전통적인 공동체(공공부문)를 파괴할 뿐만 아니라 과거 시장의 압력으로부터 노동계급을 방어하는 투쟁의 승리로 얻어진 정부의 각종 사회 프로그램마저 파괴하는 것을 합리화한다. 공공부문의 사기업화는 삶의 모든 영역에 시장적 가치를 강요한다. 자연과 공해, 인간의 복지, 교육 등 모든 사회적 행위들은 단지 광적인 자본가의 히스테리 아래 이들이 이익 산출에 얼마나 기여하는가에 따라서만 평가받는다. 공공 프로그램의 사적 영역으로의 전환은 시장의 힘으로부터 노동계급을 보호하기 위한 어떠한 조치도 제거하기 위한 자본의 전략이다. 공공부문의 사기업화는 노동계급 전반에 소득불평등을 심화시켜 노동계급을 분열시킨다. 이는 대중운동의 무력화라는 목표를 지향하며, 노동계급을 대자본의 요구에 취약하게 만든다. 예산상의 제약이라는 말과 같은 경제논리는 경제영역과는 그 성격이 본질적으로 다른 사회생활의 여러 영역에까지 뚫고 들어가 만연하고 있는데, 이러한 경제논리의 만연은 자본축적이 사회 전체의 수준에서 전반적으로 곤경에 처한 데 따른 결과라고 생각된다. 이렇게 해서 경제논리가 만연하게 되고, 마침내 대중의 문화적 정치적 삶에서도 경제논리가 실질내용의 자리를 차지하게 된다. 예컨대 경제를 살리자는 논리가 정치의 중심내용이 되는 것이다. 그리고 이는 자본가계급이 인간존재와 사회적 존재의 모든 측면에 대해 자본주의적 가치의 헤게모니를 강요하고자 필사적인 노력을 기울이고 있음을 나타내 주고 있다.[76]

  비효율적인 산업이나 기업에 대한 각종 보조정책을 반대하는 슘페터 추종자들의 주장은 자본가들 사이에 경쟁을 유발시켜야 한다는 것이다. 위에서 우리는 이미 자본가들 사이의 경쟁이 노동계급에 미치는 영향을 살펴보았다. 이것 이외에도 이들이 비효율적인 산업이나 기업에 대한 보조정책을 반대하는 것은 자본가들에게 그들이 끊임없이 개혁을 해야함을 요구하는 것이다. 일반적으로 부르주아 경제학자들은 어떤 기업이든(즉 그들이 효율적이든 비효율적이든) 보호하는 것이 자본의 발전에 중요하다고 믿고 있다. 그러나 슘페터 추종자들은 기술혁신을 하는 기업과 하지 않는 기업을 엄격히 구분한다. 그들은 기업에 대한 보조가, 기술혁신을 추구해야 할 기업으로 하여금 도리어 '랜트시킹(Rent Seeking)'만 추구하고 노동자들을 통제하는 새로운 방법을 추구하는 데 나태해 질까봐 두려워하고 있다. 기업에게 효율성의 기준이란 이윤에 기초를 둔다. 이윤의 양은 노동자들을 통제하는 데 있어 자본의 성공을 나타낸다고 할 수 있다.[77] 그러므로 기술혁신에 등한시하는 기업의 청산이란 곧 노동투쟁을 적극적으로 극복하지 않는 기업의 청산을 의미한다.

---

76) 매시모 드 안젤리스 (1996).
77) Cleaver, Harry (1992), "Theses on Secular Crisis in Capitalism: The Insurpassability of Class Antagonism," Manuscript.

기업의 비용을 상승시켜 이윤을 감소시키는 각종 규제조치를 제거함으로써 자본의 통제는 더욱 강화될 수 있다. 각종 규제조치의 제거는, 이윤과 통제의 관계의 자생적 재생산을 하는 데 필요한 조건인 시장의 규율을 적용함으로써 가능해진다. 여기서 우리가 유의해야 할 것은 각종 규제조치란 자본의 활동에 대한 규제조치를 의미하지 노동계급의 활동을 저해하는 규제조치는 아니다. 슘페터 추종자들은 이같은 자본의 활동에 저해하는 모든 규제조치를 폐기하려고 노력한다. 레이건과 부시 정부에 의해 이루어진 산업이나 기업에 대한 규제의 완화나 반독점법의 철폐(클린턴 정부에서도 계속되는 경향이 있다)는 산업의 집중화 현상으로 나타나고 있다.[78] 독점은 자본이 생산물시장에서 상대적으로 유리한 위치에 점하게 됨을 의미한다. 기업활동의 규제는 비록 산업 자체가 해 온 면도 있지만 대부분 노동계급의 힘에 의해서 생겼다고 할 수 있다. 그래서 규제철폐는 자본이 계급투쟁에서 유리한 위치에 서려는 전략이라 할 수 있다. 자연파괴, 비창의적 노동자의 위험한 작업환경과 소외감, 소비자의 위험 등에 대한 아무런 고려도 없이 자본은 규제철폐를 통해 자신들의 이윤을 극대화하는 데에만 초점을 맞춘다. 그들이 말하는 규제철폐는 민족국가로부터의 자본의 해방까지 포함한다.[79] 바야흐로 자본이 해방운동을 시작한 것이다. 그들은 잉여가치의 창출에 어떠한 제한도 없어야 한다고 주장한다. 은행도 소유할 수 있고 필요하면 폭력도 소유할 수 있어야 한다. 이런 바탕 위에서 이윤을 추구하는 경영활동에 대한 어떠한 제한도 없어야 한다. 규제철폐의 뒷면은 노동계급의 해체이다.

---

78) Drew, Jesse (1995), "Media Activism and Radical Democracy," in *Resisting the Virtual Life: The Culture and Politics of Information*, eds.) James Brook and Iain A. Boal, City Lights: San Francisco, pp. 71~83.
79) 전태일을 따르는 민주노조운동연구소 편역 (1998), p. 43.

슈페터 추종자들이 정부의 경제에의 간섭을 줄여야 한다고 주장할 때 그것은 단순히 시장을 보호해야 한다는 것 이상의 의미를 지니고 있다. 시장에서 균형가격은 수요와 공급에 의해서 결정된다. 정치적으로 균형가격이란 수요측의 힘과 공급측의 힘이 균형을 취한 것이다. 노동시장의 경우 수요측면은 자본의 힘이고 공급측면은 노동의 힘으로 표현할 수 있다. 그래서 임금이란 자본과 노동사이의 힘의 균형으로 나타낼 수 있다. 일반적으로 정부의 비간섭이란, 국가가 이같은 임금수준에 중립적임을 의미한다. 그러나 이상의 정치적 해석을 통해 우리는 슈페터 추종자들이 주장하는 정부의 경제에 대한 비간섭정책은 시장에 대해 중립적인 정책이 아니라 자본에 유리한 방향으로 시장을 왜곡하는 것이다. 이는 노동계급의 투쟁에 대한 방어책략이며 동시에 매우 강력한 공격책이 된다.

일부 슈페터 추종자들이 말하는 정부의 비간섭정책이 계급투쟁에 중립적인 정책이 아니라면 정부의 간섭을 주장하는 다른 슈페터 추종자들의 제안이 계급투쟁에 중립적인 것이 아니라는 것은 자명할 것이다. 그들의 정부 간섭정책이란 기술혁신적인 기업에게는 더 큰 혜택을 주고 노동계급이나 기술혁신을 태만히 하는 기업에는 낮은 임금이나 기업청산을 통해 더 큰 벌칙을 부여하는 것이다. 슈페터 추종자들이 주장하는 재정 금융정책을 이용한 창의적 기업의 보호육성은 노동계급을 위해 사용할 자금을 자본이 사용함으로써 노동계급의 소득 몫을 감소시키며 자본의 이윤과 통제를 자생적으로 확대 재생산하는 데 필요한 조건들을 복구시켜 자본에게 유리한 정책이 된다. 기술혁신적 기업에는 마이너스의 조세를 부과해야 한다는 그들의 주장은 노동계급이 자본의 위험을 어느 정도 부담해야 한다는 것이다.

　　기술개발이나 기초과학에 대한 지출증대를 주장하는 슘페터 추종
자들의 전략은 자본의 자기증식에 필요한 조건들을 개선하는 것을 목
표로 한다. 생산에 지식이 많이 요구됨에 따라 지식이 생산의 주요 생
산수단이 된다. 그래서 과학과 기술에 대한 투자는 지식의 양을 많게
함으로써 자본이 저렴한 가격으로 양질의 지식을 사용할 수 있게 하
는 것이다. 또 이를 위한 정부지출의 증대는 정부가 자본에게 선도적
이고 후원적인 지지를 제공하는 데 능동적인 역할을 하는 것이다. 국
가는 기업의 보호자이자 보증인으로 행세하면서 모든 위험을 감수하
고 일반 국민의 세금에서 나온 돈으로 이를 위한 경비를 지출한다. 정
부가 주도하여 일단 테크놀로지가 시험되고 정착하게 되면 그때부터
민간 자본가들이 참여한다. 노동계급으로부터 나온 돈으로 기업은 불
확실성의 부담을 줄이면서 이윤의 전망을 높인다. 과학기술 투자가
실패하더라도 그 비용은 납세자가 부담하는 것이기 때문에 이것은 결
국 사적인 손실을 공공의 부담으로 전가하는 것을 의미한다. 다른 말
로 표현하면 힘이 노동으로부터 자본에게로 전환되는 것이다. 자본을
위한 지식의 양의 증가는 지식의 왜곡도 가져온다. 왜냐하면 이윤이
되는 지식은 그 내용에 상관없이 보조를 받아 육성되는 반면, 사람들
에게 유용하나 이윤이 되지 않으면 이 지식은 거세되기 때문이다. 또
슘페터 추종자들이 인적 자원에 대한 투자의 증대를 제안하는 것은
사람들을 자본의 축적 구도에 적합하게 만들기 위한 것으로 볼 수 있
다. 즉 교육기관이 자본이 사용할 수 있는 지적 노동자를 양성하는 공
장으로 변하게 되는 것이다. 이것은 케인즈적인 의미의 인적 자본 개
념에 대한 새로운 접근(싼값에 양질의 노동력을 마음껏 사용하는 것)
이라 할 수 있다. 이와 비슷하게 사회 간접자본에 대한 투자증대는 공
공의 돈을 자본의 발전에 이용하는 것이다. 이것은 노동자들에 의해
생산된 부의 일부가 세금의 형태로 전환되어 자본의 비용을 감소시킴

으로써 자본의 이윤증대를 가져다주는 것을 의미한다.

정부가 노동자들의 저축을 충분한 수준으로 유도하여 창의적 기업에 대해 낮은 이자율로 자금을 제공할 수 있어야 한다는 슘페터 추종자들의 제안은 자본에게 투자를 위한 충분하고 유리한 자금을 제공하는 것을 목적으로 하고 있다. 노동자들에게 저축에 대한 강조란 실질 소비를 줄이면서 일을 하라는 것으로 노동계급의 저축을 자본의 힘(투자)으로 전환시키는 것에 다름 아니다. 투자는 자본의 착취가 확대된 규모로 재생산되는 수단이다. 계급투쟁에서 승리하기 위해 자본은 화폐의 힘을 적재적소에 배치하려고 노력한다. 만약 특정 국가가 노동자에게 일을 부과하는 데에 어려움이 발생한다면 거대한 자금이 그 국가로부터 빠져나가 그 국가는 파산의 위협을 당하게 된다. 예를 들어 미테랑 정부의 출현으로 이 정부가 노동자에게 일을 시키는 데 소홀히 하지 않을까라는 두려움 때문에 프랑스의 자본이 해외로 많이 빠져나갔다.

한편으로는 규제철폐를 부르짖지만 슘페터 추종자들은 끊임없이 규제적인 정부 당국의 필요성을 주창한다. 자본의 활동에 비규제를 주장하면서 동시에 노동에 대한 규제를 주장하는 것은 그것이 자본의 통제력을 강화하는 데 주요한 수단이 되기 때문이다. 이전의 여러 가지 형태의 자본주의 국가처럼 자본주의 체제를 위협하는 모든 투쟁형태 즉 대규모 시위, 직접적인 전용, 난동 등을 불법으로 간주하고 범죄시하여 이에 대한 규제를 더 강화하자는 것이다. 법의 이름으로 행해지는 국가의 노동계급에 대한 폭력은 오늘날도 자본주의적 생산의 유지를 위한 중요한 수단으로 사용되고 있다. 노동조건을 개악시키는 나쁜 경향들은 법령에 의해 한층 더 강화되었다. 한국의 경우, 근속한 햇수가 일정 미만일 때 불공정하게 해고당하더라도 법에 의해 보호받을 수 없게 하는 '해고자유' 조항, 노동조합이 파업을 할 때 파업 요건을 강화하고 이를 어기면 불법파업이라 손해배상의 대상이 되게 하는 '불법파업에 대한 손해배상' 조항, 정리해고, 노동자들의 '2차 행동'을 불법으로 금지하는 것, 타기업체의 사용자를 투쟁 상대로 하여 파업, 태업, 피켓팅 등의 행동을 하는 것에 대해 불법으로 간주하는 연대투쟁 금지 등의 법규정으로 노동에 대한 규제는 점차 심각해지고 있다. 이처럼 노동에 대한 규제강화는 전 세계적인 추세이다.

정부의 간섭이 노동투쟁에 대한 규제를 강화하면서 자본에게 유리하게 작용하는 규제는 얼마든지 더 있다. 생산에서 지식의 비중이 큰 오늘날 슘페터 추종자들이 주장하는 지적재산권에 대한 국가의 엄격한 규제는 일반적인 사유재산의 보호 이상의 의미를 갖는다. 국가는 특허권으로 지적재산을 보호하는 것을 자신의 중요 목표 중의 하나로 보고 있다. 생산에 지식을 많이 사용하는 시대에는 지식 그 자체가 중요 원자재이다. 만약 독점권을 보장하지 않는다면, 지식은 쉽게 노출되어 상품으로 전환되기가 쉽지 않다. 지적소유권은 공중이 지식에 접근하는 것을 막음으로써 기업으로 하여금 지식을 전용해서 이윤을 얻게 한다. 만약 지식이 공개적으로 사용된다면 발명은 자본에게 아무런 소용도 없을 것이다. 그래서 자본은 지적소유권으로 사회적 지식과 노동자들의 창의성을 전용하여 이를 상품, 즉 노동계급을 통제하는 자본의 도구로 전환시킨다. 지적소유권의 강화를 위해 국가는 지식의 자유로운 분배를 소프트웨어 해적판이나 판권의 위반 등으로 재단한다. 판권은 이용자에게 비용을 강요하고 기업에게는 이윤을 증대시킨다. 비록 이용자 중에 타기업도 있을 수 있으나 이들 기업은 그들의 비용을 최종적으로 고객에게 전가할 수 있다. 그 결과 판권은 사용자의 비용을 높여 노동계급의 광범위한 사용을 막는다. 또 판권 때문에 동일한 제품도 기업마다 약간씩 다르게 하게 되고 이 때문에 이용자들은 이들 제품을 사용할 때마다 새로운 사용방법을 배워야 하는 어려움을 겪는다. 지적소유권 때문에 컴퓨터 산업은 마이크로소프트, 노벨, 로터스와 같은 몇몇 거대 기업들에 의해서 지배받는 처지에 있다.[80] 우리들이 성취한 공공의 재산인 지식은 누구나 사용할 수 있어야 하는 공공의 보고이다. 그러나 지적소유권에 대한 강조는 자본주의에서의 다른 모든 것처럼 지식을 상업적인 장소로 구조화하려는 자본의 열망에 지나지 않는다. 슘페터 추종자들은 사적 지식의 보호뿐만 아니라 지식의 공적인 사용도 중요시한다는 사실을 잊어서는 안 된다. 왜냐하면 지식을 공개적으로 이용하는 것이 때때로 다른 기업의 점진적인 기술혁신에도 필요하기 때문이다. 지적재산권의 적절한 이용은 주로 지식을 노동자들이 전용하는 것을 막는 데 있다. 자본에게는 지식의 독점이나 지식의 전파를 구분하는 것이 중요하지 않다. 그들에게 중요한 것은 어떻게 사회적으로 지식의 양을 크게 하여 이를 이윤으로 전용하느냐에 있다.

슘페터 추종자들이 주장하는 '기술혁신의 국가적 체제'는 기술혁신을 도입하기 위한 정부의 정책들을 통합하는 것을 목적으로 하고 있다. 이같은 정책들은 시장과 생산과정에서 자본에게 유리한 위치를 제공함으로써 자본의 확대 재생산을 원활하게 하도록 한다. 이것은 자본이 사회질서를 계획할 수 있는 힘을 제공한다. 중앙정부나 지방정부에서 볼 때 자본의 성공적인 확대 재생산은 여러 시장과 생산과정을 통합시키는 것이다. 비록 정부의 도움으로 자본이 노동자들의

---

80) Miller (1996), Chapter 12.

투쟁에 개별적으로 잘 대처한다고 하더라도 자본은 이 모든 과정을 통합할 필요가 있다. 노동시장을 원활하게 이용하려는 복지기금의 축소, 최저임금제, 노동자에 대한 교육 및 훈련의 강화, 생산요소시장을 위한 과학 및 사회 간접자본에 대한 지출의 증대, 생산과정을 위한 각종 노동에 대한 규제, 그리고 생산물시장을 위하여 산업에 주는 신용과 저 이자율의 유지 등의 수단으로 창의적 기업가 정신을 살리고 창조적 파괴를 살리는 방향으로 통합 운영되어야 한다는 것이다.

비간섭정책까지도 포함하는 모든 정책들을 통합하기 위해서 정부는 많은 양의 정보가 필요로 한다. 예를 들어 1971년 임금-가격 동결 정책에서 닉슨 정부는 지리적으로 멀리 떨어져 있는 부서로부터 빨리 정보를 수집하여 정책을 수립할 필요가 있었다. 그래서 정부는 40여 개의 지역의 국세청, 재무성, 국무성 등으로부터 데이터를 받고 30내지 100여 명으로 구성된 전문가 집단이 임금-물가를 어떻게 규제해야 할지를 결정하기 위하여 'Emergency Management Information System and Reference Index (EMISARI)'라는 기구를 만들었다.[81] 국가가 정보를 모아서 자본에 유리한 임금-물가 정책을 실시한 것이다. 이것은 전자통신망이 없이는 불가능한데 이 점을 고려하면 이것은 자본발전을 위해 국가가 전자기술을 이용한 한 사례라고 할 수 있다. 이처럼 자본의 요구에 유연하게 적응하기 위해서 기술혁신의 국가적 체계는 점차 전자기술을 많이 사용하고 있다.

기술혁신의 국가적 체계의 목적 중 하나는 작은 정부를 구현하는 것이다. 이미 앞에서 살펴본 바와 같이 작은 정부라도 노동에 대한 지

---

81) Rheingold (1993), p. 112.

출만 감소시키고 노동계급이 국가를 이용하는 것을 방지하기 때문에
자본의 발전에는 오히려 강한 정부가 될 수 있다. 이들이 말하는 작은
정부란 정부의 운영을 신축적으로 하여 국가를 강하게 유지시키는 것
이다. 오늘날 자본에게는 유연한 국가정책이 가장 적합하다. 그래서
기술혁신의 국가적 체계를 주장하는 슘페터 추종자들에게 중요한 것
은 정부의 간섭이나 불간섭의 구분이 아니라 자본의 발전을 위한 국
가의 이용에 있다.

　　슘페터 추종자들이 주장하는 기술혁신의 국가적 체계란 지방정부
간 혹은 국가간의 경쟁을 유발시키는 자본의 전략으로도 해석된다.
자본은 항상 창의적 기업가의 활동에 유리한 다양한 정책을 요구한다.
만약 중앙정부나 지방정부가 자본의 요구를 만족시키지 못하면 자본
은 다른 기술혁신의 국가적 체계로 이동하려고 할 것이다. 이같은 이
동은 중앙정부나 지방정부에게 기술혁신에 노력하는 자본에게 혜택
을 주고 저항하는 노동자에게 벌칙을 부과하도록 압력을 가한다. 오
늘날 국가간 지역간의 경쟁은 여기저기에서 볼 수 있다. 대중언론들
은 이를 계급간의 갈등으로 보기보다는 국가간 혹은 지역간의 갈등으
로 보려 한다. 이들 갈등 뒤에는 한 국가 내의 그리고 전 세계에 걸친
계급간의 갈등이 작용하고 있다. 이같은 국가간의 혹은 지역간의 경
쟁은 노동계급 사이에 소득격차를 넓힌다. 메디슨(Angus Maddison)
은 세계 최상층의 서유럽의 나라들과 최하층의 아시아와 아프리카의
나라들 사이에 단위 자본당 소득의 격차가 1820년의 3대 1의 비율에
서 1913년에는 9대 1, 1992년에는 16대 1로 커졌다고 추정하고 있
다.82) 지방정부나 중앙정부 간의 경쟁은 각 지역들 및 각 국가들로

---

82) Maddison, Angus (1995), *World Development Report 1995*, World Bank, p. 54.

하여금 계급간의 힘과 환경에 따라 노동자로 하여금 더 많이 일하도록 부추기거나 혹은 노동자들을 탄압하도록 압력을 가하거나 자본에 유리한 정책을 실시할 것을 강요한다.83) 국가간의 경쟁은 국수주의로 흐르기까지 한다. 세계적 생산체제하에서 국수주의는, 케인즈적인 사회적 임금-생산성 연결을 기반으로 하는 사회적 의사합일을 대체하는 새로운 국가체계이다. 국가간의 경쟁은 저임금과 높은 노동강도에 의해 국제적인 기업들에게 더 많은 이윤을 보증하는 생산라인을 세계 여러 지역에 구축할 수 있게 한다. 기업들은 지방정부에 의해 자본에 유리하게 짜여진 수출자유지역과 같은 곳에 들어선다. 여기에서 국가나 지역은 기업들에 우호적인 금융 조건과 사회 간접자본의 이용, 매우 값싼 노동력의 저수지를 보장한다.

국가의 역할에 대한 슘페터 추종자들의 견해에 대한 이상의 정치적 해석을 통해 우리는 슘페터 추종자들이 주장하는 국가란 창의적 기업가를 보호하는 데 필요한 여러 활동에 대해서는 규제를 줄이고(작은 정부) 노동자를 통제하는 여러 활동에 대해서는 규제를 늘리는 정부(큰 정부)를 의미한다. 이들에게 국가란 시장의 기능을 원활히 하는 약한 정부가 아니라 반대로 사회적인 이해관계를 적절히 규제하고 간섭하는 강한 정부이다. 이전의 국가들처럼 재정 금융정책을 사용하나 이전의 국가들과는 달리 창의적 기업가의 중요성을 인식하고 이들을 보호육성하기 위해 여러 가지 전자통신망을 이용하는 정부이다.

---

83) Ramtin, Ramin (1991), *Capitalism and Automation: Revolution in Technology and Capitalist Breakdown*, London: Pluto Press.

제4장

슘페터 추종자들의
전략에 맞선 노동계급의 정치적 재구성

1. '전자기술 및 지식'과 노동계급의 정치적 재구성
2. '새로운 경영방법과 조직구조'와 노동계급의 정치적 재구성
3. '슘페터 추종자의 국가'와 노동계급의 정치적 재구성

제4장
슈페터 추종자들의 전략에 맞선 노동계급의 정치적 재구성

슈페터 추종자들의 자본전략이란 '전자기술과 지식', '새로운 경영 방식과 조직구조', '새로운 국가'를 이용하여 노동계급의 주체성을 말살하여 계급투쟁에서 우위를 점하려는 전략임을 앞 장에서 살펴보았다. 자본의 이러한 노력에도 불구하고 계급투쟁에서 자본은 일방적으로 승리할 수 없다. 노동계급은 아무런 저항도 하지 못하는 혹은 자신들의 의사를 주장하지 못하는 수동적 집단이 아니라 노동계급을 규제하고 통제하려는 자본에 끊임없이 항거하고 나아가 노동계급의 주체성을 자본에 부과하는 능동적인 집단이기 때문이다. 새로이 출현한 노동계급은 전자기술과 지식을 이용하여 자본의 공격에 맞서 자신을 방어하기도 하고 이를 넘어 노동계급의 영역을 넓힘으로써 새로운 사회를 구축하려는 노력을 기울여 왔다. 노동자들은 전자기술과 지식을 이용하여 자본주의 사회체제와는 다른 새로운 자신들만의 세계를 구축하고, 그리고 지역적·국가적 경계를 넘어서 서로를 연결시키고, 자

본과 국가의 참혹성과 잔인성을 드러내 보여주며, 투쟁의 경험을 서
로 교환하면서 서로 도움을 주고받는다. 또 이 과정에서 노동계급은
자신들의 지식을 자본의 이윤과 통제의 수단이 아니라 자신들의 개발
에 사용하고 있다. 자본이 새로운 노동계급에게 일을 부과하기 위해
작업장에서 사용한 새로운 경영방법이나 조직구조를 노동계급은 도
리어 자본에 대항하는 투쟁의 수단으로 그리고 자기발전의 도구로 이
용하고 있다. 자본은 자본주의 사회체제를 굳건히 하기 위해 국가를
이용하지만 노동계급은 국가에 압력을 가해 자본의 활동을 규제하고
노동계급의 해방을 추구하기 위해 국가를 이용하기도 한다. 이 장에
서는 노동계급이 오늘날 '전자기술과 지식', '새로운 경영방법과 조직
구조', 그리고 '새로운 국가형태'를 어떻게 이용하여 계급투쟁에 나서
는지를 살펴보겠다.

1. '전자기술 및 지식'과 노동계급의 정치적 재구성

노동계급의 자기실현 공동체 공간 구축

　　노동계급은 누구의 노예나 도구가 되는 것을 거부하면서 자기실현
하는 과정에서 발생한 창의성과 지식을 이용하여 자신들이 유용하게
사용할 수 있는 개인용 컴퓨터도 만들고 컴퓨터를 보다 쉽게 운영할
수 있는 프로그램도 개발하고 이를 전화와 연결하여 서로간의 의사교
환을 하는 체계로까지 발전시켰다. 이렇게 해서 전자기술의 결정체인
컴퓨터 네트워크를 통한 인간 커뮤니케이션은 노동계급에게 자기발
전의 가능성이 풍부한 진화 중인 테크놀로지가 된다. 그 가능성들을
탐험하는 데 컴퓨터회사들이 항상 주요한 역할을 해 온 것은 아니었

다. 적지 않은 가능성들은 예기치 못했던 컴퓨터 응용을 생각해 낸 장난기 많고 호기심 많은 이용자들에 의해 발견되었다. 이같은 노력의 결과 개인 컴퓨터를 전화선으로 다른 컴퓨터와 연결하는 '전자게시판(BBS : Bulletin Board Systems)'이 만들어졌다. 최초의 전자게시판 실험인 CBBS는 1978년 2월에 미국 시카고 시내에서 이루어져 그 후에 전자게시판의 기원이 되었다. 이들 BBS는 한 개인이나 단체, 혹은 기관이 자신들의 목적을 위해 운영한다. 그러나 BBS는 개인들이 운영하는 것이 대부분을 차지하는데 이를 흔히 풀뿌리 BBS라고 불린다. 현재 가정에 기반을 둔 비영리 BBS가 미국 안에만 5만 개 이상이 존재하며 전 세계적으로 10만 개의 풀뿌리 BBS가 존재한다고 추산되고 있다. 풀뿌리 BBS의 경우에는 상상을 초월할 정도로 성격이 다양하고 관심 분야의 폭이 넓다. 악마주의자, 나치, 포르노, 무정부주의자, 공산주의자, 게이-레스비언, 컬트(cult), 에반젤릭(evangelic), 위치크래프트(witchcraft), 히피, 펑크, UFO, 스케이트보더(skate-boarder) 등등 없는 것이 없을 정도이다. 인터넷을 쉽게 이용할 수 있는 '모자익(Mosaic)'이란 프로그램의 개발로 이제까지 상대적으로 전문가의 영역이었던 컴퓨터 통신 네트워크에 이제는 보통 사람들도 그들 자신의 홈페이지를 만들고 다른 사람들과 접촉할 수 있게 되면서 컴퓨터 통신 네트워크를 이용하는 사람의 수는 크게 증가하였다. 인터넷상의 일반 홈페이지도 더 많은 사람들이 참여함에 따라 그 내용이 BBS보다 더욱더 다양해졌다. BBS나 인터넷의 홈페이지는 노동계급이 자신의 생각을 표현하고 자신이 좋아하는 것을 주장하고 남들과의 관계를 돈독히 하는 자기발전을 위한 도구가 되었다.

인터넷을 사용하고 사설 BBS나 개인별 홈페이지를 구축하는 데 그들이 사용한 지식의 원천은 다양하다. 인터넷에 관한 안내서, JAVA,

개인용 컴퓨터(PC) 관련 잡지, 컴퓨터 안내서, 학교에서의 교육 등을 통하여 그들 스스로가 익힌 지식도 있고 자본이 이윤증대를 위해 노동자들에게 행한 교육과 훈련을 노동계급이 역이용하여 이것을 자신의 개발을 위해 이용한 경우도 있다. 이렇게 해서 만든 사설 BBS나 개인별 홈페이지를 이용하여 노동계급 개인들은 자기의 사상, 취미, 관심사, 의견 등을 표현할 수 있는 자신만의 공간을 구축하였다. 이것은 자본이 지배할 수 없는 자유로운 공간이 되었으며 자신의 창의성을 발휘하는 공간이 되는 것이다. 이를 통해 노동계급은 자신이 고가에 팔리기 위한 존재임을 거부하고 자신이 완전한 하나의 주체임을 선언하는 공간을 형성한다.

전자메일을 통해 서로간의 의견을 교환하면서 개인들은 서로 연결되어 연대할 수 있었다. 그 결과 전자메일은 정보 공유의 장으로, 나눔의 터로 자리잡게 되었다. 이는 시간과 공간을 가로지르는 그들만의 집단 커뮤니케이션을 촉진시켰다. 그들은 이 공간을 통해서 자신이 가지고 있는 지식을 다른 사람들과 공유하려고 했다. 그 결과 지식은 독점하여 사고 파는 이윤의 대상이 아니라 서로 공유하는 대상으로 되어 갔다. 그들은 자신의 경험을 바탕으로 어느 곳이 좋은 웹사이트인지, 어디가면 어떤 정보를 얻을 수 있는지를 이야기해 주기를 좋아하며 자기가 경험한 좋은 방법 등을 다른 사람들에게 기꺼이 알리기를 좋아한다. 이것들은 오늘날 노동계급이 이용하는 지식 중의 중요한 부분이 되었다. 또 전자메일을 통해 노동자들은 다른 사람들의 사상, 취미, 관심사에도 관심을 갖고 접근할 수 있게 되었다. 이로써 공통의 가치관이나 목적의식을 가진 사람들이 지금까지의 이데올로기에 상관하지 않고, 지역과 직업의 차이를 뛰어넘어 사회 자원을 공유하기 위해 정보를 교환하는 노동계급의 자기발전의 장이 열렸다.

개인의 자유로운 공간이 서로 연결되면서 노동계급의 집단적인 자유로운 공간은 그 이상으로 커져 갔다. 이들 네트워크를 통해 노동계급은 자본에 지배받지 않는 집단 공간을 형성하며, 개인들간의 유대감을 증대시키고, 집단의 역량을 키워 나갈 수 있다. 개인의 역량과 자신만의 공간은 노동계급 전체의 장으로 확대되어 갔는데 이것은 새로운 사회의 모습의 일면을 보여주었다. 네트워크는 자본주의 사회체제를 넘어서는 새로운 사회를 만들어 낼 수 있는 가능성을 내포하고 있고 사람들을 연결해 활동, 희망, 이상을 서로 나눌 수 있게 하는 고리가 되었고 여기에 참여하는 모든 사람들은 행동의 주체가 되었다. 이들 공간은 인간다움이나 생명 존중에 기초하여 더불어 사는 사회를 만드는 것을 목적으로 한다. 이는 자본의 통제의 네트워크가 아니라 우리들의 희망의 네트워크이다.

컴퓨터 통신 네트워크에서 노동자들은 각종 비정규적인 토론이나 토의에 적극적으로 참여하여 그들의 정치적 비전과 아이디어를 제시한다. 컴퓨터 통신 네트워크 위에서의 각종 포럼은 각종 토픽을 가지고 있다. 만약 여기에 자기가 찾고자 하는 토픽이 없다면 자신이 만들거나 다른 사람이 쉽게 만든다. 이것이 바로 가상공간이 어떻게 창조되는가를 보여준다. 이를 통해 각 분야의 전문가를 쉽게 접할 수 있고 그들이 갖고 있는 관심사에 대한 최신의 정보를 구할 수 있어 노동자들은 이들의 지식을 통해 자신이 스스로 무엇인가를 할 수 있는 능력을 증대시킨다. 즉 어떻게 자신들의 자율성을 요구할지, 자신들의 실체가 무엇인지, 자신들이 무엇을 하는지 등에 관한 정보, 아이디어, 지식 등을 구한다. 다른 자유로운 정신(예를 들면 음악가나 미술가)처럼 오늘날 노동계급은 현존 자본주의 사회의 규범을 위협하고 넘어설 수 있는 노동계급의 자기증식 과정의 일환으로 그들 자신들의 고유한 목적을 추구할 수 있는 새로운 공간을 창조해 낼 수 있다. 노동계급은 그들 자신과 집단의 실체에, 생활의 시간과 공간에, 자신들의 욕구에, 그리고 매일매일의 행위에 관심을 갖게 된다. 개인의 아이디어나 주장을 표현하는 인터넷상의 수천 수만의 개인 홈페이지가 이를 잘 나타낸다. 사이버스페이스에서 우리는 이야기를 나누고 논쟁하고, 지적인 담화에 참여하고, 지식을 교환하고, 정서적 유대를 나누고, 계획을 세우고, 의견을 나누고, 가십을 만들고, 불화를 일으키거나 사랑에 빠지고, 친구를 사귀거나 잃고, 게임 또는 메타게임을 하고, 연애를 하고, 예술을 창조하고, 한담을 나눈다. 네트워크를 통해 당신이 도와준 사람이 당신을 도와주지 못할 수도 있지만 또 다른 사람이 당신을 도와줄 수 있을 것이다. 이런 과정을 통해 네트워크에서 새로운 공동체의 싹이 움트고 있는 것이다.

서로간의 연결이 많아지게 됨에 따라 연결 BBS도 나타나게 되었다. 대표적인 연결 BBS인 파이도넷(FidoNet)은 지난 84년 샌프란시스코와 볼티모어의 BBS 운영자들이 각지에 산재한 BBS간의 메시지 교환을 위해 마련된 것이다. 파이도넷은 현재 전 세계 수십 개 국가의 BBS까지 상호 연결해 준다. 파이도넷과 같은 것은 풀뿌리들이 뛰어노는 거대한 운동장이다. 파이도넷과 같은 역할을 하는 것으로 릴레이넷, 이이링크, 암넷, 스타메일, 매직넷 등이 존재한다. 그러나 파이도넷은 인터넷과 다르다. 인터넷의 발달로 이제 BBS와 인터넷이 연결되고 있다. 인터넷에 연결되는 대표적인 BBS에서는 프리넷(Freenet)이라고 불리는 지역 정보통신망과 캠퍼스 와이드 정보시스템(CWIS), 즉 교내 BBS들이 다수를 차지하고 있다. 프리넷은 주민생활과 지역사회와 직결된 광범위한 정보를 제공하기 위해 설치된 것이다. 프리넷은 주로 개인이나 자원봉사자에 의해서 설치 운영되는 것이 특징이

다. 이들 네트워크에서는 데이터베이스뿐만 아니라 수백 개에 달하는
포럼도 자랑거리다. 외국어, 학술, 음악, 스포츠 등 다양한 분야의 포
럼들에는 회원들이 자발적으로 제공하는 수많은 정보와 자료가 유통
되고 있어 많은 가입자들로 붐빈다.

컴퓨터 통신 네트워크 중 유즈넷(UseNet)이라 불리우는 인터넷과
연결된 전 세계적인 뉴스그룹의 네트워크가 있다. 9,000개 이상의 유
즈넷의 뉴스그룹이 있는데 각 뉴스그룹은 특정 문제만을 다룬다. 그
중 어떤 것은 수십 개국의 천만이 넘는 사람들이 사용하고 있다.[1] 현
실 세계에서 논의될 수 있는 모든 주제가 거의 빠짐없이 자리잡고 있
다. 대부분의 유즈넷은 수천의 회원이 있으며 집단적으로 하루에 십
만 이상의 전자메일을 보내기도 한다. 이들 토의그룹의 전자메일 주
소록으로 배포되는 메일은 인터넷에서 민주적으로 상호 의사를 교환
하는 척추의 역할을 한다. 그 결과 네트워크에 참여하는 모든 사람들
은 전 세계에 걸쳐 모든 참여자들로부터 다양한 견해에 접근할 수 있
다. 이곳은 노동계급이 의식과 정치적 활동을 함양할 수 있고 또 함양
시킬 수 있는 기름진 토대이다. 이것은 노동자들이 서로간의 계층 차
이를 극복하고 평등성을 증진시킴으로써 노동계급의 조직을 민주적
으로 운영할 수 있게 한다.

컴퓨터 통신 네트워크에 떠다니는 각양각색의 정치적 주장과 논쟁
의 경합은 살아 있는 유기체처럼 전자게시판에서, 뉴스그룹에서, 채팅
공간에서 이합집산하며 자본에 항거하는 노동계급을 위한 전자조직
을 구성한다. 여기에 노동계급의 투쟁에 전념하는 여러 단체들도 네

---

1) Miller (1996), p. 233.

트워크에 연결되기 시작했다. 이들 네트워크 중에 노동계급의 투쟁만을 전담하는 네트워크도 탄생하게 된다. 노동계급의 활동가들이 많이 사용하는 네트워크의 예로 PeaceNet, EcoNet, ConflictNet, LaborNet(이상은 미국), GreenNet(영국), NordNet(스웨덴), SoliNet, Web(이상은 캐나다), La Neta(멕시코), GlasNet(러시아) 등이 있다. 이것들은 평화, 인권, 환경, 노동, 사회정의 등의 요구에 전적으로 사용되고 있다. 이것으로 인해 전 세계의 내로라 하는 NGO(Non-Governmental Organization)의 활동 폭이 더욱 커져 가고 있다. 나아가 이들 네트워크는 집단과 집단, 조직과 조직의 범지구적 연대와 연합을 위한 대규모 네트워크로까지 발전한다. 컴퓨터를 대안 매체로 활용하는 네트워크 중에 규모면에서 가장 큰 것은 IGC(Institute for Global Communications)이다.[2] 현재 IGC는 1만3천의 성원들, 3만 개의 조직 및 활동가들을 포괄하고 있는 노동계급을 위한 네트워크의 네트워크라 할 수 있는데, PeaceNet, EcoNet, ConflictNet, LaborNet, WomansNet의 영역별로 그 하부 네트워크가 확장되어 있다. 또한 IGC가 설립 주체가 되어 133개국에 걸쳐 이와 비슷한 규모의 21개 국제적 네트워크들을 콘소시엄 형태로 해서 4만개 이상의 NGO 기구들, 정책 입안자들, 지역 지도자들 등을 연결하는 범지구적 네트워크가 바로 APC(Association for Progressive Communications)이다.[3] APC는 사회정의, 환경, 여성, 인권, 학생, 노동 등을 위한 비정부조직이나 시민단체에 유용한 전 세계적인 규모의 통신정보 네트워크이다. 이들은 꾸역꾸역 저항의 얼개들을 짜면서, 글로벌 가상 계급과 신자유주의의 공세에 대비한 저항의 중요한 구현체가 되어 가고 있다. 끝없이 팽창하는 전자적 단

---

2) IGC: (http://www.igc.apc.org/).
3) APC: (http://www.apc.org/).

위들은 글로벌 기업 문화의 폭격에 맞서 여기저기 참호를 구축하며, 문화생산/소비자 관계 구조의 대안적이고 모범적인 모델을 제공하고 있다.

우리 나라에서는 '사당의원의 북소리 BBS'와 '민중교회의 평화만들기 BBS'로부터 처음 시작된 노동계급을 위한 독립 네트워크 운동이 참세상, Ecoserve, KSDN, SING에 이르면서 보다 많아지고 다양화하였다. 이런 힘들이 1996년 맥브라이드 서울회의를 거치면서 '하나의 기구를 통한 독립 네트워크 운동의 전개'라는 방향을 공유하였고 한국민간네트워크협의회(KACC)의 결성에 이르게 되었다. 1993년을 전후로 네트워크 운동은 사설 BBS운동과는 달리 인터넷을 중심으로 국제적인 NGO 네트워크인 APC 및 회원 네트워크와의 연대를 목표로 나가고 있다.

고립된 노동계급 투쟁을 외부와 연결

노동계급은 컴퓨터 통신 네트워크를 이용하여 자신들의 투쟁을 고립시키려는 자본과 국가의 노력을 파괴한다. 네트워크의 네트워크인 인터넷은 ARPANET에서 출발하였다. ARPANET은 핵전쟁에 대비하여 군사통신이 상당히 파괴되더라도 통신만은 여러 지역을 연결할 수 있도록 하는 체제이다. 그것은, 많은 네트워크가 파괴되더라도 정보가 다양한 통로를 통해서 어떤 지역에서 다른 어떤 지역으로 전송되도록 설계되었다. 인터넷은 태생적으로 이러한 성격을 지니고 있었기 때문에, 특정 자본이나 국가가, 수많은 사람들이 그들의 정보를 원하는 사람들에게 보내는 것을 막기란 거의 불가능하다. 인터넷의 이같은 성격은 노동자들로 하여금 어떤 특정 지역의 노동투쟁을 그 지역에 한정하려는 자본과 국가의 어떠한 노력도 분쇄할 수 있게 한다. 고립될 뻔한 어떤 투쟁도 인터넷을 통하여 전 세계적 규모에서 다른 사람과 연결될 수 있다. 실제로 노동계급이 컴퓨터 통신 네트워크를 이용하여 투쟁의 고립을 파괴한 예는 무수히 많다.

천안문 앞에서 벌어진 중국의 민주화 운동 기간 중 중국의 학생들과 통신산업에 근무하는 노동자들은 전화, 팩스, 라디오, 텔레비전, 그리고 컴퓨터 통신 네트워크를 이용하여 상세하고 생생한 사건내용을 전 세계에 보내어 그들의 투쟁을 전 세계로 전파하였다. 중국 정부가 도시간의 전화선을 절단했으나 이들 노동자나 학생들은 제3국을 경유하여 팩스로 전 중국을 연결하였다.4) 중국의 대학생들과 미국에 와 있는 중국인 유학생 그룹들은 인터넷을 컴퓨터 통신의 수단으로도 유용하게 사용했다. 천안문 사태가 진행되는 동안 인터넷에 있는 soc.culture.china라는 뉴스그룹을 구축하고 이를 투쟁내용을 전하는 창구로 활용했다. 외국과의 연락 및 필요한 자금 모집, 여러 가지 홍보활동 전략과 로비활동 계획 등 광범위한 의제들이 이를 통해 개진되고 논의됐던 것이다. 이로써 중국의 민주화 투쟁이 전 세계로 긴밀히 연결되었다. 천안문 사태는 정보를 창조하고 전달하는 측면에서 개인과 소수집단의 역할이 국가나 대규모 기관의 네트워크와 동등한 위치를 확보했음을 과시했다. 1990년 8월 구소련의 멸망에서 모스크바의 시민들은 전화망을 통해 국가의 언론통제를 넘어설 수 있었다. 쿠데타 세력은 쿠데타를 기도한 직후 바로 언론매체들을 접수, 보도통제를 하고 나섰다. 소련의 언론매체들은 흔히 그랬듯이 침묵에 빠져들 수

---

4) Quarterman, John S. (1990), *The Matrix: Computer Networks and Conferencing Systems Worldwide*, Bedford, MA: Digital Press, pp. xxiii-xxiv.

밖에 없었다. 모스크바의 국제선이 절단되었지만 APC 회원들은 컴퓨터 네트워크를 통해 전 세계와 연결하였다. 그들은 쿠데타에 대한 소식을 발틱에 있는 국가에 전송했고 그것은 다시 스웨덴의 Nordnet으로 그리고 영국의 런던에 있는 GreenNet으로 보내졌고 이곳으로부터 전 세계에 있는 APC와 항상 연결될 수 있었다.[5] 멕시코 정부는 무력으로 그리고 언론의 통제(대부분의 멕시코인들은 국영방송인 Televisa를 통해 뉴스를 접한다)로 치아빠스 농민반란을 멕시코 남쪽 지방의 정글에 한정하려 했다. 그러나 사빠띠스따 반군들은 전자기술을 이용하여 국가의 의도된 고립화를 뛰어넘을 수 있었다. 초기에 그들은 팩스와 전자메일을 이용하여 성명서나 개인적인 인터뷰를 전 세계에 보냈다. 이에 멕시코 국내외에 있는 옹호자나 후원자들이 상세한 소식을 이제는 컴퓨터 통신 네트워크로 다시 전 세계에 보냈다. 전자기술을 이용함으로써 사빠띠스따들은 멕시코와 전 세계에 걸쳐 혁명을 수행하는 새로운 전자투쟁망을 엮어 낼 수 있었다.[6] 1997년 영국 리버풀에 있는 머지 항만회사(Mersey Docks and Harbour Company)에서 벌어진 노동자들의 파업에서 노동자들은 인터넷 웹사이트를 이용하여 그들의 주장을 전 세계에 보내고 다른 지역과 다른 나라의 부두노동자들과 연결하였다. 이 웹사이트에는 회사가 500명의 항만 노동자를 축출한 정보와 최신 소식, 그리고 긴급 호소문과 항만 노동자 신문 『항만 노동자 선언』(*Dockers' Charter*) 전체, 연대 메시지 등이 담겨 있었다. 『파이낸셜 타임즈』, 『리버풀 데일리 포스트』, 『에코』 등의 신문은 이들의 파업을 취급하여 처음에는 동정적인 기사를 실었으나 며칠이 지나자 그들의 관심은 시들어졌다.[7] 비록 언론에서는 이들의 투

---

5) Rheingold, Howard (1993), *The Virtual Community: Homesteading on the Electronic Frontier*, HarperPerennial, p. 266.
6) Cleaver, Harry (1994).

쟁을 작게 취급했지만 컴퓨터 전자통신망의 이용으로 리버풀의 부두
노동자들은 일본이나 미국의 부두노동자와의 연계함으로써 100여 개
항구 부두노동자들의 연대투쟁이 일어났다. 지역의 투쟁이 국제적인
규모의 파업으로 연결된 것이다. 최근 인도네시아 민주화 투쟁에서도
승리의 일등공신은 무선호출기, 전자통신과 인터넷, 다시 말해 전자기
술에 기초한 하이테크 커뮤니케이션 기기들이다. TV와 신문이 검열
을 받고, 주요 인물의 전화는 도청당하는 상황에서 컴퓨터 통신 네트
워크는 거의 유일한 독립 언로가 되었다. 학생들은 당국의 감시를 피
해 무선호출기로 연락을 주고받았고 기자에게는 전자메일로 인도네
시아의 상세한 상황을 전달해 이를 전 세계에 알렸다. 인터넷에 웹사
이트를 개설해 가상공간에서 정보를 주고받기도 했다. 대표적인 예가
정보 네트워크화를 위한 대학생 단체 '피자르'이다. 1997년 피자르는
인도네시아에서 가장 빈번하게 활용되고 있는 인터넷 사이트를 개설
했다. 여기에는 학생시위를 포함한 뉴스, 논평 그리고 각종 소문들이
자세히 게재됐다. 전국의 대학생들은 전자메일로 시위참가자 수, 부상
자 수를 비롯해 현장감 넘치는 시위상황을 전달했다. 외국 유학생들
은 외국 언론의 보도와 논평내용을 역시 전자메일로 그들 나라에 보
냈다. 인도네시아 국내 인터넷 서비스업체가 피자르의 웹사이트를 폐
쇄한 후에는 피자르는 외국 인터넷 서비스업체를 이용했다. 이 때문
에 인도네시아 정부는 피자르 회원을 잡아들일 수는 있어도 웹사이트
자체를 통제하지는 못하게 됐다. 하킴 하타 피자르 회장은 "우리는 시
위를 직접 조직하지는 않는다. 모든 사람에게 이 땅에서 벌어지고 있
는 일을 알려줄 뿐"이라고 말했다. 그러나 피자르의 역할은 정보전달

---

7) Dropkin, Greg (1996), "Sending a Strike Message in a Bottle," in web site (http://
www.december.com/cmc/mag/1996/nov/dropkin.html).

자 이상이었다. 13만여 개 섬으로 이뤄진 전국 곳곳으로 시위 상황을 자세하고 신속하게 전달함으로써 수도 자카르타에서 멀리 떨어진 작은 섬에서도 시위의 열기가 높아 갔다. 그래서 인도네시아의 학생과 시민 시위현장은 이렇게 묘사되고 있다. '진압군경은 총으로, 학생들은 전자메일로'.[8] 1995년 한국통신 노동조합 투쟁에서 정부는 노동조합 간부들에 대해 대대적인 수배령을 내리는 등 전면 탄압했으나, 수배된 지도부가 폐쇄이용자그룹 CUG(하이텔, go KTTU)를 통해 투쟁지침을 하달함으로써 전국 각지 수백 개 지부 5만 명에 이르는 조합원들의 투쟁을 일사불란하게 지휘하는 매개 역할을 톡톡히 하면서 언론의 주목을 받은 바 있다. 한총련은 1998년 5월 평화적인 대의원 대회를 열려고 했으나 정부의 탄압 때문에 어느 한 대학에 집결해 행사를 치를 수 없게 됨에 따라 PC통신을 이용하여 대의원 대회를 개최하였다. 대의원 대회는 컴퓨터 통신으로 의장 후보 선거운동과 노선토론을 벌인 뒤 각 지역별로 투·개표를 하는 방식으로 치러졌다.[9]

국가와 자본의 잔혹성과 부당성의 폭로

컴퓨터 통신 네트워크를 이용하여 노동계급은 자본과 국가의 잔인성과 부당함을 다른 곳에 있는 사람들에게 알린다. 전자기술은 보스니아, 중국, 루마니아, 아마존 강 유역의 산림, 미국의 원주민 지역, 팔레스타인, 하이티, 티벳 등에서의 인권유린과 부당성을 기록하고 전달하는 데 광범위하게 사용되어 왔다. 피스넷에는 '아프리카 워치(Africa Watch)'와 '티벳을 위한 변호사 위원회' 등 수십 개 단체가 참

---

8) 『문화일보』, 1998년 5월 7일.
9) 『한겨레신문』, 1998년 5월 15일.

여해 인권침해 사례를 폭로하고 보고서를 배포하고 있다. 엠네스티 인터내셔널 및 이와 유사한 성격의 기구들은 인터넷의 뉴스그룹들을 이용하기도 한다. 한 뉴스그룹(soc.rights.human)에는 티모르, 말라위, 중국, 아이티, 르완다 등에서 수집한 사례를 고발하는 게시물이 가득하다. 자본과 국가의 잔인성과 부당성뿐만 아니라 그들의 전략도 폭로함으로써 투쟁에 불길을 지른 경우도 있다. 예를 들면, "(멕시코) 정부는 국가의 안전정책을 효과적으로 수행하고 있다는 것을 (외국 자본에게) 보여주기 위해서 사빠띠스따를 소탕할 필요가 있다"는 리오단 로에트(Riordan Roett)의 메모를 어떤 사람이 인터넷에 올리자 전 세계가 분노하였다.10) 치아빠스 농민반란에서 사빠띠스따에 동조하는 사람들은 거대 농장주에게 고용된 사병에 의해 그리고 경찰과 군대에 의해 발생한 고문, 즉결 심판, 폭력 등의 정보나 사진을 인터넷에 실어 전 세계에 알렸다.11) 이것은 이 국가 저 국가에서 노동자들의 잠재적 적대감을 폭발시켰다. 우리 나라의 경우 인터넷은 제주 4·3 항쟁 사건에 대한 다큐멘터리를 상영했다는 이유로 서준식 씨를 국가보안법상의 이적표현물 소지, 배포 혐의로 구속하고, 이를 인하대학교에서 상영했다는 이유로 푸른영상 김동원 감독을 연행한 소식을 상세하게 다룸으로써 국가보안법의 악랄함을 세상에 알리게 되었다.12) 독일의 한 인터넷 가입자는 정부가 체르노빌 원자력 발전소의 방사능 누출 사고의 공개를 망설이고 있는 시점에서 이미 사건 소식을 입수해 공개했다. 컴퓨서브 포럼의 회원인 멕시코인 다니엘 카츠

---

10) Wehling, Jason (1995), "Netwars and Activists Power on the Internet," in his web site (http://www.teleport.com/~jwehling/Netwars.html).
11) Cleaver (1994).
12) 서준식 씨의 무죄석방을 위한 사이트로 다음이 있다. (http://interpia.net/~rights/) 와 (http://prison.cpnet.or.kr)이다.

는 이스라엘에 머물 당시, 헤브론 학살 사건 직후의 거리 풍경을 묘사했다.[13] 1991년 미국과 이라크 간의 걸프전쟁 당시 미국무성이 전쟁에 대한 소식을 검열했지만 APC는 이 전쟁이 제3세계, 이스라엘, 아랍 제국에 미치는 영향과 전 세계에서 벌어지고 있는 반전운동에 대한 상세한 소식을 전 세계에 보냈다.[14] 1994년 9월 중순 사우디아라비아에서 1백여 명의 종교적 보수파 반체제 인사들이 체포된 것은 알 사우드 왕가의 통치에 대한 점증하는 불만을 반영하는 사건이었다. 1990~91년의 걸프전 이후 이들 반체제 세력은 파드 국왕을 공개적으로 비판하기 시작했다. 반체제 조직 가운데 가장 노골적인 조직은 '합법적 권리를 수호하기 위한 위원회(CDLR)'로 런던에 본부를 두고서 전자메일을 통해 유인물을 배포함으로써 정부의 언론에 대한 독점을 효과적으로 깨뜨리고 있다.

컴퓨터 통신 네트워크를 이용해서 노동계급은 자본에 대해 단순히 수세적인 입장만이 아니라 보다 공세적인 입장도 취한다. 컴퓨터 통신 네트워크를 이용하여 노동계급은 자본과 국가가 무엇을 하는지 감시할 수 있으며 이를 통해 그들에게 압력을 가할 수도 있다. 노동계급은 의회가 심의 중인 법안과 의원 개인의 발언들을 즉각 전자 텍스트로 공개하여 국민의 감시망을 벗어날 수 없게 했다. 미국의 경우 노동계급의 강력한 요구로 전통적으로 대중과 유리되어 있던 사법부도 판결문과 판례 등을 온라인으로 제공하고 있다. 중앙뿐만 아니라 주와 지방정부, 기타 공공기관들도 이제 온라인으로 달려가고 있다. 일례로 오지가 많은 알래스카에서는 주 의회의 의정활동이나 법안 등의 정보

---

13) 문정식(1996), 『컴퓨터는 칼보다 강하다』, 전국언론노동조합연맹.
14) Frederick, Howard H. (1992), "Breaking the Global Information Blockade Using the Technologies of Peace and War," *Impact*, January, pp. 14~7.

를 공개함으로써 컴퓨터 네트워크를 통해 그들의 행위 하나하나가 감시되고 감독받는다. 정보를 공개하라는 시민과 민간단체들의 압박은 가중되고 있어 그 시기가 문제일 뿐 전 세계적으로 공개의 추세는 거대한 흐름이다. 지난 1993년 미국 의회에서 정부문서인쇄소(GPO)의 정보를 온라인으로 제공하도록 하는 법안을 통과시킨 것도 이러한 밑으로부터의 압박에 따른 것이다.

노동계급이 새로운 정보통신 기술을 통해 노동계급의 투쟁을 외부에 알리고 자본과 국가의 부당성과 잔인성을 외부에 알림으로써 정보통신 기술은 이제 노동계급의 언론매체로 이용되고 있다. 노동계급의 투쟁에 대한 뉴스는 기업이나 국가가 소유하고 운영되는 대중언론기관의 뉴스의 가치성 기준을 통과하기가 어렵다. 역시 그들이 노동계급의 투쟁을 취급한다고 할지라도 이들 언론기관들은 노동계급의 투쟁이 야기한 문제점만을 강조하는 경향이 있다. 오늘날 컴퓨터 통신 네트워크의 발전으로 노동계급이 이것들에 쉽게 접속할 수 있는 상황이 되자 이전의 언론기관들이 주지 않았던 각종 정보를 나눌 수 있게 되었다. 특히 인터넷의 발전으로 이제는 문자뿐만 아니라 그림까지 전송하고 받을 수 있다. 노동계급은 현장에 있는 목격자로서 그들이 보고 들은 바를 자본의 입장에서가 아니라 노동계급의 입장에서 지역적·정치적 경계를 넘어 전 세계 통신망을 타고 다른 수많은 사람들에게 보도한다. 노동자들은 기존의 대중매체를 대신한 새로운 매체를 가지고 그들 자신 및 다른 지역 동료들의 투쟁에 대해 더 많고 상세한 정보를 얻을 수 있다. 노동자들이 이렇게 새로운 형태의 정보에 접근할 수 있게 됨에 따라 즉 자본이나 국가의 공식적인 견해에 대신하는 노동자 자신의 견해로 다른 사람에게 도달하는 것이 가능함에 따라 노동계급의 정치적인 힘은 증대된다. 컴퓨터 통신 네트워크를 노동계급의 미디어로서 이용한 대표적인 예로 인도네시아 민주화 투쟁 중에 전 세계에 보낸 전자메일 중 하나를 소개하면:15)

오늘, 인도네시아의 우리 민중들은 트리사크디(Trisakti) 대학에서 지난밤 발생한 대량학살에 울분을 터뜨렸습니다. 군인들에 의해 6명의 학생들이 죽었으며, 많은 다른 사람들이 다쳤습니다. 이들은, 다른 학교 학생들과 함께 수천 명의 학생들이 학내에서 평화적으로 반정부시위를 하고 난 이후에 학생들에게 실탄을 발사했습니다. (요즈음은 일반적으로 시위대를 향해 고무탄 조차도 발사하지 않습니다.) 오늘 오후 장례식은 수천 명의 학생, 일반 민중들이 모인 가운데 열렸다. 전반적인 분위기는 전율을 느끼기에 충분했습니다. 우리는 "the song of our heroes of independence"와 "Gugur Bunga (Flowers Dead)"를 불렀습니다. 그렇습니다. 우리의 꽃들은 군대에 의해서 폭력적으로 사살되었습니다. 장례식이 끝난 이후에 사람들은 트리사크티 대학 캠퍼스 근처에서 파출소, 차, 타이어, 다른 교통수단을 불태웠습니다. 그들은 군대와 정부를 비난했습니다. 많은 반대파 지도자들은 정부의 개혁을 주장했고 학생운동에 대한 그들의 지지를 반복했습니다. 자카르타의 학생들은 모두 각 학교에서 연대집회를 열었습니다. 자카르타에서 오늘 개혁에 관한 집회가 열렸으며, 몇 개 도시에서 또한 집회가 열렸습니다. 자카르타에서 가장 큰 상업지구에 위치한 수디르만 거리(Sudirman Street)가 오늘 오후 폐쇄되었고, 많은 상인들이 근처의 아크마 자야(Atma Jaya) 대학의 학생 대오에 결합했습니다. 일부 사람들은 차를 불태우고 은행의 건물에 돌을 던졌다. 우리는 학살에 대한 전국적 연대를 부르짖고 있습니다. 당신들은 우리를 도와줄 수 있습니다. 당신들의 동료들에게 평화적 집회에 대한 야만적인 군의 진압에 대해서 이야기해 주십시오. 지난 금요일 이후 그들이 요야카르타(Yogyakarta)에서 민주주의 활동가들을 죽인 것은 두 번째입니다. 인류의 이름으로 근처의 인도네시아 대사관에 가서 학살을 멈출 것을 주장해 주십시오. 그리고 세상의 모든 학생들이여! 억압적인 정부를 끝장내기 위해 싸우고 있는 인도네시아 학생들에 대한 연대 집회를 열어주십시오. 광주나 천안문보다 더 큰 규모의 일들이 일어나고 있습니다. 제발 우리 민중들을 도와주십시오. 지금 하지 않으면 영원히 하지 못할 것입니다. 이 주소로는 다시 편지를 쓰지 마십시오.

---

15) 전자메일 주소가 없이 정보연대(SING)의 메일링리스트로부터 받았다.

전통적인 매체들은 정보원과 수용자 사이에 게이트키핑의 역할을 담당하였다. 그러나 컴퓨터 네트워크는 그러한 게이트키핑의 역할 없이 개인이나 단체가 서로 직접 정보를 주고받을 수 있게 만든다. 신문이나 방송을 통하지 않고도 개인이 컴퓨터 통신에 의해 다른 사람들에게 자신들의 메시지를 직접 전달할 수 있게 되었다. 그 결과 우리들 사이에 정보를 차단하는 것은 점차 어렵게 된다. 이같은 미디어 혁명은 상호작용을 증대시켜 노동계급 개개인 모두가 정보 소비자이면서 동시에 정보 생산자인 주체로 전환된다. 정보를 생산할 수 있는 능력을 가진 개인들은 자신의 견해와 주장을 컴퓨터 네트워크를 통해 불특정 다수에게 신속히 전파할 수 있다. 이들은 때로 언론이 알아내지 못한 사실을 파고들어 신선한 충격을 주기도 한다. 대중들은 이제 뉴스의 적극적 생산자가 될 수 있다. 종전의 풀뿌리 미디어들은 소수, 소규모를 위한 봉사에 머물렀다. 그러나 컴퓨터 네트워크에 의한 뉴스의 전달은 전 세계적이다. 개인이나 소집단은 그 덕분에 커뮤니케이션의 측면에서 큰 조직이나 정부만이 누렸던 권한을 만끽하고 있다. 기숙사의 대학생, 지하 셋방에 거주하는 외로운 정치적 반대자도 전문성과 권위를 가진 빛나는 문서를 생산하고 전파할 수 있다. 민주주의의 씨앗이었던 '외로운 전단 제작자'의 전자적 부활이라고 하겠다.

노동계급 참여의 장

컴퓨터 통신 네트워크는 단순한 노동계급의 미디어 역할을 넘어선다. 통신 공간이 TV나 신문과 다른 점은, TV나 신문이 어느 한쪽의 메시지를 수동적인 대중에게 일방적으로 전달하는 데 비해 통신 공간은 그야말로 '공간'이라는 말이 어울리게끔 사용자들이 서로의 의견교환을 통해 만들어 가는 매체라는 점이다. 컴퓨터 통신 네트워크는 노동계급으로 하여금 다양한 토의나 토론에 참여할 수 있게 한다. 전자메일과 전자게시판(BBS)은, 다른 어떤 대중언론도 하기 어려운, 많은 사람과 많은 사람 간의 대화를 가능케 해 준다.

컴퓨터 통신 네트워크를 통하여 사람들간에 서로 의견을 교환하고 토론하고 토의하는 가운데서 노동계급은 국내적·국제적인 도움을 주고받는다. 여러 사람들이 한몫에 사용할 수 있다는 컴퓨터 통신 네트워크의 성격으로 모든 사람들이 모여서 서로를 알게 되고 상호간에 유용한 도움을 주고받으면서 가상공간에서의 노동계급의 발전을 위한 공동의 토대를 구축할 수 있다. 또한 인터넷의 가장 중요한 일면 중의 하나는 사람들이 기꺼이 자신의 시간, 노력, 자원을 제공하여 자신의 이익보다는 노동계급 전반에 도움을 준다는 것이다. 여러 가지 도움이 네트워크상이나 이외의 경로로도 제공된다. 직접적으로는 알지 못하고 투쟁에 직접 참여는 할 수 없으나 컴퓨터 통신 네트워크로 연결된 사람들은 서로서로가 전략, 좋은 아이디어, 정보를 제공하고, 투쟁의 사실을 다른 사람에게도 알리며, 여러 가지 출판물에도 글도 쓰고, 기금 모음에도 참여하며, 대규모 시위에도 참여함으로써 서로서로가 노동계급의 투쟁을 돕는다. 특히 노동계급은 통신 네트워크를 통해 자신들의 지식과 창의력을, 자본에 대항하여 투쟁하고 있는 다른 노동자에게 제공하기도 한다. 예를 들면 1970년대 핵 개발에 참여한 많은 엔지니어들이 핵무기 개발을 저해하고 환경운동을 크게 제고시키는 분야에 그들의 지식을 많이 제공하였다. 또 환경운동에서는 자본에 의한 자연 이용을 학생들과 연구소에 있는 연구자들이 화학, 생물, 의학 등에 관한 지식으로 자연환경 보호의 중요성을 부각하였다. 치아빠스 농민반란의 경우에는, 이 반란에 관심을 가진 사람들이 자기 시간을 내어 스페인 언어로 된 성명서나 각종 메시지를 영어 혹은 다른 언어로 번역하여 그 번역문을 컴퓨터 통신망을 통해 이것을 필요로 하는 다른 곳으로 전송했다. 많은 사람들은 자신들이 가지고 있는 전자기술에 대한 지식을 이용하여 치아빠스 농민반란에 대한 웹 사이트를 만들기도 하였다.16) 몬타냐에 있는 'Big Sky network'라는 단체는 지역의 전문가들로 구성되어 있는데, 새로이 컴퓨터 통신 네트워크로 투쟁활동을 시작하고자 하는 단체나 개인, 그리고 이미 투쟁을 하고 있는 단체나 개인이 묻는 질문에 답해 주고 이들을 도와주기도 한다.17) 한국의 1997년 총파업투쟁 과정 속에서 가장 특징적인 활동이라 할 수 있는 것은 총파업 통신지원단과 총파업속보의 제작활동이다. 이 활동은 전문지식을 자본의 이윤이 아닌 노동계급의 투쟁에 사용한 좋은 예이다. 총파업 통신지원단의 경우, 비록 노동운동의 내부에서 조직된 활동이 아니고 기존의 통신운동가들과 통신인들이 중심이 되어 조직되었지만, 총 30여 개국의 노동단체와 정치단체의 총파업 지지성명을 총파업 통신지원단 홈페이지에 접수하였으며, 날치기한 노동법과 안기부법 철폐 서명운동을 통신상에서 전개하여 6,000여 명의 국내외인들의 참여를 이끌어 내었다. 이들의 도움으로 제작된 총파업속보는 비디오로 제작되어 지역별, 영역별로 전개된 총파업투쟁을 활자매체를 넘어 영상매체를 통해 생생히 전달해 줌으로써 총파업투쟁의 모습을 과감없이 전달하는 데 성공했다.

컴퓨터 통신 네트워크를 통해 노동계급은 지식이나 아이디어뿐만 아니라 물질적인 도움도 이전보다 쉽게 주고받을 수 있게 되었다. 천안문 민주화 운동 기간 중에 중국 밖에 살고 있는 많은 중국인과 이

---

16) Cleaver (1994).
17) Miller (1996), Chapter 11.

에 동조하는 많은 다른 나라 사람들이 시위, 기금조성, 정치적 청원 등을 조직하여 중국 내의 민주화 운동에 힘을 보탰다. 그 영향은 너무나 커서 중국 정부는 이같은 일이 많이 벌어지고 있는 유즈넷을 감시하고 외부와 연결되는 모든 네트워크를 차단하려고 노력하였다.[18] 1990년 가을에는 걸프전쟁이 일어나는 것을 막기 위한 운동이 신속하게 이루어졌다. 비록 전쟁의 발발을 미리 막지는 못했지만 이 운동은 전 세계적 규모의 컴퓨터 통신 네트워크(특히 PeaceNet)를 통해 여러 분야로부터 정보를 받아서 이용하였다.[19] 1992년 열성 신나치주의자들이 외국인들이 많이 거주하고 있는 드레스덴 지역 주민들을 못살게 굴었을 때 이 사실은 독일의 ComLink를 통해 세상에 알려졌다. 이후에 드레스덴 지역신문들은 이 사건에 분노하는 전 세계의 APC 사용자들로부터 항의 팩스와 전화를 받았다.[20]

노동계급의 투쟁의 새로운 수단

이상에서 설명한 바와 같이 노동계급은 컴퓨터 통신 네트워크를 이용하여 전통적인 투쟁방법을 확대했을 뿐만 아니라 새로운 투쟁방법도 개발하였다. 사이버 공간에서 노동계급은 여러 가지 방법으로 투쟁을 할 수 있다. 그 대표적인 것이 사이버 공간에서의 점거농성이다. 인터넷 시대를 맞아 각종 항의집회가 사이버 공간에서도 벌어지고 있

---

18) Frederick, Howard (1992), "Computer Communications in Cross-Border Coalitionding North American NGO Networking Against NAFTA," *Gazette*, Vol. 50, pp. 217~41.
19) Cleaver, Harry (1992), "Marxian Categories, the Crisis of Capital and the Constitution of Social Subjectivity Today," in his web site (http://www.eco.utexas.edu:80/Homepages/Faculty/Cleaver/index.html).
20) Frederick (1992a).

다. 관청 등 특정 장소를 점거하여 벌어지던 농성이 시-공간을 초월하여 온라인으로 전개되고 있다. 미국 뉴욕의 '전자 시민불복종(Civil Disobedience) 운동가'들이 멕시코 정부 웹사이트를 점령한 것이 그 대표적 사례이다. 그것은 멕시코의 농민반군 사빠띠스따 민족해방전선에 대한 멕시코 정부의 탄압정책을 저지하기 위한 사이버 공간에서의 시위였다. 1999년 5월 10일에 이루어진 사이버 연좌농성의 대표적인 무기는 '플러드 넷(Flood Net)'이란 컴퓨터 소프트웨어이다. 이 프로그램은 특정 웹사이트에 접속하여 '리로드(Reload, 재접속)' 버튼을 7초에 한번씩 자동 클릭하는 프로그램이다. 플러드 넷은 추적을 피해 예정된 시간에 한시적으로 인터넷에 뜨는데, 수천 명이 플러드 넷을 통해 한꺼번에 리로드를 눌러대면 해당 사이트는 작동이 마비된다. 그 전 달 10일 시험작전에서는 전 세계에서 8천1백41명이 집결하여 세디요 멕시코 대통령의 웹사이트를 점거했다.21) 또한 전자메일을 이용해서 웹사이트를 마비시키는 '전자메일폭탄'은 많은 편지로 한곳의 시스템을 고장내는 방법이다. 자동으로 한곳에 똑같은 메일을 보내, 열람을 해야만 시스템이 돌아가도록 만든다든지 아니면 여러 사람들이 한꺼번에 한곳에 항의하는 방법들이 사용된다. 공격의 목표에 따라 폭탄의 위력도 다르게 만들 수 있다. 가령 보내는 편지에 용량이 큰 동화상 파일 등을 동봉해 보내면 웬만한 상대방은 곧바로 항복선언을 하지 않을 수 없을 만큼 위력적이다. 한국에서도 고교생이 전자메일폭탄을 사용하여 PC통신 서비스사가 운영하는 인터넷 전자메일을 마비시킨 사건이 발생하기도 했다. 우리 나라 진보네트워크에서는 매주 목요일 오전 10시 MS 사에 전자메일을 보내어 MS 사의 인터넷 웹사이트에 혼란을 주자는 운동을 벌이고 있다. 컴퓨터 통신 네트워

---

21) 『조선일보』, 1998년 5월 3일.

크를 이용하는 또 다른 투쟁방법으로 사이버 청원을 들 수 있다. 1994
년 봄 '사회적 책임을 위한 컴퓨터 전문가 협회(Computer Professionals
for Social Responsibility : CPSR)'는, 정보요원에게 개인적으로 암호화
한 내용을 해독할 수 있는 권한을 부여하는 Clipper chip에 관한 법령
에 반대하기 위해, 이 법령에 찬성한 정치인들의 이름을 제공하여 이
들에게 압력을 가하는 전자메일을 보내는 네트워크 청원 운동을 전개
하였다. 이에 4만 명이 넘는 사람들이 참여하였다.[22] 보다 적극적인
투쟁에는 컴퓨터 바이러스도 사용된다. 물론 컴퓨터 바이러스를 사용
하는 것은 모든 사람에게 무차별적으로 손해를 주는 까닭에, 과연 이
것이 좋은 방법인지에 대해서는 논란이 많으나 특정 부문에만 사용되
는 바이러스는 투쟁의 한 방법이 될 수 있다. 예를 들어 '선데이 바이
러스'나 '한국산 일요일 바이러스'는 일 중독증에 빠진 현대인에 대한
경고성 메시지를 바이러스에 담고 있다. 이들 바이러스는 일요일에
컴퓨터를 작동하면 바이러스에 감염되도록 하여 엄연히 쉬어야 될 일
요일에는 일해서는 안 된다는 독특한 의도에서 만들어진 것이다.

　컴퓨터 통신 네트워크로 노동계급은 사이버 시위(피켓팅)라는 투
쟁방법도 개발했다. 한국에서 얼마 전 도박한 국회의원에게 수많은
사람들이 항의 메일, 항의 전화, 항의 팩스를 보내서 업무를 마비시킨
적이 있다. 1997년 12월말 30초에 한 개꼴로 PC통신망 플라자란을 가
득 채웠던 총파업 지지 글들은 개인적인 행동이 정치적 행동으로 표
출될 수 있는 좋은 예가 될 것이다. 그러나 온라인에서 자유의 상징,
자유를 부르짖는 네티즌들이 자신의 홈페이지에 내건 불루리본은 사
이버 시위의 대표적인 예이다. 푸른색은 1995년 6월 미국 의회에서 저

---

22) Miller (1996), p. 308.

속한 내용을 처벌할 수 있게 한 엑슨 수정안의 '정보통신 품위조항'이 통과되면서 가상공간에 제일 먼저 등장한 상징물이다. 1996년 2월 미국의 클린턴 대통령이 새로운 통신법에 서명하자 몇몇 네티즌들은 이 법에 반대하는 표시로 푸른색을 리본모양으로 만들어 자신의 웹사이트에 올렸고 이에 동참하는 네티즌이 점차 늘어갔다. 블루리본은 네티즌의 분노와 함께 인터넷을 타고 급속도로 전파되었다. '인터넷에 폭력과 음란물이 판을 치는 것은 청소년에게 유해하다'는 명분 아래 벌어지는 '사이버 검열'이 오히려 이용자들의 자유를 제한하고 전자민주주의를 저해할 우려가 있다는 것이 네티즌들의 주장이다. 사이버 스페이스에서 자유의 염원을 각인한 채 매듭 모양으로 묶어진 '블루리본'은 결코 국가권력에 의해 풀어져 해체될 수 없다는 의미를 지니고 있다. 전자프런티어재단(EFF), 미국시민자유연합(ACLU), 전자개인정보센터(EPIC) 등의 단체들이 주도적으로 참여하여 '온라인 의사표현자유협회'를 만들고, 인터넷 홈페이지 수만 개가 대문에 블루리본을 내걸었다. 국경을 건너뛰어 전 세계 네티즌들이 동참하였으며 국내에서도 어렵지 않게 볼 수 있게 되었다. '블랙의 물결'도 여기에 가세하였다. 미 클린턴 대통령이 1996년 2월 8일에 새 통신법에 서명하여 그것이 발효되자 이에 반대하는 사람들이 자신들의 홈페이지를 검게 만드는 온라인 시위를 벌이면서 시작되었다. 이 블랙 온라인 시위는 유권자통신감시단(VTW)이 주도하였는데 야후, 라이코스 등 유명 인터넷 검색엔진들도 1996년 2월 9일부터 48시간 홈페이지 화면을 까맣게 바꾸면서 여기에 동참하였다. 보수진영이 이를 방관할 리가 없었다. 그들은 '레드리본'을 사용하여 '블루리본'에 대항하였다. 이들은 인터넷에서 벌어지는 폭력, 성희롱, 음란물 전파를 차단하는 데 한 목소리를 내고 있는데, 이는 클린턴과 뷰캐넌 등 보수정치인과 몇몇 종교집단에 의해 주도되었다. 그러나 '사이버 자유'와 '사이버 검열'을 둘러싼 세계적 규모에서의 색의 전쟁은 결국 몇 개월 후 '푸른리본'의 승리로 막을 내렸다. 자유시민연대(ACLU)가 주축이 되어 클린턴이 통과시킨 연방정부의 결정에 대한 소송을 제기했고 이에 필라델피아 연방법원이 1996년 6월 12일 연방정부의 인터넷 음란물 불법화 및 처벌규정을 위헌이라고 판결하기에 이르렀기 때문이다.

'하얀리본'은 국제용이라기보다는 한국의 국내용이다. 경찰이, PC통신에서 국가질서를 어지럽힌다는 명목으로, 친북한 성향의 글들을 인터넷이나 통신에 올리는 사람들의 신상명세서를 PC통신사측에 요구하고 또 검열까지 하자 여기에 반대하는 여론이 들끓는 시기에 이 하얀리본이 나왔다. 하얀리본은 통신자유를 외치는 블루리본 운동을 본떠서 탄생한 것이다. 국내 PC통신은 그래픽보다는 문자 위주이기 때문에 리본에 파란색을 만들 수가 없어서 일단 삼각기호를 맞닿게 하여 리본모양을 만드는데 그 삼각형이 흰색이기 때문에 '하얀리본' 운동으로 명명되었다. 이 제안은 하이텔에서 처음으로 시작되었으나 국내 네티즌들의 광범위한 지지를 얻으면서 네트에서 네트로 급속히 확산되어 지금은 국내 어디서든지 쉽게 볼 수 있다. 또한 '검정 사각형'과 '창살무늬'는 전자주민카드 반대를 나타내는 뜻을 담고 있다. 이는 전자주민카드가 암흑의 카드라는 의미에서 사용되었다. 그림문자를 쓰기 힘든 사람은 창살무늬를 대용해서 사용한다. 이는 우리의 뜻을 시각적으로 알리는 것이다. 평화인권연대는 양심수 석방과 국가보안법 철폐를 위해 양심수 석방에 관련한 내용을 지닌 대문을 달 것, 글을 올릴 때 제목 앞에 '양심수 석방'이란 말머리를 달 것, 그리고 홈페이지마다 양심수 석방에 관한 인터넷용 그래픽 파일을 올릴 것을 요청하였다.

노동계급간의 단결과 투쟁의 확대

고립된 노동자들이 발전된 통신망을 이용하여 지역적인 한계를 넘어섰을 뿐 아니라 노동계급 내의 형태상의 차이를 극복할 수 있다. 자본은 성별, 인종별, 도시-농촌, 임금-비임금, 학생-선생 등의 차이를 차별화함으로써 노동간의 경쟁을 유발시켜 왔다. 이에 대해 노동계급은 전자통신망의 발전이 있기 전에도 노동계급 내의 여러 집단 사이를 다양한 방법으로 연결하여 연대감을 고취시키려는 노력을 기울여 왔다. 그러나 컴퓨터 통신 네트워크의 발전으로 이들간의 연결은 크게 확대되었다. 예를 들면, 1990년대 초 NAFTA(North American Free Trade Agreement)에 반대하기 위해 캐나다, 멕시코, 미국에서 통신망을 이용하여 노동계급의 다양한 집단 사이에 결집이 이루어졌다. 캐나다에서는 노동조합, 환경운동 단체, 여성 단체, 원주민 단체 등이 NAFTA를 반대하기 위해 전국적인 단결체인 'Action Canada Network'의 전신인 'Pro-Canada Network'를 만들었다. 멕시코에서는 100개 이상의 노동조합, 환경단체, 여성단체, 농민단체, 도시의 시민단체 등이 'Mexican fair-trade network'와 'Mexican Action Network on Free Trade'를 만들었다. 미국에서도 노동, 환경, 농민 단체들이 'Citizen's Trade Campaign'과 'Alliance for Responsible Trade'를 구축하였다.[23] 마찬가지로 치아빠스 농민반란에서 토착민 단체들은 여러 가지 인권 단체, 멕시코의 시민 단체들, 남미, 미국, 유럽, 세계의 다른 곳에 있는 여러 활동 단체들과 자신들을 연결하였다.[24]

---

23) Hunter, Allen (1995), "Globalization from Below? Promises and Perils of the New Internationalism," *Social Policy*, Summer, pp. 6~13.
24) Cleaver (1994).

　　노동계급간의 연대가 강화됨에 따라 하나의 특정 노동계급의 투쟁
이 전 세계적인 규모로 다른 형태의 노동계급의 투쟁에 불을 지핀다.
치아빠스 농민운동은, 멕시코 국내에 있는 많은 사람들이 동정과 도
움을 제공하고 서로 연대함에 따라, 중앙집권화되어 있고 부패한 멕
시코의 정치·경제 체제에 반대하는 민주화 운동으로 그 범위가 넓혀
졌다. 치아빠스 농민운동은 멕시코 국경 밖에서 전 세계의 자유를 위
한 투쟁에 참여한 모든 사람들에게 용기와 희망을 제공하였다.[25] 이
같은 투쟁의 물결이 다시 멕시코에 다다른다. 1996년 여름 42개국으
로부터 온 3천 명 이상의 사람들이 치아빠스에 모여 자본주의 정책에
대한 투쟁방법을 토의했다. 이 토의에서는 인터넷을 이용하여 여러
가지 분리된 투쟁을 연결하기 위한 경험과 아이디어를 교환하였다.[26]

　　노동계급이 연대투쟁으로 나아감에 따라 그것은 집단적인 힘의 발
전으로 승화된다. 투쟁과정에서 분리되어 있는 많은 개인들의 지식과
자원이 서로서로 연결됨으로써 그들은 부분의 합계보다 더 큰 집단적
인 자기발전으로 전환된다. 우리는 NAFTA에 반대하는 투쟁에서 그
예를 볼 수 있다. 다양한 집단들이 참여하는 반NAFTA 네트워크는
정규적으로 네트워크를 통해 모임을 갖는다. 그들은 전자통신을 이용
하여 국내외의 뉴스, 분석, 전략 등의 토론을 통해 의견교환을 갖는다.
이들 모임을 통해 그들은 NAFTA에 관해 나중에는 GATT에 관해
집단적으로 교육자료를 만든다. 그들은 또 비디오 테이프도 만들어
광고를 하기도 한다.[27] 치아빠스 농민반란에서는 집단적인 노동계급
활동의 예로 전자책인 *Zapatistas! Documents of the New Mexican*

---

25) Cleaver (1994).
26) 다음 웹사이트를 참조하라. (http://www.utexas.edu/ftp/student/nave).
27) Hunter (1995).

*Revolution*이란 책을 만들었는데 이는 인터넷으로부터 얻은 자료를 번역하는 구성원들이 서로 전자메일로 결합해서 만든 노동계급의 집단적인 노력의 결정체이다.[28] 최근에는 다른 노동계급의 집단들이 사빠띠스따에 관한 멀티미디어 콤팩트 디스크를 음악과 비디오를 혼합하여 만들어 인터넷상에 띄움으로써 이제는 사빠띠스따 투쟁에 관한 문자 자료뿐만 아니라 영상자료까지 구해 볼 수 있게 되었다.[29]

노동계급간의 연대는 노동계급의 집단적인 힘을 증대시키는 것에 그치는 것이 아니다. 네트워크를 통한 전 세계적인 규모의 투쟁에서 노동계급은 우의, 형제애를 통해 새로운 공동체를 형성하고 있다. 개인들은 공유의 원리에 의해 이끌리는 집단적이고 개성 존중적인 공동체를 형성한다. 자본은 이제까지 개인들간의 차이를 차별로 전환하여 노동계급을 분리시킴으로써 그 힘을 약화시키려는 노력을 멈추지 않았다. 그러나 네트워크를 통한 투쟁을 통해서 노동계급은 여러 집단들 간의 차이에 대한 존중과 대화를 고무했으며 이것은 우리들에게 커다란 정치적 힘을 주고 있다. 특히 전위적인 역할에 대한 사빠띠스따의 거부와 시민사회의 전 영역을 불러내기 위한 다층적 발의권은 문화적으로나 정치적으로나 교훈적이다. 이렇듯 네트워크를 통한 노동계급의 투쟁에서 노동계급의 자율성은 다시 한번 확인된다.

지식의 공유를 위한 투쟁

슘페터 추종자들은 노동자들로부터 지식을 뽑아내기 위해서 전자

---

28) Cleaver (1994).
29) Zapnet site (http://www.actlab.utexas.edu/~zaptistas/info.html).

기술을 사용할 것을 강조했다. 우리는 앞에서 노동계급이 자신의 지식을 자본의 이용대상을 넘어 자신의 창의성 개발에 혹은 직접적 투쟁에 이용하는 예를 살펴보았다. 여기서는 자본이 지식을 상품화하는 것에 대한 노동계급의 투쟁에 대해서 살펴보기로 하자.

지식이나 정보가 권력과 이윤의 새로운 도구로 각광을 받자 이를 전용할 목적으로 지적재산권(copy right)이 강화되는 추세에 있다. 노동계급은, 지적재산권이 정보나 지식을 독점하여 정보와 지식의 빈익빈 부익부 현상을 발생시키고 종전의 '남북문제'를 보다 심화시키며 노동의 분할을 강화한다고 인식하기 시작했다. 이렇게 되면서 지식이나 정보를 시장화함으로써 지식이나 정보 창출에 인센티브가 주어지고 이것이 다시 더 많은 지식과 정보를 창출함으로써 전 인류에 도움을 준다는 자본의 주장이 얼마나 터무니없는 주장인가 하는 것이 서서히 드러나기 시작했다. 예를 들어 마이크로소프트는 경쟁자의 제품을 훼손시키기 위해 자신들이 소유한 운영체제(MS 도스나 윈도우를 조작해 놓는다거나, 운영체제의 현재 기능과 미래 기능에 대한 정보를 누구에게는 주고 누구에게는 주지 않았으며, 꼭 필요한 제품에 자신들의 취약한 프로그램을 끼워 팔거나, 경쟁자의 상품을 소비자들이 구매하지 않도록 만들기 위해 있지도 않은 기능을 마치 있는 것처럼 발표하고(소위 '거품제품' Vaporware), 다른 기업들의 핵심적인 직원들을 빼앗아 오는 수법을 쓰고 있다. 결국 마이크로소프트는 스스로의 혁신을 통해서가 아니라, 다른 이들의 혁신을 방해하고 가로채면서 성장했으며, 이는 결국 공공의 이익을 훼손시키는 결과를 낳았다. 이에 노동계급은 지식이나 정보를 누구의 독점의 대상이나 사고 파는 대상으로 보기보다 모든 사람들이 자유롭게 공유해야 하는 인류의 유산으로 보고 지적재산권과 같이 이를 전용하려는 시도들에 대항하기 시작했다. 정보나 지식의 자유로운 공유를 통해 새로운 사회를 건설해야 한다는 논리에 입각하여 정보와 지식의 공유를 주장하는 반문화 집단의 목소리가 점차 높아가는 것은 이와 무관하지 않다. 특히 이같은 사상의 전파에 노력하는 '카피레프트(Copyleft)' 신봉자들은 정보와 지식을 전용하려는 자본의 의도를 뒤흔들어 놓는다.

　해커들은 컴퓨터 등장 초기에 보다 많은 사람들이 컴퓨터의 혜택을 누릴 수 있도록 노력한 로빈훗과 같은 존재였다는 사실이나, 개인용 컴퓨터 역시 이같은 해커들에 의해 처음 개발됐다는 기록들은 대부분의 컴퓨터 전문가들이 인정하는 바이다. 기존문화에 대한 거부, 새로운 기술의 수혜자가 권력기구나 지배집단으로 귀속되는 것에 대한 거부에서 우리는 해커의 발생동기를 찾아볼 수 있다. 해커들은 돈에 이끌리기보다 자신이 컴퓨터를 사용하면서 얻는 즐거움과 여러 사람들이 자신의 프로그램을 사용하는 것에 긍지를 느낄 뿐이며, 그것만으로도 충분한 대가를 받았다고 생각하는 집단인 것이다. 사람들이 쉽게 접근할 수 있는 기술을 만들고, 정보를 분산시키며, 이해하기 쉬운 프로그래밍 코드를 만드는 주역들이 바로 해커이다. 1950년대 MIT대학 '테크모델철도클럽(Tech Model Railroad Club)'이라는 학생들의 모임이 해커의 집단적인 시작이었다. 이들 집단은 소위 해커라고 하는 새로운 사회적 윤리를 만들어 내었다. 정보의 완전한 개방과 공유라고 하는 불문율의 문화를 만들어낸 것이다. 그들의 주장은 다음과 같은 6개항의 해커의 윤리로 정착되었다. 1) 컴퓨터에 대한 접근은 누구에 의해서도 방해받아서는 안 되며 완전한 자유를 보장받아야 한다. 2) 모든 정보는 개방되어야 하고 공유되어야 한다. 3) 권력을 믿지 말라(정보를 분산시켜야 한다). 4) 해커들은 자신의 해킹에 의해서만 평가받아야 하며 연령이나 지위, 재산 같은 주관적인 판단기준에 의해

재단되어서는 안 된다. 5) 컴퓨터를 통해 예술과 아름다움을 창조할 수 있다. 6) 컴퓨터는 모든 생활을 보다 나은 방향으로 변화시킬 수 있다.30)

이같은 해커들의 사상은 단순한 정보공유의 영역을 넘어서 자본과 국가의 통제와 이윤에 대한 투쟁의 사상적 기반이 되었다. 이들의 사상은 사회적 영역으로 확대되었다. 미국 정부는 베트남 참전 비용을 마련하기 위해 전화사용료에 세금을 별도로 부과하는 특별세법을 의회에서 통과시켰는데, 과학기술 분야 저항세력들은 이에 반발해 전화세 납부거부운동을 조직적으로 펼치게 되었고, 이것은 전화세 납부거부가 곧 반전운동에 동참하는 것이란 인식을 사회적으로 확산시켰다. 1971년 반전을 슬로건으로 결성된 '국제청년파티라인(YIPL : Youth International Party Line)'이라는 청년과학동맹은 기관지 창간호를 통해 "전화세를 내는 것은 죄 없는 여성이나 아이들에 대한 살육 행위를 지지하는 것이나 다름없다"고 주장하며, 프리크(Phreak)라는 공짜 전화사용법의 대중적 확산에 나섰다.

많은 사람들이 해커들이 만든 컴퓨터 프로그램들을 사용하게 되어 이를 통한 이윤의 가능성이 높아지게 되자 점차 많은 기업들이 이 컴퓨터 프로그램들을 상품화하는데 관심을 갖게 되었다. 엄청난 규모의 기업체들이 소프트웨어 산업에 진출해 지식을 독점화하는 시장쟁탈전을 펼치기 시작했다. 그러나 이러한 상황을 반전시키려는 새로운 집단이 나타나기 시작했다. 프리웨어, 셰어웨어 등의 이름으로 상용제

---

30) 정보와 지식의 공유에 대한 해커들의 투쟁에 대한 설명은 다음 책에서 많이 인용하였다. 김강호 (1997), 『해커를 해킹한다』, 개마고원.

품에 버금가는 프리(free) 소프트웨어를 개발하여 인터넷이나 자국의 PC통신망을 통해 배포하는 사이버 아나키스트들이 출현한 것이다. 이들은 자본에 의한 지식의 시장화에 대항하는 운동을 조직적으로 펼치기 시작했다. 지식의 독점을 허용하는 카피라이트(copyright, 저작권)의 상반된 개념으로 카피라이트(copyright, 저작권)를 주장하는 이들은 자신들이 개발한 프로그램을 누구나 사용할 수 있도록 하자는 리차드 스톨만(Richard Stallman)의 프리 소프트웨어 정신(GNU 선언문)을 계승해야 한다고 주장한다. 이들은 또 자신들이 만든 프로그램 사용자들에게 지적재산의 결과로서가 아니라, 새로운 프로그램 개발에 도움을 줄 수 있을 정도의 회비를 개발자에게 보낼 것을 제안하기도 한다. GNU가 표방하는 공개 소프트웨어는 '공짜'로 배포되어야 한다는 것을 의미하는 것은 아니다. 여기서 '공개(free)'란 비용이 아니라 자유를 의미한다. 즉, 소프트웨어의 사용, 배포, 수정에 있어서의 자유를 의미한다. 누구나 개발에 참여할 수 있고, 누구나 자유롭게 이를 이용하며, 불편한 점을 서로 알리고 새로운 의견을 제기할 의무를 사용자들이 공동으로 지자는 것이다.

자유소프트웨어재단(FSF : Free Software Foundation)은 '소프트웨어의 자유'를 부르짖는 사람들의 사이버스페이스 해방기지이다. 인간은 누구든지 더 좋은 프로그램을 누릴 권리가 있는 것이지 자신의 재산정도에 따라 프로그램 확보에 제한을 받는 불행한 사태가 벌어져서는 안 된다는 것이 이들의 주장이다. 그래서 이들은 국가기관과 각 기업들이 주장하는 소프트웨어 저작권에 대항하여 싸운다. 사상적 모토는 바로 GNU(GNU is Not Unix) 정신이다. 이는 인터넷의 기본 운영환경인 Unix에서 무료로 사용할 수 있는 프로그램들을 개발한다는 의미이다. 한 걸음 더 나아가 각종 컴퓨터 소프트웨어를 사용하고 복사하고 수정하고 재배포하는 과정에서 벌어지는 기업체들의 규제를 제거하는 것을 목표로 하고 있다. GNU의 출발은 1985년으로 거슬러 올라간다. GNU는 MIT 인공 지능연구소의 연구원으로 일했던 리처드 스톨만을 중심으로 펼쳐진 운동이다. 그는 문서 편집기 EMACS(프로그래머들이 작업을 하기 위한 가장 필수적인 도구)의 개발자로서 그가 심볼릭스사와 벌인 한판 승부는 유명하다. GNU 정신으로 탄생한 프로그램은 새로운 운영체제로 각광받고 있는 리눅스, 유닉스용 편집기인 EMACS, 포스트 스트립트 파일을 볼 수 있는 고스트뷰, 압축 프로그램인 gzip 등이 있다. 인터넷으로 접속해서 어느 때라도 무료로 갖고 갈 수 있는 프로그램들이다. GNU 정신으로 가장 활짝 핀 성과물로는 리눅스의 사례를 들 수 있다. 리눅스는 핀랜드의 라이너스 토발즈(Linus Torvalds)가 혼자 힘으로 개발하여 1991년도에 0.01버전으로 시작할 만큼 변변치 못했다. 나중에 리눅스가 GNU에 동참하면서 자신의 프로그램 완성을 호소하고 여기에 지구촌 네티즌 자원봉사자들의 힘이 합쳐져서 1994년 3월 1일 드디어 유닉스에 버금갈 리눅스 1.0버전을 발표하게 된 것이다. 현재 리눅스는 윈도우 98에 대항하는 컴퓨터 운영 프로그램들 중에서 세계적으로 가장 많이 사용되는 프로그램 중의 하나가 되었다.31) 이러한 현상은 무엇보다도 지적재산권의 보호 없이는 프로그램의 개발이 중단되거나 늦추어질 것이라는 주장(지적재산권 강화의 경제적 논리)에 대한 실증적 반증이라는 점에서 큰 시사점을 제공한다. 뿐만 아니라 이전에는 이러한 자유 소프트웨어들이 상업성을 갖지 못하거나 부분적으로 소수에 의해 개발되고 이용되었던 것에 비해 이제는 세계적인 독점 기업인 마이크로소

---

31) 리눅스에 관한 웹사이트는 다음을 참조하라. (http://expo.kornet.nm.kr/net/site/site063/s0630h10.html)와 (ftp://prep.ai.mit.edu/pub/gnu/GNU info/GnuManifesto)

프트사의 대안으로까지 성장했다는 점에서 그 추이를 지켜볼 필요가 있다.

카피레프트 운동은 한국에서도 다양한 형태로 나타났다. 개인용 컴퓨터가 본격적으로 보급되기 직전인 1980년대 말에 등장한 해커공동체 초기의 프로그램으로는 '엠팔'의 회원 묵현상이 개발한 '엠팔의 반란'에서 찾을 수 있다. 그는, 당시 국내에서 고가에 판매되어 온 PC용 통신용 소프트웨어(에뮬레이터)를 독자적으로 개발, 누구나 대가 없이 사용할 수 있는 세어웨어 형태로 공개한 것이다. 최초의 한글 통신용 공개소프트웨어로 기록될 이 프로그램은 당시 국내에서 생산된 대부분의 컴퓨터에서 사용할 수 있었다. 엠팔에서는 이와 함께 '파말마'(장석원), '메아리'(전영욱), '메디콤'(유승룡) 등의 에뮬레이터를 잇달아 개발하여 해커 1세대 집단의 명실상부한 결과물을 보여줬다. 90년대 중반에 접어들면서 젊은 네티즌들의 모임인 정보연대 '싱(SING)'은 국내 비영리기구들의 연대, 사이버 공간의 정보공유, 정보의 상품화 반대, 전자기술을 이용한 프라이버시 침해에 대한 공동대처 등을 주장하며 사이버 공간의 새로운 단체로 모습을 드러내고 있다.

해커들은 보다 적극적인 방법으로 지식의 시장화에 맞서기도 한다. 해커들은 마이크로소프트나 애플, 모토롤라 같은 컴퓨터 회사 전산망에 들어가 아직 시판도 되지 않는 프로그램을 빼온다. 그리고는 인터넷을 이용해 이를 전 세계에 퍼뜨린다. 경우에 따라서 해커들은 복사방지 장치가 되어 있는 상업용 게임 프로그램의 보안 장치를 해체해서 다른 사람들에게 퍼뜨린다. 복사장치를 해체한 프로그램을 직접 통신망에 올려놓아 마음대로 복사해 가도록 놓아두거나 아니면 복사방지장치를 해체할 수 있는 비법을 공개한다. 해커들의 복제잠금장치

(Protector Rock) 파괴는 상업화된 컴퓨터산업 시대에 노동계급 투쟁의 새로운 내용으로 떠올랐다. 복제를 막기 위해 대부분의 소프트웨어 업체들은 잠금 장치를 부착했었다. 개인용 컴퓨터 시장이 폭발적인 성장을 보일 무렵, '에버락', '코드세이프', '코드트랙' 등의 기법을 사용하여 기업은 복제에 대응했었다. 또한 '시한폭탄'을 이용해 일정한 사용기한이 지나면 프로그램의 작동이 중단되도록 하기도 했다. 소프트웨어가 상용화되면서 나타난 잠금 장치를 해체하기 위한 해커들의 노력은 더 커져 갔다. 해커들은 하나의 프로그램이나 하나의 전산망을 해킹하는 것에 머물지 않는다. 해커들은 사회의 창조적인 에너지를 지적소유권과 같은 권리 채널을 통해서만 개발하고 표현하게 하는 현재의 사회구성 원리까지 해킹한다. 오늘날 존재하는 가장 거대한 시스템, 사적 소유와 시장을 통한 경제 운영이라는 자본주의의 구성원칙 자체를 해킹하는 것이다. 그들이 해킹하고 있는 것은 금전적인 대가를 통해서만 자신의 창조적인 노동을 행하려고 하는 이 시대의 사회체제이다.

지식의 공유를 위한 투쟁 속에서 사이버스페이스의 신인류인 '사이버펑크(Cyberfunk)'[32]족이 고개를 들고 있다. 어느 누구도 지배권을 가질 수 없는 인터넷이라는 사이버 공간을 풍요로운 정보 보고로 만드는 주체들이 바로 이들이다. 각종 네트워크에서 자신의 경험담과 정보시스템에 대한 자신의 지식을 대가 없이 네티즌들에게 제공하고 있는 이들은 새로운 사이버 공간만이 엮어 낼 수 있는 공유문화의 산물인 것이다. 반전운동을 주도했던 1960년대의 히피와는 달리, 1990년

---

32) 사이버네틱스(cybernetics, 인공두뇌학)와 펑크(funk, 반항아)의 합성어인 사이버펑크는 자본주의 문화에 대응하는 반문화를 상징하는 신조어이다.

대 이후 자기 방에서 컴퓨터가 만들어 내는 사이버스페이스를 무대로 새로운 사회를 구축하려는 새로운 세대가 바로 이들이다. 존재의 의미와 가치를 네트워크에 부여하고 있는 이들은 이전에 볼 수 없었던 새로운 질서와 윤리를 추구하며, 사이버 세계의 주력계층으로 자리잡고 있다. 기존의 질서를 전면 거부하는 사이버펑크는 지금까지 찾아볼 수 없었던 자유롭고 평등한 사회를 추구하고 있다. 이들은 누구나 자신의 의지대로 지식과 정보를 제공하고 또 이러한 지식과 정보를 자기방식대로 소화하면서 살아갈 수 있음을 세상에 보여준다.

2. '새로운 경영방법과 조직구조'와 노동계급의 정치적 재구성

새로운 경영방법이나 조직구조를 도입하려는 자본의 시도에 맞서 노동자들은 상당한 투쟁을 벌려왔다. 상당수의 노동조합에서는 이미 1970년대 무렵부터 신기술의 도입으로 인한 생산구조의 개편에서 발생하는 폐해를 규제하기 위한 '신기술협정(New Technology Agreements)'의 체결을 요구함으로써 기술의 이용방식에 대한 사회적 감시와 통제를 시도하고 있다. 또한 일부 스칸디나비아 국가들 중에서는 노동조합이 신기술의 사후적 규제, 즉 신기술의 도입으로 인해 생긴 폐해에 대한 규제뿐만 아니라 사전적 규제, 즉 기술의 설계과정에 공동으로 참여함으로써 신기술이 노동자에게 미치는 부정적 효과를 미리 제거하고자 하는 활동도 활발히 벌이고 있다. 더욱이 노동자들은, 새로운 경영방법에서 많이 사용되고 있는 성과급 임금제를, 보다 높은 임금과 각종 혜택을 요구할 때 무기로 사용하기도 한다. 노동자들은 회사가 지불하지 않은 것은 일하지 않는다. 특히 회사와 임금교섭을 할 때 그들은 자신들의 기술적 지식이나 기술을 숨기거나 과장한다.

자신들에 관한 정보를 통제함으로써 그들은 자신들의 생산량에 대해 어느 정도 통제력을 가지며 노동강도를 줄일 수 있다. 포드주의 대량 생산 체제에서 육체 노동자들도 가끔 이같이 행동했으나 후기 포드주의에서 이 관습은 새로운 형태로 계속되고 있다.[33]

　　새로운 경영방법과 조직구성에 대한 노동자들의 집단적인 투쟁도 꾸준히 있어 왔다. 대표적인 예는 1996년 미국의 '합동 소화물 서비스(United Parcel Service : UPS)' 사의 노동자 185,000명이 2주일간에 걸쳐 벌인 파업이다.[34] 이 회사는 이른바 새로운 경영기법을 도입해 소화물 배달시장의 80퍼센트를 점유하기에 이르렀다. 그래서 이 회사는 서비스산업 분야에서 고효율과 고생산성을 이룩한 자본에게는 모범사례가 되었다. 이러한 경영성과의 비밀은, 그 기업의 직원들 가운데 '시간제 노동자(part-timer)'가 차지하는 비율이 42퍼센트에서 60퍼센트로 늘어났고, 이들의 시간당 임금이 전일 노동자(19.91달러)의 절반(9.65달러) 정도에 불과했다는 데에 있다. 게다가 이 회사는 시간제 노동자들을 이렇게 낮은 임금으로 한나절만 근무하게 하는 것이 아니라 온종일 근무하도록 했다. 때로는 주당 50시간까지 근무시키기도 했다. 회사측은 또 짐 꾸러미를 꾸리는 경비를 절감하고자 했다. 종래에는 32킬로그램의 화물까지만 운전사가 직접 날라주던 것을 68킬로그램 중량의 화물까지 운전사가 직접 날라주도록 규정을 변경했던 것

---

33) 인간성을 옹호하고 신자유주의에 반대하는 운동(fHUMAN : for Humanity and Against Neoliberalism) 런던 위원회 (1997), "'유연화-착취'와 노동자의 저항," 『신자유주의와 세계민중운동』, 전태일을 따르는 민주노조운동연구소 편역, 한울, 1998, pp. 235~74.
34) 이 투쟁에 관한 설명 중 많은 부분을 아래 책에서 인용하였다. 릭크 판타지아 (1997), "미국 화물트럭 노동자들의 눈부신 승리," 『신자유주의와 세계민중운동』, 전태일을 따르는 민주노조운동연구소 편역, 한울, 1998, pp. 223~74.

이다. 나아가 이 회사는 산별노조인 '트럭운전사 노동조합'이 관리하던 직원들의 퇴직연금 운영권을 빼앗아, 그것을 기업연금제로 전환시켜 자신들이 관장하려고 기도했다. 시간당 20달러를 받는 노동자들이 그 절반밖에 받지 못하는 동료 노동자들을 위해 기꺼이 파업투쟁에 나섰다. '합동 소화물 서비스' 사의 직원 185,000명 가운데 95퍼센트 이상이 파업에 참여하였다. 노동조합의 전국 연합체인 '미국 노동 총연맹-산업별 회의(AFL-CIO : American Federation of Labor and Congress of Industrial Organizations)' 역시 거의 전설로 굳어지다시피 한 자신의 소극성을 벗어 던지고서 화물 트럭 노동자들의 파업투쟁을 지원하기 위해 모든 직종의 노동자들을 총동원했다. 노동조합이 이렇게 참여하게 된 이유는 이전의 어용 지도부에 대한 일반 노조원들의 투쟁의 결과이다. 연대는 그 전례를 찾아보기 힘들 정도로 잘 이루어졌다. '트럭운전사 노동조합' 본부로 기부금이나 대부금 조로 매주 1천만 달러의 거금이 답지했다. 또 각 노조들은 '합동 소화물 서비스'사 노동자들의 피켓팅을 지원하기 위해서 자기 조합원들을 동원하겠다는 의향을 다투어 전해 왔다. 파업의 결과는 노동자측의 거의 완전한 승리였다. 회사측은 시간제 일자리 1만 개를 전일제 일자리로 즉시 전환하기로 했다. 또한 연금기금에 대한 사용자측의 기여금을 더욱 증대시키기로 했다. 이것만이 아니다. 모든 직원들의 급여가 인상되었다. 또 전일 노동자와 시간 노동자 사이의 임금 격차도 줄어들게 되었다. 나아가 운전사가 운반할 짐 꾸러미 중량의 최대치에 대해서도 노동조합과의 교섭을 통해 결정되도록 하였다.

　자본의 새로운 경영방법과 조직구조에 직면한 오늘날의 노동자들도 이전의 노동자들처럼 보다 적은 일(자본을 위한 보다 적은 지식투입을 포함), 보다 많은 임금, 보다 많은 보상을 위해 투쟁한다. 노동자들은 개별화된 작업장소와 컴퓨터를 자본을 위한 지식의 생산이 아니라 오락이나 흥미만족을 위해 혹은 개인적인 능력의 함양을 위해 사용한다. 업무시간 중에 노동자들(연구소의 연구자들이나 대학의 학생들을 포함하여)은 '테트리스(Tetris)'나 '둠(Doom)'이란 게임을 한다든지, '플레이보이(Playboy)', '스포츠존(Sportzone)', 'ESPN' 등의 인터넷 웹사이트에 연결하기도 하며, 다양한 'MUDs(Multi-User Dungeons)'에 참여하기도 하고, 'Internet Relay Chat Rooms'에 참여하기도 한다. 노동자들은 업무시간에 다양한 토론이나 포럼에 참여하여 지적인 강의에 참석하고, 의견을 교환하고, 감정적인 도움을 나누고, 계획을 수립하고, 머리를 상쾌하게 하며, 잡담도 나누고, 사랑에도 빠지고, 친구 사귀기도 하고, 게임도 즐기고, 개인의 취미를 살리기도 한다. 이것 이외에도 노동자들은 개인적인 용무의 전자메일을 주고받고, 인터넷으로부터 그림도 받으며, 자신의 자금의 흐름을 계산도 하고, 다른 직장을 알아보기도 하며, 업무와 상관이 없는 다양한 활동을 하기도 한다. 또한 노동자들은 전자메일이나 PC통신을 이용하여 직장에서 일하는 체하는 여러 가지 방법을 다른 사람들에게 알려 주기도 한다. 만화가인 스콧트(Scott Adams)는 전자우편을 통해 다양한 노동자들로부터 그들이 직장에서 일하는 체하는 방법을 듣고 그 내용을 만화책으로 내기도 하였다. 무엇을 하는 것처럼 기다리기, 업무를 자주 바꾸기, 업무가 과다하다고 불평하기, 될 수 있는 한 전화를 받지 않기, 책상 위를 항상 지저분하게 하기 등등의 방법을 만화로 만들었다.[35] 노동자들은 기업주의 눈을 피해 회사의 전자메일 시스템을 노동조합 사무용으로 이용하기도 하였다. 미시간 주립대학에서 '사무기술노조(CTU)'

---

35) Adams, Scott (1996), *The Dilbert Principle: A Cubicle's-Eye View of Bosses, Meetings, Management Fads & Other Workplace Afflictions*, HarperBusiness.

는 기존의 대학 네트워크를 이용하여 지역 노동조합 게시판을 만들었다.36) 이들은 전자메일을 널리 사용해온 덕분에 이러한 기술에 친숙한 사람들이다.

새로운 경영방법의 하나로 많은 회사들은 제안함(提案函)과 같은 것을 통해 창의적인 제안이나 불만 사항 같은 것을 수집한다. 노동자들은 이것을 도리어 회사에 불만을 토로하는 도구로 사용한다. IBM의 경우 제안함을 컴퓨터 통신망에 설치하였다. 물론 다른 제안함처럼 익명성이 보장된 것이었다. 노동자들은 자신의 작업 부서를 떠나거나 제안함까지 가는 것을 다른 사람에게 보이지 않고서도 생각이 떠오르는 즉시 그것을 전달할 수 있었다. 뿐만 아니라 그러한 제안들은 즉시 다른 동료들에게 회람될 수 있었다. 그런데 실내 벽지의 색깔을 바꿔달라는 식의 단순한 제안 대신에 회사정책에 관하여 욕설을 퍼붓고 비아냥거리는 식의 거칠고 성난 비판이 제기되었다. 경영진들은 자신들이 생각해 낸 컴퓨터 제안함이라는 결정과 받아들이기 곤란한 요구 사이에서 딜레마를 겪을 수밖에 없었다. 더욱 곤혹스러운 것은 비판자들을 전혀 확인할 수 없다는 것이었으며 컴퓨터가 지껄여대는 것을 막을 수 없다는 데 있었다.37)

오늘날 노동자들은 단순히 자본의 새로운 경영방식에 저항하는 것을 넘어선다. 노동자들은 보다 적은 노동과 보다 많은 금전을 위한 투쟁에서 얻은 자신의 시간, 지식, 각종 혜택, 임금을 이용하여 인터넷상에 자신만의 공간인 홈페이지를 만들고, 파업에 참여하기도 하고, 각

---

36) 에릭 리 (1998), 『노동운동과 인터넷』, 국제연대정책정보센터 옮김, 한울, p. 134.
37) 송재희 · 신동윤 · 박영주 (1995), 『정보사회가 오면 난 어떻게 되지?』, 지식공작소.

종 회의에 참여하며, 다른 노동투쟁에 대한 전략을 생각해서 그들에게 보내기도 하고, 파업을 위한 기금에 헌금하기도 한다. 그들은 또한 교육이나 훈련을 통해 배운 지식을 자본을 위한 지적 생산에 사용하는 것을 넘어 개인의 역량을 높이는 수단으로 사용하며 더 나아가 그것을 투쟁의 수단으로 전환한다. 노동자들이 기업의 의사결정에 참여할 것을 권고하는 새로운 경영방법의 도입으로 노동자들이 의사결정 과정에 참여하게 되자 노동자들은 의사결정에 참여하여 얻은 정보를 이용하여 도리어 자본을 공격하기도 한다.

노동자들은 자신들이 속한 기업에 대항해서 개인적인 투쟁을 하고, 개인적인 힘의 함양에만 신경을 쓰는 것이 아니다. 노동자들은 서로 단결하여 새로운 경영방법에 대항하고 또 그것을 넘어서려는 보다 공개적인 각종 대규모 투쟁에 적극적으로 참여한다. 이를 위해 오늘날 다양한 네트워크가 노동자들의 투쟁에 사용된다. 전자메일은 노동자들이 투쟁을 알리고, 투쟁에 필요한 도움을 청하고, 대규모 시위나 파업을 동원하는 데 많이 이용되고 있다. 그리고 개별 노동자들이나 노동단체들은 생산과정에서의 일어나는 안전문제, 작업규율, 인권문제 등을 취급하는 전자게시판이나 홈페이지를 만들어 최신의 정확한 정보를 제공하기도 한다. 나아가 이들을 연결하는 대규모 네트워크가 대두되었다. 미국의 LaborNet, 카나다의 SoliNet, 영국의 LabourNet 과 같은, 노동자를 위해 구축된 매우 큰 네트워크들이 바로 그것이다. 미국을 중심으로 구성된 LaborNet은 250여 개에 달하는 미국 내의 연맹노조와 국제노동단체 그리고 각국의 연맹노조를 서로 연결하고 있다. 영국의 경우 LabourNet을 통해 각국의 주요 투쟁소식을 지속적으로 전파하고 국제연대투쟁을 적극적으로 호소하고 있으며, 캐나다 공공노조는 SoliNet이라는 자체의 네트워크를 만들어 2,200여 지역 400

만 명 조합원을 네트워크로 연결하고 있다. 이 외에도 남아프리카 공화국, 과테말라, 에콰도르, 러시아, 뉴질랜드, 호주 등 수십 개국에 노동네트워크가 구성되어 활발한 활동을 전개하고 있다. 이제 한국에서도 노동자 커뮤니케이션의 활성화와 지속적인 토론을 통하여 노동운동의 민주적 발전을 이루며, 노동정보의 자유로운 교류와 소통을 바탕으로 조직적인 성장을 꾀하기 위하여 노동운동 진영의 공동체 네트워크 건설(한국노동네트워크)이 추진되고 있다. 1995년 한국통신 투쟁에서 CUG를 유용하게 사용한 경험과 1996년말 노동법과 안기부법 날치기 통과에 맞선 전국 노동자들의 총파업투쟁에서 PC통신을 이용한 총파업 통신지원 활동 경험을 지렛대로 하여 노동조합운동에도 CUG 붐이 일기 시작했다. 1995년 5월 나우누리에 전교조 CUG가 만들어진 것에 이어서 전지협(현 민철노련)과 금속연맹이 CUG를 만들게 되고, 1996년 9월과 12월에는 민주노총 CUG와 한국노총 CUG가 각각 만들어지게 되었다. 특히 '97 서울 국제노동미디어 행사로 노동네트워크의 필요성이 널리 인식되기 시작하였다. 이같은 한국노동네트워크추진 준비모임에 노동정보화사업단, 한국노동이론정책연구소, 한국노동정책정보센터, 정보연대 SING 등 LaborMedia '97 행사를 공동 주관했던 단체들과 민주노총, 한국노총 등 양대 노총이 참여하고 있고, 앞으로도 참여단체를 계속 확대해 나갈 예정이다. 이렇게 해서 구축된 진보네트워크센터는 회원 네트워크로 '노동네트워크(LaborNet)' 이외에도 '환경(EcoNet)', '여성(WomenNet)', '청년/학생(YouthNet)', '정치/사회(SocialNet)', '인권(Human Right)', '보건의료(Health)', 등 다양한 사회운동의 네트워크가 건설될 수 있도록 지원할 계획이다.[38]

---

38) 진보네트워크의 웹사이트는 (http://www.jinbo.net)이다.

　이같은 컴퓨터 통신 네트워크를 통해서 노동자들은 전 세계적인 수
준에서 다른 사람들로부터 전략이나 아이디어를 얻을 수 있다. 그래
서 문제해결과 분쟁해결에 유용한 법적 처리과정에 대한 정보를 서로
서로 교환할 수 있다. 노동자는 이 수집된 데이터들을 기업과의 임금
협상에서 보조수단으로 사용하며 노동자가 경제적 재정적 데이터를
가지고 고용주를 반박하거나 자신들의 입지를 튼튼히 하는 데 사용한
다. 어떤 경우는 해당기업의 최신정보를 수집하기도 하는데, 최신의
정보는 국제적으로도 중요하다. 이들 정보들은 특히 다국적 기업과의
임금협상에서 매우 유용하다. 예를 들어 말레이지아에 있는 노동자들
은 벨기에의 브뤼셀에 있는 '유럽화학노동자연맹(Europian Chemical
Workers Union)'이 보유하고 있는 데이터 덕분에 유해한 화학물질의
유출에 따른 안전 절차에 대한 정보를 얻을 수 있었다. 이들 정보 덕
분에 노동자들은 회사에 보다 안전한 작업장을 요구할 수 있었다.[39]
노동자들의 직장에서의 투쟁이 컴퓨터 통신 네트워크를 통해 세계의
다른 곳으로부터 도움을 받은 다른 예도 있다. 1993년 11월 멕시코 후
아레스에 있는 General Electric(GE)에 고용된 11명의 노동자와 치와
와에 있는 '하니웰(Honeywell)' 사에 고용된 20명의 노동자가 노동조
합을 조성한다는 이유로 부당 해고된 것에 대응하여 미국의 전기, 라
디오, 기계연합 노동단체가 해고 노동자들의 복귀를 주장하는 단결된
캠페인을 벌렸다. 이들 노동단체들은 미국, 캐나다, 멕시코에 있는 작
업장에 노동자들의 해고 사실을 알리고 다른 노동자들의 도움을 구하
였다. 그들은 편지 보내기 운동과 기금조성을 국경을 넘어서 조직하
였다. 또 이들은 해고된 노동자들 중에서 3명을 뽑아 GE와 하니웰 사

---

39) Drew, Jesse (1995a), "Cross-Border Labor Organization and New Communication
　　Technologies," Manuscript.

가 노동조합의 결성을 방해함으로써 NAFTA협정을 위반했다는 사실
을 알리기 위해 10일 동안 미국의 13개 도시를 순방하게 했다.[40]

한 공장에서의 노동자들의 투쟁이 컴퓨터 통신 네트워크를 통해 여
성운동, 환경운동, 학생운동, 소수민운동, 농민운동, 인권운동과 같은
다른 종류의 사회적 투쟁과 연결된다. 원래는 주로 경제적인 임금협
상 문제에 한정되었던 노사간의 갈등이, 자본의 세계화로 인해, 이제
는 민주화, 인권, 환경보호와 같은 보다 큰 사회문제를 포함하는 것으
로 확대되었다. 그러므로 새로운 노동자들의 네트워크에서는 공장에
서의 노동투쟁이 반전, 환경, 인종차별, 성차별, 인권 등의 문제와 연
결되어 있다. 예를 들면 멕시코의 국경지역에 있는 공단에서의 노동
자들의 투쟁에서 노동조합은, 'Janitors for Justice', 'La Mujer Obrera',
'the United Farm Workers', 'the Black Workers for Justice', 'the
Asian Immigrant Workers Association', 'the Toronto Homeworkers
Association' 등과 같은, 전통적으로 노동조합의 형태가 아닌 다양한
사회단체와 상호 협조하였다.[41]

이와 같이 오늘날 공장에서의 노동투쟁은 과거와 다른 성격을 지니
고 있다. 전통적인 공식적 노동조합에서는 조합원들이 조직 내에서
자기의 의사를 충분히 개진할 수 있는 여건이 상대적으로 적었다. 그
뿐 아니라 전통적인 공식적 노동조합은 기업주 및 정부와 대타협을
유지해 임금인상과 생산성의 상승을 연계시켰었다.[42] 공식적인 노동

---

40) Brenner, Joseph E. (1994), "International Labor Communication by Computer
    Network: The United States, Mexico and NAFTA," Manuscript, p. 12.
41) Drew (1995a), p. 14.
42) Drew (1995a), p. 6.

조합은 노사간의 평화를 유지하는 대가로 얼마간의 보조를 얻게 되고
정부와 회사간의 공존을 영위할 수 있었다.43) 그러나 공식적인 노동
조합이 조합원들의 의사를 충분히 반영하지 못하게 되자 독립적인 노
동조합 혹은 노동조합 개혁운동이 대두하게 되었다. 노동활동가들은
부패하고 나태한 노동조합의 지도자들을 거부하고 노동자들의 지지
를 얻을 수 있는 새로운 노동조직을 만들려고 했다. 예를 들면 '아메리
카 항공사(American Airlines)' 조종사들의 공식적 노동조합인 Allied
Pilots Association(APA)에 동의하지 않는 조종사들은 그들 자신들을
위한 조직인 APA Pilots Defending the Profession(APAPDP)을 만
들었다. 이 조종사들은 APA 협상타결 위원회가 직업안정, 임금, 작업
환경을 대가로 생산성의 양보를 회사와 합의했으며 이 협상과정에서
APA는 회원들에게 지방 항공기 운항에 관한 상세한 정보를 제공하
지 않았다고 주장했다. 이들은, 지방에 항공기를 운항하게 되면 이 다
음의 협상에서부터 조종사들이 불리한 위치에 놓이게 될 것이고 회사
는 더욱더 비용을 절감하게 될 것이며 노동자의 실질임금은 계속 떨
어질 것이라고 주장했다.44) 자본에 타협적인 기존의 노동조합에 반기
를 든 것이다.

이같은 새로운 형태의 노동조직의 중심에는 모든 노동자들이 정보
를 공유하고, 의견을 교환하고, 새로운 연대와 우정을 쌓아가게 하는
컴퓨터 통신 네트워크가 존재한다. 전자메일이나 PC통신을 통한 토

---

43) Sims, Beth (1992), *Workers of the World Undermined: American Labor's Role in
   US Foreign Policy*, Boston: South End Press, pp. 4~6.
44) 이들 두 개의 홈페이지를 비교하면 잘 구분이 된다. 공식적인 노동조합의 홈페이지
   는 (http://www.alliedpilots.org)이고 이에 대항하는 비공식 노동조합의 홈페이지는
   (http://www.apapdp.org)이다.

론을 점차 많이 사용함으로써 노동자들의 조직이 종래의 수직적이고
관료적인 조직구조와 운영에서 수평적이고 민주적인 구조와 운영으
로 바뀌게 되었다. 유럽노조의 경우는 미리 노조위원장과 만날 예약
을 해 놓아도 쉽사리 만날 수 없다고 한다. 그리고 미국의 AFL-CIO
에서는 1995년 처음으로 자유경선으로 노조위원장을 뽑았다고 할 정
도이다. 이러한 관료주의는 거대 단체의 수직구조의 특성에서 비롯된
것으로 볼 수 있다.45) 모든 노동자들은 종래의 노동조직에서 지도자
들만 알던 정보를 이제는 모두가 알게 되었다. 그래서 컴퓨터 통신 네
트워크로 조직된 노동조직은 좀더 공개적이고 그 절차가 좀더 민주적
으로 변화되었다. 노동자들이 점차 네트워크로 연결됨으로써 컴퓨터
혁명은 노동조합을 완전히 변화시켰다.46) 공식적인 노동조합도 물론
컴퓨터 통신 네트워크를 이용하여 회원들에게 정보를 주기도 한다.
하지만 그것은 주로 폐쇄된 형태를 띠며 전통적인 권위적 색채가 가
미되어 있다.47) 공식적인 노동조합의 네트워크는 주로 노조의 집행자
들을 중심으로 사용되고 있으나 새로운 노동 네트워크는 가끔 노동조
합 대표자들과 의견이 맞지 않는 일반 노동자들에 의해 주로 사용된
다. 이제는 조합원이라면 누구든지 추종자가 아니라 지도자로서 행동
한다. 공식적인 노동조합과 새로운 노동조직 간의 홈페이지를 비교해
보면 이들 사이의 차이가 보다 극명하게 드러난다. 예를 들면, 공식적
인 APA도 자신들의 홈페이지를 갖고 있다. 이 홈페이지는 대부분
APA의 협상위원회의 의견이나 보고서로 가득 차 있다. 이 홈페이지

---

45) 김영식, "정보화사회의 변화와 대응." 『동향과 전망』, 1997년 봄호, pp. 30~51.

46) Schaaf, Allen (1996), "Unions, the Rank and File, and the Internet," in the web
    site (http://www.december.com/cmc/mag/1996/nov/schaaf.html).

47) Schmeiser, Lisa (1996), "How the Web Industry is Working Its Way out of a
    Golden Age," in the web site (http://www.december.com/cmc/mag/1996/nov/schm
    eis.html).

를 이용하여 APA는 APA가 무엇을 했는지, 무엇을 할 것인지, 그들의 상대방은 무엇을 했는지를 회원에게 일방적으로 알리기만 한다. APA는 회원들에게 조직의 계획을 이해하고 호응해 줄 것을 당부만 한다. 이 홈페이지에는 회원의 의견은 거의 찾아볼 수 없다. 이에 비해 비공식적인 노동조직인 APAPDP는 자신의 홈페이지에서 APA회원들이 협정의 모든 면을 알 기회를 주고 협상에서 보다 정확한 결정을 내릴 수 있게 하기 위해 APA의 잠정협정을 분석하고 비판하는 토론장을 연다. 비공식적인 노동조직은 공식적인 APA로부터는 얻기 어려운 뉴스와 정보를 제공한다. 만약 회원들이 어떤 사항에 대해 의문점을 갖고 있다면 새로운 노동조직은 회원들과 전자메일, 편지, 전화 등으로 묻고 답한다. 이들 홈페이지에는 회원들의 전자메일을, 비록 비공식 노동조합에 반하는 의견을 개진하더라도, 게재하고 있다.

공식적인 노동조합은 그들의 회원만을 대상으로 하는 폐쇄적인 조직이며 지역 조합별로 분리되어 있다. 전통적으로 노동조합의 정책은 동일 노동조합 단위 사이에서 수평적인 토론이 어렵도록 되어 있다.[48] 이같은 조직은 지역 노동조합 사이에 경쟁심을 유발시킨다. 그러나 새로운 노동자들의 네트워크는 노동조합의 회원이건 아니건 특정문제에 관심을 가지는 모든 사람들에게 공개되어 있다. 그래서 새로운 노동조합은 노동조합 사이의 경쟁을 완화시키며 특정 산업 전반의 노동자들의 필요를 강조한다. 예를 들면 공식적인 APA는 그들의 회원만을 대상으로 한다. 보다 높은 임금과 보다 좋은 작업환경을 위해 공식적인 APA는 항공산업에서 아메리카 항공회사가 차지할 경쟁

---

48) Carr, Barry (1994), "Labor Internationalism in the Era of NAFTA: Past and Present," Manuscript, p. 29.

적 위치에만 관심을 갖고 있다. 이것은 항공산업의 모든 회사의 노동
조합간에 경쟁을 일으킨다. 그러나 새로운 노동조직은 지역항공 도입
의 영향에 관해 APA의 조종사뿐만 아니라 항공산업의 모든 조종사
의 관점에서 분석한다.

  새로운 노동자들의 네트워크는 국경을 넘어 전 세계적 규모의 노동
자들의 활동과 의사소통을 한다. 기존의 노동조합의 도움으로 혹은
그것의 도움 없이도, 일반 노동자들 사이에 협력이나 의사교환을 가
지는 형태는 여러 가지가 있다. 그러나 보다 많은 노동자들이(개인이
건 집단이건) 다양한 네트워크에 접근하게 됨에 따라 노동자들이 공
식적인 노동조합의 도움 없이 직접적으로 다른 노동자들과 협력할 수
있는 기회가 많아지게 되었다. 이같은 전 세계적인 규모의 노동자들
의 단결은 노동자들의 공식적인 조직의 활동에 기반을 두는 것이 아
니라 모든 국가의 일반 노동자들의 수평적인 관계에 기반을 두기 시
작했다.49) 국제적인 수준에서 AFL-CIO는 'American Institute for
Free Labor Development'라는 조직을 통해서 남미나 다른 지역에 있
는 억압적이고 반노동자적인 정부를 돕기도 한다.50) 공식 노동조합은
국가별로 분리되어 있으나 새로운 노동운동 네트워크는 이같은 분리
를 극복하고 노동조직 사이의 국제적 협력을 제고시킬 잠재적 가능성
을 가지고 있다. 노동자들을 외면하는 노동조합은 이제는 존속하기가
어렵게 된다.

---

49) Carr (1994), p. 3.
50) Sims (1992), p. 4~6.

3. '슘페터 추종자의 국가'와 노동계급의 정치적 재구성

자본주의 사회체제 성립 초기부터 자본이 자유롭게 활동할 수 있는 여건을 만드는 데 국가의 역할은 지대해 왔다. 자본주의 체제에 대한 노동계급의 투쟁으로 자본이 노동의 힘을 극복하는 것이 점차 어렵게 됨에 따라 자본은 정부의 각종 정책에 의존하는 경향이 점차 커져왔다. 케인즈의 국가가 위기에 처하자 슘페터 추종자들은 고도로 분리된 사회를 유지하기 위한 국가의 이용을 주장하였다. 노동에 불리하고 자본에 유리한 다양한 재정 금융정책의 사용, 정부 소유의 토지나 기업의 사유화, 각종 규제의 적절한 이용을 통하여 슘페터 추종자들은, 노동계급이 국가를 이용하는 영역을 줄이고 자본이 국가를 이용하는 영역을 확대하려고 했다. 그러나 이들의 의도와는 달리 노동계급은 국가를 이용하여 자본에 대항하고 이를 넘어서려고 한다. 그 결과 슘페터 추종자들이 주장하는 국가는 여러 방면에서 노동계급의 투쟁에 직면하게 된다.

노동계급 빈곤화 정책에 반대하여 노동계급은 노동계급에 대한 정부지출을 증대할 것을 국가에 요구한다. 노동계급에 대한 정부지출의 증대는 노동계급의 소득을 증대시켜 노동자들이 착취에 저항할 수 있는 능력을 확대시키는 데 사용될 수 있다. 이 때문에 이와 관련한 노동계급의 요구가 다양하게 제기되어 왔다. 노동계급은 노동계급을 위한 정부의 여러 가지 프로그램을 유지 또는 확대할 것을 요구한다. 그 것에는 학교의 무료급식, 무상의료, 빈민을 위한 무료급식, 저소득자의 조세감면, 장애자 보조금, 아동보호 기금, 임산부나 유아보호 기금, 국가유공자에 대한 연금지급, 주택자금 보조, 저소득자 학생에 대한 보조 등등 여러 가지 형태가 있다.[51] 이같은 요구를 제기하는 노동계급 조직은 다양하다. 미국의 경우, 'Children's Defense Fund', 'Children Now', 'Kidsnet' 같은 어린이 건강과 영양을 위한 단체들은 어린이에 대한 보다 많은 정부지출을 요구하고 있다. 'National Attention Deficit Disorder Association', 'Disability Rights Activists' 같은 육체적 정신적 장애자들을 위한 단체들은 장애자들이 필요로 하는 프로그램에 좀더 많은 지출을 요구한다. 각종 학생단체들은 학생들에게 학자금에 대한 재정보조금을 좀더 많이 지출할 것을 요구한다. 이민자 단체들은 사회보장정책에서 자신들을 제외하는 것에 반대한다. 예를 들어 'LatinoLink'는 합법적인 이민자들이 생계보조금 지급에서 제외하는 것을 반대한다.[52] 전쟁상이군인 단체들은 마라링스(Maralings)와 몬테벨로(Monte Bello)의 핵실험에서 희생된 사람들에게 완전한 보상을 요구한다.[53] 'Food First', 'HungerWeb', 'Global Network on Food Security' 등의 단체들은 기아 문제에 정부가 더 많은 관심을 가질 것을 요구한다. 우리 나라에서는 사회복지를 운동차원에서 제기하려는 활동들이 6월 민주화 항쟁 이후에 급격히 나타난다. 최근 이루어지고 있는 사회복지 운동들을 소개하면, 최저생활보장을 요구하는 헌법소원, 1995년 전국의 사회복지학과 교수 185명의 사회복지예산 증액과 삶의 질 향상을 위한 서명운동, 장애인 복지 공동대책위원회 구성, 의료보험통합일원화와 국민의 건강권 확보를 위한 '의료보험통합일원화와 보험적용확대를 위한 범국민연대회의' 구성, 참여연대의 '국민생활 최저선 확보운동'과 노인 복지법, 생활보호법 개정청원 및 운동, 국민연금, 영·유아 보육문제 등이 있다.[54]

---

51) 웹사이트 (http://www.he.net/~jwsmith/poverty5.html)을 참조하라.
52) LatinoLink의 홈페이지는 (http://www.latino.com/)이다.
53) 웹사이트 (http://www.peg.apc.org/~stan/ds/socwelf.html)을 참조하라.
54) 이세영, '한국 사회의 빈곤과 복지정책', 『도시서민의 삶과 주민운동』, 한국도시연구소 엮음, 도서출판 발언, pp. 124~34.

　　노동계급의 생활에 중요한 요소 중 하나인 주거권을 보장할 수 있도록 하는 노력들이 세계 여러 국가에서 시작되었다. 이러한 노력은 대부분 비정부기구들이 선도하고 있다. 미국의 경우 'National Coalition for the Homeless', 'Homes for the Homeless' 등의 조직들은 빈민층을 위한 주택사업에 보다 많은 지출을 요구한다. 인도의 경우 주거권을 위한 전국 캠페인이 비정부기구들에 의해 전개되고, 주거권을 법적으로 보장받기 위한 법률안을 의회에 요구하였다. 그리고 필리핀에서는 1992년 '주택 및 도시 개발법(Housing and Urban Development Act, R.A. 7279)'에서 주거의 권리를 채택하였다. 그리고 벨기에는 민간단체들이 헌법에 주거권을 명시하도록 하였다. 1996년 터키에서 열린 유엔주거회의 기간 동안 '유엔주거회의 한국 민간위원회' 회원 약 70여 명은 터키에서 대정부 로비, 주거권 확보를 위한 캠페인, 국제적 비정부기구와의 연대를 공고히 하는 데 큰 성과를 거두었다.[55] 또한 정부에 압력을 가해 공공 임대주택의 확대, 임차권의 현실적인 인정, 비자발적 이주에 대한 대책 촉구, 최저 주거보장 등을 요구하였다. 실제로 우리 나라의 철거반대운동은 공공 임대주택 정책을 실시하게 한 중요한 계기가 되었다.

　　사회복지에 보다 많은 지출을 요구하는 노동계급 단체들은 정부가 실시하고 있는 여러 사회복지 운영사업을 민영화하는 것은 노동계급의 소득을 감소시키는 효과를 가져온다고 보고 이에 반대한다. 뿐만 아니라 공공사업 부문에 종사하고 있는 노동자들도 그들의 직업 문제로 민영화에 반대한다. 예를 들어 미국의 경우 학교 교사들의 노동조

---

55) 하성규, '삶의 자리와 주거권', 『도시 서민의 삶과 주민운동』, 한국도시연구소 엮음, 도서출판 발언, pp. 24~33.

합은 공립학교의 운영을 전문 교육업체에 맡기는 것은 교사 조합원들의 지위를 깎아내리는 것이고 그들이 이제까지 성취한 교육상의 성과를 반전시키는 것으로 보고 있다. 볼티모어와 하트포드의 교사 노동조합은 공립학교 민영화를 반대하는 중심 세력이 되었다.56) 일리노이주의 보고서에 따르면 사기업화에 대한 가장 큰 반대는 공공기관의 고용인 조직들에 의해서 나타난다고 보고하고 있다.57) 불란서에서는 1995년 12월 쥐페의 민영화 조치에 항의하여 노동자들이 대규모로 투쟁에 나섬으로써 민영화를 통한 유연화 전략에 반대하는 '경직성의 유령'을 불러일으켰다. 노동자들의 저항 때문에 민영화를 통한 공공부문 노동자의 대량해고, 사회복지 지출축소 등은 자본이 원하는 대로 쉽게 이루어지지 않았다.

정부가 노동계급을 위해 보다 많은 지출을 할 것을 요구하는 것 이외에도, 노동계급은 기초과학이나 인적 자원의 교육 등에 대한 정부의 지출을 (자본의 이익보다는) 노동계급의 힘의 증대나 노동계급의 해방에 사용할 것을 요구한다. 국가의 인적 자원에 대한 지출이 고급의 순종 잘하는 노동자를 재생산하는 데 사용되는 것에 반대하여, 노동자들은 이같은 지출이 노동자들의 힘의 증대와 노동계급의 발전을 위해 사용될 것을 요구한다. 예를 들어 여러 미국 대학의 학생과 교수들은 인적 자원에 대한 지출(대학 교육에 대한 지출)을 새로운 종류의 인간개발과 자신들이 관심을 가지는 학과(여성이나 성의 다양성처럼 이제까지 알려지지 않은 역사로부터 아프리카 우월주의에 이르기까지 다양한) 개설에 사용할 것을 요구한다. 노동계급은 역시 국가를 압박

---

56) Ascher, Carol, Norm Fruchter, and Robert Berne (1997), "Hard Lessons: Public Schools and Privatization," in the web site (http://epn.org/tcf/schlch7.html).
57) (http://www.comptroller.state.il.us/private.html)을 참조하라.

하여 무기개발에 대한 지출을 인간과 환경의 필요에 대한 지출로 전환시키려고 한다. 예를 들어 'American Peace Network', 'Proposition One'과 같은 반전운동 단체들은 무기개발에 대한 정부지출 대신에 인간개발을 위한 정부지출을 주장한다. 'Save Our Society/Save Our Species(SOS/SOS)'와 같은 환경단체는 정부의 기초과학에 대한 지출이 환경문제 해결에 도움이 되는 방향으로 사용되어야 한다고 주장한다.

정부의 각종 규제완화 조치로 자연환경이 파괴되고, 노동자들의 작업장에서의 안정이 침해되고, 소비자에게 위험이 부과되는 것에 대항하여 노동계급은 인간과 자연 모두에 해를 끼치는 것을 제한할 것을 국가에 강요한다. 'Rainforest Action Network', 'EnviroLink Network', 'Greenpeace', 'Friends of the Earth'와 같은 환경단체들은 단순히 기업의 이윤을 위한 무절제한 경제성장 프로그램에 반대한다. 유해물질의 배출 및 소각, 자연을 약탈하고 공해를 배출하는 산업이나 공장에 대한 반대 투쟁은 자본이 힘을 행사하는 데 큰 도전이 된다. 또한 환경단체들은 정부의 환경정책의 결정에 관련이 있는 모든 사람들이 이해할 수 있을 정도로 충분히 공개적인 의사결정이 이루어져, 사람들이 자신들의 삶에 영향을 미치는 정책들을 스스로 결정할 수 있는 기회가 주어져야 한다고 주장한다. 한국의 경우에 산업화가 가져온 환경피해가 심각하였던 1980년대까지 주민환경운동은 대개 농어촌지역에서 나타난 '반공해 운동'이었다고 볼 수 있다. 하지만 1980년 하반기에 들어와 점점 악화되는 도시 환경문제와 더불어 시민의식의 지속적 성장, 환경단체의 활발한 활동 등으로 인해 도시지역에서도 주민환경운동이 등장하기 시작하였다. 대표적인 사례로는 1985년 동두천지역 상수도보호운동, 1987년의 구로동 공해공장 반대운동, 1987~88년의 상봉동 연탄공장 반대운동과 신정동 항공기소음대책운동 등이 있다.58) 환경을 해치는 각종 정부의 정책들이 이와 같은 반발에 의해서 수정을 받고 때로는 폐기된다. 환경문제 이외에도 앞에서 살펴본 바와 같이 노동조직들은 기업에 대해 보다 적은 노동과 보다 많은 보수를 위한 투쟁을 할 뿐 아니라 정부가 작업장에서의 안전에 좀더 엄격한 법을 적용할 것을 요구한다. 'American Industrial Hygine Association'과 같은 노동조직은 작업장에서의 안전문제의 실상을 밝히고 보다 안전한 작업장 환경을 보장해 주도록 정부에 압력을 가한다.59) 한국의 경우 저임금에 열악한 노동환경에서 일하고 있는 외국인 노동자들이 직면한 여러 가지 문제의 해결을 위해 여러 단체들이 앞장서고 있다. 이는 전 세계적인 노동분할을 위한 자본의 전략을 분쇄하는 것이다. 또한 구입한 제품의 안전성을 제고하여 고객들의 위험성을 줄이기 위해 노동계급은 국가에게 보다 엄격한 소비자보호 기준을 요구한다. 'On-line Consumer Protection Institute'와 같은 소비자보호 단체들은 시장에서 가격과 품질을 조사하고 보다 엄격한 반독점법을 적용 할 것을 요구한다. 그들은 또 안전하지 않고 유해한 제품을 적발하여 고발하기도 한다. 어린이들을 위한 단체들이 보다 안전한 장난감을 생산할 것을 요구하는 것도 한 예가 될 것이다.

노동계급은 이상과 같이 노동계급에 유해한 것에 대해서는 정부로 하여금 규제하도록 압력을 가하는 반면, 지적소유권과 같이 자본이 독점적으로 이용하는 것에 대해서는 규제를 풀도록 요구하기도 한다. 지적소유권에 대한 투쟁은 앞에서 충분히 살펴보았다. 약간 더 첨가

하면, 'Internet Nonprofit Center', 'Interaction', 'League for Program-ming Freedom', 'American Communication Association', 'Information Law Alert!', 'Free Music Philosophy' 등과 같은 많은 노동계급의 단체들은 지식과 창의성의 공유를 주장하고 반면 지적소유권을 철폐하도록 정부에 압력을 가한다.

슘페터 추종자들이 주장하는 국가의 역할에 대응하고 이를 넘어서기 위해 노동계급은 여러 가지 투쟁방법을 사용한다. 노동계급은 대규모 시위, 봉쇄, 행진, 모임 등 전통적인 투쟁방법을 여전히 사용하고 있다. 예를 들어 1980년대 후반 영국의 대처(Thatcher) 정부가 조세개혁의 일환으로 인두세를 도입하려고 하자 1990년 봄, 연이은 시위가 전국을 뒤엎었다. 이것은 1990년 3월 31일 트라팔가 광장에서의 대규모 시위에서 최고조에 달하게 되고 런던에서 발생한 최대규모의 폭동으로 이어졌다. 마침내 인두세에 대한 투쟁은 1990년 11월 대처의 사임을 가져왔다. 다음 수상인 메이저는 마이클 해샐타인을 임명하여 인두세를 폐지하였다.[60] 'Greenpeace'와 'Earth First!'는 불법어획이나 핵물질 반입 등을 저지하기 위해 파이프로 봉쇄하기, 배의 진입 방해 등 직접적인 행동을 사용했다.

오늘날 국가에 대항하는 노동계급의 투쟁이 갖는 하나의 큰 특징으로, 여러 종류의 노동계급이 서로서로 단결하여 대처하는 것을 들 수 있다. 이전에도 노동계급간의 단결은 있어 왔으나 각 부문을 망라한 진정한 연대는 보기가 힘들었다. 그러나 오늘날 노동계급의 연대투쟁은 보편적인 것으로 되었다. 예를 들어보자.[61] 1997년 4월 12일 수천

---

60) 〈http://www.calicah.com/paulr/violence/riots/polltax.html〉을 참조하라.

명의 사람들이 '사회정의를 위한 시민의 행진(People's March for Social Justice)'에 참여하여 런던 중심부를 가로지르면서 춤을 추며 행진하였다. 이 행사에는 다양한 사회운동 세력이 '임금노예적 노동'의 세상을 넘어서 '인간화'된 세상을 만들어 나가기 위하여 함께 하였다. 이는 사회운동 세력들 간의 동맹관계를 한 걸음 진척시킨 것이다. 이 행사의 시발은 1995년 리버풀에서 500여 명의 부두노동자들이 해고되면서 이들을 후원하고자 결성된 '리버풀 부두노동자를 지지하는 런던 그룹(London Support Group for Liverpool Dockers)'에 뿌리를 두고 있다. 환경운동 단체인 '거리를 되찾자(RTS : Reclaim the Streets)' 운동 그룹이 이 시위와 동시 병행적으로 같은 집회장소에서 출발하는 행진을 가지겠다고 천명하고 나섰다. 1996년 9월, '거리를 되찾자' 운동은 1년 전에 해고된 리버풀 부두노동자들이 조직한 시위에 참여하기 위해 자신의 지지자들을 동원한 경험이 있었다. 해고된 부두노동자들은 이전에 유독 쓰레기의 수입을 저지한 선례가 있었기 때문에 노동운동과 환경운동이 연대하여 싸우기에 안성맞춤의 조건이 형성되었던 것이다. 1997년 1월 20일, 세계 여러 곳의 부두노동자들이 리버풀에서 오는 배들의 하역을 봉쇄하거나 지연시켰을 때 '그린피스(Green Peace)' 활동가들은 리버풀 항구의 하역 크레인을 점거했다. 그럼으로써 몬산토(Monsanto) 사(미국 화공업계에서 세 번째로 큰 회사로서 화학약품을 마구 사용하고 버림으로써 노동자의 인체와 지역의 자연환경을 못쓰게 만들어 왔다)가 유전 공학적으로 보존되고 처리된 콩이 영국과 유럽에 도착하여 배에서 하역되는 모습을 사람들의 눈에 확 띄

---

61) 이 예는 다음에서 많은 부분을 인용하였다. 인간성을 옹호하고 신자유주의에 반대하는 운동(fHUMAN : for Humanity and Against Neoliberalism) 런던 위원회 (1997), '"유연화-착취"와 노동자의 저항', 『신자유주의와 세계민중운동』, 전태일을 따르는 민주노조운동연구회 편역, 한울, 1998, pp. 235~74.

도록 만들었다. 이때 부두노동자의 지도자들은 환경운동가들의 지원에 공개적으로 감사의 뜻을 표명했으며, 식량공급문제라는 보다 폭넓은 문제에 대해 적극적인 관심을 표시했다. 영국 내의 여러 노동계급 단체들만 서로 연대한 것이 아니라 노동계급의 연대는 국제적인 규모로 확대되었다. 영국 정부는 리버풀의 머시 회사의 가장 큰 소유자로 알려져 있었기 때문에, 일본 정부의 항만산업의 민영화 정책 및 규제완화에 맞서 싸우고 있던 일본 부두노동자들은 리버풀 부두노동자들과 연대하여 활동하였다. 일본과 영국 부두노동자들은 1996년 2월에 열린 국제 부두노동자 회의에 자신들의 투쟁을 가지고 갔고, 그 회의에서 리버풀 노동자들을 위한 지지를 구축하기 위한 국제 네트워크를 설치하기로 결정했다. 그 후 수많은 다른 나라의 부두노동자들은 리버풀에서 온 배의 짐을 부리는 것을 저지했고 동조파업을 벌이면서 선박회사들에게 리버풀로부터 다른 항만 시설로 작업을 옮기도록 요구했다.[62] 오늘날 노동계급의 투쟁은 이렇게 국내적 국제적 노동계급의 연대로 나아가는 특징을 지니고 있다.

오늘날 노동계급 투쟁의 또 다른 특징은 여러 방면에서 현 정치질서에 도전하여 새로운 사회를 구축하고자 하는 노력이다. 새로운 노동계급의 운동은 국가 지향적인 당이나 압력단체의 확립된 조직구조에 도전하여 모든 사람들이 참여하는 의사결정, 분권화된 구조, 관료적인 처리과정에 대한 반대 등을 추구한다. 그래서 새로운 노동계급의 운동은 자본주의적인 민주주의의 기본목표, 구조, 조직의 스타일 등에 도전하게 된다. 새로운 사회운동은 직접참여에 기초한 정치행위이기 때문에 이제까지 생각하지 못한 스타일로 행동한다. 새로운 노

---

62) (http://www.gn.apc.org/labournet/docks/)

동계급의 활동은 초(超)의회 활동에 중점을 둔 새로운 정치로 볼 수 있다. 새로운 노동운동은 하나의 이데올로기를 강요하면서 국가권력을 잡으려고 하는 통합되고 훈련된 군대나 당과 같은 조직을 거부한다. 그래서 새로운 노동운동은 사람들의 행위에 책임을 지는 지도자나 중심 프로그램이 없이 자발적이고, 비공식적이고, 특별하고, 불연속적이고, 평등적이다. 이들은 자율적인, 탈중심적인 그리고 풀뿌리 민주주의적인 조직원리를 강조한다. 이는 현 민주주의 체제에서 이해관계를 중재하는 조합주의적인 색채와 대비된다.

새로운 노동계급의 운동은 자본주의 사회와는 대비되는 새로운 사회적 패러다임을 주창한다. 새로운 노동계급의 투쟁은 직장에서, 정치적인 모임에서, 교회에서, 운동경기장에서, 문화행사에서, 상담기관에서, 자발적으로 무엇인가를 하는 집단에서, 다시 말해 매일매일의 생활에서 벌어지는 것들로부터 시작한다. 이것은 일상생활이 다양하고 분리되고 서로 스며들어 있는 집단의 다양성으로 구성되어 있다는 증거이다. 거창한 구호 대신 소외의 경험과 도덕적 비판, 생활양식과 삶의 질 그리고 생존에 대한 물음이 전면에 대두된다. 이는 '사회정의를 위한 시민의 행진'에서 잘 나타나고 있다. 이 행진에서 대부분의 시위대오는 각종 정치 캠페인의 기치나 축제적인 구호(예컨대 "그들은 싸움을 원한다. 그러나 우리는 춤을 원한다" 등) 주변에 결집하거나 아무 깃발도 없는 곳에 무리 지어 모였다. 이들은 춤추고 노래하면서 '화이트 홀(영국의 중앙관청가)', '투어리스트-랜드' 등을 카니발 축제장으로 바꾸어 버렸다.63) 또 오늘날 노동계급 사회운동들은 사회의 양극

---

63) 인간성을 옹호하고 신자유주의에 반대하는 운동(fHUMAN : for Humanity and Against Neoliberalism) 런던 위원회 (1997).

화와 개인의 분자화에 대응하는 평등과 자치, 주체성의 확립, 다시 말해서 새로운 공동체의 형성을 목표로 하고 있다. 사빠띠스따 투쟁이 하나의 예가 될 수 있다. 사빠띠스따의 투쟁이 주목을 받는 것은 단지 그 치열함이나 성공 때문만이 아니라, 그들이 대안적인 사회를 만들려고 하고 있기 때문이다. 그들은 자율적이고, 민주적이며, 자본을 끌어들이지 않고도 지속 가능한 공동체를 만들려고 하고 있다. 자치(self-governance)와 연대(solidarity)라는 새로운 정치적 정수, 초국적 자본의 신자유주의 공세에 대항하는 전투적인 투쟁, 그리고 전 세계 민중들에 대한 '연대투쟁'의 호소(도와달라는 것이 아니라 함께 투쟁하자는 제안)는, 사빠띠스따들 투쟁이 멕시코의 어느 한 지역에 존재하는 '원주민 운동' 이상의 의미를 갖게 한다. 이들은 일견 모순될 수도 있는 두 개념, 자치와 연대를 지난 수년간 성공적으로 실현해 왔다. 자신들의 자치만이 아니라, 멕시코 및 전 세계의 수많은 공동체들의 문화적, 정치적 자치를 옹호하고, 그들의 고통이 자신들과 다르지 않음을, 같은 연원을 갖고 있음을 그들에게 전하면서 '연대'를 호소하고 실현해 왔다.[64] 새로운 노동계급의 운동은 이데올로기적으로 동질적인 새로운 의미 체계를 형성하지 않는다. 오히려 '탈물질주의적인' 가치를 추구하면서 그리고 세속화되고 다원적으로 분산된 문화의 터전 안에서 '특수한 것에 대한 권리'를 강조하며 다방면에서 문화적인 삶의 스타일을 만들어 낸다. 새로운 운동의 참신성은 사람들이 그들 자신들의 다양성을 표출하는 것이다.[65]

---

64) 해리 클리버 (1998), 『사빠띠스따 : 신자유주의, 치아빠스 봉기 그리고 사이버스페이스』, 이원영·서창현 옮김, 갈무리.

65) Melucci, Alberto (1994), "A Strange Kind of Newness: What's "New" in New Social Movements?" in New Social Movements: From Ideology to Identity, eds.) Enrique Larana et al, Philadelphia: Temple University Press, pp. 101~30.

오늘날 국가에 대한 투쟁에서 또 다른 특징은 노동계급이 점차 컴퓨터 통신 네트워크를 많이 이용한다는 점이다. 지난 몇 해 동안 많은 노동조직들과 시민단체들이 컴퓨터 통신 네트워크를 만들었다. 이들 네트워크를 통하여 남녀노소와 교육수준에 관계없이, 모든 소득계층, 모든 인종이 여러 노동계급의 조직에 참여할 수 있다. 컴퓨터 통신 네트워크를 통해서 참여자들은 개인의 힘의 원천이 되는 논문, 뉴스, 전문가 분석, 최근 법령 등 다양한 정보를 접할 수 있다. 이를 토대로 개인의 문제의식을 보다 적극적으로 사회투쟁으로 승화시키기도 한다. 미국의 한 시민은 컴퓨터 통신 네트워크를 이용하여 군대 내 동성연애자 금지조치에 항의하는 전자메일을 백악관에 보내고 다른 주나 외국의 민간 동성연애자운동에 연결하여 이 사실을 알리고 도움을 구한 바 있다. 이는 달리 만족시킬 수 없는 정치적 목적을 개인이 용이하게 수행한 경우라 할 것이다. 미국 캘리포니아 주에 사는 네티즌인 스티븐 앨릭젠더는 ca.driving이라는 뉴스그룹에 캘리포니아의 특정 주유소들이 판매하는 가솔린 가격을 일목요연하게 게시해 석유회사들의 담합과 사기성 할인 조치를 경고했다. 프랑스의 몇몇 대학생들은 미니텔 시스템을 이용해 정부의 등록금인상 조치에 항의하는 투쟁을 조직적으로 이끌었다. 이처럼 네트워크에 연결된 어떠한 개인도 사회문제를 제기하고 항거할 수 있는 지도자적인 역할을 할 수 있게 된다.

컴퓨터 통신 네트워크를 통해 노동계급은 자신이 활동하는 조직의 의사결정에 적극적으로 참여할 수 있게 되었다. 조직원들은 온라인 포럼에 참여하여 사회적 정치적 이슈에 대한 의견을 표현하고, 정보를 공유하고, 문제점을 토의한다. 이들 포럼을 통해 조직원들은 상호간의 신뢰감을 쌓을 수 있으며, 계획을 공동으로 구상하거나 활동전략을 개발하기도 한다. 이같은 민주적 과정은 개인적인 힘을 노동계급 전체의 힘으로 승화한다. 이제 컴퓨터 통신 네트워크는, 민주적인 방식으로 시위를 조직하고, 특정 정치인에게 전자우편을 보내고, 다른 운동과 연결을 취하고, 정부에 로비를 하거나 압력을 가하고, 자신들의 일에 관심을 가지는 사람들에게 교육을 하며, 기금조성을 통해 국가로 하여금 노동계급을 위한 법령을 만들도록 압력을 가하는 공간이 되었다. 노동계급이 컴퓨터 통신 네트워크를 많이 이용함에 따라 노동계급 조직의 성격이 많이 바뀌게 되었다. 전통적인 형태의 노동계급 조직(수직적인 당이나 노동조합)은 많은 사람들이 공공의 영역에서 사적인 방식으로 자신들을 표현하는 데 적절하지 못했다.66) 네트워크화된 새로운 노동계급 조직은 노동자들이 스스로 원하는 바를 표현하고 실행할 수 있는 그들 자신의 조직으로 만들 수 있다. 새로운 조직은 어떤 사람의 생각이나 주장을 다른 사람들에게 전달할 수 있을 뿐만 아니라 그 흐름의 방향을 수평적으로 만들 수 있다. 이 새로운 조직의 목표는 보다 평등한 사회경제적 구조인데 여기에서는 각 개인이 하나의 적극적인 주체가 된다. 네트워크는 운동의 조직을 중앙집권적 조직이 아닌 수평적인 조직으로 만들었다. 그래서 네트워크는 사무실의 윤번제 운영이나 공개 회합과 같은 노동계급 조직의 구조와 과정을 보다 민주적으로 만들었다. 전통적인 노동계급의 운동 조직은 지도자와 추종자들 사이에 명확한 구분이 있었다. 그러나 네트워크로 짜여진 새로운 노동계급의 조직에서는 좀더 수평적인 의사소통이 가능하게 되었다. 여기에 연결된 모든 참여자들은 모두 지도자이다. 사회의 변화에 적응하여 운동의 방식도 바뀌어진다. 과거에는 대중으로부터 신뢰를 받고 있는 조직가의 역할이 중요했으나 오늘날에는 새로

---

66) Wasserman, G. (1994), *The Basics of American Politics*, New York: Harper Collins, pp. 195~6.

운 정보를 신속하게 입수하여 이를 분석하고 효과적으로 전달할 수 있는 능력을 가진 사람의 역할이 중요해지고 있다.

네트워크는 전 세계의 모든 노동계급으로 하여금 적극적으로 참여하여 활동할 수 있게 한다. 그래서 새로운 노동운동은 국제적이며 그들의 활동은 국가의 경계를 넘어선다. 과거에는 노동계급 사이의 의사교환이 동일한 공간에서 직접 얼굴을 맞대야 가능했다. 오늘날 전자통신 기술은 세계 곳곳을 엮어서 하나의 전자망으로 만들었다. 이제는 하나의 사회나 대화가 지리적인 장소에 한정되지 않는다. 무수한 사람들이 세계적으로 발생하는 모든 사건에 관심을 가지면서 세계적인 규모에서 생각하고 지역적으로 행동하는 새로운 노동계급이 창출되었다. 핵무기, 자원의 불균형한 약탈, 기아와 빈곤, 열대 산림지역의 황폐화, 지구 온난화 현상 등의 문제는 규모가 너무나 커서 어떤 한 지역에서 해결책을 찾기란 매우 어렵게 되었다. 전자통신 기술의 발전은 노동계급의 국경을 넘어선 단결을 지향한다. 네트워크는 국경을 초월하여 전 세계 모든 사람들을 적극적으로 참여하게 한다.

새로운 커뮤니케이션 기술은 특히 인권, 소비자보호, 평화, 성 불평등, 인종적 정의, 환경보호의 분야에서 각국 노동계급 단체 사이의 의사소통을 촉진했다. 이를 통해 노동계급 단체 사이의 전 지구적 연대가 가능해지고 열대 우림 보호운동, 인권운동, 무기거래 반대운동, 대안적 뉴스대행사 등 전 지구적 문제들에 관한 집단적·전 인류적 해결책을 추구한다. 1992년 6월 브라질 리우데자네이루에서 열린 유엔 환경개발회의(UNCED)는 세계 178개국이 참가한 지구촌의 대축제였다. 리우 UNCED 회의에는 약 100명에 이르는 국가원수, 정부 수반들과 수천 명의 정부 관리들이 참석했다. 그러나 다수의 NGO들도 총회에 참석해 정부간의 협상에 영향력을 행사하는가 하면 글로벌 포럼이라는 별도의 회의를 갖고 조직화된 역량을 과시했다. 또한 여러 가지 사정으로 참석할 수 없었던 NGO들은 컴퓨터 네트워크를 이용해 의견을 전달했다. 진보커뮤니케이션협회(APC)가 구축한 컴퓨터 네트워크의 도움으로 NGO들은 회의상황에 관한 속보를 전달하고 참석할 수 없는 사람들의 의견을 듣기 위해 전자회의를 열었던 것이다. 정부 관리들의 공식적인 회의 못지않게 민간부문 회의가 주목을 끌었다. NGO들은 1994년 9월 이집트의 카이로에서 열린 국제인구 및 개발회의, 1995년 3월 덴마크의 코펜하겐에서 열린 사회개발에 관한 세계정상회담, 1995년 9월 중국 북경에서 열린 제4차 세계여성회의 등에서도 컴퓨터 네트워크를 가동했다. 보도에 의하면 북경에 모인 세계여성회의 비정부기구 포럼에서는 컴퓨터 통신을 통한 여성 운동을 어떻게 활성화할 것인가가 새롭게 부각된 큰 이슈였다. 관련 워크숍이 곳곳에서 열렸고 APC는 비정부기구 포럼이 진행되는 동안 회의 관련 정보를 계속해서 제공했다. 그래서 인터넷에 가입한 여성들은 북경에 가지 않고도 세계여성회의가 어떻게 진행되는지를 종합적으로 알 수 있었다. 이런 것을 통해 기존의 국가에 대항하는 지구적 민중행동(Peoples Global Action)이 태동하게 된다. 지구적 민중운동은 사회적으로 착취적인 그리고 환경적으로 파괴적인 지구화의 장려자인 세계무역기구(WTO)와 아태경제협력체(APEC), 북미자유무역협정(NAFTA), 그리고 유럽연합(EU)과 같은 무역협약들에 분명히 대항하는 노동계급의 단체로서 행동하고 있다.

정치적 해석이 노동계급에게 주는 교훈

1. 자본주의의 발전과 노동계급의 적대감

2. 자본주의 발전과정과 계급투쟁의 과정

3. 투쟁의 출발점 : 노동계급의 자율적인 힘에 대한 인식

4. 우리의 미래는 현재의 투쟁에 달려 있다

5. 투쟁의 의미

6. 투쟁전략

7. 정보시대의 투쟁전략

제5장

정치적 해석이 노동계급에게 주는 교훈

앞에서 우리는 자본의 발전을 위한 슘페터와 그의 추종자들의 전략을 노동계급의 관점에서 살펴보고 또한 이들 전략에 대한 노동계급의 투쟁을 살펴보았다. 현실이 어떠한지를 아는 것만으로는 충분하지 않다. 이것으로부터 우리는 현실에 맞는 투쟁의 전략을 추출해야만 한다.

1. 자본주의의 발전과 노동계급의 적대감

자본주의 사회체제란 노동계급으로 하여금 자신의 노동력을 팔아야만 살아갈 수 있는 상황으로 만들어 노동계급을 자본의 명령에 순종하는 기계와 같은 존재로 만드는 사회체제이다. 이 사회체제는 노동계급의 주체성을 말살하고 객체화시키는 것을 그 본질로 한다. 슘페터와 그의 추종자들의 전략은 이처럼 노동계급의 주체성을 말살하여 노동계급을 자본에 잘 순응하는 도구로 만들려는 자본주의 체제의 공고화 전략이라는 것을 알 수 있다. 그들의 전략은 다음과 같이 요약할 수도 있다. 어떻게 하면 노동계급에 임금을 적게 주어 자신의 노동력을 팔지 않으면 안 되는 상황을 만들까? 어떻게 하면 노동계급의 노동강도를 강화할 것인가? 어떻게 하면 노동시간을 연장할 것인가? 어떻게 하면 노동계급을 자본의 명령에 순종적으로 만들 것인가? 만약 노동계급이 이같은 자본의 전략에 반해서 투쟁을 하면 어떻게 노동계급간에 경쟁을 유발하여 이들의 투쟁을 무력화시키고, 노동계급의 행위를 하나하나 체크하여 그들의 투쟁력을 무력화시킬 수 있을까? 만약 노동계급의 주체성이 너무나 강해서 자본이 억압하기가 어려울 때에는 어떻게 이들의 주체성에 비위를 맞추어 자본의 발전으로 전환할 것인가? 이러한 목적을 달성하기 위해 새로운 기술을 어떻게 이용하며 새로운 경영방식과 조직구조를 어떻게 갖추며 국가는 어떻게 해야 할 것인가? 슘페터 추종자들이 제시하는 것은 이 문제들을 위한 처방에 다름 아니다. 이렇게 볼 때 이들의 전략이란 자본주의 체제의 성립 이후 지속되어 온 노동계급의 객체화를 유지하려는 자본의 전략에 지나지 않는다고 할 수 있다.

이처럼 자본의 발전이란 노동계급의 객체화를 목적으로 하는 자본의 사회관계의 축적이다. 이것은 우리들의 적대감을 해소하는 것이 아니라 도리어 우리들의 적대감을 확대 축적하는 과정이다. 이 때문에 노동계급에게 자본주의란 타협이나 개량의 대상이 아니라 파괴의 대상인 것이다. 슘페터 추종자들이 주장하는 자본주의의 발전을 노동계급의 힘에 적응하기 위한 자본의 통제과정의 부단한 변화로 해석할 때 우리는 자본주의의 발전이 우리들에게 혜택을 준다는 널리 퍼진 생각이 허구에 지나지 않음을 알게 된다. 자본주의의 발전은 우리의 발전을 저해할 뿐 돕지는 않는다. 물론 자본주의의 발전이 우리들의 발전에 기여하는 측면도 있는 것처럼 보일 때도 있다. 예컨대 자본의 발전과정에서 노동자들이 이전보다 더 잘 살게 되기도 한다는 점이 그렇다. 그러나 이는 어디까지나 자본주의의 발전과정 중 노동계급이 계급투쟁에서 승리한 결과이다. 자본이 노동계급에 호의적으로 되고 자발적으로 임금을 인상하며 노동시간을 단축시키는 것은 자본주의 체제의 본질적인 구조 때문이 아니라 노동계급의 투쟁 때문이다. 즉 임금인상이나 노동시간의 단축 없이는 자본주의 사회관계를 유지하기 어렵게 되었기 때문이다. 자본주의 체제의 본질적 구조는 노동계급으로부터 될 수 있는 한 많은 잉여노동을 추출하는 것이기 때문에 노동시간 단축이나 임금인상을 허용하는 것은 노동계급의 강력한 투쟁을 극복하는 하나의 자본전략에 지나지 않는다. 잉여가치를 창출하는 노동계급이 존재하지 않으면 자본주의 체제는 존재할 수 없다. 그렇기 때문에 아무리 다루기 어려운 노동계급이라도 자본은 배제하기보다 그 불만을 달래어서 자본의 발전으로 유인하려고 한다. 우리가 노동시간 단축이나 임금인상을 노동계급의 투쟁의 산물로 보는 것은 이 때문이다. 사람들은 종종 천민자본주의 혹은 선진자본주의라는 표현 속에서 자본주의 체제에 대한 기대감을 표현하기도 한다. 자본주의를 선진자본주의와 천민자본주의로 구분하면서 선진자본주의의 형태로 나아가면 좋은 것이라는 생각을 표현하고 있는 것이다. 그러나 이 둘의 구분은 노동계급의 통제에 대한 강약의 구분일 뿐 선진자본주의 체제로 간다고 해서 자본과 노동의 적대가 해소되는 것은 아니다. 천민자본주의란 노동계급에 대한 억압을 심하게 하는 것이고, 선진자본주의란 노동계급의 힘이 너무나 강해서 물리적인 탄압이나 빈곤을 심하게 할 수 없는 상태인 것뿐이다. 선진자본주의는 노동계급

이 계급투쟁에서 승리한 산물이라는 측면도 있지만 그 역시 인간의
객체화와 빈곤화를 추구하는 자본주의 체제의 한 형태임이 분명하다.
선진자본주의에 대한 환상을 가진 사람들은 정보화 시대에는 인간 중
심적 정보화에 관심을 가진다. 인간 중심적 정보화란 완전 자동화된
무인공장을 추구하는 자본 논리의 기술적 표현인 'CIM(Computer
Integrated Manufacturing)'에 반대하여 기계와 인간의 균형잡힌 조화
를 추구하는 'CHIM(Computer and Human Integrated Manufacturing)'
을 통해 노동의 질 향상과 고용 증대를 꾀하여 인간과 기계의 (대립
이 아닌) 조화를 추구하는 전략이다. 이 전략을 추구하는 사람들은,
인간 중심 기술체계에서는 기계와 인간의 균형잡힌 조화가 이루어져
노동의 질이 향상되고 고용도 촉진됨으로써 자동화를 둘러싼 사회적
갈등도 제거될 수 있다고 여긴다. 노동 통합적, 인간 중심적 정보화를
통해 실업의 증대를 막을 수 있고, 기계와 인간 사이에 상호 긍정적
피드백이 이루어지는 생산과정의 순환 속에서 지적 숙련과 능력의 향
상을 촉진할 수 있어 정보화 시대에 요구되는 유연성, 창의성, 그리고
사회적 관계에 있어서의 신뢰성을 제고시킬 수 있다는 것이다.[1] 우리
는 앞에서 슘페터 추종자들이 제기한 새로운 경영방식과 자본의 발전
전략 속에 이미 이같은 것이 포함되어 있음을 보았다. 노동자를 위하
는 행위도 그것이 노동계급의 객체화와 빈곤화를 위장하는 수단일 때
는 자본전략의 일부에 지나지 않는다. 이들이 이야기하는 '인간화'는
사람들을 위하고 사람이 중심이 되는 인간화가 아니라 자본의 이윤을
증대하기 위해 노동계급을 달래는 인간화에 지나지 않는다. 인간화가
목적이 아니라 여전히 수단이 되는 것이다. 인간화라는 가면 아래 잉

---

1) 이영희 (1999), "정보화와 고용 및 노동," 『시민이 열어 가는 지식 정보사회』, 크리스
찬 아카데미 시민사회 정보포럼 편, 대화출판사, pp. 221~40.

여가치의 착취는 여전히 존재하며 보다 은밀하게 깊숙이 작동하고 있다. 자본주의는 여전히 자본주의다. 선진자본주의하에서도 이윤을 위한 생산은 매일매일의 질서이며 그 질서의 이면에 놓여 있는 동기이다. 노동은 여전히 이윤을 생산하고, 언제나 그랬던 것처럼 더 많은 이윤을 생산할 것을 요구받는다. 새로운 경영방식과 조직구조를 선진자본주의로 치장하는 어떠한 덮개도 이러한 사실을 변화시키지 않는다.

우리는, 비록 정보화 시대가 자본주의와는 무관하게 등장한 것처럼 보일지라도 이는 자본의 발전형태의 하나에 지나지 않는다는 것을 앞에서 보아 왔다. 이것은 새로운 노동계급의 주체성에 대응하여 계급투쟁에서 승리하려는 새로운 형태의 자본전략이지만 '노동계급에 대한 끊임없는 일의 부과'라는 자본주의의 본질은 그대로 보존될 뿐만 아니라 더욱 확대된 형태를 지닌다. 자본의 발전에 따른 노동계급의 적대감의 증대를 인식하지 못하는 노동계급의 전략은 자본의 전략과 그 내용상 큰 차이가 없다고 할 수 있다. 프랑스의 '조절주의자'들은 자본주의의 발전을 노동의 지배라는 개념으로 이해하기는 했으나 그들의 주된 관심은 노동계급의 적대감을 상대적으로 무시하면서 축적구조를 어떻게 잘 운영하는가에 두어져 있다.[2] 1970년대에 장기순환에 관한 논쟁에 참여한 만델(Ernest Mandel)이나 실버(Beverly Silver)와 같은 마르크스주의자들은 마르크스의 노동가치론과 이윤율 하락 경향의 법칙을 이론적 기반으로 자본주의 장기순환을 설명하였다.[3] 그들은 자본의 축적과정이 동일한 사회적 기반 위에서 계속 진

---

2) Aglietta, Michel (1979), *A Theory of Capitalist Regulation: The U.S. Experience*, London: New Left Books. Lipietz, Alain (1987), *Mirages and Miracle: The Crisis of Global Fordism*, London: Verso.

행하는 것으로만 생각했지 그 속에서 자본주의 체제를 넘어설 수 있는 가능성을 보지는 못했다. 그래서 그들의 제안 속에서 자본의 위기는 해결의 기회로 즉 자본주의 사회의 재건을 위한 기회로 등장한다. 노동계급의 적대감을 인식하지 못하는 마르크스주의자들의 분석은 내용상 슘페터나 그의 추종자들의 전략과 크게 다르지 않다. 차이가 있다면 마르크스주의자들이 자본론의 분석적 틀과 용어를 이용해서 경기순환을 분석했다는 점뿐이다. 모양은 마르크스주의이지만 내용은 자본발전의 전략인 것이다. 여기에서 드러나는 것처럼 노동계급의 적대감에 대한 인식은 노동계급의 전략을 구축하는 첫걸음이 된다.

2. 자본주의 발전과정과 계급투쟁의 과정

자본주의 체제 성립 이래로 노동계급의 주체성을 말살하고 노동자들을 단순한 기계로 만들려는 자본의 노력에 대해서 노동계급은 자본주의 사회관계를 파괴하고 새로운 사회관계를 구축하려는 투쟁을 계속해 왔다. 이러한 과정을 통해서 노동계급의 힘은 도리어 증대하여서 자본이 이들의 주체성을 와해하기가 점차 어렵게 되자 자본의 노동계급에 대한 공격은 점차 거세어지고 그 범위도 광범위하게 되었다. 그러나 대중노동자들이 작업장에서 그리고 '사회라는 공장(Social Factory)'에서 자본의 지배에 대항하면서 새로운 사회를 구축하려는

---

3) Mandel, Ernest (1983), "Explaining Long Waves of Capitalist Development," in *Long Waves in the World Economy*, ed.) Christopher Freeman, Butterworths, pp. 195~201. Silver, Beverly (1992), "Class Struggle and Kondratieff Waves, 1870 to the Present," in *New Findings in Long-Wave Research*, eds.) Alfled Kleinknecht, Ernest Mandel and Immanuel Wallerstein, St. Martin's Press, pp. 279~96.

움직임을 보이자 이제까지의 자본의 전략에 위기가 왔다. 이에 대응하기 위해서 전자기술을 도입하여 축적과 통제의 수단으로 이용하고, 새로운 경영방법을 도입하여 노동계급의 창의성과 주체성을 축적의 동력으로 전환하며, 이제까지 노동계급이 쟁취한 사회정책을 철폐하면서 자본에 유리한 정책을 실시하려는 슘페터 추종자들의 전략이 태동된 것이다. 물론 슘페터와 그의 추종자들의 전략이 이처럼 노동계급의 힘과 주체성을 억압하기만 하는 것은 아니다. 다른 한편에서 그것은 노동계급의 주체성에 비위를 맞추는 전략이기도 하다. 여기에 슘페터와 그의 추종자들이 말하는 경기순환의 양면성이 있다. 이들에게서 경기순환, 즉 자본주의 발전과정이란 한편에서 자본이 노동계급의 낡은 구성을 와해하는 것이며 다른 한편에서 노동계급이 자신을 정치적으로 재구성하는 과정이다. 노동계급의 입장에서 이 과정은 노동계급의 구성, 구성의 와해, 그리고 정치적 재구성으로 이루어진다고 볼 수 있다. 이것은 자본주의 발전과정이 노동과 자본 간의 계급투쟁의 과정임을 나타낸다. 자본은 계급관계이며 이러한 관계는 또한 투쟁의 관계이다. 계급투쟁은 자신의 사회질서를 강제하려는 자본의 노력과 자신의 독자적인 이익을 지키려는 노동계급의 노력, 그 둘 사이의 충돌이다. 따라서 투쟁을 초월하는 제3의 객관적인 관점이란 없다. 항상 두 개의 관점만 있다. 이는 자본의 관점과 노동계급의 관점이다. 이러한 두 관점을 뛰어넘어 객관성이 설 곳은 없다. 객관적인 과학을 추구하려는 것은 헛된 것이다. 노동과 자본 모두에게 유용한 이론이라는 명분으로 포장된 객관적 과학이 실제로는 자본의 전략을 대변하는 것에 그치는 경우를 우리는 수없이 보아 왔다.

슘페터 추종자들의 전략은 현존하는 모든 자원이나 사회체제를 이용하여 자본주의 사회관계를 공고히 하려는 전략이며, 오늘날 노동계급의 전략은 계급투쟁에서 모든 자원이나 사회체제를 노동해방을 위한 투쟁에 활용하려는 전략이다. 그렇다면 모든 자원이나 사회체제는 투쟁에 중립적인 것이 아니라 계급투쟁 자체로 해석되어야 한다. 앞에서 우리는 전자기술의 도입이라는 슘페터 추장자들의 전략이 대중노동자의 와해를 겨냥하고 있음을 살펴보았다. 마찬가지로 노동계급은 자본에 대한 투쟁의 수단으로 그리고 자신의 창의력을 발휘하기 위한 수단으로 전자기술을 사용하였다. 그렇다면 전자기술은 하나의 투쟁관계로 해석되어야 한다. 다른 예로 마르크스의 임금이론을 검토해 보자. 임금은 노동자에게는 소득이지만 자본가에는 비용이다. 자본은 노동력의 착취 및 가변자본과 잉여가치의 분리를 은폐하기 위하여 임금형태를 사용한다. 그러나 노동계급은 다시 이같은 착취를 공격하기 위해 임금인상을 요구한다. 결국 자본의 입장에서 임금은 노동계급을 분열시키고 약화시키면서 착취를 보장하는 주요 도구가 된다. 그러나 노동의 입장에서 임금은 바로 분열을 공격하는 무기로 전환될 수 있다. 그렇다면 우리는 모든 것을 투쟁관계로 해석하면서 이를 노동계급의 관점에서 분석해야 한다. 기술, 국가, 경영 등을 가치중립적인 것으로 파악하는 전략은 투쟁의 의미를 약화시킬 위험이 있다. 모든 범주와 현상에 관한 분석은 양면적이어야 한다. 각 개념과 그 관계는 계급투쟁과 관련되어 있기 때문에 개념과 관계는 투쟁의 관계로 읽을 때에만 그 의미가 분명히 드러날 수 있다.

이런 맥락에서 볼 때 객관화의 전략은 사회구조의 투쟁적 본질을 은폐할 위험을 갖는다. 가령 생산성의 발전은 사회체제(계급투쟁)와는 독립적인 것으로 누구나가 추구해야 할 과제라는 생각이 그러하다. 그람쉬(Antonio Gramsci), 만델(Ernest Mandel), 고르(Andre Gorz)와 같은 마르크스주의자들은 기술혁신의 도입으로 인한 자본의 발전이 개인에게 부담을 주는 일의 양을 끊임없이 줄여 '노동자 없는 공장'으로 향하는 경향이 있다고 주장했다.[4] 기술혁신이 계급관계에 중립적이며 과학기술의 발전이 인간을 일로부터 해방시키기 때문에 환영한다는 것이다. 그들은 자본이 기술혁신을 노동계급의 통제에 이용한다는 사실을 과소평가함으로써 그것에 대응하는 노동계급의 투쟁능력을 감소시켰다.

3. 투쟁의 출발점 : 노동계급의 자율적인 힘에 대한 인식

슘페터 추종자들의 전략은 노동계급의 힘에 대한 반응이라 볼 수 있다. 대중노동자들의 정치적 재구성으로 자본주의 사회관계의 유지가 어렵게 되자 이 구성된 노동계급의 힘을 해체시키고 만약 해체가 어려운 경우에는 이들의 힘을 자본의 발전으로 전용하기 위해 여러 가지 유인책을 사용하려는 것이다. 이처럼 슘페터 추종자들은 노동계급의 힘을 인식하고 있는데 역설적으로 노동계급의 전략이라는 이름 하에서 오히려 노동계급의 이같은 힘을 간과하는 노동전략이 많이 있다. 자본주의 발전과정이 노동과 자본 사이의 투쟁의 과정이며 노동계급이 자본의 발전을 규정할 수 있는 힘이 있다면, 노동계급의 힘을 무시하는 어떠한 노동전략도 패배주의로 흐르게 된다. 자본주의 발전과정을 노동과 자본 사이의 투쟁으로 보면 노동계급은 자본주의 발전과정에서의 단순한 희생물이 아니라 자율적인 힘을 지닌 적극적 존재

---

4) Gramsci, Antonio (1971), *Selections from the Prison Notebooks of Antonio Gramsci,* eds.) Quintin Hoare and Geoffrey Nowell Smith, New York: International Publishers. Mandel, Ernest (1978), *Late Capitalism,* London: Verso. Gorz, Andre (1985), *Paths to Paradise: On the Liberation from Work,* London: Pluto.

이다. 노동계급의 정치적 재구성을 다룬 앞 장에서 우리는 오늘날의 정보사회에서 노동계급이 어떻게 자본에 항거하고 또 자본에 압박을 가하는지를 보아 왔다. 이를 통해 우리는, 노동계급이 누군가에 의해 보살핌을 받아야 되고, 감독되어야 되고, 계획되어야 되는 무력하고 소극적인 객체가 아니라 기술, 지식, 열정, 창의성, 협동심 등을 갖고서 스스로 그들 자신들의 이해관계를 규정할 수 있고, 자신들을 위해 스스로 투쟁하며, 자신들의 미래를 스스로 결정할 수 있는 힘을 지닌 적극적 주체임을 확인했다. 노동계급은 자본이라는 기계에 의해 희생만 당하는 톱니바퀴 신세이기를 거부한다. 그들은 자본에 대해 자율적이며, 노동계급의 공식적인 조직(노동조합이나 당)으로부터도 자율적이다. 그리고 특정 노동계급 집단은 다른 노동계급 집단으로부터 자율적이다(예를 들면 남성으로부터 여성은 자율적이다). 노동계급의 이 자율적 힘의 인식이 바로 투쟁의 출발점이라 할 수 있다.

　노동계급을 단지 희생물로 보면서 노동계급이 자본주의 발전을 강요하기도 하고 또한 제약하기도 한다는 사실을 무시하면, 마치 자본주의 발전은 자본가 사이의 경쟁에 의해 결정되는 것처럼 설명된다. 이러한 생각에 바탕을 둔 노동계급의 전략은 자본을 아무리 나쁜 것이라 강조해도 결국은 자본의 생명력을 찬양하는 것이며 노동계급을 불운한 희생자로 보이게 만들어 우리들의 투쟁력을 제한한다. 자본의 잔혹성을 보여줌으로써 그것을 계급투쟁의 이데올로기적 비판을 무기로 사용하고자 하는 선의에도 불구하고 자본에 모든 권능을 부여하는 이론들은 단지 자본의 이익을 더해 줄 뿐이다. 20세기의 초에 로자 룩셈부르크를 비롯한 일부 마르크스주의자들이 보여주었듯이 노동계급 투쟁의 상승기에 노동계급의 자율성을 인정하는 것은 어렵지 않은 것 같다. 그러나 패배기만 되면 노동계급의 자율성은 너무 쉽게 망각

되고 마는 것 같다. 많은 마르크스주의자들이 노동계급의 힘을 강조
해 왔지만 그것이 사탕발린 말에 지나지 않는 경우가 많았다. 레닌은
『무엇을 할 것인가?』에서 노동자투쟁의 성격을 단편적이고 방어적인
것으로 파악하여 노동계급 대중에게 그들의 객관적 이익을 가르쳐 줄
직업적 혁명가 조직이 필요하다고 주장했다. 프랑크푸르트 학파는 공
장 내에서의 자본의 독재라는 정통파 마르크스주의의 분석을 이어받
아 이를 사회문화 전체에 적용하는 장점도 보유하고 있으나 그들 역
시 전문적인 지식인이야말로 진정한 해결책을 지니고 있다고 보았다.
자본주의를 벗어나기 위한 전략은 순수히 비판으로부터 만들어지는
것이 아니라 노동계급의 끊임없는 투쟁(노동계급의 자율성의 증대) 속
에서 생성되고 발전한다. 이 점을 인식하지 못하면, 노동계급의 무력
함(자본의 헤게모니)과 노동계급의 승리(혁명적 자본 폐지) 사이의 인
식상의 틈을 메우기 위한 유일한 길로서 '의식고취'라는 영역으로 떨
어져 버리게 된다. 노동계급의 의식은 외부에서 주어지는 것이 아니
라 노동계급의 투쟁 속에서 자라난다. 노동계급의 해방은 오직 노동
계급의 자율성의 증대를 통해서만 가능하다.

　노동계급의 자율적인 힘을 인식한다면 노동계급의 전략은 단순히
자본주의에 저항만 하는 부정적인 것으로 되어서는 안 되고 자본주의
를 넘어서 새로운 사회를 구축하려는 보다 적극적인 것이 되어야 한
다. 슘페터 추종자들의 전략에 대한 정치적 해석과 노동계급의 정치
적 재구성에 대한 분석을 통해 우리는 모든 것이 자본과 노동 간의
투쟁관계임을 알 수 있었다. 기술혁신, 지식, 경영, 국가 등이 자본에
의해 일방적으로 이용되어 온 것이 아니라 노동도 이들을 노동계급의
투쟁과 새로운 사회체제의 건설에 사용해 왔다. 노동계급의 힘에 대
한 인식이 없다면 기술혁신, 지식, 경영, 국가 등에 대해 우리가 취할

수 있는 전략은, 이것들이 노동계급에 미치는 악영향만을 강조하면서, 그것을 전면적으로 파괴하는 것에 한정될 것이다. 이와 같은 소극적인 전략으로는 계급투쟁에서 승리하기가 어렵다. 노동계급의 힘을 밑바탕으로 하는 노동전략은 국가를 파괴하고, 기술혁신을 부정하며, 창의적 기업가 정신을 거부하는 것이 아니라 이 모든 것들을 노동계급이 적극적으로 이용하는 것이다. 노동계급의 자율적인 힘을 인식하지 못하는 일부 아나키스트들이나 신러디스트들이 주장하는 것처럼 물질적인 기반의 감소가 우리의 발전의 전제인 것은 아니다.5) 반대로 우리들은 노동계급이 사용할 수 있는 물질적 기반을 증대시키고 그것을 노동계급의 목적을 수행하는 데 이용해야 한다. 이같은 적극적인 전략은 브레버만(Harry Braverman)이나 젤잔(John Zerzan)과 같이 기술혁신을 노동자의 탄압의 도구로만 이해하고 노동계급을 단순히 자본의 희생물로만 해석하여 자본주의 역사를 자본의 일방적인 이야기로만 설명하는 학자들의 전략과는 다르다.6) 기계를 파괴하는 것이 아니라 오히려 기계를 이용하여 계급관계를 유지 확대하려는 제 사회관계를 파괴하려는 것이다. 또 이 전략은 국가를 단순히 자본의 요구에 의해 행동하는 것으로만 파악하는 푸란차스(Nicos Poulantzas)나 밀리밴드(Ralph Miliband)와 같은 기능주의자들의 생각과도 다르다.7) 이들의 국가에 대한 전략은 단지 국가의 파괴에 지나지 않는다. 그러나 노동계급이 아동노동 금지, 직장에서의 성차별 금지, 노동시간 단

---

5) Rifkin, Jeremy (1995), "High-Tech Populism in the Information Age," *Tikkun*, May-June, pp. 44~9.

6) Braverman (1974). Zerzan, John and Alice Carnes (eds.) (1991), *Questioning Technology: Tool, Toy or Tyrant?*, New Society Publishers.

7) Holloway, John and Sol Picciotto (1978), "Introduction: Towards a Materialist Theory of the State," in *State and Capital: A Marxist Debate*, eds.) John Holloway and Sol Picciotto, Austin: The University of Texas Press, pp. 1~31.

축, 환경보호 등을 하도록 정부에 압력을 가해 성공한 사례가 많이 있었던 것을 잊지 말아야 할 것이다. 이러한 투쟁의 축적을 통해 기술이나 국가가 자본주의적으로 사용되는 부분은 점차 감소하고 노동해방을 위해 사용되는 부분은 점차 커져 결국 기술이나 국가의 내용도 바뀌어 갈 것이다.

4. 우리의 미래는 현재의 투쟁에 달려 있다.

만약 자율적인 노동계급의 힘이 여러 조직들을 강제하고 또한 자본의 변화를 초래한 것이라면 자본을 노동계급으로부터 독립해 있는 외부의 힘으로 이해할 수 없다. 그것은 바로 계급관계로 이해되어야 한다. 자본가 사이의 경쟁이나 국가와 자본 간의 경쟁도 결국 노동계급을 어떻게 잘 규제하고 통제하는가에 대한 경쟁이며 계급투쟁의 한 형태인 것에서도 알 수 있듯이 사회체제가 계급사회인 한, 사회의 변화과정은 계급투쟁에 의해서 결정된다. 슘페터와 그의 추종자들은 비록 계급이나 계급투쟁이란 용어만 쓰지 않았을 뿐이지 자본주의의 장래는 계급투쟁의 결과에 달려 있다는 사실을 인식한 것이다. 그들은 자본주의의 위기가 주어진 노동계급의 구성을 적절히 규제하지 못한 데서 기인한다고 인정한다. 그래서 그들은 노동계급의 힘을 극복 와해하기 위해 급격한 기술혁신과 점진적인 기술혁신을 도입하고 새로운 경영방법과 조직구조를 운영하고 새로운 국가체제를 갖출 것을 전략으로 제시하였다. 이같은 자본의 노동계급 와해 전략에 대항하여 노동자들은 정치적 재구성을 달성하기 위해 노력한다. 이처럼 자본주의의 발전과 위기는 다름 아닌 노동과 자본 간의 투쟁관계 속에서 출현한다. 우리의 미래가 역사의 철칙에 의해 결정되는 것이 아니라 계급투쟁의 결과에 달려 있다고 보는 것은 이 때문이다.

자본주의의 발전을 역동적 계급투쟁의 과정으로 이해하는 한 마르크스가 분석한 자본주의 발전의 역사이론을 역사의 일반법칙 이론으로 간주하는 유물사관은 기각될 수밖에 없다. 자본주의는 공산주의를 향해 나아가는 미리 결정된 과도단계가 아니다. 공산주의가 자본주의에 뒤따라오는 사회주의의 다음 단계라는 생각은 역사를 예정된 것으로 간주함으로써 노동투쟁을 등한시하고 패배주의를 조성할 수 있다. 이러한 시각은 역사를 완전히 자본의 일방적인 이야기로 묘사하면서 노동계급의 자율성을 완전히 무시하는 경향이 있다. 노동계급의 자율성을 무시할 때 자본주의의 멸망은 자본주의의 내부 모순에서 찾을 수밖에 없을 것이다. 이전의 많은 마르크스주의자들은 노동계급의 자율성을 인식하지 못하고 오직 자본의 힘만을 분석하곤 했다. 그 결과 그들은 자본주의를 넘어 새로운 사회를 구축할 힘을 노동계급 외부에 존재하는 목적의식적 전위에서 찾거나 자본주의 체제가 스스로 무너지는 것을 기다리는 것에서 찾을 수밖에 없었다. 여기서 도출되는 전략은 자본의 불안정성(무정부성)을 국가의 계획으로 대체하는 사회주의 체제를 도입하는 것이거나 자본의 착취를 완화시키는 방법을 찾는 것이다. 이러한 전략 속에서 노동계급의 주체적 힘은 경시되며 그 힘을 증대시키기 위한 노력 역시 경시된다. 이처럼 역사결정론은 노동계급의 투쟁의 힘을 약화시키는 효과를 가져온다. 안또니오 네그리와 펠릭스 가따리는 공산주의가 역사의 철칙에 따라 이루어지는 아주 먼 미래의 유토피아가 아니라 현실 세계 속에 매일매일의 투쟁의 과정으로 항상 존재한다는 내재적 공산주의의 관점을 제기함으로써 결정론적 역사관을 극복할 수 있는 단초를 제시했다.[8]

역사과정이 투쟁과정이라면 현재는 과거의 투쟁의 결과이며, 현재 투쟁은 우리들의 미래를 결정한다. 슘페터 추종자들의 전략은 철저히 현실에 바탕을 둔 전략이다. 그들은 자본의 위기를 오히려 자본의 발전의 기회로 삼는다. 그들은 위기의 현실을 외면하는 공허한 전략을 수립한 것이 아니라 위기의 현실을 밑바탕으로 하여 그 위기를 극복할 구체적 전략을 수립한 것이다. 노동전략도 현실을 바탕으로 이루어져야 한다는 점에서는 이와 다를 수 없다. 현실에서 출발하지 않는 전략이란 유토피아에 지나지 않고 단순하고 공허한 주장에 지나지 않을 것이다. 유토피아란 단어는 영어로 no/where(실재하지 않는 곳)로 정의되고 있다. 그러나 이는 또한 now/here(지금 여기)로 읽힐 수도 있을 것이다. 이런 의미에서 유토피아는 하나의 대안적인 '모델'로서, 정당의 프로그램으로서, 또는 사람들을 그것에 복종시키려고 하는 하나의 계획같은 것으로서 이해되어서는 안 된다. 반대로 유토피아는 개방적이고 포용성이 있는 사고 지평으로서, 그리고 저항적인 실천과 의사소통으로서 이해되어야 할 것이다.9) 만약 우리가 '인간의 생산적인 힘'을 현존하는 사회관계 외부의 어떤 실체로서 이해하게 되면 현존하지 않는 것에서 현존하는 것을 극복할 힘을 찾는 공상적 문제설정에 빠지게 되기 때문이다. 우리들이 추구하는 새로운 사회란 현실사회와 완전히 다른 그 무엇이 아니다. 비록 우리가 지금 속해 있는 현실이 자본주의적인 것이지만 이 현실 속에서도 우리는 새로운 사회를 형성하는 그 무엇을 발견할 수 있다. 이윤과 통제가 아니라 필요와

---

8) 공산주의의 개념에 관해서는 다음을 참조하라. Negri, Antonio (1991), *Marx beyond Marx: Lessons on the Grundrisse*, translated by Harry Cleaver, Michael Ryan and Maurizio Viano, ed.) Jim Fleming, New York: Autonomedia/Pluto. Guattari, Felix and Antonio Negri (1990), *Communists Like Us: New Spaces of Liberty, New Lines of Alliance*, translated by Michael Ryan, New York: Semiotext(e).

9) 매시모 드 안젤리스 (1996).

공유의 공간이 현실 속에 여전히 있다. 이 공간을 확대하는 것이 바로 자본주의 사회체제를 극복하고 새로운 사회를 구축하는 것이다.

5. 투쟁의 의미

이상에서 우리는 슘페터 추종자들의 전략에 대한 정치적 분석을 통해 우리에게 왜 투쟁이 필요한가를 살펴보았다. 그러면 무엇이 투쟁인가? 슘페터 추종자들의 전략분석에서 이에 대한 대답도 얻을 수 있다. 슘페터 추종자들이 주장하는 다양한 전략들의 최종적인 목적은 자본주의 사회관계의 공고화이다. 즉 노동계급으로 하여금 일하지 않으면 살아갈 수 없는 체제를 다지는 것이다. 이 전략이 노동계급의 삶을 일에 더욱 종속시키는 것인 만큼 삶의 확장을 추구하는 노동자들의 투쟁은 이 전략이 공고화하고자 하는 자본주의적 사회관계의 해체를 지향하지 않을 수 없다. 자본주의의 성립 이래로 많은 사람들은 자본을 사회관계로 보지 않고 단순히 물적인 것으로 파악하여 투쟁의 목표를 상실하는 경우가 적지 않았다. 자본을 물적인 것으로 파악하는 관점은 노동계급을 단순히 자본의 희생물로 보는 관점과 연결되어 있다. 노동계급을 자본의 희생물로 보는 한, 자본을 노동-자본의 사회적 관계로 설명할 필요가 없다. 왜냐하면 그러한 관점 속에서는 자본의 운동이 노동과 무관하게 자본 자체의 일방적인 이야기로서, 즉 관계가 아닌 물(物)로서의 자본의 자기운동으로서 충분히 설명될 수 있기 때문이다. 많은 마르크스주의자들이 이처럼 노동계급의 자율적인 힘을 등한시한 결과 자본을 물적인 것으로 파악하고 마르크스를 (그가 정치경제학 비판가였다는 점을 도외시한 채) 위대한 경제학자 중의 한 사람으로 자리매김해 버림으로써 자본주의 사회관계의 해체를 지향한 마르크스의 혁명성을 묻어버렸다. 자본을 사회관계로 보지 않고 단지 물적인 것으로 파악하는 마르크스주의자들은 자본주의를 단지 그것의 무정부적인 불안정성 또는 그것의 착취적 성격의 측면에서 분석하는 데 그쳤다. 결국 그들은 자본주의의 폐해에 대한 치유법을 사회주의적 계획과 사유재산의 철폐에서 찾을 수밖에 없었다. 이렇게 되면서 마르크스의 분석은 경제학의 울타리 속에 한정되었고 당의 정치적 입장을 뒷받침해 주는 이데올로기적 기반으로 전락되었다. 생산에 대한 물신숭배에 기초한 사회주의 이론은 계급투쟁 관점의 소멸을 정당화한다.

마르크스는 자본이 계급간 사회관계라고 거듭 말했을 뿐만 아니라 계급의 차원에서 소위 경제관계는 실제로는 정치관계(사회관계)임을 명백히 했다. "노동계급이 지배계급에 대항하면서 하나의 계급으로 등장하여 외부로부터 지배계급에 압력을 가하는 모든 운동은 정치적 운동이다. 예를 들어 어느 특정 공장이나 특정 산업에서 파업 등의 방법을 통해 자본가로부터 노동시간 단축의 양보를 받아내기 위한 투쟁은 순수한 경제운동이다. 반면에 8시간 노동제 등의 입법을 목표로 하는 운동은 정치운동이다. 그리고 이런 식으로 노동자들의 개별적인 경제운동으로부터 광범위한 정치운동이 생겨나는데 이것이 말하자면 계급운동으로서 그 목표는 일반적인 사회적 강제력이라는 형태의 이익을 획득하는 것이다."10) 그러나 많은 사람들은 이같은 경고를 무시하고 자본을 물적인 것으로 파악하여 자본이 없다면 어떻게 살아갈 수 있는가라고 반문한다. 물론 물질은 무시될 수 없다. 단지 우리는

---

10) Marx (1871), "Marx to Bolte," Karl Marx and Frederich Engels, *Correspondence 1846~1895*, pp. 315~9.

이 물질이 인간들간의 사회적 관계를 자본의 형태로 확대 재생산하는
데 이용되는 것을 반대하는 것이다. 투쟁의 근본적 목표는 자본주의
사회관계에서 자라나는 물적인 자본이나 자본가계급을 청산하는 데
있는 것이 아니라 그 뿌리가 되는 자본주의 사회관계를 해체시키는
데 있는 것이다.

　그렇다면 자본주의 사회관계를 해체시키고 새로운 사회를 구축한
다는 의미는 무엇인가? 슘페터의 생산함수에서 그것을 찾아보자. 슘
페터의 전략이란 새로운 생산함수로 자본주의 사회관계를 공고히 하
려는 전략이다. 자본주의 경제학에서 일반적으로 생산함수를 $Y=f(L, K)$로 표현한다. 생산량 Y는 투입요소 노동 L과 자본 K의 양과 그 결
합에 의해서 결정된다는 것이다. 여기서 주체는 생산량이고 노동은
하나의 수단인 객체이다. 생산량 Y를 위해서는 노동 L은 어떻게 사용
되든지 상관이 없다는 것이다. 물건이 주인이 되고 사람이 종이 되게
하는 것이 자본주의 생산함수인 것이다. 그렇다면 자본주의 사회관계
를 해체한다는 것은 역으로 노동 L이 주인이 되고 물건 Y는 종이 되
게 하는 것을 말할 수 있다. 그렇다면 새로운 사회에서의 사회적 함수
는 $L=f(K, Y)$가 되어야 한다. 여기서 노동 즉 사람 L이 주인이 되고
물적 자본 K나 생산량 Y가 종이 되게 하는 것이다. 인간이 주체가 되
는 것이 바로 자본주의 사회관계를 해체하는 투쟁이다. "공산주의는
곧 인본주의(humanism)이다"라는 마르크스의 말의 진의는 인간의 주
체성을 강조하고 있다. 그에게서 공산주의란 어떤 고정된 형태의 사
회제도가 아니라 인간이 주체가 되는 투쟁과정이기 때문이다.

　슘페터 추종자들의 전략은 전 사회를 하나의 공장으로 만들려는 전
략이다. 그들은 연구소나 대학을 연결하여 잉여가치의 원천으로 만들

고 여러 가지 국가정책을 통해 사회 각 부문을 자본의 발전에 유익하
도록 만들 것을 주장했다. 슘페터 추종자들의 전략 중 '기술혁신을 위
한 국가체제(National System for Innovation)'라는 주장은 전 사회를
하나의 공장으로 만들려는 그들의 생각을 표현한다. 자본주의 사회의
시초부터 자본은 전 사회를 하나의 지배 대상으로 보아 왔다. 왜냐하
면 자본의 재생산과정은 노동력의 재생산과정과 분리해서 생각할 수
없기 때문이다. 노동계급을 재생산하는 가정이나 학교가 자본주의 사
회체제에서는 직접적으로 잉여가치를 생산하는 공장 못지않게 중요
하다. 주로 가정이나 학교에서 이루어지는 것으로 노동력 재생산과
관계되는 일은 자본이 직접 임금을 지불하지 않아도 된다는 것뿐이지
자본의 재생산에 없어서는 안 되는 필수요소이다. 또 자본관계를 재
생산하기 위해서는 유통을 전제해야 한다. 상품의 소비는 노동력의
재생산과 밀접한 관계가 있을 뿐만 아니라 그것은 자본주의 사회관계
의 유지를 위해서 필수 불가결한 요건이다. 마르크스는 시초적 축적
과정을 설명하면서, 토지에서 축출된 농민은 노동력으로서의 역할뿐
만 아니라 소비자로서 역할도 한다고 주장했다. 그러나 초기에 자본
은 생산 현장인 공장에서의 지배는 개별 자본가에게 맡기고 전체 자
본의 흐름은 시장에 맡겼다. 그들은, 보이지 않는 손의 작용에 의해서
자본주의의 문제점이 자동적으로 해결된다고 보았다. 그러나 노동계
급의 힘의 증대로 시장에 의한 임금하락이 장벽에 부딪치자 자본의
축적과정 전체를 계획적으로 통제할 수 있는 방안을 연구했다. 이것
이 임금의 하방 경직성에 기반을 둔 케인즈의 전략이다. 임금하락을
거부하는 노동계급에게 임금인상을 허용하면서 이를 자본의 재생산
에 필요한 상품의 소비로 전환하여 자본의 발전에 이용하고자 하는
것이다. 이것은 자본이 노동시장의 원활한 운용을 위해 국가의 재정
금융정책을 이용하려는 계획이다. 슘페터 추종자들의 자본발전 전략

은, 케인즈주의에서 구체화된, 사회적 공장에 대한 통치 전략을 포기하는 것이 아니라 한편으로는 엄격한 계획으로 사회 전반을 통제하고 다른 한편으로는 시장의 힘을 내세워 노동계급을 채찍질하는 것이다. 슘페터 추종자들에게서도 비임금 노동계급의 노동력 재생산 역할이나 그들의 소비자로서의 역할에 대한 중요성은 간과되지 않고 있다.

비임금 노동자는 이와 같이 자본에게 매우 중요할 뿐 아니라, 그들의 투쟁은 임금 노동자들의 투쟁에 못지않게 자본의 확대 재생산에 위협을 준다. 농민, 실업자, 여성, 흑인, 이민자, 학생 등 비임금 노동계급의 주체성을 살리기 위한 투쟁이 오늘날 자본주의 사회체제에 크나큰 압박을 가한다는 사실에 대해서는 앞서 살펴보았다. 그들 자신이 자본을 위한 노동력으로 전환되는 것을 거부하는 학생들, 순응주의자로서보다도 투사로서 가부장제도와 싸우고 또 자신들의 아이들을 기르려고 애쓰는 주부들, 그리고 자신들의 생산물을 위한 시장으로부터 혹은 노동력을 위한 시장으로부터의 자율성을 추구하고 있는 농민들 등은 모두 노동계급 투쟁의 주요 구성원들이다. 이들의 투쟁은 운동의 주변부, 심지어 운동의 외부가 그 중심부만큼이나 중요하다는 것을 보여준다. 이제 '공장' 밖의 사회에서 일어나고 있는 다양한 투쟁들은 자본주의적 노동의 어떠한 형태에도 반대하는 노동계급 투쟁의 불가결한 부분으로 이해되어야 한다.

오늘날 비임금 노동자를 노동계급에서 배제시키는 시각은 더 이상 적실하지 않다. 비임금 노동자들의 주체성 획득을 위한 여러 가지 행위가 바로 노동계급의 다른 부문의 투쟁과 직·간접적으로 연결되어 있기 때문이다. 우리들의 투쟁이 공장에 한정되는 한 우리들의 투쟁에는 한계가 있다. 자본을 사회관계로 보지 않고 물적인 것으로 보게 되면 잉여가치의 생산 및 가치의 순환, 실현의 장소로서의 자본주의 공장을 이론화의 주된 대상으로 삼게 된다. 하지만 자본을 사회관계로 보면 노동계급에는 비임금 노동자가 포함되지 않을 수 없다. 비임금 노동자는 인간의 삶을 일에 종속시키는, 즉 일을 강제하는 자본관계의 생산과 재생산과정의 필수적 구성부분이기 때문이다. 정통파 마르크스주의자들은 마르크스를 경제학자로 한정하고 자본주의 공장과 그 임금 노동자들에 관한 이론을 만들었다. 그 결과 나머지 사회 부문을 분석의 대상에서 제외시키는 결과를 가져왔는데 그 분석에서 제외된 대상은 국가와 정당 정치뿐만 아니라 실업자, 가정, 학교, 보건, 언론, 예술 등을 포함한다. 임금을 받는 산업노동자만이 '노동자계급'이라는 낡은 정의는 자본주의적 산업화의 첫 번째 무대인 제조업에서 자라나온 정통 마르크스주의 전통의 일부였다. 오랫동안에 걸친 계급투쟁의 동학은 그 정의를 시대에 뒤진 것으로, 그리고 반(反)생산적인 것으로 만들었다. 농민봉기를 전(前) 자본주의적 생산양식의 틀 속에서 이해했으며, 학생운동은 쁘띠부르주아나 룸펜적인 것으로 분류하였고, 여성운동은 기묘한 가부장적 생산양식의 틀 속에서 설명되었다. 자본은 노동계급을 임금 노동자와 비임금 노동자로 수직적으로 분할하여 지배한다. 자본은 비용이 드는 임금 노동자에게 큰 관심이 있다. 그러나 자본은 비용이 들지 않는 비임금 노동자는 그들의 관심 밖인 것처럼 말한다. 노동계급을 임금 노동자에게만 한정하는 것은 이러한 자본의 전략에 말려드는 것이라 할 수 있다. 자본주의의 발전과 더불어 비임금 노동자들의 중요성은 점차 더 커지고 있다. 그만큼 비임금 노동계급의 투쟁의 중요성도 커지고 있다. 그 결과 노동계급투쟁은 자본주의 체제 내에서 (임금 혹은 비임금의) 노동을 강요당하는 모든 노동자들이 자본주의 사회관계를 해체시키기 위한 것으로 발전되고 있다.

　노동자들은 투쟁을 통해 임금 노동에 의해 직접적으로 지배되는 그들의 삶의 부분을 제한하는 데 상당한 성공을 거두었다. 이에 자본도 자유시간 속에서 이루어지는 노동자들의 새로운 활동들(예컨대 교육, 레크리에이션 등)을 식민화하는 것으로 대응하면서, 노동계급이 성취한 새로운 활동들을 자신을 위한 노동으로, 상품생산에 기여하는 간접적으로 생산적인 노동(예컨대 가사노동, 수업노동, 노동력의 재창조로서의 레크리에이션 등)으로 전환시키려고 노력했다. 이에 따라 자본주의는 모든 삶을 일에 종속시키는 사회제도로까지 발전하였다.11) 삶의 일에로의 종속은 단순히 사람들로 하여금 장시간 일을 하도록 하는 것을 의미할 뿐 아니라, 일 이외의 다른 활동들도 노동력으로, 즉 일을 할 의사와 능력으로 재창출하는 것도 의미한다. 직접 돈을 받고 일하는 시간뿐만 아니라 우리가 생각하는 자유시간 여가시간도 일을 위한 준비시간으로 사용된다. 예를 들어 자본은 노동계급의 레크리에이션을 다음 단계의 노동을 위한 에너지 충전 활동으로 전환시키려 시도한다. 슘페터 추종자들이 서비스, 학술, 예술, 문화, 정보활동 등을 상품으로 전화하려는 전략은 이같은 시도의 일부가 된다. 인간의 이 생산적인 힘들의 노동으로의 전환은 너무나 일반적이어서 이제 그것이 마치 하나의 자연현상처럼 보일 정도이다. 이제 노동-시간의 필연성은 사라진다. 문제는 삶-시간이다. 자본주의 사회관계가 우리들의 삶에 침투되어 있는 상황에서, 우리는 우리들의 사고방식이나 문화에 깃들어 있는 분리주의나 이기주의적인 이데올로기(소비주의, 인종차별주의 등등)를 비판하기 위해 노력해야 한다. 창의성, 문화, 오락, 인간관계에서 자본주의적 논리로부터 자유로워질 수 있도록 노력해

---

11) 자본주의 발전에 따르는 이와 같은 변화를 마르크스는 '자본에 의한 노동의 형식적 포섭(formal subsumption of labor by capital)'에서 '자본에 의한 노동의 실질적 포섭(real subsumption of labor by capital)'으로의 전환으로 보았다.

야 한다. 자본의 가치에서 벗어나 단결, 단합, 상부상조의 가치를 드높이는 것은 그러한 노력의 일부가 될 수 있을 것이다. 현실에 대한 올바른 인식, 경쟁적 삶보다 화합의 삶을 살아가는 것, 이윤에 의해서 행동하는 것이 아니라 인간애를 바탕으로 행동하는 것 등이 모두 자본주의적 사회관계를 해체하는 투쟁의 일부가 될 수 있다. 투쟁이란 아무나 넘볼 수 없는 어떤 거창한 무엇이 아니다. 사람들 각자가 자신들이 살아가는 공간에서 이윤과 비용의 기준에 따라 행동하기보다 화합과 나눔의 기준에 따라 행동하는 것이 바로 자본주의적 사회관계를 벗어나고 새로운 사회를 구축하는 투쟁이기 때문이다. 우리들의 삶 자체가 하나의 투쟁이 되는 것이다. 요컨대 투쟁이란 자본주의 공장 안에 있는 임금 노동자나 공장 밖의 비임금 노동자 모두가 인간을 객체화시키는 자본주의 사회관계를 해체하고 인간이 주인이 되는 사회를 구축하고자 하는 일상적인 삶의 운동 전체를 지칭한다.

모든 사람들의 일상생활에서 인간이 주체가 되도록 하는 모든 행위가 투쟁이라면 투쟁에는 거창한 것만 있는 것이 아니다. 투쟁이라 할 때 광주 민주화 운동이나 1987년 이후 대규모 노동계급의 투쟁과 같은 것을 먼저 떠올린다. 이는 거대한 투쟁행위임에 틀림이 없다. 그러나 우리들의 일상생활에서의 조그마한 행위도 이에 못지않게 중요한 투쟁으로 볼 수 있는 것이 많이 있다. 물질적으로 인간적인 대접을 받지 못하고 있는 사람들을 안타까워하고 도와주려는 행위, 부당한 권력의 압력에 항거하거나 그 권력을 인정하지 않는 행위, 학교에서 점수를 따는 것보다 지식과 우애를 얻는 것을 더 중시하는 행위, 우리들이 살아가는 자연을 보호하는 행위 등등 인간을 중심으로 생각하고 행동하는 모든 것이 투쟁인 것이다.

6. 투쟁전략

  이상에서 투쟁의 필요성과 투쟁의 의미를 살펴보았다. 이것으로는
충분하지 않다. 우리는 투쟁에서 승리할 수 있는 방법을 모색해야 할
것이다.

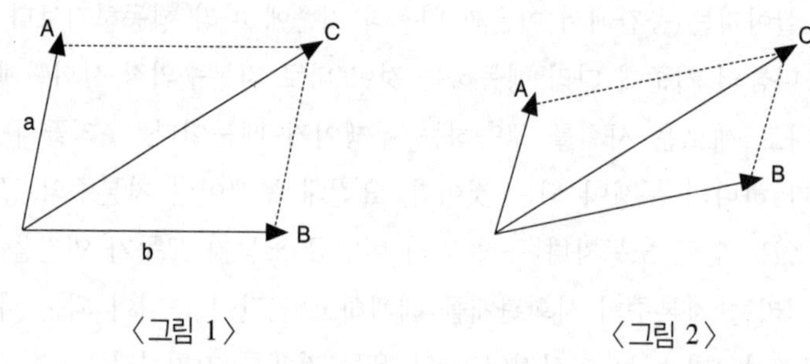

〈그림 1〉 〈그림 2〉

  현재는 미래를 향한 출발점이다. 물론 현재는 과거의 투쟁의 결과
이다. 이를 벡터(Vector) 개념을 이용해서 설명해 보자. 다양한 사람
들이 살아가는 사회에서는 다양한 생각이 존재한다. 자신이 이상으로
여기는 사회는 가지각색일 것이다. 그러나 설명의 편의상 두 개의 대
립되는 이상적 사회가 있다고 하자. 하나는 자본이 그리는 이상적인
사회이고 하나는 노동계급이 그리는 이상적인 사회이다. 〈그림 1〉에
서 보듯이 만약 자본이 나아가고자 하는 방향이 A, 노동계급이 나아
가고자 하는 방향이 B, 자본의 힘의 크기가 a, 그리고 노동의 힘의 크
기가 b만큼이라면 그 힘은 C방향으로 나아갈 것이다.12) 〈그림 2〉에
서 보듯이 우리는 여기서 미래를 우리에게 적합한 것으로 하기 위해

---

12) 현실적으로 자본의 방향도 다양하고 노동의 방향도 다양하여 이상적 사회는 n차원
   공간에서 이루어지는 벡터일 것이다.

256

서는 방향설정과 힘의 크기가 중요하다는 것을 알 수 있다. 노동계급
의 투쟁에서 방향은 여러 가지로 설정될 수 있겠으나 가장 기본이 되
고 중심이 되는 것은 노동계급의 적대감과 인본주의라 할 수 있다. 노
동계급의 적대감을 인식하지 못하고 인본주의를 향하지 않는 방향이
란 자본에 가까운 방향이 될 수 있기 때문이다. 그리고 힘의 강도가
중요하다. 우리의 힘이 셀 수록 그리고 자본의 힘이 약할 수록 역사의
방향이 우리들이 추구하는 방향에 가까울 수 있기 때문이다. 우리의
힘을 강화하고 동시에 자본의 힘을 약화시키는 방법을 찾는 것이 바
로 우리들이 원하는 전략의 기본이 된다.

　우리들의 힘을 강화하고 적(자본)의 힘을 약화시키는 가장 강력한
방법 중 하나가 '노동거부(Refusal of Work)'의 방법이다. 슘페터 추종
자들의 자본전략은 여러 가지 방법을 사용하여 노동계급에 끊임없이
일을 부과하려는 전략이었다. 자본주의 사회체제에서 벗어나기 위해
노동계급도 끊임없이 자본주의적 일의 부과에 항거함을 앞에서 살펴
보았다. 그러므로 자본주의 사회체제에서 계급투쟁이란 일을 둘러싼
투쟁이다. 자본주의적 일의 부과에 대한 거부가 자본에게 크나큰 위
기를 가져올 수 있는 것은 이 때문이다. 자본주의적 일의 부과에 대한
노동계급의 투쟁은 임금상승(비임금 노동자의 사회적 임금을 포함),
노동시간의 감소(자본을 위한 노동력 재생산에 투입되는 시간의 감소를
포함), 노동강도의 감소 등으로 나타난다. 슘페터 추종자들의 전략이
임금(사회적 임금 포함)의 인하를 주요한 목표 중의 하나로 삼고 있는
것을 통해 거꾸로 우리는 임금이 노동계급의 투쟁에서 얼마나 중요한
요인인가를 알 수 있었다. 노동계급에게 임금이란 자신의 노동력을
팔지 않고서도 살아갈 수 있는 여건을 만들 수 있는 물질적 기반이며
자본의 지배에 과감히 저항할 수 있는 기금이 될 수 있다. 노동시간이

감소되면 노동자들은 이 시간을 자본을 위한 노동시간이 아니라 자신을 위한 시간으로 활용할 수 있다. 또 임금상승으로 얻은 물질적 부나 노동시간의 단축으로 얻은 확대된 가처분시간을 노동자들은 자본에 대항하는 각종 사회운동을 위해 사용할 수 있다. 보다 많은 임금과 보다 적은 노동시간으로 자신의 공간과 시간을 넓혀 자신이 객체가 아니라 주체가 될 수 있는 여건을 조성할 수 있는 것이다. 이렇게 볼 때 임금과 노동시간을 둘러싼 투쟁은 단순히 경제적인 투쟁이 아니라 정치적인 투쟁이며 새로운 세상을 구축하는 첫 단계가 된다.

노동거부가 자본의 공격에 저항하는 소극적인 전략이라면 노동계급의 '자기가치화(Self-Valorization)'는 보다 적극적인 전략이라 할 수 있다. 노동계급의 자기가치화란 노동거부를 통해 확보한 시간과 공간을 노동계급의 자율적인 발전을 위한 시간과 공간으로 전환하는 것이다. 이것이 바로 노동시간을 삶의 시간 속으로 흡수하는 것이다. 노동거부의 힘이 자본주의적 노동부과에서 상대적으로 자유로운 시간과 공간을 개척할 수 있는 힘이라면, 노동계급 자기가치화의 힘은 이러한 시간과 공간 속에 대안적인 활동들과 새로운 형식의 사회성을 채워 넣을 수 있는 힘이다. 이제까지 우리는 자본에 대한 저항에만 초점을 맞추어 상대적으로 적극적인 노동계급의 자기가치화에는 관심을 크게 두지 않아 왔다. 이 상대적 무관심은, 노동계급의 투쟁으로 자본주의 사회관계가 위기에 도달했을 때에도 노동계급이 이 열린 공간에서 자기가치화를 이루는 데 실패함으로써 역공격을 당하고 획득한 성과물을 다시 빼앗기는 것을 허용하도록 만들었다.

노동거부나 노동계급 자기가치화를 추구하는 힘은 어디에서 나오는가? 많은 힘은 노동계급의 단결에서 나온다. 개개인은 매일매일의 일상생활에서 투쟁활동을 하고 있다. 이 투쟁활동이 보다 큰 힘을 발휘하려면 개개인의 투쟁을 서로 연결시키는 것이다. 노동자들의 단결은 자본주의의 시작 이래로 노동투쟁에서 가장 강력한 무기 중의 하나였다. 그래서 자본은 항상 노동계급을 분리하기 위해 노력하였다. 특히 새로운 통신 기술의 발전에 따른 자본의 국제화는 노동계급의 국제적 단결을 시급한 것으로 만들고 있다. 지역, 분야, 습성, 언어 등을 가로질러 지구적 수준의 협력을 달성할 수 있는 투쟁을 조직할 필요성은 더욱 커지고 있다. 왜냐하면 노동계급의 국제적 단결 없이 노동계급이 자본의 국제적인 기구 및 조직에 대항하기란 매우 어렵기 때문이다. 특정 분야의 개별 노동자는 다국적 자본의 공격으로 자신이 고립될 수 있다는 두려움 때문에 그것에 대항하기를 주저한다. 우리가 다른 사람들도 다른 곳에서 투쟁을 하고 있다는 사실을 아는 것은 우리에게 용기를 내어 투쟁에 나설 자신감을 줄 것이다. 만약 우리가 다른 사람들과 투쟁경험과 전략을 교환한다면 이것은 우리들의 고립을 파괴하고 공동의 목표를 세울 수 있게 할 것이다. 그러므로 다양한 지역적 투쟁들과 이들간의 의견교환은 세계적인 규모의 노동계급의 단결을 가지고 올 수 있다. 슘페터 추종자들의 전략에 대한 정치적 해석에서 우리는 자본이 얼마나 노동계급의 단결을 두려워하는지를 알 수 있었다. 그들의 전략 속에는 노동자들간의 임금격차, 임금 노동자와 비임금 노동자 간의 구분, 인종간의 차별, 성별간의 차별, 노동자들의 국가적 차이 등 노동계급을 분할하여 지배하려는 계획이 다양하게 숨어 있었다. 자본은 결합생산을 하기 위해 노동자들을 결합하지 않으면 안 된다. 그러면서도 자본은 노동자들의 결합생산이 노동자들간의 단결로 나아가는 것을 막아야 한다. 이윤축적의 주요 축들 중의 하나인 노동자들간의 분할이 깨어지면 자본주의적 사회관계의 유지 자체가 위험해질 것이기 때문이다.

자본은 노동계급의 단결을 저지하기 위해 여러 가지 전략을 취하는데 대표적인 것이 임금의 격차를 두어 노동자 서로간에 경쟁을 하는 체제를 만드는 것이다. 그러므로 노동자들 사이의 임금격차를 될 수 있는 한 줄이는 것이 노동계급의 단결에 매우 중요한 것임을 알 수 있다. 될 수 있는 한 평등한 분배는 자본에게는 노동에 대한 통제력을 줄이고 노동계급에게는 단결력을 준다. 그래서 남녀간의 임금격차, 인종간의 임금격차, 국가간의 임금격차, 지역간의 임금격차, 산업간의 임금격차, 하청기업과 모기업간의 임금격차를 줄이는 것이 노동자들 사이의 단결에 도움이 된다. 임금격차를 노동분할의 수단으로 이용하는 또 하나의 대표적인 예가 임금 노동자와 비임금 노동자 간의 임금격차이다. 마르크스는 비임금 노동자를 산업예비군으로 명명하고 이것이 자본주의적 사회관계를 확대 발전시키는 데 얼마나 큰 역할을 하는지를 지적한 바가 있다. 실업자와 취업자가 서로 반목하면 이는 자본에게는 큰 힘이 될 것이다. 반대로 실업자에 대한 취업자의 여러 가지 지원은 취업 노동자들의 힘을 증대시킨다. 특히 오늘날 지역간 혹은 국가간 임금격차를 유지함으로써 지역간 혹은 국가간의 경쟁을 유발하는 것이 노동계급의 전국적·국제적 단결을 막는 장치임이 인식될 필요가 있다. 자본은 전라도의 노동자와 경상도의 노동자들이 서로 다투게 하고 미국의 노동자와 한국의 노동자들가 서로 다투게 하여 계급투쟁에서 우위를 점하려고 한다. 지역별, 국가별로 노동자들 간에 반목과 질시가 있는 한 노동자들은 자본의 사회관계를 넘어서기가 매우 어렵다. 경상도에 있는 노동자의 적은 전라도 노동자도 미국 노동자도 아니며 사회 전체를 자본주의 사회관계로 얽어매려는 세력이다. 성적 차별주의, 민족주의, 인종주의, 동성연애자에 대한 혐오, 신분제도 등의 이데올로기는 노동자들을 분열시킴으로써 현존하는 지배구조를 유지한다. 노동자들의 해방은 전통적이건, 현대적이건 자본주의 사회관계를 공고히 하려는 모든 위계질서에 맞서 싸우면서 상호 연대를 강화시키는 것을 통해서 가능하다.

　노동계급의 단결이란 노동계급의 여러 부문을 획일적이고 동일한 것으로 만드는 것을 의미하지 않는다. 노동계급의 단결은 노동계급의 구성원들이 일률적이며 보편적인 개념에 종속되는 것이 아니라 지역적, 종족적 차이를 인정하는 다양한 정치적 · 경제적 문화체계 위에서 이루어진다. 모든 분야 혹은 지역의 노동자들 사이에 대화가 이루어지고, 차이를 인정하고 수용하는 진정한 민주주의적 실천이 노동계급의 진정한 단결을 이룰 수 있다. 그래서 단결은 노동계급의 자율성에 기초해야 한다. 자율성이란 단순한 경제적 자기결정을 넘어서 공동체의 사회적, 문화적, 법적, 정치적 자율성을 포괄한다. 자율성이 정치의 소멸이나 사회의 파편화를 뜻하는 것은 아니다. 정치란 인간 사회에 있어 피할 수 없는 요소인 것이다. 자율성의 정치는 단지 특정 가치나 행위에 일련의 보편법칙을 강제함으로써 그 역동성을 구조화해 버리는 것에 반대한다. 자율성의 정치는 지역수준에서뿐만 아니라 세계적 규모에서 영속적으로 변화하는 공동체 내에서 행해지는 끝없는 대화와 상호작용이다. 과거의 혁명적 노력은 이데올로기의 선언과 그것의 고수를 통해 통일성을 찾고자 하였다. 우리는 이런 방법이 제대로 작용하지 않았다는 것을 잘 알고 있다. 자본주의에 대한 대안은 구식의 통일성만 강조하는 사회주의가 아니라 다양한 요구를 흡수 조절할 수 있는 사회이다. 요즈음 유행하는 "지구적(global)으로 지방(local)을 보호하자"는 제안은 새로운 노동계급의 자율성에 기반을 둔 연대의 행동을 제안하는 것이다. 이와 같은 노동계급의 자율성 추구와 연대의 행동 속에서 오늘날 우리는 현재의 사회에 대한 대안을 볼 수 있다. 새로운 종류의 인간관계, 자연과 인간 사이의 새로운 관계, 새로운

종류의 가족, 교육에 대한 새로운 접근 방식, 의료보장과 부의 배분상
의 새로운 방법 등등이 모두 여기에 포함된다. 그래서 일체의 분열에
대한 저항과 자율성의 보장은 직접적으로 자본의 가치증식 논리와 대
립한다. 연대란 우리가 자본의 논리에 맞설 수 있는 유일한 길이며,
수단인 동시에 목적이기도 하다.

　단결이 노동계급의 힘을 증대시켜 주는 중요 요소라면 자본의 행위
를 투명하게 하는 것은 자본의 힘을 약화시킨다. 슘페터 추종자들의
전략을 통해서 우리는 자본이 노동계급의 행동을 세세히 파악하는 것
이 얼마나 노동계급의 힘을 약화시키고 자본의 힘을 강화하고 있는지
를 알았다. 또한 노동계급이 자본의 행동을 파악하는 것이 노동계급
의 힘을 강화하고 자본의 힘을 약화시켰는지도 보았다. 자본이 무엇
을 하고 있는지를 하나하나 투명하게 밝히면 그들은 힘을 쓸 수가 없
다. 어느 시대에나 지배구조는 투명하면 할 수록 힘을 발휘하지 못한
다. 조폐공사 공기업 구조조정에서 공안검사들이 파업을 유도한 사실
이 들통이 나자 자본은 커다란 상처를 입었고 상대적으로 노동계급의
힘이 크게 증대된 것은 그 한 사례이다. 이는 한국의 노조투쟁에서 다
른 어떤 중요한 투쟁에 못지않게 노동계급의 힘을 증대시켰다. 이런
의미에서 자본이 무엇을 하고 있는지를 투명하게 하면 자본의 힘은
약화되고 노동계급의 힘은 강화된다. 역사적으로 볼 때 정보장악(상
대가 무엇을 하는지를 아는 것)은 한 사회를 통치하는 핵심적 힘이었
다. 정보를 누가 장악하고 있는가, 어떻게 빨리 정보를 획득할 수 있
으며 그런 능력은 누가 또는 어떤 집단이 갖고 있는가, 누가 유용한
정보의 획득과 신속한 정책 판단을 할 수 있게끔 준비되어 있는가에
따라 권력 이동 현상이 발생하였다. 정보가 상대방(적 또는 경쟁자)의
행동을 투명하게 보여주기 때문이다. 고대의 부족에서부터 중세의 교

회, 봉건 시대의 수공업자 조합, 현대의 전문가 집단을 막론하고 특정한 정보에 대한 비밀스런 독점은 항상 그 시대의 권력의 토대가 되어 왔다. 폴란드의 야루젤스키는 쿠테타를 기도한 즉시 전화선을 끊어 버렸다. 스탈린은 공산화 초기에 소련의 공공 전화망 구축 계획에 제동을 건 전례가 있다. 스탈린은 공공 전화망이 반소 반혁명과 정치적 음모의 도구가 될 것이라는 확신을 갖고 있었다. 그래서 소련에 전화가 도입됐을 때부터 그것은 당의 통치 도구로 기능하도록 만들어졌으며 항상 심한 도청을 당했다.13) 알렉산드르 솔제니친이 수용소의 삶을 그린 소설에는 스탈린주의적 목적에 적합한 전화망을 구축하려는 계획이 잘 묘사되어 있다.14) 모택동이 말했듯이 권력이 총구에서 나온다하더라도 그것의 유지는 비밀성에 의존하는 경우가 흔하다. 오늘날 독재정권들은 신종 통신수단의 급격한 확산으로 위협받고 있다. 투명성 앞에서 계급사회는 봄날의 눈처럼 녹아 없어진다.

7. 정보시대의 투쟁전략

이상에서 말한 노동전략은 자본주의 성립 이래로 일반적으로 적용되는 전략에 가깝다. 그래서 이것만으로는 정보시대의 노동전략을 추출하는 데 충분하지 않다. 정보시대에 노동계급이 이전 시대와는 달리 특별히 주의해야 할 전략은 무엇인가? 슘페터 추종자들의 자본전략에서 그리고 노동계급의 정치적 재구성에서 컴퓨터 통신 네트워크가 오늘날 주된 투쟁의 장이 되었음을 알 수 있었다. 제3장 2절에서

---

13) 부루스 스털링 (1994), 『해커와의 전쟁』, 영진출판사.
14) 알렉산더 솔제니친은 옥중소설 "The First Circle"을 통해서 스탈린주의자들이 자신들의 목적에 적합한 전화시스템 개발에 열중하고 있음을 적나라하게 보여주고 있다.

우리는 슘페터 추종자들의 전략의 정치적 해석을 통해 자본이 전자기술을 이용하여 노동시장, 생산요소시장, 생산물시장, 그리고 생산과정에서 노동자를 분해하는 잠재적 힘을 살펴보았다. 또한 자본은 컴퓨터 네트워크를 이용하여 지식을 모아서 노동계급의 투쟁을 진압하는데 사용한다. 그리고 그들은 이렇게 해서 모은 지식을 상품으로 전환하여 이윤축적의 자원으로 사용한다. 그래서 컴퓨터 네트워크는 새로운 종류의 비물질적인 상품과 비물질적 일에 가장 큰 작용을 하는 구성 요인이다.15) 3절에서는 새로운 경영방법이나 조직구조가 노동자들로부터 그들의 지식과 창의성을 보다 잘 뽑아내려는 자본의 전략임을 살펴보았다. 노동자들로부터 지식을 뽑아내는 것은 노동자들의 창의성을 부추기는 것도 포함한다. 그러나 노동자들로부터 지식을 뽑아내는 것만으로는 불충분하다. 노동자들의 지식을 기업의 이윤으로 전환하기 위해서 자본은 생산과정에 대한 통제력를 가지고 있어야 한다. 생산과정에 대한 자본의 통제는 점차 컴퓨터 통신정보 네트워크에 의존을 많이 하는 경향이 있다. 4절에서는, 자본이 여러 가지 정부의 정책과 법을 이용하여 노동계급의 새로운 주체성에 비위를 맞추기도 하고 그것을 억압하기도 한다는 것을 살펴보았다. 여기서도 컴퓨터 통신 네트워크가 정부정책의 통합을 위해 중요한 역할을 하고 있다는 것을 살펴보았다.

자본이 컴퓨터 통신 네트워크를 계급투쟁에서 승리하는 데 사용하기 위해 노력하고 있지만 컴퓨터 통신 네트워크는 자본의 활동 영역에 국한되는 것이 아니다. 제4장에서 살펴본 바와 같이 노동계급도 컴

---

15) Lazzarato, Maurizio and Antonio Negri (1991), "Travail immaterial et subjectivite," *Futur Anterieur*, Ete, pp. 86~99.

퓨터 통신 네트워크를 자신들의 의견을 표현하기 위해, 지식과 창의력을 공유하기 위해, 다양한 활동에 참여하기 위해, 자본의 잔인성과 부당성을 감시하기 위해, 다른 활동 조직과 연결하기 위해 사용하고 있음을 보아 왔다. 노동계급은 이 네트워크가 다름 아닌 자신들의 창의성의 구현체이기 때문에 이를 자본과 국가의 이윤과 통제에 대항하고 그들 자신들의 목적을 위해 사용할 수 있다.

컴퓨터 통신 네트워크는 정보시대에 중요한 투쟁의 장소가 되었다. 슘페터 추종자들의 새로운 경영방식이나 조직구조, 그리고 새로운 정부정책과 법에 대한 투쟁에서 노동계급이 승리하기 위해서는 컴퓨터 통신 네트워크를 둘러싼 투쟁에서의 승리가 필요하다. 불행히도 많은 노동계급의 전략가들은 투쟁에서 노동계급이 다양한 네트워크를 이용하는 것이 얼마나 중요한가에 대해 아직까지 충분히 인식하고 있는 것 같지 않다. 그래서 다음 장에서는 투쟁에서 컴퓨터 통신 네트워크 활용의 중요성을 살펴보고, 마지막 장에서는 슘페터 추종자들이 노동계급에 대항하고 자본의 발전에 사용하려고 하는 컴퓨터 통신 네트워크(특히 인터넷을 중심으로)를, 역으로 노동계급이 자본에 대항하고 노동자의 자기발전에 사용할 수 있는 전략적인 방안을 찾아보려고 한다.

제6장

계급투쟁에서 컴퓨터 통신

1. 컴퓨터 통신 네트워크를 둘러싼 투쟁의 격화

2. 계급투쟁에서 컴퓨터 통신 네트워크의 사용 전망

3. 네트워크를 둘러싼 투쟁에서 승리할 필요성

계급투쟁에서 컴퓨터 통신
네트워크의 중요성

1. 컴퓨터 통신 네트워크를 둘러싼 투쟁의 격화

컴퓨터 통신 네트워크에 대한 자본과 국가의 공격

　노동계급이 컴퓨터 통신 네트워크를 계급투쟁에 광범위하게, 그리고 위력적으로 사용하게 됨에 따라 자본과 국가는 자본주의 사회체제를 유지하기가 매우 어렵다고 느끼게 되었다. 이렇게 되자 노동계급이 컴퓨터 통신 네트워크를 투쟁에 사용하는 것을 막는 것이 시급하다고 주장하는 정책분석가들이 나타나게 되었다. 예컨대 RAND에 근무하는 두 사람의 자본전략가는 자본주의 사회체제를 붕괴시킴에 있어서 컴퓨터 통신 네트워크의 강력한 힘을 인식하고 적절한 대응책을 강구할 것을 주장했다.[1] 이미 이 무렵 컴퓨터 통신 네트워크에 대한 국가의 대응은 이미 진행되고 있었다. 1980년대 말 미국에서는 1950

년대의 공산주의자에 대한 색출작업이 진행되고 있었는데 이 과정에서 자본에 위협을 주는 많은 전자게시판이 폐쇄되고 컴퓨터 장비들이 몰수되며 어떤 개인들은 감시를 받는 지경에 이르렀다.[2] 컴퓨터 통신 네트워크를 노동계급이 투쟁에 사용하는 것을 막자는 방어적인 생각을 뛰어넘어 이를 통제와 이윤의 수단으로 적극적으로 이용하려는 생각도 점차 많아지게 되었다. 개인의 행동을 감시하고 통제하는 수단으로 컴퓨터 통신 네트워크가 매우 유용하다는 이유로 이를 사회통제의 수단으로 적극적으로 도입할 것을 주장하는 사람들도 나타나기 시작했다. 또 컴퓨터 통신 네트워크를 생산과정, 노동자들에 대한 통제, 마켓팅의 확대, 상품화, 새로운 경영과 조직 등에 적용하면 이윤증대에 크게 기여한다는 이유로 컴퓨터 통신 네트워크를 적극 활용할 것을 주장하는 사람들도 나타났다.

자본과 국가는 컴퓨터 통신 네트워크가 노동계급의 투쟁수단이 되는 것을 막고 동시에 그것을 자본과 국가의 이윤과 통제의 도구로 전용하기 위해 여러 가지 방법을 동원한다. 그 첫째가 컴퓨터 통신 네트워크를 계급투쟁의 목적으로 사용하는 사람들을 색출하여 처벌하는 방법이다. 경찰력을 동원하여 컴퓨터 통신 네트워크를 자본주의 사회체제를 공격하는 데 사용하는 사람들을 색출하여 이들을 범죄나 테러행위로 기소한다. 미국에서 가장 잘 알려진 예는 1991년 AT&T 전화

---

1) 미국의 무기개발과 연관된 강력한 연구조사 기관인 RAND의 두 연구자, 아퀼라(John Arquilla)와 론펠드(David Ronfeldt)는 "미래의 분쟁은 계급이나 계층에서 보다 네트워크에 의해서 더 많이 발생할 것이다."라고 말했다. Arquilla, John and David Ronfeldt (1993), "Cyberwar is Coming!" in the web site (http://gopher.well.sf.ca.us:70/0/Military/cyberwar).

2) Winston, Brian and Paul Walton (1996), "Virtually Free," *Index on Censorship*, January 1996, pp. 78~83.

국의 전화불통 사건이다. 이 사건의 발생 원인을 해커들의 행위라고 무조건 간주한(그것이 누구에 의해서 일으켜졌는지는 아직까지 완전히 밝혀지지 않고 있다.) FBI는 'Operation Sun Devil'로 알려진 작전을 통해 해커들을 체포하고 그들의 장비를 몰수했다. 1984년에 제정된 '범죄소탕법'에 의해 추진된 이 작전의 주된 목적은, 해커들이 운영하는 사설 전자게시판(BBS)에서 벌어지는 정보공유 행위에 대한 제재였다. 샌프란시스코에서 운영됐던 '피스넷', 사이버펑크족의 천국 '웰(Well)', 애리조나주의 '억만장자 아이들(Billionaire Boys Club computer bulletin board)' 등의 전자게시판들은 이 작전의 주요 대상이 되었다.3) 다른 예로 1995년 3월 'Carabinieri Anti-Crime Special Operations Group'이라는 이탈리아 정부기관이 이탈리아의 'BITS Against Empire'라는 단체의 전자게시판을 습격하여 그 단체의 회원들을 기소했는데, 그 명분은 그들이 민주적인 질서를 전복할 목적을 가진 불온단체와 연결되어 있다는 것이었다. 재판부는 이들에게 7년 내지 15년 형을 선고하였다.4) 잠비아 정부는 새로운 헌법에 대한 국민투표를 유보시키라는 정부의 비밀 계획을 빼내 보도한 한 잡지의 편집진을 구속하고 이 잡지의 웹 버전을 파기시켰다.5) 한국에서도 PC통신을 활용하는 사회운동이 많아지면서 국가권력은 이에 서서히 개입하기 시작하였다. 그 출발은 1993년 12월에 일어난 천리안 '현대철학동호회' 김형렬 회장의 구속사건이었다. 이 사건은 노동계급이 가상공간을 유효하게 사용하고 있는 것을 인식하지 못하고 불간섭정책으로 일관하던 국가권력이 개입정책으로 전환하였음을 보여주는 사건이었다. 199

---

3) Rheingold (1993), pp. 254~7. Sterling, Bruce (1992), *The Hacker Crackdown*, New York: Bantam.
4) Cleaver (1992a), Wehling (1995).
5) *Financial Times*, October 5, 1996.

3년 11월 '현대철학동호회'의 김형렬 회장이 통신망에 이적성 표현물을 게시했다는 혐의로 구속된 이후 1994년 2월에는 '희망터' 이창렬 회장을 포함하여 4명이 구속되었다. 3월 6일 이에 대한 대책으로 '희망터'와 '현대철학동호회'의 운영진 모임이 있은 후, '현대철학동호회' 회장 권한대행인 김영선 회장이 또다시 구속되었다. 그래서 3월 13일 '희망터', '현대철학동호회' 위주의 통신탄압 저지를 위한 대책회의가 결성되었는데, 같은 날 '현대철학동호회'의 진상호 씨가 불법연행된 후 구속되었다.

컴퓨터 통신 네트워크를 자본주의 사회체제에 대항하여 사용하는 집단이나 사람들을 알 경우에 이들을 구속 기소하는 것은 가능하지만, 그 네트워크는 너무나 광범위하게 분산되어 있기 때문에 이용자들을 모두 감시하는 것은 극히 곤란하다. 이러한 이유로 문제가 되는 곳을 아예 차단하는 방법을 사용하기도 한다. 중국 정부는 중국의 인권상황에 관한 웹사이트나 『뉴욕 타임즈』와 같은 서구의 대중매체 인터넷 웹사이트를 포함해 100여 개의 웹사이트와 접속하는 것을 막아 놓았다.6) 영국 경찰은 인터넷 서비스 제공자들에게 형사적 책임을 물릴 수 있다고 위협하여 자발적(?)으로 133개의 뉴스그룹에 대한 접근을 막도록 하였다.7) 한국에서는 천리안에 반국가단체의 견해가 게재되었다하여 '현대철학동호회'의 게시판을 폐쇄시켰다. 검찰은 '사노맹'과 같은 반국가단체의 입장을 통신을 통해 유포하는 것은 국가보안법에 위배된다는 입장이었다. 한국의 '정보통신윤리위원회'는, 한국 주요 인터넷 서비스 제공자에게 "사회적으로 물의를 일으키고 있는 인터넷

---

6) *New York Times*, February 5, 1996.
7) *Financial Times*, October 5, 1996.

상의 불건전 정보의 방지를 요청하오니 라우터에서의 접속 차단을 통
해 협조하여 줄 것"을 요구하기도 했다. 또 수사기관의 판단 아래 전
화까지 차단 가능한 법안이 통과되었다.[8] 특히 1997년 10월 '지오시
티즈(Geocities)'의 1백만 개 홈페이지 가운데 김일성 부자 사진을 게
재하는 등 친북한 성향을 보이는 웹사이트[9]를 지목하면서 정보통신
부는 한국 PC통신 등 4대 인터넷 서비스회사들에 국가보안법에 저촉
되는 이들 해당 사이트들을 차단해 달라는 협조공문을 보냈다. 이에
이 회사들은 미국의 지오시티즈에 있는 웹사이트를 강제 폐쇄한 사건
이 있었다. 이에 따라 지오시티즈 사건과 관련한 국내 이해 당사자들
과 업계 관계자들은 물론 이 소식을 전해들은 전 세계 인터넷 사용자
들이 연일 한국 정부를 비판하는 글을 유즈넷에 게재하는 사태가 이
어졌다. 이와 함께 국내외에서 제작되는 웹매거진들이 이 사건을 자
세하게 알리는 항의 홈페이지를 구축하는가 하면 세계적인 인권단체
와 언론(CNN)에 도움을 요청하기로 하는 등 점차 국제문제로 확대되
는 기미를 보이자 정부는 이를 철회하였다.[10] 1997년 한국통신 노조
가 한국통신 사원을 대상으로 하는 폐쇄회로(CUG)를 통해 노조의 입
장을 밝히는 등 파업을 지도하는 내용의 글을 내보내자 정부는 국가
전산망의 파괴가 우려된다는 논리로서 CUG를 폐쇄하고 전체 통신에
대한 검열을 합법화했던 것이다.

컴퓨터 통신 네트워크가 노동계급의 투쟁의 장이 되는 것을 차단하
고 자본과 국가의 이윤과 통제의 수단으로 전환시키기 위해서 자본과
국가는, 법을 이용하여, 네트워크를 검열하고 규제하는 방법을 사용한

---

8) 김영식 (1997).
9) (http://www.geocities.com/CapitalHill/Lobby/1461).
10) 『전자신문』, 1997년 11월 15일.

다. 음란물과 폭력으로부터 어린이들을 보호한다는 명목으로 클린턴 행정부는 '통신품위법(Communications Decency Act)'을 의회에 제출하였다. 이 법의 많은 부분은 실제로는 어린이 보호와 아무 상관이 없다. 그것은 모든 통신업체에 대한 규제를 완화함으로써 공공정책 대신 시장이 '정보고속도로(Information Highway)'와 통신체제를 결정하도록 하는 것을 목적으로 하고 있으며 어린이 보호라는 구실로 인터넷상에서 개인들의 표현의 자유를 제한할 것을 목적으로 삼고 있다. 즉 그것은 인터넷 규제를 통제적이고 상업적인 목적에 사용하기 위한 법이다. 이 법은 결국 1996년 2월에 미 의회를 통과했다. 그러나 그해 6월 미 대법원에서 인터넷상의 표현의 자유를 침해할 우려가 있다는 이유로 이 법에 위헌 판결을 내렸다. 상원은 이에 불복하여 1998년 3월에 통신품위법의 새 개정판을 승인했으며 학교와 도서관에 온라인 음란물을 차단하기 위한 기금을 연방 차원에서 강제하도록 하는 법안을 승인했다.[11] 이것은 성 표현물에 대한 억압을 구실로 네트워크를 규제하려는 국가와 성 표현물을 독점하여 이윤의 대상으로 하려는 자본의 공동 음모에 다름 아니다. 성 표현물에 대한 차단은 개인의 다양한 문화를 인정하지 못하는 전체주의적 발상의 소산물이며, 힘없는 소수에 대한 억압을 통해 다수를 길들이려는, 혹은 천박한 자본을 육성시키려는 의도를 드러낸 것에 지나지 않는다.

싱가포르에서는 정부가 보다 직접적으로 네트워크를 검열한다. 싱가포르 정부의 검열 기준은 기업이나 교육 등 명백히 넓은 이익을 준다고 생각되는 분야는 약하게 검열하고 단순한 오락과 같이 덜 명백한 이익을 주는 분야는 좀더 강도있게 검열한다는 것이다.[12] 계급적

---

11) *Wired News*, March 12, 24, 1998.

시각에서 보면 이것은 노동자들이 노는 것을 막고 기업의 이윤을 확대하려는 것이다. 특히 종교적인 내용이나 정치적인 내용을 인터넷에 올리고자 하는 단체는 싱가포르 방송위원회에 등록해야 한다. 전체 인구 3백만 중 약 38만이 인터넷을 사용하고 있는 싱가포르는 1996년부터 모든 인터넷 접속을 통제하는 컴퓨터 시스템을 가동시키는 등 인터넷을 엄격히 규제하고 있다.13) 중국에서는 외국과의 인터넷 링크를 국가가 관리한다. 중국 정부는 인터넷 사용자가 우편통신부에 등록을 하도록 요구하고 있다. 이는 사용자들이 중국 외부에 있는 반정부 세력과 정치적인 유대를 맺는 것을 막기 위한 것이다.14) 미얀마 정부는 한때 정치적 반대자에 대한 탄압의 일환으로 네트워킹 기능을 가진 컴퓨터를 허가받지 않고 소유하는 것을 불법으로 규정하였다. 이를 위반하는 경우 혹은 국가안보나 경제, 문화에 관한 정보를 컴퓨터를 이용해 주고받는 경우 7년 이상 15년 이하의 징역에 처할 수 있도록 하였다.15)

한국의 경우, 전기통신사업법 53조 2항 "정보통신부 장관은 공공의 안녕질서 또는 미풍양속을 해하는 통신에 대하여는 전기통신사업자로 하여금 그 취급을 거부 정지 또는 제한하도록 명할 수 있다"는 법규를 적용하여 국민의 행복추구권을 침해하고 표현의 자유, 통신의 자유, 학문과 예술의 자유 따위를 과도하게 제한하려고 한다. 전기통신사업법과 이에 따라 설립된 '정보통신윤리위원회'는 사법적 판단에 근거하지 않고, 몇몇 소수의 임의적인 판단에 의해 글을 삭제하거나

---

12) Ang, Peng Hwa and Berlinda Nadarajan (1996), "Censorship and the Internet: A Singapore Perspective," *Communications of the ACM*, Vol. 39, No. 6, pp. 72~8.
13) 『한겨례신문』, 1997년 11월 10일.
14) *New York Times*, February 5, 1996.
15) *Financial Times*, October 5, 1996.

ID를 정지시킬 수 있도록 하고 있다. '정보통신윤리위원회'는 음란한 사이트만을 규제하는 것이 아니라 정치적인 부문까지 검열할 소지를 가지고 있다. 또한, PC통신 사업체들은 어떤 경우는 정부의 압력에 의해서, 또 어떤 경우는 자발적으로 일방적으로 규정된 약관이나 '정보통신윤리위원회'의 심의규정을 핑계삼아 평균적으로 5~13퍼센트에 이르는 글들을 삭제하고 있는 형편이다. 검찰에서는 4대 통신회사(하이텔, 천리안, 나우누리, 유니텔)를 통해 인터넷에 접속하는 사람들을 추적하여 국가보안법을 적용시키겠다고 발표한 바 있으며, 한국전산원에서는 'NCA 패트롤'이라는 인터넷 차단 프로그램을 배포하고 있다. 1997년에는 통신서비스사가 운영하는 통신 공간에서 한총련 소속 60여 명의 ID를 삭제했으며, 'KCNA', 'people's korea', 'Minjok sibo', 'Geocities' 등의 사이트를 차단 혹은 폐쇄했다. 전기통신사업법 53조 '불온 통신' 조항에 의하여 많은 사회단체들의 글이 수시로 삭제되고 있으며 지난 97년 6월 소위 '한총련 사태' 때에는 60개 이상의 단체나 관련된 개인 ID가 압수당했다. 또한 전기통신사업법 54조에 의하면 막연한 수사상의 이유만으로도 사업자는 개인 정보를 안기부 등의 수사기관에 제출하도록 되어 있는데, 실제 1997년 6월 『노동자의 눈』이라는 개인 온라인 신문을 발행하던 이용자는 개인 전자메일까지도 안기부에 제출토록 요구받았다.

　컴퓨터 통신 네트워크에서 노동계급이 무엇을 하는지를 완전히 파악하려는 국가의 여러 가지 시도가 있어 왔다. 대표적인 예는 1992년 미 법무성과 FBI에 의해 제안된 'Digital Telephony' 법안이다. 이 법은, 통신 서비스업체는 정부의 관리가 통신 내용을 도청하는 것을 도와주어야 한다는 내용을 담고 있다. 이 법에 따라 전화회사들은 새로운 통신 네트워크에 FBI가 운영하는 '도청장치(Clipper Chip)'를 허용하였다.[16] 1996년 10월 8일 일본 법무성은 "조직적 범죄 대책법"을 입법하기로 결정했다. 법무성은 국회 입법위원회에 법안의 초안을 제출했다. 이 법에 의해 도청은 합법화된다. 이것은 일본 내에서 경찰에 의한 도청을 합법화하려는 최초의 시도이다.[17] 영국의 국가 범죄 첩보부는 올해 경찰로 하여금 전자메일을 감시하고 중간에 가로챌 수 있게 하는 새로운 법안의 입법을 요청하는 보고서를 제출한 바 있다. 하지만 현행법의 구멍으로 인해 영국 경찰은 그들이 영장만 가지고 있다면 당장이라도 온라인 메시지들을 도청할 수 있다고 말한다.[18] 독일 하원은 1998년 1월 16일 제2차 세계대전 종전 이후 금지됐던 경찰의 전자감청을 허용하는 법안을 승인했다. 도청 및 개인의 사생활 침해를 엄격히 제한하는 헌법 제13조를 개정하기 위한 이 법안은 찬성 4백52, 반대 1백82로 채택됐으나 상원에서 3분의 2 이상의 찬성을 얻어야 입법 절차가 종결된다. 헬무트 콜 총리는 조직범죄 퇴치를 위해 도청이 필요하다는 경찰의 요청으로 야당인 사민당과 개헌안을 타결했으나 녹색당은 개헌안에 강력히 반대하고 있다.[19] 러시아 연방보안국(FSB)은 러시아 국민들이 주고받는 전자메일과 웹사이트를 언제든지 검열할 수 있는 사찰 계획을 추진하고 있다. 이 계획은 러시아의 모든 인터넷 서비스 공급업체들이 자체 컴퓨터 내에 블랙박스를 설치, 이 블랙박스와 FSB 통제실을 바로 연결하는 고속 전용 통신회선을 통해 FSB가 사용자의 모든 인터넷 메일과 웹사이트를 실시간으로 볼 수 있도록 하는 것을 내용으로 하고 있다.[20] 인터넷과 전자메일을 검열하려는 이러한 시도들보다 더 위협적인 것은 현재 검열을 가능케

---

16) Barlow, John (1994), "Jackboots and Infobahn," *Wired*, April, p. 40.
17) 오구라도시마루의 홈페이지를 참조하라. (http://www.jca.ax.apc.org/~toshi/).
18) *CNET News*, November 14, 1997.
19) 『한국일보』, 1998년 1월 17일.
20) 『조선일보』, 1998년 7월 22일.

하는 기술적 변화들이다. 프로그래머들은 아이들이 음란한 사진과 공격적인 언사들을 화면에서 볼 수 없게 만드는 여과 프로그램을 개발해 내는 데 밤낮으로 여념이 없다. 예를 들어, 프로그램에 단지 섹스(sex)라는 단어가 들어간 사이트를 봉쇄하라고 지시하기만 하면 어린 꼬마들은 플레이보이 웹사이트에 접근할 수 없게 되는 것이다. 그러나 똑같은 기술이 국가에 의해서도 사용된다면, '노동'이나 '자유'와 같은 낱말들도 충분히 걸러낼 수 있다. 중국 정부가 이같은 프로그램을 세계에서 가장 먼저 반긴 것은 우연이 아니다. 베이징의 독재자들은 분명 이같은 프로그램 안에 숨겨진 잠재력을 본 것이다.

컴퓨터 통신 네트워크의 검열을 용이하게 하기 위해서 암호기술에 대한 규제를 강화하기도 한다. 미국의 FBI는 네트워크의 광범위한 사용으로 인해 출현한 범죄들을 해결하기 위한 새로운 법안이 필요하다고 주장한다. 몇몇의 미국 입법자들과 함께, FBI는 암호화 기술 사용에 대한 국가적 통제를 요구하는 '비밀 공공 네트워크 법안'을 제안하였다. 이 법의 제안자들은 법 집행 기관으로 하여금 암호화된 데이터들을 해석할 키에 대한 접근을 가능하게 하는 '키 복구'를 대부분의 네트워크의 일부로 만들어야 한다고 주장했다.21) 전자메일이나 PC통신에서 익명의 글을 발표하는 것을 막기 위해 사용자의 신분을 알기 위한 방안도 찾는다. 컴퓨터 통신망에는 컴퓨터 화면에 나타나는 글자들을 움직이게 할 수도 있고 주어진 것과 다른 다양한 색깔을 사용할 수도 있는 ANSI 코드라는 것이 있다. PC통신 사용자가 ANSI 코드를 이용해서 자신의 ID를 숨길 수 있다. 우리 나라 최대의 컴퓨터 통신망인 하이텔에서 한동안 ANSI 코드를 이용한 메시지의 전달이

---

21) *CNET News*, November 14, 1997.

화제가 되었다. 모니터에 표시된 글자를 자유자재로 조작하는 것은 매우 유쾌한 일임에 틀림없다. 그런데 하이텔 운영자측에서는 어느 날 갑자기 ANSI 코드의 사용을 금지시켰다. 법적으로 금지시킨 것이 아니라 하이텔에 ANSI 코드를 입력할 수 없도록 프로그램을 변경시켜 버린 것이다. 이런 결정을 내린 이유는 ANSI 코드가 사용자의 ID를 숨길 수 있도록 해 주기 때문에 음란물의 게재나 상업용 소프트웨어의 불법 복제에 악용될 수 있다는 것이었다.[22] 이를 통해 우리는 ID의 공개가 개인의 사생활을 침해하며 개인의 활동을 제한할 수 있음을 알 수 있다. '아메리칸 온라인(AOL)'에 'Boysrch'라는 ID(이 ID의 개인 신상명세서에 결혼 여부를 '게이'라고 표시하고 있다)를 사용해 동료의 아내에게 전자메일을 보낸 한 해군 사무관이 있었다. 그 후, '묻지 않으면, 말하지 마라'는 동성애에 대한 미군의 원칙을 위반한 혐의로 제명 위기에 몰린 이 해군 사무관은 전자 프라이버시법을 위반한 혐의로 정부를 상대로 소송을 냈다. 해군 당국이 AOL측에 그것이 사무관의 계정인지 아닌지 확인해 달라고 불법적인 요청을 했건 안 했건 간에, 혹은 AOL 사원이 정보를 외부로 제공하는 회사정책을 위반했건 안 했건 간에, 이 사건은 알게 모르게 개인의 사생활이 여지없이 침해되고 개인의 자유로운 의사표현이 심각하게 제약되고 있음을 보여준다.[23]

자본과 국가는 노동계급이 컴퓨터 통신 네트워크를 이용하는 것을 공격할 뿐 아니라 컴퓨터 통신 네트워크를 이용한 노동계급의 공격에 대항하는 성을 쌓기에도 바쁘다. 이들은 외부의 침입을 막기 위해 방

---

22) 송재희 외(1995).
23) *USA Today*, January 19, 1998.

화벽이라는 사이버 성벽을 쌓고 있다. 인간의 자유를 증대시키는 것
이 목적이라면 굳이 성을 쌓을 필요가 없을 것이다. 정보나 지식의 독
점을 통해 이윤을 보호하기 위해, 그리고 자본과 국가의 행위를 노동
계급이 알지 못하게 함으로써 계급투쟁에 우위를 점하기 위해 성을
쌓는 것이다. 정보나 지식의 유출을 막기 위해 기업이나 기관에서는
컴퓨터 네트워크 시스템의 안전 장치를 구축하며 이와는 별도로 법과
제도 차원에서 이 시스템을 보호하기 위한 전략들을 다양하게 마련하
고 있다. 시스템 침입에 의한 피해를 방지하기 위해 세계 각국은 시스
템 침입을 법적으로 금지한 데 이어 이러한 문제를 전담하는 기구를
만들고 있다. 현재 전 세계적으로 이러한 전담팀을 구성한 국가 중에
서 가장 활발한 것은 다양한 통신망을 보유하고 있는 미국이다. 1986
년 미국은 FBI와 지방경찰을 중심으로 변호사, 공인회계사, 컴퓨터
보안 전문가를 모아 연방 차원에서 '연방컴퓨터수사위원회(FCIC :
The Federal Computer Investigations Committee)'라는 조직을 만들었
다. 이 조직은 특별한 지휘관이나 본부를 두지 않고, 미 재무부의 비
밀조사국(SSS)과 FBI, 국세청(IRS), 노동부, 연방경찰, 각 군의 수사
기관 관계요원들이 연 3회 정도 회의를 소집해 미국의 컴퓨터 범죄에
관한 수사와 정보업무를 분석하며 대책을 논의하는 협의체 성격이다.
특히 SSS는 '접근장치사기사건(Access Device Fraud)'에서 현금이나
물건, 서비스 등 재산 가치가 있는 것을 압수할 수 있는 권한을 부여
받아 첨단 범죄에 대처하고 있다. 1995년 1월 현재 약 150명의 수사관
들이 활동하고 있는 SSS는 제보자를 이용하거나 사설 전자게시판
(BBS)의 소유자나 운영자로부터 허가를 받아 사용자들의 동태를 파
악한다. 또 정보원이나 수사관이 직접 전자게시판을 운영해 해커들을
유인하는 함정수사를 벌이기도 한다. 첨단산업 기지인 실리콘밸리에
는 독자적인 첨단범죄 수사기관이 가동되고 있다. '첨단범죄를 위한

지역변호사협회(DATTA)'는 실리콘밸리에서 발생하는 컴퓨터칩 절도, 지적소유권에 관한 범죄 수사를 담당하고 있다. 이 밖에 컴퓨터 관련 보안기관으로는 주 단위로 연결된 '하이테크 컴퓨터수사협회(HTCIA)', '연방국가보안국(NSA)' 산하에 국가기밀정보에 관한 전자정보를 관장하는 '연방컴퓨터보안센터(CSC)', 국가기밀정보 이외에 국가정보와 일반정보를 담당하는 '국가기술표준국(NIST)' 등이 있다. 특히 1988년에 설립되어 가장 활발한 활약상을 보인 인터넷 컴퓨터 보안센터 'CERT-CC'[24]는 긴급사태 상황에서 전산망 기술을 지원하거나 각종 보안기준을 만들고 있다. 독일에서는 1993년 'DFN-CERT'[25]가 설립되어, 보안사고와 새로운 보안취약성을 처리하고 접수된 사고들을 처리 지원하고 있다. 이와 비슷하게 이탈리아에서는 1994년 'CERT-IT'[26]라는 기구가 설립됐다.[27] 우리 나라 경우, 1995년 초 검찰청에 정보화 관련 범죄 전담 수사팀 산하에 검사 2명과 수사관 1명, 검찰 일반직 직원 8명으로 구성된 '정보범죄센터'를 설치했다. 경찰은 이에 앞서 1993년부터 은행 전산망의 보안을 강화하기 위해 금융결제원을 중심으로 금융전산망과 경찰전산망을 서로 연결, 사고 은행 계좌에서 돈이 불법으로 인출될 때 즉시 경찰청 컴퓨터에 알려 주는 '은행계좌 부정사용범 현장검거를 위한 온라인 시스템'의 가동에 들어갔다. 또한 경찰청은 기존의 외사과 소속 해커 수사대와 형사국 지능과 기능을 통합하여 1997년 8월 컴퓨터 범죄 수사대를 창립하고, 여기서 해커나 바이러스에 대한 수사를 전담토록 하고 있다.[28] 정보나 지식의 공개 및 공유를 위한 여러 가지 행위를 도리어 범죄시하여, 정보화

---

24) 인터넷 홈페이지 주소는 (http://www.cert.org/)이다.
25) (http://www.cert.dfn.de/eng/).
26) (http://idea.sec.dsi.unimi.it/cert-it.html).
27) 김강호 (1997).
28) 김강호 (1997), pp. 172~5.

시대의 자본주의 사회체제를 유지하는 핵심 요인인 정보나 지식의 독점을 체제적으로 사회 전반에 강제하고 있는 이러한 추세는 더욱더 강화될 것으로 보인다.

노동계급이 컴퓨터 통신 네트워크를 이용하여 국제적인 연대투쟁을 성공적으로 수행하면서 자본에 큰 타격을 입히자 이를 막기 위해 많은 국가들은 국제적인 공조의 필요성을 느끼게 되었다. 인터넷은 국가의 입장에서 볼 때 전적으로 자율적이고 무작위적인 연결로 자생적으로 발전되었기 때문에 어떤 한 국가가 이를 규제하기란 쉽지 않다. 이 때문에 각국은 서로 도와 노동계급의 공격을 차단하고 반격하려 한다. 1995년 12월 독일 정부가 미국 오하이오에 기반을 둔 컴퓨서브에게 전 세계적으로 성(sex)과 관련된 200개의 뉴스 포럼에 접속되는 것을 차단해 줄 것을 요청한 사실에서 볼 수 있듯이29) 전 지구적인 협동이 없이는 노동계급이 투쟁을 위해 네트워크를 사용하는 것을 규제하기란 사실상 매우 어렵다. 뿐만 아니라 많은 상거래가 네트워크를 통해 이루어짐으로써 이를 위한 국제적인 협력이 필요하게 되었다. 가령 '국제원격통신연합(ITU)', '경제협력개발기구(OECD)', '관세와 무역에 관한 일반협정(GATT)'과 같은 국제기구와 조약들은 정보의 이동과 지식의 거래에 점점 더 의존하는 세계 경제를 다루기 위해 그 내용이 바뀌어야 한다고 자본전략가들은 주장한다. 전 세계 통신시장의 중요성이 증대함에 따라 정부와 다국적 기업들은 이같은 통신문제를 세계무역기구(WTO)의 중요 문제로 다룰 것을 요청하였다.30) 싱가포르의 조지 예오 정보예술장관은 1997년 10월 파리에서 열린 전

---

29) *New York Times*, January 15, 1996.
30) McChesney, Robert W. (1996), "The Global Struggle for Democratic Communication," *Monthly Review*, July-August, p. 8.

자 상거래 국제회의에서 인터넷 등을 통한 '전자 범죄'가 급증하고 있기 때문에 이를 단속할 '국제네트워크정부'를 구축할 때가 됐다고 말했다. 싱가포르 제2 통산장관을 겸하고 있는 그는 "전자 상거래를 활성화시키기 위해서는 이 부문의 법과 질서를 확립해야 한다"면서 그러나 상거래를 도리어 제한할 수 있는 과도한 규제는 곤란하다고 덧붙였다.[31]

최근에는 사유화를 위한 슘페터 추종자들의 처방이 바로 컴퓨터 통신 네트워크에도 적용되고 있다. 인터넷은 공공적이고 비상업적인 목적에 기여할 의도로 설계되었다. 그러나 점차 많은 사람들이 인터넷을 이용하자 자본은 이를 이윤의 대상으로 삼고자 했다. 자본이, 인터넷이 완전히 상업적인 통로로 허용되도록 끊임없이 압력을 가해 온 것은 이 때문이다. 그 동안 금지됐던 인터넷의 상업적 이용이 1990년부터 허용되면서 상업적 이용은 기하급수적으로 늘어났다. 더구나 1995년 5월 미국의 '국가과학재단(NSF)'은 인터넷 중추망(Back Bone)까지 스프린트, 아메리택, 퍼시픽 벨 등의 거대 통신회사에 넘겼다. 인터넷은 명실상부한 세계 최대의 사이버 비즈니스의 현장으로 탈바꿈했다. 이제는 사기업이 다양한 네트워크에 접속하는 기준을 만들게 되었고 통제할 수 있는 위치에 있게 되었다. 이를 보고 '정보고속도로(Information Highway)'가 '정보유료도로(Information Fairway)'로 바뀌게 되었다고 한탄하는 이들도 있다.[32] 이같은 인터넷의 사유화는 새로운 공공 공간을 심각하게 줄이게 되며, 이렇게 되면 노동계급이 이를 투쟁에 사용하는 것이 막힐 가능성도 그만큼 커진다.

---

31)『한겨레신문』, 1997년 11월 10일.
32) Winston and Walton (1996).

인터넷 중추망이 소수의 기업에 의해 독점화되고 사기업이 인터넷
의 접속을 관장하게 됨에 따라 인터넷 접속 가격이 현재 많이 사용되
는 동일 요율 적용(사용시간이나 사용인의 수와 관계없이 비용이 일정
한 것)에서 시간당 요율로 바뀔 가능성이 많아지고 있다. 가상공간을
상업화하려는 자본의 노력은 이미 가격체계를 보다 이윤이 남는 방향
으로 전환하는 데서 발견할 수 있다. 시간당 가격, 전송회수나 크기에
의한 가격, 전송거리별로 가격설정, 이용자의 유형에 따른 가격설정,
취급전송의 내용에 따른 가격설정 등이 그 예이다. 조그마한 BBS로
부터 대규모의 '아메리칸 온라인', '렉시스(Lexis)'와 같은 상업적인 온
라인 정보 서비스 업체는 이미 정액의 가입비에다 가입자가 원하는
정보에의 접근에는 각각 다른 요금체계를 설정하고 또한 이용시간에
비례하여 가격을 메긴다.[33] 만약에 접속 비용이 급격히 상승하면 저
소득자의 이용을 상당히 줄이는 결과를 야기할지도 모른다. 비용의
상당한 증대는 노동자들의 협력이나 의사소통에 필요한 전자메일의
사용이나 인터넷 접속을 줄일 가능성이 많다. 시간당 요율제는 역시
정보의 이용가능성을 줄인다. 정보통신 매체나 채널이 상업적으로 운
영될 경우 생겨나는 이러한 경제적 문제도 일반 시민들의 정보통신
매체 사용권을 제한하게 되는 것이다.

컴퓨터 통신 네트워크의 민영화는 자본에 이윤의 토대를 제공할 뿐
아니라 자본에 통제의 권한도 준다. 상업 네트워크인 컴퓨서브는 자
신의 네트워크 내에 속한 약 200개의 뉴스그룹을 폐쇄하기로 결정한
바 있다. 현재로서는 주로 음란물 뉴스그룹에 한정하지만 동성애 인
권과 에이즈에 관한 것도 포함되었다. 지금까지 정부가 가지고 있었

---

33) Miller (1996), p. 236.

던 결정권들을 이제 기업 스스로가 가질 수 있게 된다. 뿐만 아니라 민영화로 컴퓨터 통신 네트워크에 대한 통제력이 커짐에 따라 자본은 인터넷 주소도 자신의 목적에 맞게 사용하려고 노력하고 있다. 최근까지는 미 정부의 재정 지원을 받아 'IANA(Internet Assigned Numbers Authority)'가 인터넷의 주소관리 기능을 수행했으나 미국 기업 및 국제기구 등의 여론에 따라 인터넷 주소관리 체계를 비영리 민간기구인 'ICANN(Internet Corporation for Assigned Names and Numbers)'으로 이관하기로 하였다. 지금까지 '선 접수 선 처리'의 원칙으로 인터넷 주소인 도메인 네임을 부여해 왔지만 현재 '세계지적 재산권기구(WIPO)'에서 추진하고 있는 분쟁 해결 제도에 의하면 이미 등록된 이름과 같은 이름을 상표로 가진 기업이 문제를 제기할 경우 등록이 취소될지도 모른다. 즉, 자신이 선택한 도메인네임이 어느 기업의 지적재산인 상표와 일치한다는 이유만으로 이에 대한 권리를 빼앗길 수도 있는 것이며, 바로 이것이 기업의 상업적 이해를 보호하기 위해 개인의 권리를 제한하는 예가 되는 것이다. 우리 나라의 경우 현재 전산원의 '한국인터넷정보센터(KRNIC)'에서 kr 주소관리 기능을 담당하고 있으나 향후 민간기구로의 이양을 추진 중에 있다. 얼마 전 'sextool'이라는 이름의 도메인네임 신청이 거절된 경우가 있었는데, 이를 신청한 사업자가 등록해 줄 것을 재요청했으나 역시 거절당했다. 등록기구가 심의기구의 역할까지 담당한 예인 것이다.[34] 이러한 사례는 인권, 자유, 투쟁 등의 이름을 가진 도메인 네임이 사라질 가능성도 높아져 가고 있음을 보여준다.

---

34) 인터넷 도메인 네임에 대한 설명은 다음 책에서 많은 부분 인용하였다. 우지숙(1999), "지식정보사회의 지적재산권: 디지털 환경에서 지식에 대한 '소유권'의 의미," 『시민이 열어 가는 지식 정보사회』, 크리스챤 아카데미 시민사회 정보포럼 편, 대화출판사, pp. 183~220.

컴퓨터 통신 네트워크에 대한 노동계급의 투쟁

원래 노동계급이 나눔의 터로, 인간 발전을 위한 도구로, 투쟁의 수
단으로 주로 사용하였던 컴퓨터 통신 네트워크를 자본과 국가가 이윤
과 통제의 영역으로 이용하려고 시도함에 따라, 노동계급은 이를 원
래의 영역으로 유지하는 데 주력을 다해 왔다. 실제로 컴퓨터 통신 네
트워크를 노동계급의 나눔의 장소이자 투쟁의 수단으로 이용하는 것
을 확대하고 자본과 국가의 영역을 축소하기 위한 여러 가지 노력이
있어 왔다.[35] 컴퓨터 통신 네트워크를 자본과 국가로부터 보호하려는
노동계급의 노력의 예로 가장 대표적인 것은 '선데블작전' 이후 미국
에서의 투쟁이다. 해커 검거작전인 선데블작전의 파문이 확산되면서
해커들은 분노의 목소리를 높였다. 전화국의 전화망 고장 원인이 소
프트웨어 결함이었다는 사실이 전자게시판을 통해 퍼지면서, 전화국
사고의 책임을 해커에게 전가해 온 검찰에 대해 비난의 소리가 일기
시작했다. 더욱이 수평적 관계의 커뮤니케이션 문화에 입맛을 들인
네티즌들은 컴퓨터의 기본 원리가 개방과 공유에 있다며, 정부의 해
커 단속을 정보공유 사회에 대한 억제정책이라며 격렬하게 저항했다.
결국 미국 사회를 충격 속에 빠뜨렸던 선데블작전은 해커를 비롯한
컴퓨터 전문가들에게 컴퓨터 통신 네트워크가 자본과 국가로부터 자
유로운 장소가 되어야 한다는 인식을 심어 주게 되었다. 컴퓨터 통신
네트워크에서 네티즌의 확고한 인권을 주장하는 보다 강력한 사이버
공간의 행동주의자들은 1990년에 구체적인 움직임을 보이기 시작했
다. 그 해 6월 유명한 PC용 프로그램인 '로터스 123'의 공동개발자인

---

35) 컴퓨터 통신 네트워크를 자본과 국가의 이윤과 통제에서 해방시켜 인류의 공동 발
   전을 위한 것으로 전환하려는 여러 투쟁을 설명한 이 부분은 다음 책에서 많이 인
   용하였다. 김강호 (1997).

미치 카포와 록 그룹 '그리이트풀 데드'의 노랫말을 만든 존 페리 바를로는 『범죄와 당황』(*Crime and Puzzlement*)이라는 성명문을 작성, 일반인들에게 배포했다. 정보 공간에서 자유로운 활동을 위해 정치적 단체를 구성하겠다는 것이 성명문의 요지였다. 이 성명은 1996년 초 전자게시물 검열반대운동을 주도하면서 세계적으로 명성을 떨친 '전자프론티어재단(EFF : Electronic Frontier Foundation)'의 출범을 촉발시켰다.[36] '사회적 책임을 위한 컴퓨터전문가협회(CPSR : Computer Professionals for Social Responsibility)'도 이 무렵 탄생했다. CPSR은 네트워크에 대한 접근과 이용은 자유로워야 하며, 따라서 이러한 권리를 침해하는 통제는 당연히 거부되어야 한다고 주장했다. EFF가 벌인, 미 클린턴 행정부의 통신품위법 서명에 반대하는 온라인 시위는 전 세계 네티즌들의 호응을 얻었다. EFF에서 만든 블루리본을 네티즌들이 자신의 홈페이지에 새기는 것으로 표현의 자유를 침해하는 미국 정부의 정책에 반기를 들게 한 것이다.

특히 1996년 초 미국에서 제정한 통신품위법을 반대하기 위해 벌인 정보자유 캠페인은 디지털 세대의 연대를 가져왔다. 각종 온라인 서비스에 게재되는 내용은 일정한 품위를 지녀야 한다는 미국 정부의 검열정책에 해커를 비롯한 전문가 집단이 전면전을 선포한 것이다. 각종 시민단체와 과학기술자들도 '무자비한 가위질'이 국민의 기본권을 유린하는 행위라며 즉각 반대의사를 표명했다. 미국시민자유연합(American Civil Liberties Union), EFF, 민주주의와 과학기술센터(Center for Democracy and Technology), CPSR 등의 시민단체와 연구단체들은 통신품위법의 부당성을 조목조목 지적하며 법집행정지 가

---

36) EFF의 홈페이지는 (http://www.eff.org/)이다.

처분신청을 냈다. 통신품위법이 미국 수정헌법 제1조(표현과 집회, 결사의 자유)를 위반했다는 주장이었다. 필라델피아 연방법원은 1996년 2월 15일 이 법이 인터넷상에서 표현의 자유를 침해할 우려가 있다는 점을 인정하여 법 시행을 임시 정지시켰다. 그리고 르노 미 법무장관도 2월 23일 통신품위법 위반자에 대한 수사금지에 동의하기에 이르렀다. 이 과정에서 시민단체들은 여론 형성을 위해 즉각 온라인 시위를 벌였다. 인터넷상에 대자보를 써 붙이고 정보 민주화 운동 명망가들이 온라인 연설을 벌였으며, 백악관에 미국헌법 복사판을 대량으로 보냈다.

컴퓨터 통신 네트워크를 노동계급이 투쟁에 적극적으로 이용할 수 있도록 하기 위해 노동계급 활동가들에게 도움을 주는 조직들도 나타나기 시작했다. 'Resources for Activists'는 인터넷을 이용하여 법률제정을 감시하고, 국회의원과 접촉하고, 국회의 표결을 감시하고, 대법원의 판결을 분석하고, 누가 당신을 감시하는지를 감시하고, 통신 네트워크에서 정치적 토픽을 찾아내고, 주류 메스 미디어에서 발견하지 못한 것을 살펴보고, 노동계급 조직을 운영하며, 인터넷을 통해 선출직 공무원들에게 압력을 가하는 조직을 도와준다.37) 'Netizen Activists Resource Centre'는 노동계급 활동가들의 홈페이지 작성을 도와주며, 네트워크에 도서관을 운영하고, 개혁적인 유즈넷 안내서를 만들고, 개혁적인 홈페이지의 주소들을 제공한다.38)

---

37) Resources for Activists의 홈페이지는 (http://www.afn.org/~acdec/resource.html)이다.
38) Netizen Activists Resource Centre의 홈페이지는 (http://www.netizen.org/Progressive/)이다.

컴퓨터 통신 네트워크를 자본과 국가의 사용으로부터 보호하고 그
것을 나눔의 터이자 투쟁의 수단으로 이용하려는 노력은 미국에만 국
한된 것이 아니다. 한국의 경우 1990년대 중반에 들어 정부의 정보화
정책에 대해 정면으로 이의를 제기하면서 등장한 새로운 집단들이 사
이버 공간에서의 사회운동을 주도하고 있다. 서울대 정보동아리인 정
보연대 싱이나 청년과학기술자협회, 참세상 BBS 등이 이때 나타난
대표적인 단체들이다. 40여 개의 시민단체가 '정보통신 검열철폐를 위
한 시민연대'를 구성하여 한총련 CUG 폐쇄반대 운동을 벌였으며 최
근에는 전기통신사업법 시행령개악 반대투쟁을 이끌어 정보통신부로
하여금 결국 철회를 이끌어 내는 성과를 얻기도 하였다. 또 이 단체들
은 우리 나라에서는 처음으로 인권적 차원에서 정보화의 문제를 조명
한 『'96 정보통신검열백서』를 펴냈으며 정보화와 관련하여 가상공간
의 국가보안법이라고 할 수 있는 전기통신사업법 53조 2항[39])에 대한
철폐운동을 전개하고 있다. '민주사회를 위한 변호사모임 정보통신위
원회', '민주주의 민족통일 전국연합', '전국 민주노동조합 총연맹', '진
보 통신단체 연대모임'은 비인간적인 사회적 모순을 깨고 보다 인간
적인 정보화 사회를 이루기 위한 활동을 하고 있으며, 그 하나의 작업
으로 1998년 '정보통신 검열철폐를 위한 시민연대'가 발간하였던 『'96
정보통신검열백서』의 뒤를 이어 『'97 정보통신검열백서』를 발간하였
다. 일본의 경우 시민들의 법적 활동을 범죄시할 가능성이 있기 때문
에 다양한 시민운동 단체들이 '조직적 범죄 대책법'에 대해 반대성명

---

39) 전기통신사업법 53조 2항은 "정보통신부 장관은 공공의 안녕질서 또는 미풍양속을
    해하는 통신에 대하여는 전기통신 사업자로 하여금 그 취급을 거부 정지 또는 제한
    하도록 명할 수 있다."고 되어 있다. 이것은 3불온통신 조항과 결합해 국민의 행복
    추구권을 침해하고 표현의 자유, 통신의 자유, 학문과 예술의 자유 따위를 과도하게
    제한할 우려가 있는 것으로 지적된다.

을 냈다. 노조들, 소비자 단체들, 종교 단체들, 법조인들, 그 밖의 다양
한 단체들이 이 법에 반대하는 활동을 하고 있다. 인터넷 변호사 협의
회도 반대 입장을 발표한 바 있다. 1997년 2월 동경에서는 인터넷에
대한 규제 반대를 위한 대규모 집회가 열렸다.40) 정보의 자유롭고 평
등한 흐름을 위해 국제적으로 서로 연대를 강화하며 국제적인 기구를
설립하려는 움직임도 나타났다. 전 세계를 연결하는 국제적인 전자정
보교환 시스템을 건설하여 정보를 공유함으로써 전 세계 시민들 사이
의 정보보유 격차 그리고 국가와 국가 간의 정보보유 격차를 줄어들
게 하고, 컴퓨터 통신 네트워크를 모든 사람들이 자유롭게 이용할 수
있는 공간으로 만드는 것을 목적으로 1990년 'APC(Association for
Progressive Communications)'가 태동하였다. 이것은 태평양의 파푸아
뉴기니에서 아프리카의 짐바브웨에 이르고 있으며, 쿠바에까지 산하
단체를 두고 있어 자유롭고 평등한 통신창구 역할을 하고 있다.

2. 계급투쟁에서 컴퓨터 통신 네트워크의 사용 전망

우리들이 컴퓨터 통신 네트워크에 관심을 갖는 또 다른 이유는 통
신정보 기술이 급속히 발전하고 있다는 것이다. 이 경향은 줄어들지
않을 것이다. "새로운 기술은 매일매일 생겨난다. 이 사실은 몇 년 이
내에 우리가 지금 최신의 것이라고 보는 현존 기술마저 마치 구석기
시대의 것으로 보이게 할지도 모른다."41) 네트워크 중의 네트워크인

---

40) 오구라도시마루씨의 홈페이지를 참조하라. (http://www.jca.ax.apc.org/~toshi/).
41) Kizza, Joseph Migga (1996), "Introduction," in *Social and Ethical Effects of the Computer Revolution*, ed.) Joseph Migga Kizza, McFarland & Company, Inc., Publishers, p. 1.

인터넷은 1983년 모든 종류의 컴퓨터를 연결할 수 있는 TCP/IP가 발명되면서 시작하였다. 그러나 인터넷을 사용하는 데는 특별한 훈련이나 지식이 필요했기 때문에 인터넷은 주로 특별한 전문가들이 사용하였다. 1993년 전자메일, FTP(컴퓨터간에 파일을 전송하거나 수신하는 장치), Telnet(컴퓨터를 연결하는 것), Gopher, Archie, Wais와 같은 것들을 통합하는 World Wide Web(www)의 발명으로 인터넷 사용은 매우 쉬워졌다. www는 멀티미디어의 역할도 수행하여 인터넷은 TV, 라디오, 전화, 팩스, 신문, 도서관, 출판사, 우편 등의 역할에 이용되고 있다. www의 출현으로 컴퓨터를 이용할 수 있는 저소득 노동자나 활동가를 포함한 모든 사람들은 이제 쉽게 인터넷에 접근할 수 있게 되었다. 1997년 현재 세계 최대의 컴퓨터 통신망으로 불리는 인터넷에 연결되어 있는 국가 수는 180여 개국이며, 인터넷에 연결되어 있는 호스트 컴퓨터도 1997년 1월 현재 1천5백만여 개에 이르고 있다. 오늘날 하루 평균 2만7천여 명 그리고 1분 동안에 20명 정도의 세계 인구가 인터넷에 등록하고 있다. 이러한 추세라면 2000년 초반에는 67억의 전 세계 인구 중 30퍼센트인 20억이 인터넷 사용자가 될 것이라고 '인터넷 소사이어티(Internet Society)'는 추정하고 있다.[42] 1990년대 초만 해도 그 수가 수백만 명에 불과했음을 감안한다면 폭발적 증가세가 아닐 수 없다.

　컴퓨터 통신 네트워크는 발전 초기에는 사람들이 서로 만나고, 정담을 나누고, 의견을 나누는 곳으로 인식되어 기업은 여기에 관심이 없었다. 그러나 많은 사람들이 여기에 참여하게 됨에 따라 자본은 이

---

42) 통신매체 기술의 역사적 발전은 홈페이지(http://www.mediahistory.com)를, WWW의 내용에 관해서는 홈페이지(http://www.rpi.edu/internet)를, 인터넷의 역사에 대해서는 홈페이지(http://www.isoc.org/internet-history)를 참조하라.

를 이윤의 대상으로 전용하려 노력해 왔다. 초기에는 인터넷에 도메인을 만든 기업은 거의 없었으나 www의 발명으로 많은 사람들이 인터넷에 접속하자, 기업들은 너도나도 다투어 인터넷에 도메인을 만들었다. '네트워크 위저드(Network Wizards)'의 1996년 1월의 조사에 의하면 인터넷과 연결된 9백 4십만 인터넷 도메인 중에 회사를 상징하는 'com'은 가장 큰 도메인이 되었으며 이는 학교를 나타내는 'edu'나 정부 부문을 나타내는 'gov'보다 훨씬 더 많다고 추정하고 있다.43) 컴퓨터 통신 네트워크에 관한 기술이 발달하면 할 수록 자본이 인터넷을 이용하여 이윤을 증대시키려는 노력은 점차 거세질 것이라 전망된다. 경제적 사고와 행동은 정보혁명에 의해 크게 영향을 받고 있으며 이 영향은 앞으로 점점 커질 것이다.

인터넷의 발전으로 기업은 오늘날보다 이를 생산과정에 더 많이 이용할 수 있을 것이다. 제3장에서 우리는 자본이 이미 생산과정에 통신 정보 기술을 많이 사용하고 있음을 보았다. 자본은 이들 기술을, 노동자들을 감시하고 그들에 대한 통제력을 강화하는 데 사용해 왔다. 감시와 통제의 목적 이외에 이들 기술은 지식 중심 생산에 필수 불가결한 요인이 되었다. 1986년도에 이미 경영전략가인 드러커(Peter Drucker)는 "모든 선진 국가에서 지식 노동자들이 노동력의 중추세력이 되었다"고 평가할 정도이다.44) 기업은 새로운 부의 창출이 다른 어떤 원천보다 정보에 점점 더 많이 의존하고 있음을 알게 되었다. 과거에는 돈이 힘이라고 말하여 왔지만 요즘은 '정보가 힘이며 경제정

---

43) Golding, Peter (1996), "World Wide Wedge: Division and Contradiction in the Global Information Infrastructure," *Monthly Review*, July-August, p. 74.
44) Drucker, Peter (1986), "The Changed World Economy," *Foreign Affairs*, Spring, pp. 768~91.

보는 경제적 힘'이라고 이야기된다. 전 시티콥(Citicorp) 회장인 월터 리스턴은 돈에 관한 정보가 돈 그 자체보다 더 중요하다고 주장할 정도이다.45) 그러므로 지식과 정보는 경쟁에서 점점 더 유리한 위치를 차지하는 귀중한 자원으로 간주되고 있다. 이는 기업에게 지식과 정보가 이윤의 원천으로서 중시되고 있음을 뜻하며, 경제적 정치적 힘의 원천으로서 돈의 자리를 계승하게 되었음을 의미한다. 이러한 인식하에 기업 내부의 네트워크와 인터넷을 통합하는, 즉 사무 프로그램과 인터넷 프로그램과를 통합하는 '인트라넷(Intranet)'을 사용하는 기업이 점차 많아지고 있는 추세이다. 인트라넷으로 정보를 신속하고 쉽게 획득하면 비용은 감소한다. 이것이 바로 마이크로소프트가 인터넷 익스플로어를 윈도우즈 98에 결합하면서 워드와 엑셀을 인터넷과 호환가능케 만든 이유이다.46) 컴퓨터 통신 네트워크가 발전하면 할수록 이를 이윤의 대상으로 전용하려는 기업의 이같은 노력이 점차 커질 것을 전망하는 것은 어렵지 않다.

인터넷의 발전으로 자본은 인터넷을 생산과정에서뿐만 아니라 지식과 정보의 상품화나 마케팅에도 사용할 것이다. www의 출현으로 자본이 인터넷을 이용하여 상품으로 사용할 수 있는 영역이 커지게 되었다. 인터넷은 인터넷 상담, 홈페이지 작성, 인터넷 소프트웨어, 인터넷 게임, 인터넷 신문, 인터넷 잡지, 인터넷 교육 등의 사업이 용이하도록 하였다. 미국의 부통령 알 고어는 "이같은 부문은 21세기에 가

---

45) 데이비드 론펠트 (홍석기 역) (1997), 『정보지배사회가 오고 있다 : 사이버시대와 정보통신혁명』, 자작나무.
46) 인트라넷에 대해서는 다음 웹사이트를 참조하라.
   (http://www.webi.co.kr/Intranet)와 (http://www.frontiertech.com/swebres/pagel.htm l).

장 중요하고 이윤이 많이 생기는 부문이다."고 말한다.47) 컴퓨터 네
트워크를 담당하는 IBM의 한 관리자는 2000년경이 되면 인터넷은 지
구상 가장 크고, 가장 빨리 성장하고, 가장 안정된 시장이 되어 이를
통한 상업적 거래가 1조 달러에 이를 것이라고 예상하고 있다.48) 인
터넷을 이용한 상품화는 컴퓨터 통신 네트워크 기술의 발전과 더불어
그 규모가 급속히 증가될 것으로 예상된다. 인터넷의 발전으로 시장
의 개념도 바뀌고 있다. 예전에 시장이란 어떤 경계를 지닌 지정학적
실체였다. 그러나 벨(Daniel Bell)이 지적한 것처럼, 로테르담 원유 현
물시장은 "더 이상 로테르담에 있지 않다. 그렇다면 어디에 있는가?
모든 곳에 있다. 시장은 이제 텔렉스 컴퓨터 네트워크와 다름이 없
다." 산업활동 전반이 특정한 지역적 기반과 무관해지고 경영활동이
중앙의 본사와 무관해짐에 따라 "역사적 사회학적으로 매우 중요한
변화가 일어나고 있다. 즉 시장의 성격이 장소에서 네트워크로 변화
하고 있는 것이다."49) 세계 전역이 전자금융거래(electronic financial
transactions)를 위한 실시간 시장이 되고 있는 것이다.

사기업 부문과 마찬가지로 정부도 정보수집과 국내의 행정업무에
서 컴퓨터 통신 네트워크에 크게 의존할 것으로 예상된다. 현재에도
정부는 행정업무를 컴퓨터 통신 네트워크에 많이 의존하고 있는 형편
이다. 만약 컴퓨터가 나가면 업무가 완전히 마비되어 수많은 정부 부
문 노동자, 연금 수혜자, 복지 기금 수혜자, 군인 등 많은 사람들이 혜
택을 받는 데 어려움이 있을 정도이다.50) 네트워크의 발전과 더불어

---

47) Dawson and Foster (1996).
48) *Financial Times*, May 13, 1996.
49) Bell, Daniel (1987), "The World and the United States in 2013," *Daedalus*,
    Summer, pp. 1~31.
50) Kizza (1996), p. 8.

국가가 이같은 곳에 네트워크를 이용하는 정도는 더 커질 것이라는 전망도 쉽게 할 수 있다. 현재 지방정부나 중앙정부가 인터넷을 PR이나 사회통제의 수단으로 사용하고 있지만 그 활동은 미미하다. 훈센이 이끄는 캄보디아 인민당은 자체 홈페이지를 개설, 훈센의 이미지를 제고하는 내용의 소식과 사진을 열심히 알리고 있으나 이용자는 별로 없다고 한다.[51] 그러나 염려가 되는 것은 정권에 대항하는 세력에 대한 정보를 수집하고 그들의 활동을 감시하여 노동계급을 통제하는 수단으로, 그리고 정부활동의 홍보수단으로 정부가 인터넷을 사용하는 경우인데, 이러한 경우들은 인터넷의 이용이 증대함에 따라 더욱 늘어날 가능성도 있다. 우리들의 많은 데이터와 개인 행동이 인터넷으로 흘러들어 갈수록 정보의 독재적인 남용의 가능성은 커질 것이다. 이렇게 되면 정보 고속도로의 구축은 국가에게 노동계급을 감찰할 능력을 더욱 높여 줄 것이다. 어떤 보고서에 의하면 이같은 감찰은 먼 장래의 일이 아니라 이미 상당히 발전되어 있다.[52] 개인적 자유를 제한할지도 모를 '컴퓨터 국가' '사찰서류 사회' '감시 사회'의 등장을 우려하는 연구들도 정보기술에 잠재된 어두운 측면을 잘 드러내고 있다. 지금까지는 네트워크가 아주 순수한 무정부 상태처럼 보이지만 전체주의로 발전할 잠재력을 지니고 있는 것이다.

인터넷의 발전과 더불어 자본과 국가가 이것을 이윤과 통제의 수단으로 이용할 가능성이 커진 반면 이미 노동계급이 이것을 자본에 대

---

51) 『조선일보』, 1997년 4월 14일.
52) 헤이거(Nicky Hager)는 미국의 국가안전본부가 조종하고 계획한 ECHELON의 존재를 폭로하였다. ECHELON은 세계 모든 통신 네트워크를 통해 교류되는 각종 전자메일, 팩스, 텔렉스, 전화 등을 도청하는 데 사용되고 있다. Hager, Nicky (1996), "Exposing the Global Surveillance System," CovertAction Quarterly, Winter 1996~97, pp. 11~17. 웹사이트는 다음을 참조하라. (http://www.fas.org/eprint/sp/index.htm).

항하고 새로운 세계를 구축하는 데 필요한 도구로 활용할 가능성도 그만큼 커졌다고 하겠다. 인터넷은 완전히 양 방향 통신이 가능하여, 노동자들로 하여금 무엇이 일어나는지를 알고, 대화에 참여하고, 다른 사람에게 그들의 의견을 소통하고, 그들을 조직화하고, 의사결정에 적극적으로 참여할 수 있게 한다. 이를 자본에 대한 투쟁의 수단으로 그리고 우리 나름의 새로운 세계를 구축하는 수단으로 사용하는 것에 대해서는 앞에서 충분히 보았다. 만약 우리가 인터넷을 저렴한 가격으로 사용할 수 있고 정부의 부당한 간섭을 막을 수 있다면 인터넷은 노동계급의 공동의 수단으로 광범위하게 사용될 수 있을 것이다. 이렇게 되면 인터넷의 협동적인 환경은 동지적이고 상부상조적인 분위기를 조성하여 인터넷의 발생 초기의 성격을 이어나가는 데 도움이 될 수 있을 것이다. 다시 말해, 인터넷은 스스로가 규제하는 것으로, 자발적으로 도와주는 것으로, 상호 협동의 수단으로, 개인의 창의성의 발현 수단으로 발전할 수 있을 것이다.

사이버 세계는 최근까지 국가와 자본으로부터 어느 정도 자유로운 편이었다. 아무리 강력하게 언론 통제를 행하고 있는 정부라고 할지라도 인터넷과 같은 사이버 세계에는 그 손길이 미치기가 어려웠다. 라디오나 TV 같은 기존의 통신기술은 중앙집중적인 정부의 통제 아래 있지만, 위성통신 수신기나 인터넷에 연결된 컴퓨터 같은 장비들은 정부의 통제, 감시가 쉽지 않았기 때문이다. 지금까지 노동계급이 네트워크를 투쟁에 이용한 것에 대한 국가의 공격은 경찰력의 이용이나 통신검열 등 상당히 조잡했으며, 정보의 흐름에 큰 변동을 줄 수 없었고, 전 세계적인 규모의 노동계급의 동원을 막지 못했다. 그러나 정책조언자들이 의견을 제시했듯이 국가는 네트워크를 통제하는 강력한 수단을 개발하기 위해서 열심히 노력하고 있다.[53] 그러므로 네트워크를 둘러싼 계급투쟁은 점차 심해질 것으로 보인다.

3. 네트워크를 둘러싼 투쟁에서 승리할 필요성

노동계급이 투쟁에 그리고 서로간의 도움에 네트워크를 이용하는 것에 대한 자본과 국가의 공격 즉 검열, 시간당 가격 책정, 네트워크의 사유화 등은 네트워크로부터 노동계급을 축출하여 네트워크를 이윤과 통제의 수단으로 전용하는 것으로 볼 수 있다. 네트워크를 둘러싼 투쟁은 이제 막 시작한 상태이기에 처음부터 투쟁에서 이길 필요가 있다. 네트워크에 대한 자본과 국가의 전용 시도는 시초적 자본축적 기간 동안 농민을 토지로부터 축출하여 노동계급을 형성했던 것과 대동소이하다.54) 시초적 자본축적에서 자본은 여러 가지 정부의 정책이나 법령을 이용하여 생산수단인 토지로부터 농민들을 축출하였다. 농민들은 토지의 엔크로저에 대항하여 자본과 투쟁했으나 농민들이 이 투쟁에서 실패한 후 그들은 살아가기 위해 그들의 삶을 노동력으로 팔아야만 했다. 오늘날 만약 우리가 네트워크를 둘러싼 계급투쟁에서 실패한다면 우리들은 우리들의 지식과 창의성 심지어 우리들의 영혼까지 팔아야만 할 것이다. 우리가 현재 어떤 자유를 잃는다면 우리들이 이를 회복하는 데는 많은 시간과 투쟁이 필요할 것이다. 철도가 한번 놓이면 다시 뜯어고치기가 너무나 어려운 것과 마찬가지다.

---

53) Cleaver (1994).
54) 시초적 자본축적에서 설명한 토지의 엔크로저와 가상공간에서의 엔크로저 사이의 차이점과 유사점에 대한 분석은 다음을 참조하라. Cleaver, Harry (1995), "The "Space" of Cyberspace: Body Politics, Frontiers and Enclosures," in his web site (http://www.eco.utexas.edu:80/Homepages/Faculty/Cleaver/chiapas95.html).

"거의 200년 전에 헨리 데이비드 토로(Henry David Thoreau)는 새로운 기차길이 도리어 우리를 탈 것이라고 염려하였다. 정보 고속도로가 우리가 가고 싶지 않은 곳으로 나지 않도록 하는 것, 그리고 우리들이 소중히 여기는 것을 덮어버리지 않도록 하는 것은 우리들의 직무이다"[55]라고 말한 밀러(Steven Miller)의 경고를 한번 되새겨 보아야 할 것이다.

발명품은 발명가가 의도하지도, 전혀 예견하지도 않았던 방식으로 우리가 살고 있는 세상을 변화시키기도 한다. 신문, 전화, 라디오, 텔레비전 등이 우리를 변화시켰듯이 컴퓨터 통신 네트워크는 우리 자신과 우리의 문화를 변화시킬 것이다. 초기 대중매체의 전형인 신문이 등장하여 18세기와 19세기에 걸쳐 정치적 설득이나 여론 형성에 막강한 힘을 발휘하게 되면서, 신문은 다양한 정보와 의견을 제공하는 민주주의의 불가결한 요건처럼 주장되고 인식되었다. 그러나 제1차 세계대전이 끝난 직후 월터 리프만(Wlater Lippmann)은 신문을 '직접민주주의의 한 기관'으로 생각했던 초기의 인식적 오류나 신문에 의한 여론 형성의 불완전성을 비판했다. 실제 많은 나라에서 신문은 정확한 사실적 정보 전달이나 민주적인 의견 형성보다는 '의사 환경(pseudo-environment)'의 구성자로 혹은 여론조작을 위한 이데올로기적 기구로 전락한 경우가 적지 않았다. 또 20세기 들어 전파 매체인 라디오가 등장했을 때에도 루이 멈포드(Louis Munford)와 같은 이는 라디오를 통한 메시지의 직접적이고도 광역적인 전달 능력에 기대어, 고대 그리스 시대 아고라(Agora)의 참여적인 정치가 복원될 수 있을 것이라고 전망했다. 그러나 제2차 세계대전이라는 전쟁 상황은 물론,

---

55) Miller (1996), p. 33.

히틀러의 나치즘이나 스탈린의 소비에트 정치 체제, 그리고 대량소비를 부추겨 온 20세기 초 중반의 서구 자본주의 경제체제 등은 라디오 매체가 다수 대중의 전체주의적 동원에 얼마나 기여했는지를 단적으로 예증해 주고 있다. 텔레비전 매체 역시 예외는 아니었다. 텔레비전 매체의 급속한 보급과 이를 이용한 생생한 TV 토론이나 정치 현장에 대한 생중계 등은 이른바 '원격 민주주의(teledemocracy)'의 실현이 가능하다는 기대를 갖게 했다. 그러나 텔레비전 역시 정책 중심의 진정한 민주적 토론장이 되기보다는 이미지 정치와 대중조작의 수단이 되었고 오히려 정치 세계의 흥행화를 부추긴다는 비난을 피하기 어려웠다. 또 감각적인 오락물과 광고물이 넘쳐나는 텔레비전은 시민들을 탈정치화시키는 주범으로 비난받기까지 했다. 오늘날 컴퓨터와 통신 기술의 개발, 보급, 이용이 급속히 확대되고 있는 상황에서 전자 민주주의, 사이버 민주주의, 모뎀 민주주의, 인터넷 민주주의, 모자이크 민주주의 등 정보통신의 기술적 요소와 관련해서 다양한 이름의 민주주의가 열창되고 있다. 정보 초고속도로의 전국화 및 세계화를 주도하고 있는 미국의 앨 고어 부통령은 그가 참석한 한 국제적인 포럼에서 민주주의의 새로운 아테네 시대가 형성될 것이라고 역설한 바 있다. 그러나 새로운 정보통신 기술이 우리에게 새로운 혹은 진정한 민주주의를 가능하게 할 것이라는 주장은 아직은 하나의 가설적인 주장에 불과하며, 여러 가지 가능한 미래에 대한 하나의 선택적 기대일 뿐이다. 과거 역사를 돌이켜 볼 때, 신문, 라디오, 텔레비전 혹은 통신 등과 같이 정보를 다루고 전하는 기술은 그것이 지닌 민주적 잠재력에도 불구하고 항상 민주주의의 손을 들어주었던 것은 아니기 때문이다. 오히려 그러한 기술은 권력이나 자본의 힘에 의해 민주주의의 본래적 가치나 요건 및 절차를 왜곡시키는 도구나 수단으로 전락한 바가 적지 않았다.[56] 그렇다면 문제의 핵심은 어디에 있는가? 우리들이 사는

세상이 변화하게 된 원인이 그 발명품에 있는 것처럼 보이지만 실제
로는 그 발명품을 둘러싼 계급투쟁에 있다는 것이다.

인터넷을 둘러싼 계급투쟁은 방금 시작되었다. 그래서 처음부터 이
투쟁에서 승리를 거두는 것은 매우 중요하다. 만약 지금 실패를 한다
면 인터넷을 통한 진보적인 사회로의 변화를 이루기가 그만큼 어려워
질 것이다. 우리는 1934년 미국 통신법의 교훈을 잊지 말아야 할 것이
다. 1920년대 라디오 방송이 시작했을 때 라디오 방송의 선구자들이
비이윤의 공공 목적에 라디오 방송을 사용하는 것에 관심을 가졌다.
그러나 "1920년대 말 자본은 네트워크 운영과 상업광고를 하면 라디
오 방송이 상당한 이윤을 가져다 줄 것임을 알아차리기 시작했다. 상
업방송을 하려는 사람들은 워싱턴 정치권에 자신들의 막강한 힘을 사
용하여 연방 라디오 위원회를 장악할 수 있었다. 그래서 얼마 되지 않
는 공중파는 공공이나 의회의 토론도 거의 없이 그들에게 할당되었다.
이 일이 있고 나서야 미국의 방송에 비이윤과 비상업적인 사용을 요
구하는 방송개혁 운동이 있었다."57) 마찬가지로 1950년대 역사상 가
장 위대한 매스 미디어인 TV의 출현으로 많은 지식인들과 언론 종사
자들은 이것이 민주적인 교육의 수단으로 사용될 수 있을 것으로 보
면서 환영하였다. 그러나 TV가 자본에 의해 사용되자 이윤 가능성이
많은 프로그램을 육성하였고 교육에 이용할 가능성은 그만큼 줄어들

---

56) 이상의 부분은 다음에서 많은 부분을 인용하였다. 강상현 (1999), "전자 민주주의와
   시민참여," 『시민이 열어 가는 지식정보사회』, 크리스챤 아카데미 시민사회 정보포
   럼 편, 대화출판사, pp. 133~58.
57) McChesney (1996), pp. 9~10. Stevenson, John (1996), "The Silencing of a
   Democratic Medium: Early Public Policy on Radio and the Regulation of the
   Internet," in *The Internet: Transforming Our Society Now* (CD), The Annual
   Meeting of the Internet Society, 25~8 June 1996, Montreal, Canada.

게 되었다. 시민사회가 케이블 설비에 접근하여 약간의 공공의 공간을 만든 것도 상당한 투쟁을 통해서 얻은 것이다.[58] 노동계급이 라디오나 TV를 초기에 선점하지 못한 것 때문에 주어진 이러한 결과들은, 발생한 매체를 둘러싼 투쟁에서 한번 패배하면 이후 투쟁으로 이를 역전시키기가 너무나 어렵다는 것을 보여준다.

어떤 점에서 컴퓨터 통신 네트워크는 일상생활에 너무나 기본적이어서 음식, 주거지, 의복, 건강, 교육 등과 같이 우리들에게 꼭 필요한 것이 될 것이다. 인터넷을 항상 사용할 수 있는 공간을 구축하지 못하고는 새로운 경영방법과 조직구조와 새로운 국가정책에 대항하는 노동계급의 투쟁은 더욱더 어려워질 것이다. 증기기관, 전기, 자동차 등이 계급간의 힘의 관계에 따라 변해 오고 또 계급투쟁에 새로운 차원을 형성했듯이 새로운 컴퓨터 통신 네트워크 기술의 발전은 갈등과 적대의 새로운 장을 연다. 컴퓨터 통신 네트워크를 둘러싼 계급투쟁에서의 승리는 새로운 사회를 구축하고 자본에 대항하는 노동계급 투쟁의 필수 불가결한 단계가 된다.

---

58) Surman, Mark (1996), "Wired Words: Utopian, Revolution, and the History of Electronic Highways," in *The Internet: Transforming Our Society Now* (CD), The Annual Meeting of The Internet Society, 25~8 June 1996, Montreal, Canada.

컴퓨터 통신 네트워크를
둘러싼 투쟁에서 승리하는 전략 모색

1. 노동계급이 자유롭게 사용할 수 있는 공간으로 전환하는 전략
2. 노동계급의 이용 기회의 확대 전략
3. 자본을 넘어서는 노동계급의 네트워크 이용 전략

제7장
컴퓨터 통신 네트워크를 둘러싼
투쟁에서 승리하는 전략 모색

컴퓨터 통신 네트워크를 둘러싼 투쟁이 심화되어 계급투쟁에서 차지하는 비중이 점차 커짐에 따라 이 투쟁에서 승리할 수 있는 노동전략을 정립하는 것이 시급하다. 이에 대한 노동전략을 크게 세 가지로 구분해서 살펴보겠다. 첫째, 자본이나 국가가 컴퓨터 통신 네트워크를 이윤이나 통제의 대상으로 만드는 것을 막고 이를 노동계급이 자유롭게 사용할 수 있는 공간으로 만드는 전략이다. 둘째, 노동계급이면 누구나 제약 없이 컴퓨터 통신 네트워크를 사용할 수 있게 만드는 전략이다. 셋째, 지금까지 노동계급은 투쟁에 컴퓨터 통신 네트워크를 잘 이용했으나 이를 보다 유효하게 사용할 수 있게 하는 방법을 개발하는 전략이다.

1. 노동계급이 자유롭게 사용할 수 있는 공간으로 전환하는 전략

　　우리는 4장과 6장에서 이윤이나 통제를 목적으로 한 컴퓨터 통신 네트워크 이용의 위험성을, 그리고 노동계급이 새로운 사회를 구축하고 자신들의 능력을 배양하는 도구로 컴퓨터 통신 네트워크를 사용하는 것의 장점들을 살펴보았다. 그러나 아직까지 투쟁에 있어 컴퓨터 통신 네트워크의 유용성에 대한 노동계급의 인식이 크다고 할 수는 없다. 그렇기 때문에 컴퓨터 통신 네트워크의 중요성을 노동계급에게 부각시키고 인식시키는 것이 급선무이다. 이 책에서 우리는 자본에 의한 네트워크 이용에 관한 슘페터 추종자들의 책과 논문을 살펴보았다. 오늘날에는 컴퓨터 통신 네트워크를 상거래, 마켓팅, 정보수집, 생산과정 등에 사용하는 방법을 제시하는 책이 다수 발행되고 있는 형편이다. 그러나 불행히도 컴퓨터 통신 네트워크를 노동계급이 이용하는 방안에 관한 책이나 논문은 거의 없다시피 하다. 따라서 사회과학자들이나 사회활동가들은 네트워크의 계급적 의미를 지적하고, 자본과 국가가 네트워크를 어떻게 독점하는지, 그리고 이것이 노동계급에 어떠한 영향을 주는지를 분석해야 하며 이를 노동계급에게 알려야 한다. 영화제작 종사자, 작가, 가수 등은 자신들의 작품을 통해 자본의 네트워크 독점이 얼마나 위험하며 네트워크를 노동계급이 얼마나 유용하게 이용할 수 있는가를 보여줄 수 있다. 지금까지 이들의 많은 작품들은 주로 컴퓨터 통신 네트워크가 완전히 자본의 통제하에 있는 것처럼 그것의 어두운 면만 묘사하였다. 노동계급은 자본과 국가의 이윤과 통제를 위한 컴퓨터 통신 네트워크 사용의 희생자로만 묘사되어 왔다. '블레이드 런너(Blade Runner)'와 같은 공상영화, '뉴로맨서(Neuromancer)'와 같은 소설, 최근의 영화 '에너미 오브 더 스테이트(Enemy of the State)' 등은 우리들에게 컴퓨터 통신 네트워크를 이용한 자본과 국가의 횡포에 대한 경각심을 주기는 하나 이를 노동계급의 투쟁에 사용하는 적극적인 방안을 찾기에는 아직 부족하다.[1] 소수

전문가들이 이 방향에서 노력을 기울이는 것도 중요하지만 컴퓨터 통신 네트워크의 활용을 위한 보다 적극적인 방안을 찾기 위해서는 많은 사람들이 다양한 아이디어를 모아야 할 것이다. 노동계급은 이에 관한 자신들의 의견이나 전략을 각종 포럼이나 토론에 참여해 교환할 수 있다. 이렇게 많은 사람들의 의견이나 전략의 소통을 통해서 우리들은 자본의 전략보다 더 강력한 전략을 얻을 수 있을 것이다.

진보적인 노동계급 단체들 각각의 주된 투쟁목표가 무엇이던간에 각 단체의 두 번째 투쟁목표는 자본과 국가의 이윤이나 통제를 위한 네트워크 사용으로부터 네트워크를 보호하는 것에 있어야 할 것이다. 모든 사회활동가들의 집단은 자신들의 홈페이지에서 네트워크의 중요성을 설명할 필요가 있다. 네트워크에 대한 보호 없이는 노동계급의 다른 투쟁도 심각히 침해를 받을 것이라는 사실을 널리 알려야 한다. 앞에서 살펴본 바와 같이 1990년대 초부터 EFF, CPSR, the American Civil Liberties Union(ACLU) 등의 단체들이 통신 네트워크 특히 인터넷의 사유화와 규제조치에 대한 투쟁을 전개한 바 있다.2) 이 단체들이 아직까지 많은 문제에 대해서 서로 완전히 의견일치를 보지는 못했으나 이 단체들은 컴퓨터 통신 네트워크에서의 표현의 자유를 보장하고, 누구든지 컴퓨터 통신 네트워크에서 차단되는

---

1) 이제까지 내가 본 것 중에 노동계급이 컴퓨터 통신 네트워크를 투쟁에 사용할 가능성을 철저히 분석 검토한 작품은 노동계급에 의해서 쓰여진 것이 아니라 오히려 미국무성의 연구가들 예를 들면 RAND의 연구 결과이다. 그 대표적인 예는 Molander, Roger C., Andrew S. Riddle, and Peter A. Wilson (1996), *Strategic Information Warfare: A New Face of War*, National Defense Research Institute, RAND.

2) Iacono, Suzanne and Rob Kling (1996), "Computerization Movements and Tales of Technological Utopianism," in *Computerization and Controversy: Value Conflicts and Social Choices*, ed.) Rob Kling, Academy Press, pp. 100~1.

것을 막고, 정보의 부자와 정보의 빈자 사이의 격차를 크게 할지도 모르는(즉 네트워크에의 보편적인 접근을 방해하는) 것에 대항하자는 데에는 의견을 같이 한다. 각 사회단체들이, 이들 단체와 긴밀한 연결을 취하면서, 컴퓨터 통신 네트워크를 둘러싸고 지금 진행 중인 여러 가지 투쟁을 인식하고 지원할 때, 바로 그것이 자신들이 투쟁하는 부문에도 큰 도움이 될 수 있을 것이다.

자본과 국가가 컴퓨터 통신 네트워크를 이윤과 통제의 수단으로 전용하는 것을 막기 위해 그리고 그들이 노동계급의 네트워크 이용을 공격하는 것에 대해 저항하기 위해, 노동계급은 컴퓨터 통신 네트워크를 노동계급 자신의 필요에 따라 사용할 수 있는 방향으로 국가의 정책이나 법령이 제정 혹은 개정되도록 국가에 압력을 가해야 한다. 왜냐하면 슘페터의 추종자들이 명백하게 이해하고 있듯이 국가의 보호나 도움이 없이는 자본이 네트워크를 독점적으로 사용하기가 매우 어렵기 때문이다. 국가에 압력을 가하는 방법에는 여러 가지가 있다. 선거에서 후보자들에게 컴퓨터 통신 네트워크에 대한 정책을 질문하면서 그들의 향후 정책결정에 압력을 가하는 것도 한 방법이 될 수 있다. 예를 들어 1997년 한국의 대통령 선거운동 기간 중에 진보통신 단체 연대모임은 대통령 후보들에게 정보통신 정책에 관한 질의서를 발송했다. 여기서 정부의 초고속 정보통신망 사업 추진에 대한 평가, 정보통신 이용요금, 지역네트워크 지원 정책, 전자주민카드제도의 도입, CCTV 문제, 정보공개법, 국가안전기획부의 개인 파일 작성, PC통신 공간에서의 표현의 자유, 정보통신윤리위원회, 전기통신사업법 54조, 인터넷의 북한 정보 등에 대한 공개질문을 각 후보에게 보냈다. 이러한 시도는 알게 모르게 이들이 향후 컴퓨터 통신 네트워크에 관한 정책을 수립할 때 압력이 될 것이다. 또한 컴퓨터 통신 네트워크에 대한 법률을 제정할 때 해당 국회의원에게 전자우편을 보내어 다수 대중이 원하는 바를 알려 주어야 한다.

국가에 압력을 가하는 것 이외에 우리는 자본과 국가가 컴퓨터 통신 네트워크를 이윤과 통제를 위해 어떻게 이용하고 있는지에 대해 항상 예의 주시해야 한다. 우리는 앞에서 자본이 노동계급의 동태를 완전히 파악하는 것이 노동계급의 힘의 약화를 가져오듯이 노동계급이 자본과 국가의 행위를 명백히 드러내는 것이 노동계급에게 큰 힘이 된다는 것에 대해 살펴보았다. 그들이 무엇을 하고 있는지를 우리들이 미리 알면 컴퓨터 통신 네트워크에 대한 투쟁에서 승리하기가 쉽다. 우리 나라의 경우 전기통신사업법 53조/54조에 근거한 관련 기관들(각 수사기관, PC통신사, 정보통신윤리위원회)간에 오고 간 공문들, 정보통신윤리위원회 회의록, 전자주민카드 사업 관련 정보(추진 내역, 예산 현황, 기술개발 현황, 정보기관의 개입 내용)들을 컴퓨터 통신 네트워크를 이용하여 많은 사람들에게 알리는 것은 한 방법이 될 것이다. 필요하다면 컴퓨터 통신 네트워크에 대한 자본과 국가의 비밀스런 정보를 해커를 통해 공개하는 것도 생각할 수 있다.

컴퓨터 통신 네트워크를 둘러싼 투쟁에서 우리가 자본과 국가의 행동을 하나도 빠짐없이 아는 것이 중요한 만큼 우리들의 행위나 전략이 그들에게 드러나지 않도록 하는 것도 중요하다. 컴퓨터 통신 네트워크를 이용하여 우리들의 투쟁전략을 여러 다른 사람들에게 알리는 경우 자본과 국가에 의해 포착되는 경우가 적지 않다. 이를 막기 위한 방법으로 우리는 여러 가지 암호기술을 이용할 수 있다. '스테가노그래피(Steganography)'라 불리우는 프로그램은 암호화된 데이터 메시지를 보통 모양의 데이터로 만들어 단지 그래픽이나 오디오 파일처럼

보이게 한다. 문서 절대 보완 프로그램인 'PGP(Pretty Good Privacy)'
는 인터넷상의 메일링 리스트를 보호할 수도 있다. 법적인 보장이 없
는 상태에서 표현의 자유를 보호하는 방법으로 익명을 이용하는 방법
이 있다. 이것은 사람들이 자신의 의사 표현으로 불이익을 당하는 것
을 막아 주는데, 'CD-nets'라 불리우는 기술은 사람들로 하여금 추적
하기가 거의 불가능한 익명의 메시지를 보낼 수 있게 한다.[3] 또한 익
명화해 주는 웹사이트를 이용하면 정부가 폐쇄한 웹사이트에도 익명
으로 접속이 가능하다.[4] 이러한 것들을 이용하여 노동계급이 무엇을
하는지를 자본이 감지하는 것을 막아야 할 것이다. 자본은 컴퓨터 통
신 네트워크를 노동자가 사용할 때, 누가 언제 어떤 목적을 위해 그것
을 사용하는지를 파악하기 위해 추적 장치를 개발하고 있다. 예를 들
면 인텔은 팬티엄 III에서 인터넷을 이용할 때 이용자가 자동적으로
노출되도록 칩에 고유 ID를 집어넣으려고 했다. 이것이 성공한다면
자본과 국가는 누가 지금 인터넷을 사용하고 있는지를 쉽게 파악할
수 있을 것이다. 이에 대한 투쟁은 컴퓨터 통신 네트워크에서 이루어
지는 노동계급의 활동을 보호할 수 있게 한다. 이처럼 노동계급의 활
동을 하나하나 체크할 수 있는 여러 가지 자본의 노력에 대항하는 방
법을 찾는 것이 무엇보다도 시급하다고 할 수 있다.

또 우리들은 UN, UNESCO, WTO, UNCTAD와 같은 국제적인 조
직들에게도 압력을 가해야 한다. 이들은 현재 자본의 이해관계를 표
현하는 국제적인 조직이지만 노동계급도 이들을 이용할 수 있다. 이
들 국제적인 조직들에 대한 압력과 투쟁은 시장을 통해 발생한 계급

---

3) Chen, Mark (1994), "Pandora's Mailbox: RC4 a Secret No Longer," *Z magazine*,
   December, pp. 41~3.
4) 익명화해 주는 웹사이트는 (http://www.anonymizer.com)이다.

간·국가간의 확대된 불평등을 완화할 수 있고 노동계급의 통신 네트워크 사용을 증대시킬 수 있는 가능성을 지니고 있기 때문이다. 이에서 성공을 하기 위해서는 전 세계의 모든 노동계급이 서로 연결되어 있어야 한다. 자본의 네트워크 이용에 대한 투쟁은 어떤 특정 국가나 집단에 한정된 전쟁이 아니라 모든 나라 모든 노동자들의 전쟁이기 때문이다.

네트워크가 세계적인 문제라는 사실에도 불구하고 노동계급은 네트워크를 둘러싼 투쟁의 중요 장소로 미국을 이용할 수 있다. 중앙의 규제로부터 상대적으로 자유로운 인터넷의 분권화된 성질 때문에 아직까지는 통신 네트워크를 규제하고 감시하는 강력한 중앙체제는 없는 실정이다. 우리는 이같은 인터넷의 성격을 이용해야만 한다. 비록 몇몇 국가에서는 인터넷에 대한 규제가 있지만 이들 국가의 노동자들은 규제가 덜한 국가를 통과하여 다른 나라에 접속할 수 있다. 그렇기 때문에 자본에 의한 네트워크의 엔클로저로부터 적어도 하나의 국가라도 보호하는 것은 중요하다. 많은 나라 중에서 미국이 통신 네트워크의 비평가나 활동가에게 특히 중요하다. 왜냐하면 미국의 통신 네트워크 기준이 전 세계의 기준이 되는 경향이 많기 때문이다.5) 그리고 대부분의 전 세계적인 메스 미디어 거대 기업은 미국에 위치하고 있으며 나머지 기업의 경우도 미국에서의 사업이 큰 비중을 차지하고 있기 때문이며 미국의 통신법이나 규제조치가 세계의 다른 나라의 법률제정이나 규제조치에 큰 영향을 끼치고 있기 때문이다.6) 동시에 미국은 언론의 자유가 가장 잘 보장된 나라 중에 하나이다. 즉 미국에서

---

5) McChesney (1996), p. 2.
6) McChesney (1996), p. 9.

의 투쟁이 다른 여러 나라의 컴퓨터 통신 네트워크를 둘러싼 투쟁에
큰 영향을 미치기 때문에 네트워크를 둘러싼 투쟁에서 미국의 위치는
대단히 중요하다.

2. 노동계급의 이용 기회의 확대 전략

컴퓨터 통신 네트워크를 자본과 국가의 전용으로부터 보호하는 것
이외에 점점 많은 노동자들이 자신의 개인적인 개발과 자본에 대한
투쟁을 위해 보다 쉽게 자유로이 네트워크에 접속할 수 있게 되어야
한다. 자본과 국가는 노동자들이 이윤과 통제에 기여하는 방법으로
네트워크를 사용하기를 원한다. 그래서 자본은 모든 사람들이 인터넷
에 접근하는 것을 원치 않고 이윤과 비용의 기준에 따라 선별적으로
접근을 허용하기를 원한다. 그들은 자본에 이윤을 가져다주는 사람에
게는 사용 범위를 확대하기를 원하는 반면 컴퓨터 통신 네트워크를
그들의 이익에 반하게 사용하는 사람들이나 그들에게 전혀 도움이 되
지 못하도록 사용하는 사람들에게는 접근을 허용하지 않으려 한다.
이렇게 함으로써 노동계급간에 분할을 유도하고 경쟁을 부추길 수 있
기 때문이다. 다시 말해 자본과 국가는 네트워크를 ‘정보 빈자(the
info-poor)’로부터 ‘정보 부자(the info-rich)’를 분리시키는 데 사용하
는 것이다.

모든 사람들이 컴퓨터 통신 네트워크를 쉽게 이용하기 위해서는 무
엇보다도 개인 컴퓨터가 모든 사람들에게 보급되어야 한다. 많은 수
의 사람들이 아직도 개인용 컴퓨터를 갖고 있지 못하다. 컴퓨터 통신
네트워크 사용에 있어 가장 기본적인 장비인 개인 컴퓨터의 경우, 성

능대비 가격은 빠른 속도로 떨어지고 있지만, 저소득층 가정에게 PC 는 여전히 값비싼 기기이다. 더구나 하드웨어나 소프트웨어의 생명주 기가 짧기 때문에 저소득층 가정에게 PC의 구입과 사용은 매우 심각 한 재정적 부담이 된다. 또 많은 컴퓨터가 구입 후 2내지 3년이면 쓸 모없게 되는 경우가 많다. 소프트웨어는 대부분의 사람들에게 필요 없는 것을 포함하면서 점차 커지는 경향이 있다. 컴퓨터의 용량도 필 요 이상으로 커지는 경향이 있다. 그러므로 PC와 소프트웨어의 값을 낮출 수 있는 방법을 찾아야 할 것이다. 개인용 컴퓨터를 보다 많은 사람들에게 보급하기 위해 우리는 구식의 컴퓨터를 사용하는 기술적 방안을 개발하고, 소프트웨어 프로그램을 최소한으로 줄이는 방법을 모색하며, 저가의 보급형 컴퓨터를 개발하는 방법을 찾아야 할 것이 다. 이같은 문제를 해결하는 것은 상당 부분 전문적인 노동자들이 해 야 할 업무이다. 다른 한편 우리는 컴퓨터의 가격에 대한 투쟁도 필요 하다. 서로간에 최저가의 양질의 컴퓨터를 구입할 수 있는 방법을 알 려 주는 것도 한 방법이 될 것이다. 컴퓨터의 보급 이외에도 인터넷을 사용하는 데 필요한 전기와 전화에의 접근이 용이해야 한다. 최근 통 계에 의하면 저소득자의 25퍼센트가 전화를 갖고 있지 않는 형편이다. 현재 세계 인구의 65퍼센트가 전화를 한번도 이용하지 못했으며 40퍼 센트는 전기도 없다고 한다.[7] 컴퓨터 통신 네트워크에의 접속을 증대 시키기 위해서는 이같은 전제조건들이 먼저 해결되어야 한다.

　또한 누구나 정보에 접근할 수 있도록 하기 위해서는 정보통신에 사용되는 비용이 저렴해야 하고, 편안하게 이용할 수 있는 요금체계 가 마련되어야 한다. 초고속 정보통신망이 완전히 건설될 때까지 정

---

7) Miller (1996), p. 191, p. 206.

보통신의 핵심적인 축을 담당하는 것은 공중전화망을 이용한 PC통신이다. 하지만, 공중전화망을 이용할 때에는 우리 나라의 경우 3분당 50원의 종량제 요금체계가 적용되기 때문에 통신망에서 정보를 충분히 찾아볼 여유를 가질 수 없다. 쫓기듯이 필요한 일만 빨리빨리 처리하고 접속을 끊어야 한다. 014XY 같은 패킷망을 사용할 경우에는 할인요금이 적용되기는 하지만 종량제임에는 변함이 없다. PC통신과 인터넷을 더 많은 사람들이 활용할 수 있도록 하기 위해서는 통신요금 체계를 단일 도수요금 체계로 바꿀 필요가 있다. 미국의 경우 대부분의 전화회사는 사용 시간과 관계없이 월 15~20$의 정액제 요금을 채택하고 있어 네트워크 이용에 금전적인 제약이 덜하다. 소비자들이 정보통신을 안정적으로 사용하기 위해 정액제를 실시하도록 투쟁해야 할 것이다. 일반 전화회선이 힘들다면 상대적으로 싼 패킷망이라도 부담 없이 사용할 수 있도록 해야 한다. 이렇게 이용 요금이 저렴해지면 소외된 지역이 없는 네트워크의 구축이 가능할 것이다.

단순히 장비를 갖추고 컴퓨터 통신 네트워크에 연결하는 것만으로는 불충분하다. 모든 사람들에게 컴퓨터 통신 네트워크를 다룰 줄 아는 교육의 기회도 증대시켜야 한다. 인터넷이나 컴퓨터에 대한 교육 및 훈련의 기회가 제한된 사람들을 위하여 우리는 이들을 쉽게 교육시킬 수 있는 방법을 찾아야 한다. 인터넷이나 통신에서 이같은 일을 전문적으로 하는 사이트나 동호회를 이용하거나, 끊임없이 사람들을 연결하여 한 사람이 가르치고 이를 배운 사람은 또 다른 사람에게 가르쳐 주는 일대일의 방법도 있다. 다른 방법으로는 교회, 학교, 백화점, 도서관, 시민단체나 공공기관, 사람들이 많이 모이는 장소 등을 교육의 장소로 이용하는 것이다. 특히 공공 도서관은 교육의 장소로서 매우 유익하다. 그러나 공공 도서관의 운영은 정부의 예산에 많이 의존하고 있다. 과거 수십 년 동안 경제 위기가 닥칠 때마다 도서관 열람시간, 서비스, 직원, 도서구입비 등의 삭감이 주장되어 왔다. 그러므로 노동계급의 네트워크에의 접근이 용이하도록 하고 교육의 기회를 늘리기 위해 모든 사회활동가들은 국가나 지방정부의 수준에서 공공도서관이나 학교에 컴퓨터 구입비를 포함하여 공공 교육에 대한 지출의 확대를 요구해야 한다.

기기 중심의 컴퓨터 교육도 중요하지만 정보와 정보기술을 창의적으로 이용하는 방법을 기르고 정보를 분석하는 능력을 기르는 것도 중요하다. 그러나 그보다도 중요한 것은 정보 교육이 새로운 사회를 구축하는 데 필요한 창조적인 사람을 길러낼 수 있어야 한다는 점이다. 사회 각 구성원들의 개인성과 독립성을 부양해 줄 수 있는 우리들 자신의 살아 있는 교육이 필요하며, 민주적인 원리와 공동체 의식을 배우면서 자신의 행동체계를 개발할 수 있으며 가치 창조적인 인성을 함양할 수 있는 교육이 강조되어야 한다. 이는 노동력의 활용에 치중하는 자본주의적 교육과는 다른, 노동계급을 위한 교육이 되어야 할 것이다. 노동계급을 위한 정보 교육 중 중요한 것은 정보의 공개 및 공유 그리고 공동 활용의 문화를 만드는 것이다. 사회적 이슈에 대해 가능한 한 다양한 종류의 정보와 견해와 논쟁에 접근할 수 있어야 하며, 동시에 주어진 이슈들에 대한 자신들의 견해와 비판을 제기하고, 대안적 정책이나 행동지침을 제안할 수 있는 교육이 되어야 한다. 그렇다면 컴퓨터 통신에 대한 교육은 단순 활용의 측면뿐 아니라 노동자의 입장에 의거한 활용과 정보화에 대한 관점 정립의 차원에서 이루어져야 할 것이다. 여기에 대해서는 기초적인 기술활용 교육 이외에도 노동조합의 목적에 맞는 뉴미디어 활용 교육 프로그램을 운영하고 있는 영국의 사례를 참고할 필요도 있다.[8]

　우리들은 모든 사람들에게 네트워크에 대한 접근과 이용을 허용하는 이같은 체제를 계획하고, 이를 실행하기 위한 자금과 인력을 동원할 수 있어야 할 것이다. 네트워크를 둘러싼 계급투쟁에서 자본은 그들의 이익을 대변하기 위해 로비스트나 과학자들을 고용하며 여론을 환기하는 여러 수단을 동원하는 데에 막대한 자금과 인력을 사용한다. 노동계급도 자원을 가지고 있으나 그 형태가 다르다. 노동계급의 자원이란 창의성, 임금, 시간 등으로 구성되어 있다. 그래서 전통적인 투쟁방법인 적은 일과 많은 임금에 대한 투쟁이 매우 중요하다 할 것이다. 일하는 데 보다 적은 시간을 할당하게 되면 보다 많아진 자신의 시간을 각종 조직에 참여하여 노동계급의 투쟁을 제고하는 데 사용할 수 있고 소득이 보다 많아지면 그것은 노동계급이 여러 가지 일을 할 수 있는 자금으로 전환될 것이다. 그래서 공장에서의 임금인상, 저소득 노동자들의 집단, 유색인종, 이민자 등 주로 각종 혜택에서 제외된 사람들에 대한 국가의 지출증대, 그리고 정치적인 불평등의 철폐 등을 요구할 필요가 있다. 이처럼 네트워크를 둘러싼 투쟁은 단순히 네트워크에 한정된 투쟁이 아니라 자본주의 사회체제에 대항하는 여러 사회운동과 밀접하게 연관되어 있는 것이다.

　이상과 같은 노력에도 불구하고 여전히 컴퓨터 통신 네트워크에 접근할 수 없는 사람들도 있을 것이다. 컴퓨터 통신 네트워크와 연결하지 못한다는 이유로 소외된 지역의 사람들의 의견이 네트워크에서 배제되는 경향이 있다. 현재 PC통신에서는 주로 대학생이나 전문가들의 의견이 지배적이고 실직자나 농민들의 소리는 상대적으로 적은 편이다. 비록 그들이 직접 네트워크를 사용할 수 없다고 해도 그들의 의

---

8) 웹사이트 (http://WWW.mtucurc.com/jmu/index.htm)을 참조하라.

견이 전 세계에 전달될 수 있게 해야 할 것이다. 이를 위해 각 사회단
체들은 그 단체에 속한 소외된 사람들의 의견에 접근하는 방법을 찾
아야 할 것이다.

3. 자본을 넘어서는 노동계급의 네트워크 이용 전략

우리는 앞의 제4장에서 자본주의 사회체제를 넘어서기 위해 노동
계급이 컴퓨터 통신 네트워크를 이용한 예를 살펴보았다. 노동계급이
네트워크를 성공적으로 사용하고 있음에도 불구하고 아직까지 약간
의 문제점이 남아 있다. 이에 대한 방안을 살펴보자. 우선 노동계급을
위한 더 많은 단체들이 컴퓨터 통신 네트워크에 보다 적극적으로 참
여하여 이를 이용할 수 있는 방안을 모색해야 할 것이다. 전 세계적으
로 점차 많은 사회단체들이 자체적으로 혹은 상업통신망에 CUG를
개설하거나, 인터넷에 홈페이지를 운영하는 추세이지만, 기술적으로
나 인적·물적으로 여전히 많은 어려움을 겪고 있다. 우리 나라의 경
우 지역의 노동조합 중에는 컴퓨터 하나 제대로 갖추지 못한 곳도 있
으며, 설령 컴퓨터가 있다고 해도 제대로 사용할 줄 아는 사람이 드문
경우도 있다. 심지어 사회운동 단체에서조차 컴맹이 있다시피 한 것
이 우리의 실정이다. 그러다 보니 네트워크를 통한 운동의 발전 또는
네트워크를 통한 민중과의 만남이나 선전선동의 강화 등은 당위적으
로는 인정되면서도 실제로는 그렇지 못해, 이를 추진하는 데 아직까
지 전통적인 방법에 의존하고 있는 실정이다. 노동단체가 네트워크를
이용하는 수준이란 기껏해야 대표자회의 결과나 긴급한 기자 회견문
정도를 각 노조나 단체에 전자메일로 보내주는 정도에 머무르고 있다.
그 결과 투쟁 중임에도 불구하고 투쟁상황조차 통신망에 잘 올라가지

않는 것이 현실이다. 민주노총을 비롯한 노동운동 진영만 그런 것은 아니다. 사회단체나 시민단체의 대부분이 통신 공간을 제대로 활용하고 있지 못하고 있는 것이 현실이다. 이러한 현실에서 컴퓨터 통신 네트워크를 노동계급을 위한 단체들이 투쟁에 원활하게 이용할 수 있도록 하는 방법을 강구해야 할 것이다. 그 예로써 통신지원 단체를 구성하여 노동단체들이 컴퓨터 통신 네트워크를 구축하고 이용하는 데 폭넓은 지원을 할 수 있도록 하는 것이 매우 시급하다 할 것이다. 이 단체에서는 교재, 정보검색 매뉴얼 등을 발행하고 필요하다면 노동단체 운영자에게 교육을 할 수 있을 것이다. 특히 네트워크 관리자들에 대한 교육을 강화하여 네트워크 이용을 증대할 필요가 있다. 캐나다 노동운동은 컴퓨터 통신 네트워크를 잘 다룰 줄 아는 BCTF와 같은 교사조직이나 CUPE와 같은 노조사무 종사자들에 기반하고 있었기 때문에 성공적이었던 반면에, 전해오는 몇몇 실패한 사례들의 경우에는 대부분 컴퓨터 통신 네트워크를 잘 이용하지 못했기 때문이라 할 수 있다. 오늘날에는 사용하기 쉬운 www이 보급되어 있고 멀티미디어 및 다양한 기술 환경의 도움으로 이러한 문제점들이 점차 극복되고 있지만, 아직까지 이를 위한 노력은 충분치 못한 것으로 보인다.

노동계급을 위한 단체들의 경우, 컴퓨터 통신 네트워크를 이용하는 데 기술적인 어려움 못지않게 금전적인 어려움이 있다. 적은 비용과 소형 컴퓨터를 가지고 운영하는 사이트들은, 네트워크를 이용하는 사람들의 숫자가 해마다 증가함에 따라, 정보를 요구하는 사람들에게 시스템의 과부하로 정보를 제공할 수 없다는 메시지를 보내는 도리밖에 없게 된다. 반면, 거대 기업의 사이트들은 사업을 위해 언제나 열려 있다. 자신의 서버를 직접 운영하는 것은 웬만한 단체에서는 엄두조차 내지 못할 일이다. 사회운동 단체가 PC통신이나 인터넷을 사용하기 위해 상업망을 통할 수밖에 없는 현실에서 수많은 자산이 상업통신회사로 넘겨지고 있다. 또한 상업통신망은 사회운동 단체의 활동에 적합한 서비스를 제공하지 못하고 있다. 이를 극복하기 위해 사회운동 단체들이 연대하여 독립적인 네트워크를 만드는 것이 한 방법이 된다. 연대를 하면 그 비용을 줄일 수 있을 뿐만 아니라 우리들이 네트워크를 활용하는 데도 더욱더 편리할 것이다. 만약 민주노총 CUG를 1천 명이 이용한다면, 나우누리에 무려 월 1천만 원을 헌납하고 있는 것이다. 이러한 재원이라면 충분히 사회단체들의 활동에 적합하게 설계되고, 사회단체들의 네트워크 활용을 기술적·교육적·정책적으로 지원할 수 있는 독립적인 네트워크를 건설할 수 있을 것이다.

비록 노동계급 개인과 단체들이 네트워크에 접근하는 것에 성공했다고 하더라도 우리는 이 네트워크를 보다 효율적으로 사용할 수 있게 해야 한다. 컴퓨터 통신 네트워크를 통하여 노동계급이 자신의 의사를 보다 쉽게 표현하고 그들이 원하는 바를 쉽게 구할 수 있는 곳을 찾아갈 수 있도록 되어야 한다. 만약 네트워크에서 우리들이 찾고자 하는 정보가 어디에 있는지 알지 못한다면 이것은 네트워크를 효율적으로 사용하는 것이 아니다. 만약 어떤 사람이 여성운동에 참여하고 싶더라도 그 사람이 여성운동 단체나 여성운동에 관심을 가지는 개인의 홈페이지 주소와 여성문제에 대한 뉴스그룹을 접근하는 방법을 모르면 아무런 소용이 없다. 상업통신망과 인터넷의 곳곳에 CUG나 IP(정보제공자), 인터넷 홈페이지의 모습으로 진보적 사회운동의 진지가 존재한다. 그러나 이들 모두가 네트워크를 활용하고자 한 진보운동의 성과물들임에도 불구하고, 이것들이 여러 상업통신망에 분산되어 있고 PC통신 서비스와 웹사이트가 따로 분리되어 존재하는 관계로 어디에 무엇이 있는지 찾기조차 어려운 형편이다. 그래서 노동계급을 중심으로 하는 탐색도구(Search Engine)의 개발이 시급하다. 오늘날 사용되고 있는 탐색도구인 Yahoo, Infoseek, Excite, Lycos, Magellan, 심마니 등은 너무나 일반적이어서 노동계급의 활동가를 찾는 데에 약간의 어려움이 있다. 더구나 막강한 자금력으로 네트워크는 점점 더 기업의 네트워크로 되어 가고 있어 네트워크에서 노동계급과 관련된 곳으로 가는 길을 찾는 것은 점점 더 어려워지고 있다. 넷스케이프사의 경우 새로운 사이트나 괜찮은 사이트를 추천하는 목록이 있는데 그 중에는 노동계급 관련 사이트는 거의 없는 실정이다. 그래서 우리는 노동계급을 위한 인터넷 가이드와 홈페이지 주소록이 필요하다. 유즈넷의 많은 뉴스그룹도 노동계급의 사용에 맞게 분류되어야 한다. 이렇게 되면 노동계급이 자신들이 원하는 활동가들의 홈페이지에 접속하거나 다양한 포럼 및 토론에 참여하기가 쉬워질 것이다.9)

모든 웹사이트들이 평등하다는 생각은 환상이며, 오늘날 기업 지배하의 문화에서 노동계급 관련 웹사이트들은 생존을 위한 싸움을 해야만 한다. 대부분의 사람들은 CNN 같은 거대한 뉴스원에서 파업소식을 접한다. 이 수억의 사람들과 비교한다면 실제로 노동계급이 운영하는 조그마한 사이트를 통해 파업에 관한 소식과 정보와 분석을 접할 사람들의 숫자는 크지 않을 것이다. 거대한 사이트에 비해 용량이

---

9) 최근에 몇몇 활동가들은 노동계급의 활동가들을 위한 인터넷의 하부 네트워크를 구축할 것을 제안하였다. 그 하나의 예가 RICA이다. RICA(Red de Intercontinental Communication Alternative)는 두 개의 인터넷 목록의 작성을 제안했다. 하나는 현 자본의 전략에 관한 뉴스 목록이고 다른 하나는 투쟁을 위한 제안이나 토론의 목록이다. 이를 통해 관계되는 홈페이지 주소를 분류하여 쉽게 이용할 수 있는 방법을 찾는 것이다. Actlab 의 홈페이지인 (http://www.utexas.edu:80/~zapatistas/neo.html)을 참조하라.

작기 때문이기도 하지만 다양성, 흥미유발, 집중적인 분석 등도 부족하기 때문이다. 그렇다면 소수의 회원들만의 이용을 넘어서 관심을 가지고 있다면 누구든지 쉽게 참여할 수 있는 방법은 없을까. 이 문제를 극복할 수 있는 방안은 무엇인가? 사람들이 네트워크에서 구하려고 하는 바를 알면 충분히 극복할 수 있다. 주로 즐기기 위해서, 각종 정보나 지식을 얻기 위해서, 누군가와 의사소통하기 위해서, 자기 주장을 표현하기 위해서 사람들은 네트워크를 찾는다. 이것들을 충족시켜 주지 못하면 누구도 찾지 않는 외로운 섬이 된다. 거대한 기업의 웹사이트처럼 다양한 정보를 제공할 수는 없지만 아무리 작은 웹사이트라도 전문화되고 서로 연결만 잘 된다면 이를 극복할 수 있을 것이다.

많은 사람이 노동계급을 위한 여러 단체에 접근하여 이를 이용하도록 만들기 위해서는 노동계급이 흥미를 끌 만한 공간을 구축할 필요가 있다. 네트워크를 예술적 영감이나 즐거운 놀이로 가득 차게 하는 것이 한 방법이 될 것이다. 합리성이나 효율성의 외피를 뒤집어쓰고서 이윤과 통제의 목적으로 네트워크를 사용하는 자본과 국가의 관점에서는 이것이 가볍고 우스꽝스러운 것으로 평가될 수 있다. 그러나 우리의 입장에서는 이같은 가볍고 우스꽝스러운 것이 도리어 우리의 삶의 한 단상이며, 이를 통해 자유와 평화, 그리고 행복을 얻을 수 있다. 노동계급이 자본을 위한 노동에 사용하는 시간을 자신을 위한 시간(문화, 교양, 취미, 놀이)으로 전환하는 것이 투쟁의 한 양상이라는 점에 대해서는 앞에서 살펴보았다. 자기 자신을 위한 시간과 행위는 자본주의적 일상을 벗어나는 계기가 된다. 그것은 일상으로부터의 탈출일 뿐 아니라 일상에 개입하여 그것을 더 아름다운 것, 더 살 만한 삶으로 변화시키는 계기가 된다. 사이버 세계에서 나타나는 이러한 행동들은 합리성과 효율성에 의해 억압당하는 삶의 모호성과 자유로

움에 대한 가장 중요한 저항행위일 수 있다. 사이버 세계에 벌어지는
아름다움과 놀이는 비인간화된 컴퓨터 문명에 대한 인간의 저항이기
도 하다. 가장 첨단적인 컴퓨터와 통신망 사이를, 더 많은 생산과 효
율을 위한 노동이 아니라 즐겁고 유쾌한 놀이가 흐르도록 하는 것은
그 자체가 자본에 대한 저항일 뿐 아니라 우리들이 서로 모이는 계기
가 된다.

　노동계급이 네트워크를 이용하는 이유 중의 하나가 각종 정보나 지
식을 얻기 위해서라는 점을 잊지 말아야 할 것이다. 또한 사회를 진보
적으로 바꾸어 나가는 실천을 위해서는 먼저 사회를 비판적으로 이해
하고 행동의 방향을 세우기 위한 지식과 정보가 필요하다. 그래서 노
동계급의 네트워크에서는 각종 정보나 지식이 충만해야 할 것이다.
노동계급이 찾는 정보와 지식은 다양하다. 놀이에 관한 것에서부터
투쟁과 새로운 세계를 구축하는 것에 이르기까지 다양하다. 특히 노
동운동, 사회운동과 관련된 정보만이라도 풍부하고 체계적으로 데이
터베이스를 구축해야 할 것이다. 자본과 국가가 이윤이나 통제의 수
단으로 이용하고 또 널리 배포하는 정보와 자료도 우리들에게 매우
유용한 것이 될 수 있다. 우리는 자본과 국가가 무엇을 하고 있는지에
대한 정보를 가지고 있어야 한다. 이들 정보를 총동원하여 우리의 힘
을 증대시킬 수 있다. 예를 들어 기업활동을 추적하고, 경제적인 지표
를 분석하고, 노사협정의 형태를 분석하고, 생산과정에서 작업의 안전
성과 건강문제를 알기 위해 기업들의 재정상황, 생산, 재고목록, 임금,
노동시간, 휴가, 연금, 기타 관련된 모든 사항에 관한 최신 정보 등을
갖고 있다면 협상가나 노조전략가들에게 기업의 강점과 약점을 꿰뚫
을 수 있게 해 주어 투쟁에서 유리한 위치에 서게 할 수 있다. 이러한
자료나 정보를 각 단체가 컴퓨터 통신 네트워크에 올려놓는다면 그

자체가 투쟁에 상당한 도움이 될 것이다. 또 우리는 자본에 대한 그리고 노동에 대한 각종 자료를 보유하고 공유할 필요가 있다. 아무리 적은 양의 자료나 정보도 모이면 큰 것이 될 수 있기 때문이다. 한 단체가 하나씩의 전문적인 자료나 정보를 보유한다고 하더라도, 수천 수만의 단체들을 통해 (비록 자료나 정보가 서로 중복된다고 할지라도) 노동계급은 엄청난 양의 정보를 획득할 수 있다. 그러나 자료나 정보를 제공하고 싶어하는 사람이 있더라도 어디에 주어야 할지를 모르거나 어디에 가면 어떤 정보를 얻을 수 있는지를 모른다면 우리들은 정보나 자료수집 및 활용에 어려움을 겪게 된다. 그래서 누구든지 쉽게 찾아갈 수 있는 정보뱅크의 구축이 무엇보다 절실하다. 노동계급을 위한 정보뱅크의 구축이 되어 있지 못한 상태에서라도 노동계급을 위한 단체들은, 단지 정보의 사용자에 머무르지 않고 각자 자신이 생산하는 자료만이라도 스스로 데이터베이스를 구축하고 통신망에 제공하여 공유하고 널리 소통하는 일을 이제는 더 이상 미루어서는 안 될 것이다. 또 각 단체가 스스로 수집한 정보는 체계적으로 관리해야 한다. 모든 정보를 체계화, 과학화, 전문화, 다양화, 광역 통일화시킬 필요성이 있다. 오늘날 투쟁은 다양한 면을 지니고 있기 때문에 자신들이 가지고 있지 못한 전문적 정보를 컴퓨터 통신 네트워크를 통해 쉽게 얻을 수 있게 되어야 한다. 각종 단체들이 자신들의 자료와 정보를 누구나 쉽게 접근할 수 있도록 해야 하는 까닭은 여기에 있다. 그리고 자신의 단체 회원에게만 접근이 허용되어서는 안 될 것이다. 또 어디에 가면 자료나 정보를 쉽게 이용할 수 있는지도 가르쳐 줄 수 있도록 링크를 적극적으로 이용하는 것도 한 방법이 될 것이다. 정보와 자료의 수집 못지않게 중요한 것은 이를 분류 정리하는 것이다. 너무 방만하면 좋은 자료나 정보를 찾기가 어렵고 찾기 쉽게 하려다가 좋은 자료나 정보를 없앨 수도 있다. 모든 곳에서 똑같은 정보분류 방식을 채택한다면 우리들이 사용하기에 매우 편리할 것이다. 상품분류법이 있어 자본이 이를 유통에 매우 유용하게 사용하고 있듯이 노동계급을 위한 정보와 자료의 분류법의 개발은 이들을 투쟁에 활용하는 데 매우 긴요하다. 마지막으로 온라인으로 전산화된 데이터베이스의 이용의 증가로 인해, 개인들간에 인터넷 정보의 바다에서 필요한 것을 선별하는 지식과 기술이 필요하다. 당신은 이 정보가 믿을 만하다는 것을 어떻게 아는가? 정보의 신뢰성뿐만 아니라 정보의 질도 중요하다. 머리말, 줄거리, 요약은 너무 많은 반면, 실질적인 내용은 너무 적은 경우가 있다. 정보가 실질적인 내용을 가지려면 정보에 대한 분석이 매우 중요하다고 할 수 있다.

우리는 컴퓨터 통신 네트워크를 이용하여 토론과 정보를 교환할 수 있고 이를 통해 우리들의 전략을 보다 유용한 것으로 만들 수 있다. 서로간의 토론과 대화는 우리로 하여금 진정한 민주주의를 이룩할 수 있게 하기 때문이다. 이렇게 하여 컴퓨터 통신 네트워크는 민주주의의 연습 장소가 되는 것이다. 이는 또한 우리들의 투쟁을 전파할 수 있는 중요한 수단이 되기도 한다. 많은 사람들이 네트워크에 참여하게 됨에 따라 투쟁이 전 세계적으로 전파된다. 게시판, 전자우편, 인터넷 홈페이지는 이전의 통신수단으로는 가능하지 않았던 범위와 방식으로 소식과 의견을 전달하고 토론을 조직할 수 있다. 이것들은 다양한 서비스를 통해 개인과 개인, 사회운동 단체와 개인, 부문운동과 부문운동, 지역과 지역, 그리고 국내와 국외를 이어주는 다양한 소통과 토론의 수단을 제공한다. 의사소통의 활성화를 위해서 우리는 다양한 방법을 강구할 수 있다. 예를 들면 온라인 토론 게시판에서 주제별 토론실의 개설, 각 단체별 토론 게시판 운영, 메일링리스트의 이용 특히 주제별 메일링리스트의 운영(여성노동, 실업, 총파업 등), 각 단체별

메일링리스트의 운영 등이 있다. 전 세계적 규모로서는 APC 뉴스그룹과 유즈넷 뉴스그룹 등을 활용하는 것도 한 방법이 될 것이다.

네트워크의 중요한 기능 중 하나는 많은 사람들이 서로 연결된다는 점이다. 네트워크를 노동계급이 유용하게 이용하기 위해서는 네트워크를 통한 만남과 교류를 증진하여 노동계급의 공동체를 형성해야 한다. 같은 생각과 관심, 그리고 거기에서 출발한 행동의 통일은 바로 하나의 공동체를 의미한다. 얼굴을 보며 살을 부대끼고, 목청을 높여 토론하며 쌓인 서로에 대한 이해와 애정만은 못하겠지만 네트워크를 통한 만남과 교류도 진보적인 공동체를 형성하는 하나의 길이다. 자신이 즐기는 바를 다른 사람들에게 알리고 자신들의 정보를 서로 교환하는 가운데서 우리들은 협동심을 살릴 수 있고 또한 다른 사람들을 이해할 수 있게 된다. 이를 통해서 우리는 서로 다른 삶과 행동을 서로가 존중하게 하여 노동자들간에 자율성을 높일 수 있다. 노동계급의 공동체를 형성하기 위해서는 우선 모든 사람들이 자기 의사를 충분히 표현할 수 있어야 하고 동시에 이를 다른 사람이 이해할 수 있어야 한다. 네트워크에서 표현의 자유가 적극적으로 보장되어야 하는 것은 바로 이 때문이다. 또 국제적인 공동체를 위해서는 우선 언어의 장벽을 뛰어넘을 수 있어야 한다. 지구적 규모의 노동네트워크를 구상하는 데 가장 큰 장벽은 언어의 문제이고, 이 문제는 우리의 경우에 특히 심각하게 다가온다. 어떤 노동정보통신 운동가들은 자동 번역 소프트웨어의 기술적 성과를 활용하자는 제안을 하고 있지만 이는 가까운 미래에는 실현되기 어려운 일이다. 따라서 영문 홈페이지 운영, 영문 뉴스 제공, 영문 메일링리스트 운영이 있어야 한다.

네트워크에 사람들이 모여 자신의 의사를 표현하고 다른 사람들의 의견도 들어주는 과정에서 하나의 새로운 공동체가 형성된다. 이 새로운 공동체는 이제까지의 사회와는 다른 새로운 사회질서로 구축되어야 한다. 네트워크를 새로운 공동체 구성의 밑바탕이 되도록 만들기 위해서는 다른 사회적 공간과 마찬가지로 새로운 사회적 규범이 필요하다. 물리적 세계에서와 마찬가지로 네트워크는 사회적 힘들에 의해 규정된다. 네트워크는 민주적인 공간을 구축할 수 있는 가능성은 제공하지만 그것을 보장해 주지는 않는다. 자본과 국가는 이미 이윤과 통제를 유지하기에 쉬운 질서를 인터넷 예절(네티켓)이란 이름으로 구축하고 있다. 이에 우리는 우리의 목적에 알맞는 새로운 예절이 필요하다. 이를 구축하는 것이 바로 우리가 직면한 투쟁과제이다. 우리에게 필요한 인터넷 예절이란 어떤 것인가? 네트워크를 통해 가장 효과적이고 만족스러운 결과를 얻기 위해 모든 참여자는 자신들에 의한 사회적 형성을 실현할 수 있어야 한다. 서로 만나서 서로간의 의견을 주고받고 나눔의 정을 가짐으로써 상대방에 대한 이해의 폭을 넓힐 수 있으며 이를 통해 이제까지의 편견에서 벗어나서 서로간의 화합의 방향으로 나아갈 수 있다. 그렇다면 우리의 인터넷 예절은 우선 소수의 의견을 존중하는 방향으로 나아가야 할 것이다. 민주주의가 운영되기 위한 하나의 방법인 다수결의 원칙이 남용되어 소수의 의견을 무시하고 소수가 다수에 의해 지배받는 것이 당연시되어 왔다. 그러나 진정한 민주주의란 소수도 자신의 의견을 펼칠 수 있는 상황을 만들어 서로간의 대화를 통해서 최선의 방법을 모색하는 과정으로 해석해야 한다. 그러므로 네트워크에서 소수 의견의 존중이 주는 유용성은 매우 크다고 할 것이다. 둘째, 소수의 의견에 대한 존중은 자유로운 의사표현의 보장을 통해서만 가능하다. 하지만 그것이 다른 사람을 해치는 의사표현이 되어서는 안 된다. 이는 심각하게 우리들의 연대감과 단결을 해치기 때문이다. 이런 점을 고려하면 노동계급

사이에 서로 비난하고 적대감을 일으키는 행위는 네트워크상에서 없어져야 하겠다. 자본은 이같은 노동계급의 다툼을 즐기고 있을 것이다. 셋째, 자신이 유포한 정보 내용에 대한 윤리를 확보해야 한다. 사회 전반에 걸쳐 정보의 내용이 진부하거나 실속이 없는 경우에는 이용자에게 전혀 도움이 되지 않는다. 더 나아가서 거짓된 정보를 생성하는 경우 또는 전달상의 의도적인 왜곡으로 인하여 '정보 쓰레기'를 유포하게 되는 경우 우리들 서로간의 신뢰성을 해칠 가능성이 큼을 염두에 두어야 할 것이다. 넷째, 성과 폭력에 대한 표현도 생각해 봐야 하겠다. 표현의 자유를 누린다고 사이버를 온통 성과 폭력물로 메워서는 안 될 것이다. 성과 폭력물에 대한 자본과 국가의 일방적인 조치를 넘어서기 위해서는 우리들 나름의 허용기준이 있어야 하겠다. 다섯째, 익명과 차명에 대해서도 생각해 볼 필요가 있다. 익명 또는 차명은 솔직한 반응 또는 왜곡되지 않은 의사표현을 북돋우기 위해 이용될 수 있다. 그러나 익명성은 개인들에게 책임 없는 의견을 제시하게 함으로써 진정한 의미의 인간관계와 신뢰의 형성을 방해한다. 이것은 더 나아가 새로운 사회의 구축을 위협할 수도 있다. 따라서 익명성과 상호 신뢰의 문제는 정보사회의 활성화 문제와 연계하여 고려해야 될 중요한 사회적 쟁점이 되고 있다. 이에 대한 우리들 나름의 적절한 윤리가 필요하다. 여섯째, 우리는 해킹이나 바이러스 사용에 대해서도 생각할 필요가 있다. 자본과 국가의 정보 독점을 파괴하는 해킹이나 바이러스는 노동계급의 네트워크 이용까지 제한할 수 있다. 이에 대한 기준을 어떻게 정할 것인지를 생각해야 한다. 우리의 목적은 사이버 공간을 파괴하는 것에 있는 것이 아니라 우리들의 목적달성을 위해 이용하자는 것이다. 만약 사이버 공간이 자본의 이윤 추구나 국가의 통제 수단으로만 사용된다면 이를 파괴해야겠지만 우리도 이 공간을 매우 유효적절하게 사용할 수 있으므로 이를 적극적으로 이용하는 것을 먼저 생각할 필요가 있다. 사이버 공간이 우리들의 목적에 위배된다면 이를 한시적·국지적으로 사용하면 될 것이다.

노동계급을 위한 네트워크가 구축되었다하더라도 이를 어떻게 운영하는가는 매우 중요한 일이다. 개인별 홈페이지는 자신의 특성에 맞게 관리하면 되겠지만 많은 사람들이 모이는 공동체적인 네트워크는 노동계급이 이용하기에 적절한 운영이 필요할 것이다. 네트워크가 기존의 조직을 대신하는 경향이 있게 됨에 따라 네트워크의 운영은 어떤 면에서 조직의 운영이 된다. 네트워크의 운영은 어떤 방향으로 나아가야 할 것인가? 첫째, 투명한 운영이 되어야 할 것이다. 네트워크는 기존의 조직과 마찬가지로 이를 운영하는 사람의 독단에 흐르기 쉽다. 예를 들어 요즈음 컴퓨터 통신에서 동호회나 모임방은 의장을 중심으로 운영되는데, '사용 중지'(ID 중지) '글 삭제' '회원 박탈' 등이 그것을 관리하는 수단으로 이용된다. 통신서비스 공급업체의 ID 중지와는 달리, '글 삭제'와 '회원 박탈'은 동호회와 모임방의 회장에게도 부여된 권한이다. 통신은 자신의 의사표현과 존재유무를 글로서 나타내는 기본 특성을 갖고 있기 때문에 글을 삭제하는 조치는 입을 봉하는 것과 같은 무서운 통치수단이다. 특정인을 지목해 아무리 항변을 해도 나타나는 즉시 그 사람의 글을 삭제해 버리면 흔적조차 남지 않는다. 그래서 PC통신에서는 '글 삭제'를 목숨을 끊는 사형에 비유하기도 한다. 물론 '글 삭제'나 '회원 박탈'이 필요할 경우가 있다. 그러나 이것이 투명한 민주적인 절차를 통해서 이루어져야 한다. '글 삭제'나 '회원 박탈'까지도 공개해야 할 것이다. 이들의 의견이 운영자에게 비판적인 내용일 지라도 이를 공개해야 할 것이다. 노동계급 단체의 웹사이트도 그 운영과정에서 회원들의 목소리를 막는 경우가 있다. 이러한 사례가 민주주의를 질식시키는 만큼, 어떠한 경우에도, 그리고

누구의 목소리도 막지 않는 것이 민주주의를 신장시키는 기본 원칙이
될 수 있을 것이다. 둘째, 네트워크는 민주적으로 운영되어야 한다. 네
트워크가 몇 사람의 쑥덕공론과 사전 각본에 의해 운영되는 경우도
없지 않다. 물론 특정인이 오랫동안 권좌를 움켜쥐고 놓지 않는 경우
도 종종 눈에 띈다. 그러다 보니 가끔 독재자들도 나타난다. 사이버스
페이스의 운영자들이 부패하고 비이성적인 통치를 계속하면 이를 전
복하는 것은 혁명만큼이나 힘겹다. 운영자들의 독단을 없애기 위해서
이들의 독단을 막는 제도적 장치의 마련이 시급하다. 우리가 정보의
독점을 반대하고 정보의 평등과 민주화를 주장하는 이상, 우리 내부
의 불평등 또는 비민주적 요소는 과감히 제거해 나가야 할 것이다. 그
간 사회운동 진영은 대동단결을 외치면서도 철저하게 폐쇄적이었던
경우가 허다하였다. 회원들이 자발적으로 대화와 토론의 장에 참여할
수 있도록 하는 여건과 분위기, 물적 토대의 마련이 절실하게 필요하
다. 셋째, 누구든지 쉽게 접근하여 참여할 수 있도록 개방적인 운영되
어야 한다. 진보적 사회운동 통신망들의 경우 그 단체의 조직원들이
아닌 일반 대중의 접근이 어려웠던 게 사실이므로 그간의 경험과 지
혜를 모아 이러한 한계를 극복할 수 있도록 공동으로 노력해야 한다.
우리들의 조직은 자본과 국가의 조직들처럼 울타리 쳐진 조직이어서
는 안 된다. 일단 울타리가 쳐지면 아무리 노동계급을 위한다고 주장
하더라도 이 단체는 반드시 경직화, 관료화, 독재화의 길로 빠져들게
되며 원래의 목적과 배치되는 행동을 하게 된다는 것을 역사는 우리
에게 보여주고 있다. 넷째, 환경, 인권, 여성 운동 등을 목적으로 하는
대부분의 단체들은 정도의 차이는 있지만 경제적인 어려움을 겪고 있
다. 운영비를 어떻게 조달할 것인가는 중요하다. 기업의 찬조금이나
정부의 장려금을 받을 것인지, 만약 받는다면 권력과 자본으로부터
어떻게 독립성을 유지할 수 있을 것인지 생각해 보아야 할 것이다. 물

론 가능하면 회원들의 자발적 회비로 운영이 될 수 있도록 하여야 할
것이지만 재정부담으로 말미암아 민중들이 접근하기가 어려워지는
경우도 있음을 고려해야 한다. 가능하면 자발적 후원금 또는 회비로
운영하되 현실적으로 어려움이 따를 경우엔 수익자 부담 등을 이용하
여 최소한의 경비로 민중들이 접근할 수 있게끔 되어야 한다. 경비조
달 방법은 일률적으로 말할 성질의 것이 못된다. 투명성, 민주성, 개방
성을 유지하기 위해서는 기술적으로 매우 큰 시스템이 요구되고 있으
나 자본과 국가의 입김에서 자유롭기 위해서 회비로 운영되어야 한다
면 이를 충족할 수 없기 때문이다. 다섯째, 네트워크를 보다 잘 운영
하기 위해서는 적절한 중재자가 필요하다. 중재자는 다른 참여자들과
는 차별적인 권리와 책임을 갖는다. 중재자는 모임을 만들고 회원을
관리하는 한편 커뮤니케이션의 초점과 흐름을 관리하는 데 도움을 줄
수도 있다. 중재자가 개입하는 정도는 보통 활동의 성격에 따라 다르
다. 조정의 역할, 발표 역할, 편집 역할, 또는 최근까지의 토론에 대한
종합과 평가 역할 등을 추가로 수행할 수 있다. 스케줄을 짜고 활동의
순서를 정하는 것과 같은 테크닉을 통해 이용자들간의 상호작용을 조
정하는 일, 의제를 제시하는 일, 역할과 과제의 배분, 시간계획, 책임
을 할당시키는 일, 소집단 활동이나 특수 토픽을 위하여 공간(가령 소
모임과 같은)을 제공하는 일, 허용될 수 있는 말씨나 규범적 행동의
범위를 설정하는 일 등으로 인하여 중재자의 책임은 보다 증가할 수
도 있을 것이다. 그래서 중재자를 뽑고, 이들의 행동을 감시하고, 만약
문제가 생기면 이들을 해임하는 적절한 구조가 있어야 할 것이다.

우리가, 이윤과 통제의 목적으로 네트워크가 이용되는 것을 더 잘
막을 수 있으면 그럴수록, 그리고 우리가 네트워크를 우리 자신을 위
해 잘 이용할 수 있으면 그럴수록, 네트워크가 우리의 힘의 증대, 우

리들의 사상이나 창의성의 자유로운 표현, 협동과 단결의 조직 구축에 사용되는 정도는 더욱 높아질 것이다. 이리하여 우리는 네트워크에서 혁명가, 창조자 그리고 협력자가 될 것이며 자본의 단순한 착취 대상에서 벗어나 진정한 의미로 새로운 세계의 주인이 될 것이다. 이제 더 이상 슘페터와 그의 추종자들이 주장하는 자본의 순환은 없어지고 단지 인간개발의 순환만이 있을 것이다.

참고 문헌 및 웹사이트

■ 참고 문헌

강상현 (1999), "전자 민주주의와 시민참여,"『시민이 열어 가는 지식정보사회』, 크리스챤 아카데미 시민사회 정보포럼 편, 대화출판사, pp. 133~58.

구자인, "님비이론과 주민환경운동,"『도시 서민의 삶과 주민운동』, 한국도시연구소 엮음, 도서출판 발언, pp. 204~20.

김강호 (1997),『해커를 해킹한다』, 개마고원.

김영식, "정보화사회의 변화와 대응,"『동향과 전망』, 1997년 봄호, pp. 30~51.

『뉴스위크』(한국어판), 1994년 9월 1일.

데이비드 론펠트 (1997),『정보지배사회가 오고 있다: 사이버시대와 정보통신혁명』, (홍석기 역) 자작나무.

릭크 판타지아 (1997), "미국 화물트럭 노동자들의 눈부신 승리,"『신자유주의와 세계민중운동』, 전태일을 따르는 민주노조운동연구소 편역, 한울, 1998, pp. 223~74.

마이크 파커, 제인 스로터 (1996),『팀 신화와 노동의 선택』, 강수돌 이호창 강석재 김종환 옮기고 씀, 도서출판 강.

매시모 드 안젤리스 (1996), "경제의 자율성과 세계화,"『신자유주의와 세계민중운동』, 전태일을 따르는 민주노조운동연구소 편역, 한울, 1998, pp. 101~35.

문정식(1996),『컴퓨터는 칼보다 강하다』, 전국언론노동조합연맹.

『문화일보』, 1998년 5월 7일.

부루스 스털링 (1994),『해커와의 전쟁』, 영진출판사.

송재희, 신동윤, 박영주 (1995), 『정보사회가 오면 난 어떻게 되지?』, 지식공작소.

에릭 리 (1998), 『노동운동과 인터넷』, 국제연대정책정보센터 옮김, 한울.

우지숙 (1999), "지식정보사회의 지적재산권: 디지털 환경에서 지식에 대한 '소유권' 의 의미," 『시민이 열어 가는 지식 정보사회』, 크리스챤 아카데미 시민사회 정 보포럼 편, 대화출판사, pp. 183~220.

이세영, "한국 사회의 빈곤과 복지정책," 『도시서민의 삶과 주민운동』, 한국도시연 구소 엮음, 도서출판 발언, pp. 124~34.

이영희 (1999), "정보화와 고용 및 노동," 『시민이 열어 가는 지식 정보사회』, 크리 스챤 아카데미 시민사회 정보포럼 편, 대화출판사, pp. 221~40.

이윤희 (1999), "정보화와 위험사회," 『시민이 열어 가는 지식 정보사회』, 크리스챤 아카데미 시민사회 정보포럼 편, 대화출판사, pp. 305~25.

인간성을 옹호하고 신자유주의에 반대하는 운동(fHUMAN: for Humanity and Aga- inst Neoliberalism) 런던 위원회 (1997), "'유연화-착취'와 노동자의 저항," 『신 자유주의와 세계민중운동』, 전태일을 따르는 민주노조운동연구소 편역, 한울, 1998, pp. 235~74.

『전자신문』, 1997년 11월 15일.

전태일을 따르는 민주노조운동연구소 편역 (1998), 『신자유주의와 세계민중운동』, 한울.

『조선일보』, 1997년 4월 14일.

『조선일보』, 1998년 5월 3일.

『조선일보』, 1998년 7월 22일.

하성규, "삶의 자리와 주거권," 『도시 서민의 삶과 주민운동』, 한국도시연구소 엮 음, 도서출판 발언, pp. 24~33.

『한국일보』, 1998년 1월 17일.

『한겨례신문』, 1997년 11월 10일.

『한겨례신문』, 1998년 5월 15일.

해리 클리버 (1995), "현재의 위기에서 명령-으로서의-화폐의 전복," 이원영 역, 『신자유주의와 화폐의 정치』, 갈무리, pp. 207~59.

해리 클리버 (1998), 『사빠띠스따: 신자유주의, 치아빠스 봉기 그리고 사이버스페이 스』, 이원영 서창현 옮김, 갈무리.

Adam, Barry D. (1993), "Post-Marxism and the New Social Movements," *Canadian Review of Sociology and Anthropology*, Vol. 30, No. 3, August, pp. 316~36.

Adams, Scott (1996), *The Dilbert Principle: A Cubicle's-Eye View of Bosses, Meetings, Management Fads & Other Workplace Afflictions*, HarperBusiness.

Aglietta, Michel (1979), *A Theory of Capitalist Regulation: The U.S. Experience*, London: New Left Books.

Ang, Peng Hwa and Berlinda Nadarajan (1996), "Censorship and the Internet: A Singapore Perspective," *Communications of the ACM*, Vol. 39, No. 6, pp. 72~8.

Applegate, Lynda M. (1994), "Managing in an Information Age: Transforming the Organization for the 1990s," in *Transforming Organization with Information Technology*, eds.) Richard Baskerville et al., Amsterdam: North-Holland, pp. 15~94.

Arquilla, John and David Ronfeldt (1993), "Cyberwar is Coming!" in the web site (http://gopher.well.sf.ca.us:70/0/Military/cyberwar).

Arrow, Kenneth (1962), "The Economic Implications of Learning by Doing," *Review of Economic Studies*, Vol. 29, pp. 155~75.

Ascher, Carol, Norm Fruchter, and Robert Berne (1997), "Hard Lessons: Public Schools and Privatization," in the web site (http://epn.org/tcf/schlch7.html).

Baran, Nicholas (1995), "Computer and Capitalism: A Tragic Misuse of Technology," *Monthly Review*, September.

Barlow, John (1994), "Jackboots and Infobahn," *Wired*, April.

Bell, Daniel (1987), "The World and the United States in 2013," *Daedalus*, Summer, pp. 1~31.

Bell, Peter F. and Harry Cleaver (1982), "Marx's Crisis Theory as a Theory of Class Struggle," *Research in Political Economy*, Vol. 5, pp. 189~261.

Bologna, Sergio (1972), "Class Composition and the Theory of the Party at the Origin of the Workers-Councils Movement," *Telos*, Fall, pp. 14~21.

Bonefeld, Werner (1987), "The Reformulation of State Theory," *Capital & Class*,

Winter, pp. 96~127.

Bottomore, Tom (1992), *Between Marginalism and Marxism: The Economic Sociology of J. A. Schumpeter*, Harvester Wheatsheaf.

Braverman, Harry (1974), *Labor and Monopoly Capital: The Degradation of Work in the Twentieth Century*, Monthly Review Press.

Brenner, Joseph E. (1994), "International Labor Communication by Computer Network: The United States, Mexico and NAFTA," Manuscript.

Caffentzis, George (1992), "The Work/Energy Crisis and the Apocalypse," in *Midnight Oil: Work, Energy, War, 1973~1992*, ed.) Midnight Notes Collective, Autonomedia, pp. 193~271.

Cappel, James J. (1993), "Closing the E-mail Privacy Gap: Employer Monitoring of Employee E-mail," *Journal of Systems Management*, Vol. 44, No. 12, December, pp. 6~11.

Carr, Barry (1994), "Labor Internationalism in the Era of NAFTA: Past and Present," Manuscript.

Chen, Mark (1994), "Pandora's Mailbox: RC4 a Secret No Longer," *Z magazine*, December, pp. 41~3.

Clair, David J. St. (1980), "Schumpeter's Theory of Capitalist Development: Revisited and Revised," *Economic Forum*, Summer, pp. 62~78.

Cleaver, Harry (1979), *Reading* Capital *Politically*, Austin: The University of Texas Press.

Cleaver, Harry (1981a), "Supply Side Economics: The New Phase of Capitalist Strategy in the Crisis," in his web site (gopher://mundo.eco.utexas.edu:70/11/fac/hmcleave/Cleaver퍼센트20Papers).

Cleaver, Harry (1981b), "Technology as Political Weaponry," in *Science, Politics and the Agricultural Revolution in Asia*, ed.) Robert Anderson, Westview, pp. 161~76.

Cleaver, Harry (1990a), "Competition? or Cooperation?" *Common Sense*, No. 9, April, pp. 20~2.

Cleaver, Harry (1990b), Course Package.

Cleaver, Harry (1992a), "Marxian Categories, the Crisis of Capital and the Constitution of Social Subjectivity Today," in his web site (http://www.eco.utexas.edu:80/Homepages/Faculty/Cleaver/index.html).

Cleaver, Harry (1992b), "The Rise and Fall of the Keynesian State," in his course package.

Cleaver, Harry (1992c), "Theses on Secular Crisis in Capitalism: The Insurpassability of Class Antagonism," Manuscript.

Cleaver, Harry (1993), "Intervista Teorico/Politica a Harry Cleaver," Manuscript.

Cleaver, Harry (1994), "The Zapatistas and the Electronic Fabric of Struggle," in his web site (http://www.eco.utexas.edu:80/Homepages/Faculty/Cleaver/chiapas95.html).

Cleaver, Harry (1995a), "The "Space" of Cyberspace: Body Politics, Frontiers and Enclosures," in his web site (http://www.eco.utexas.edu:80/Homepages/Faculty/Cleaver/chiapas95.html).

Cleaver, Harry (1995b), "The Subversion of Money-as-Command in the Current Crisis," in *Global Capital, National State and the Politics of Money*, eds.) Werner Bonefeld and John Holloway, St. Martin's Press, pp. 141~77.

CNET News, November 14, 1997.

Coombs, Rod (1994), "Technology and Business Strategy," in *The Handbook of Industrial Innovation*, eds.) Mark Dodgson and Roy Rothwell, Edward Elgar, pp. 384~92.

Crozier, Michel, Samuel P. Huntington, and Joji Watanuki (1975), *The Crisis of Democracy*, New York: New York University Press.

Dahmen, Erik (1984), "Schumpeterian Dynamics: Some Methodological Notes," *Journal of Economic Behavior and Organization*, No. 5, pp. 25~34.

Davis, Mike (1992), "LA: The Fire This Time," *CovertAction Information Bulletin*, Summer, No. 41, pp. 12~21.

Dawson, Michael and John Bellamy Foster (1996), "Virtual Capitalism: The Political Economy of the Information Highway," *Monthly Review*, July-August, pp. 40~58.

Dressler, Fritz R. S. and John W. Seybold (1985), *The Entrepreneurial Age: The 21st Century Renaissance of the Individual*, Seybold Publications.

Drew, Jesse (1995a), "Cross-Border Labor Organization and New Communication Technologies," Manuscript.

Drew, Jesse (1995b), "Media Activism and Radical Democracy," in *Resisting the Virtual Life: The Culture and Politics of Information*, eds.) James Brook and Iain A. Boal, City Lights: San Francisco, pp. 71~83.

Dropkin, Greg (1996), "Sending a Strike Message in a Bottle," in web site (http://www.december.com/cmc/mag/1996/nov/dropkin.html).

Drucker, Peter (1983), "Schumpeter and Keynes," *Forbes*, 23 May, pp. 124~8.

Drucker, Peter (1986), "The Changed World Economy," *Foreign Affairs*, Spring, pp. 768~91.

Elliott, John E. (1983), "Introduction to the Transaction Edition," in *The Theory of Economic Development: An Inquiry into Profits, Capital, Credit, Interest, and the Business Cycle*, by Joseph A. Schumpeter, Transaction Books.

Fairtlough, Gerard (1994), "Innovation and Organization," in *The Handbook of Industrial Innovation*, eds.) Mark Dodgson and Roy Rothwell, Edward Elgar, pp. 325~36.

Financial Times, May 13, 1996.

Financial Times, October 5, 1996.

Frederick, Howard H. (1992), "Breaking the Global Information Blockade Using the Technologies of Peace and War," *Impact*, January, pp. 14~7.

Frederick, Howard (1992), "Computer Communications in Cross-Border Coalition-Building North American NGO Networking Against NAFTA," *Gazette*, Vol. 50, pp. 217~41.

Freeman, Christopher (1974), *The Economics of Industrial Innovation*, Harmondsworth: Penguin.

Freeman, Christopher (1988), "Japan: A New National System of Innovation?" in *Technical Change and Economic Theory*, eds.) Giovani Dosi et al., Pinter Publishers, chapter 16.

Freeman, Christopher (1990), "Schumpeter's *Business Cycles* Revisited," in *Evolving Technology and Market Structure: Studies in Schumpeterian Economics*, eds.) Arnold Heertje and Mark Perman, The University of Michigan Press, pp. 17~38.

Freeman Christopher (1994), "The Economics of Technical Change," *Cambridge Journal of Economics*, Vol. 18, pp. 463~514.

Freeman, Christopher and Carlota Perez (1988), "Structural Crises of Adjustment: Business Cycles and Investment Behavior," in *Technical Change and Economic Theory*, eds.) Giovanni Dosi et al., Pinter Publishers, Chapter 3.

Gandy, Oscar (1995), "It's Discrimination, Stupid!" in *Resisting in Virtual Life: The Culture and Politics of Information*, eds.) James Brook and Iain A. Boal, San Francisco: City Lights, pp. 35~47.

Garson, Barbara (1988), *The Electronic Sweatshop: How Computers Are Transforming the Office of the Future Into the Factory of the Past*, New York: Simon and Schuster.

Garza, Margarita Perez (1990), *The Antinuclear Power Movement and the Crisis of the U.S. Nuclear Power Industry, 1973 to 1989*, Ph. D. Dissertation (The University of Texas at Austin).

Giersch, Herbert (1984), "The Age of Schumpeter," *American Economic Review*, May, pp. 103~9.

Giersch, Herbert (1987), "Economic Policies in the Age of Schumpeter," *European Economic Review*, Vol. 31, pp. 35~52.

Glaberman, Martin (1952), *Punching Out*, Detroit: Correspondence Publishing Committee.

Gold, Bela (1981), "Technological Diffusion in Industry: Research Needs and Shortcomings," *Journal of Industrial Economics*, Vol. 29, pp. 247~69.

Golding, Peter (1996), "World Wide Wedge: Division and Contradiction in the Global Information Infrastructure," *Monthly Review*, July-August.

Gorz, Andre (1985), *Paths to Paradise: On the Liberation from Work*, London: Pluto.

Goto, A. (1982), "Business Groups in a Market Economy," *European Economic Review*, Vol. 19, pp. 53~70.

Gramsci, Antonio (1971), *Selections from the Prison Notebooks of Antonio Gramsci*, eds.) Quintin Hoare and Geoffrey Nowell Smith, New York: International Publishers.

Grant, Rebecca and Chris Higgins (1991), "The Impact of Computerized Performance Monitoring on Service Work: Testing a Casual Model," *Information Systems Research*, Vol. 2, No. 2, pp. 116~41.

Gray, Anne (1995), "Flexibilization of Labour and the Attack on Workers' Living Standards," *Common Sense*, Vol. 18.

Guattari, Felix and Antonio Negri (1990), *Communists Like Us: New Spaces of Liberty, New Lines of Alliance*, translated by Michael Ryan, New York: Semiotext(e).

Hager, Nicky (1996), "Exposing the Global Surveillance System," *CovertAction Quarterly*, Winter 1996~97, pp. 11~7.

Hakansson, Hakan and Jan Johanson (1988), "Formal and Informal Cooperation Strategies in International Industrial Networks," in *Cooperative Strategies in International Business*, eds.) Contractor, F. J. and Lorange, P., Lexington Books.

Hammond, Peter J. (1984), "What to Do About Business Cycle?" in *Lectures on Schumpeterian Economics: Schumpeter Centenary Memorial Lectures Graz 1983*, ed.) Christian Seidl, Berlin: Springer-Verlag, pp. 59~75.

Hardt, Michael and Antonio Negri (1994), *Labor of Dionysus: A Critique of the State-Form*, University of Minnesota Press.

Harrison, Bennett (1994), *Lean and Mean: The Changing Landscape of Corporate Power in the Age of Flexibility*, New York: Basic Books.

Harwood, Edwin (1979), "The Entrepreneurial Renaissance and Its Promoters," *Society*, Vol. 16, No. 3, March/April, pp. 27~31.

Hirsch, Joachim (1985), "Fordism and Post-Fordism: The Present Social Crisis and Its Consequences," in *Post-Fordism and Social Form: A Marxist Debate on* the *Post-Fordist State*, eds.) Werner Bonefeld and John Holloway, Macmillan, pp. 8~34.

Holloway, John and Sol Picciotto (1978), "Introduction: Towards a Materialist Theory of the State," in *State and Capital: A Marxist Debate*, eds.) John Holloway and Sol Picciotto, Austin: The University of Texas Press, pp. 1~31.

Horowitz, Tony (1996), "Mr. Edens Profit from Watching His Workers' Every Move," in *Computerization and Controversy: Value Conflicts and Social Choices*, ed.) Rob Kling, 2nd edition, Academic Press, pp. 322~5.

Hunter, Allen (1995), "Globalization from Below? Promises and Perils of the New Internationalism," *Social Policy*, Summer, pp. 6~13.

Iacono, Suzanne and Rob Kling (1996), "Computerization, Office Routines, and Changes in Clerical Work," in *Computerization and Controversy: Value Conflicts and Social Choices*, ed.) Rob Kling, 2nd edition, Academic Press, pp. 309~15.

Iacono, Suzanne and Rob Kling (1996), "Computerization Movements and Tales of Technological Utopianism," in *Computerization and Controversy: Value Conflicts and Social Choices*, ed.) Rob Kling, Academy Press, pp. 100~1.

Jackson, Peter M. (1988), "The Role of Government in Changing Industrial Society: A Schumpeter Perspective," in *Evolutionary Economics: Applications of Schumpter's Ideas*, ed.) Horst Hanusch, Cambridge: Cambridge University Press, pp. 285~308.

Kaplinsky, R. (1983), "Firm Size and Technical Change in a Dynamic Context," *Journal of Industrial Ecnomics*, Vol. 32, pp. 39~59.

Kizza, Joseph Migga (1996), "Introduction," in *Social and Ethical Effects of the Computer Revolution*, ed.) Joseph Migga Kizza, McFarland & Company, Inc., Publishers.

Klein, Burton H. (1992), "The Role of Positive-Sum Games in Economic Growth," in *Entrepreneurship, Technological Innovation, and Economic Growth: Studies in the Schumpeterian Tradition*, eds.) Frederic M. Scherer and Mark Perman, Ann Arbor: The University of Michigan Press, pp. 281~99.

Kleinknecht, Alfred (1990), "Are There Schumpeterian Waves of Innovation?" *Cambridge Journal of Economics*, Vol. 14, No. 1, pp. 81~92.

Kling, Rob (1996a), "Computerization at Work," in *Computerization and Controversy: Value Conflicts and Social Choices*, ed.) Rob Kling, 2nd edition, Academic Press, pp. 278~308.

Kling, Rob (1996b), "The Centrality of Organizations in the Computerization of Society," in *Computerization and Controversy: Value Conflicts and Social Choices*, ed.) Rob Kling, 2nd edition, Academic Press, pp. 108~32.

Kling, Rob, Mark S. Ackerman, Jonathan P. Allen (1996), "Information Entrepreneurialsim, Information Technologies, and the Continuing Vulnerability of Privacy," in *Computerization and Controversy: Value Conflicts and Social Choices*, ed.) Rob Kling, 2nd edition, Academic Press.

Kropotkin, Peter (1901), "Modern Science and Anarchism," reprinted in Roger Baldwin (ed.) *Kropotkin's Revolutionary Pamphlets*, New York: Vanguard Press, 1927.

Kuznets, S. (1940), "Schumpeter's Business Cycles," *The American Economic Review*, Vol. 30, pp. 257~71.

Lazonick, William (1992), "Controlling the Market for Corporate Control: The Historical Significance of Managerial Capitalism," in *Entrepreneurship, Technological Innovation, and Economic Growth: Studies in the Schumpeterian Tradition*, eds.) Frederic M. Scherer and Mark Perlman, The University of Michigan Press, pp. 153~99.

Lazzarato, Maurizio (????), "General Intellect: Towards an Inquiry into Immaterial Labour," Manuscript.

Lazzarato, Maurizio and Antonio Negri (1991), "Travail immaterial et subjectivite," *Futur Anterieur*, Ete, pp. 86~99.

Linowes, David F. (1993), "Your Personal Information Has Gone Public," *Illinois Quarterly*, Vol. 6, No. 2, pp. 22~4.

Lipietz, Alain (1987), *Mirages and Miracle: The Crisis of Global Fordism*, London: Verso.

Lundvall, Bengt-Ake (1988), "Innovation as an Interactive Process: User-Producer Relations," in *Technical Change and Economic Theory*, eds.) Giovanni Dosi et al., Pinter Publishers, chapter 17.

Maddison, Angus (1995), *World Development Report 1995*, World Bank.

Mandel, Ernest (1978), *Late Capitalism*, London: Verso.

Mandel, Ernest (1983), "Explaining Long Waves of Capitalist Development," in *Long Waves in the World Economy*, ed.) Christopher Freeman, Butterworths, pp. 195~201.

Mansfield, E. (1980), "Basic Research and Productivity Increase in Manufacturing," *The American Economic Review*, Vol. 70, pp. 863~73.

Mansfield, E. (1988), "Industrial Innovation in Japan and the United States," *Science*, 241, pp. 1760~4.

Marx, Gary T. (1990), "The Case of the Omniscient Organization," *Harvard Business Review*, March-April, pp. 12~6.

Marx, Karl (1976; 1867), *Capital*, Vol. I, Translated by Ben Fowkes, London: Penguin Books.

Marx, Karl (1871), "Marx to Bolte," Karl Marx and Frederich Engels, *Correspondence 1846~1895*, pp. 315~9.

März, Edward (1988), "The Economic System of Joseph A. Schumpeter: Historical Roots, Theoretical Structure and Sociopolitical Relevance," *History of European Ideas*, Vol. 9, No. 2, pp. 205~14.

Mattera, Phil (1980), "Small is not Beautiful: Decentralized Production and the Underground Economy in Italy," *Radical America*, Vol. 14, No. 5, Sept.-Oct.

McChesney, Robert W. (1996), "The Global Struggle for Democratic Communication," *Monthly Review*, July-August.

Meiksins, Peter (1996), "Work, New Technology, and Capitalism," *Monthly Review*, July-August.

Melucci, Alberto (1994), "A Strange Kind of Newness: What's "New" in New Social Movements?" in *New Social Movements: From Ideology to Identity*, eds.) Enrique Larana et al, Philadelphia: Temple University Press, pp. 101~

30.

Miller, Steven E. (1996), *Civilizing Cyberspace: Policy, Power, and the Information Superhighway*, New York: ACM Press.

Molander, Roger C., Andrew S. Riddle, and Peter A. Wilson (1996), *Strategic Information Warfare: A New Face of War*, National Defense Research Institute, RAND.

Morris, Charles R. (1989), "The Coming Global Boom," *The Atlantic Monthly*, October, pp. 51~64.

Morris-Suzuki, Tessa (1988), *Beyond Computopia: Information, Automation and Democracy in Japan*, London: Kegan Paul International.

Negri, Antonio (1968), "Marx on Cycle and Crisis," *Revolution Retrieved: Selected Writings on Marx, Keynes, Capitalist Crisis & New Social Subjects 1967~83*, by Negri, London: Red Notes, pp. 47~90.

Negri, Antonio (1971), "Crisis of the Planner-State: Communism and Revolutionary Organization," in *Revolution Retrieved: Selected Writings on Marx, Keynes, Capitalist Crisis & New Social Subjects 1967~83*, by Negri, London: Red Notes, pp. 97~148.

Negri, Antonio (1980), "Crisis of the Crisis-State," *Revolution Retrieved: Selelcted Writings on Marx, Keynes, Captialist Crisis & New Social Subjects 1967~83*, by Negri, London: Red Notes, pp. 181~97.

Negri, Antonio (1991), *Marx beyond Marx: Lessons on the Grundrisse*, translated by Harry Cleaver, Michael Ryan and Maurizio Viano, ed.) Jim Fleming, New York: Autonomedia/Pluto.

Nelson, Richard R. (1988), "Institutions Supporting Technical Change in the United States," in *Technical Change and Economic Theory*, eds.) Giovani Dosi et al., Pinter Publishers, chapter 15.

Nelson, Richard R. and Nathan Rosenberg (1993), "Technical Innovation and National Systems," in *National Innovation Systems: A Comparative Analysis*, ed.) Richard R. Nelson, Oxford University Press.

Newsweek, November 9, 1992, p. 61.

New York Times, May 24, 1994.

New York Times, March 11, 1994.

New York Times, January 15, 1996.

New York Times, February 5, 1996.

O'Connor, James (1973), *The Fiscal Crisis of the State*, New York: St. Martin's Press.

OECD (1991), *TEP: Technology in a Changing World*, Paris, OECD.

Ovetz, Robert(1996), "Students Struggles and the Global Entrepreneurialization of the Universities," *Capital and Class*, Vol. 58, Spring.

Panzieri, Raniero (1980), "The Capitalist Use of Machinery: Marx Versus the 'Objectivists'," in *Outlines of a Critique of Technology*, ed.) Phil Slater, Humanities Press, pp. 44~68.

Parker, Mike and Jane Slaughter (1988), *Choosing Sides: Unions and the Team Concept*, Boston: South End Press.

Pavitt, Keith (1984), "Patterns of Technical Change: Towards a Taxonomy and a Theory," *Research Policy*, Vol. 13, No. 6, pp. 343~73.

Pavitt, Keith (1994), "Key Characteristics of Large Innovating Firms," in *The Handbook of Industrial Innovation*, eds.) Mark Dodgson and Roy Rothwell, Eward Elgar, pp. 357~66.

Pavitt, Keith, Robinson, M. and Townsend, J. (1987), "The Size Distribution of Innovative Firms in the UK: 1945~1983," *Journal of Industrial Economics*, Vol. 35, No. 3, pp. 297~319.

Perez, Carlota (1983), "Structural Change and the Assimilation of New Technologies in the Economic and Social System," *Futures*, Vol. 15, No. 5, pp. 357~75.

Perez, Carlota (1985), "Microelectronics, Long Waves and World Structural Change: New Perspectives for Developing Countries," *World Development*, Vol. 13, No. 3, pp. 441~63.

Peters, T. and Waterman, R. (1982), *In Search of Excellence*, Harper and Row.

Pinchot, Gifford (1985), *Intrapreneuring: Why You Don't Have to Leave the*

Corporation to Become an Entrepreneur, Harper & Row Publishers.

Pope, Daniel (1983), *The Marketing of Modern Advertising,* New York: Basic Books.

Quarterman, John S. (1990), *The Matrix: Computer Networks and Conferencing Systems Worldwide,* Bedford, MA: Digital Press.

Ramtin, Ramin (1991), *Capitalism and Automation: Revolution in Technology and Capitalist Breakdown,* London: Pluto Press.

Rheingold, Howard (1993), *The Virtual Community: Homesteading on the Electronic Frontier,* HarperPerennial.

Rheingold, Howard (1993), *The Virtual Community: Revolution in Technology and Capitalist Breakdown,* London: Pluto Press.

Rifkin, Jeremy (1995), "High-Tech Populism in the Information Age," *Tikkun,* May-June, pp. 44~9.

Rifkin, Jeremy (1996), "Civil Society in the Information Age," *The Nation,* February 26, p. 11.

Robert, E. B. (1991), *Entrepreneurs in High Technology: Lessons from MIT and Beyond,* New York: Oxford University Press.

Roobeek, A. J. M. (1987), "The Crisis in Fordism and the Rise of a New Technological Paradigm," *Futures,* Vol. 19, pp. 129~54.

Rosenberg, Nathan (1976), *Perspectives on Technology,* Cambridge University Press.

Rosenberg, Nathan (1986), "Technological Innovation and Economic Growth," in *Advances in the Study of Entrepreneurship, Innovation, and Economic Growth,* ed.) Gary Libecap, Connecticut: JAI Press Inc., pp. 11~24.

Rosenberg, Nathan (1990), "Why Do Firms Do Basic Research with Their Own Money," *Research Policy,* Vol. 19, No. 2, pp. 165~75.

Rothwell, R. (1992), "Successful Industrial Innovation: Critical Factors for the 1990s," *R&D Management,* Vol. 22, No. 3, pp. 221~39.

Ruttan, Vermon (1959), "Usher and Schumpeter on Innovation, Invention and Technological Change," *Quarterly Journal of Economics,* Vol. 73, No. 4, pp. 596

~606.

Santarelli, E. (1989), "Financial and Technological Innovations During the Phases of Capitalist Development," in *Technological and Social Factors in Long Term Fluctuations*, eds.) Massimo Di Matteo et al., Springer-Verlag, pp. 384 ~402.

Schaaf, Allen (1996), "Unions, the Rank and File, and the Internet," in the web site (http://www.december.com/cmc/mag/1996/nov/schaaf.html).

Schmeiser, Lisa (1996), "How the Web Industry is Working Its Way out of a Golden Age," in the web site (http://www.december.com/cmc/mag/1996/nov/schmeis.html).

Schon, D. A. (1973), "Product Champions for Radical New Innovations," *Harvard Business Review*, Vol. 51, March-April.

Schor, Juliet (1991), *The Overworked American: The Unexpected Decline of Leisure*, New York: Basic Books.

Schultz, Theodore W. (1980), "Investment in Entrepreneurial Ability," *Scandinavian Journal of Economics*, Vol. 82, pp. 437~48.

Schumpeter, Joseph A. (1918), *The Crisis of Tax State*, in *The Economics and Sociology of Capitalism/ Joseph A. Schumpeter*, ed.) Richard Swedberg, New Jersey: Princeton University Press, pp. 99~140.

Schumpeter, Joseph A. (1934), *The Theory of Economic Development: An Inquiry into Profits, Capital, Credit, Interest, and the Business Cycle*, Transaction Books.

Schumpeter, Joseph A. (1939), *Business Cycle: A Theoretical, Historical, and Statistical Analysis of the Capitalist Process*, McGraw-Hill.

Schumpeter, Joseph A. (1942), *Capitalism, Socialism and Democracy*, Harper Torchbooks.

Schwartau, Winn (1994), *Information Warfare: Chaos on the Electronic Superhighway*, New York: Thunder's Mouth Press.

Seidl, Christian (1984), "The Tax State in Crisis: Can Schumpterian Public Finance Claim Modern Relevance?" in *Lectures on Schumpterian Economics:*

Schumpter Centenary Memorial Lectures Graz 1983, ed.) Christian Seidl, Berlin: Springer-Verlag, pp. 89~109.

Shaiken, Harley (1984), *Work Transformed: Automation and Labor in the Computer Age*, New York: Holt, Rinehart and Winston.

Shapero, Albert (1975), "The Displaced Uncomfortable Entrepreneur," *Psychology Today*, November, pp. 83~8.

Shattuck, John (1984), "Computer Matching is a Serious Threat to Individual Rights," *Communications of the ACM*, June, Vol. 27, No. 6, pp. 538~41.

Shimada, H. (1991), "Humanware Technology and Industrial Relations," in *Technology and Productivity: The Challenge for Economic Policy*, OECD.

Silver, Beverly (1992), "Class Struggle and Kondratieff Waves, 1870 to the Present," in *New Findings in Long-Wave Research*, eds.) Alfled Kleinknecht, Ernest Mandel and Immanuel Wallerstein, St. Martin's Press, pp. 279~96.

Sims, Beth (1992), *Workers of the World Undermined: American Labor's Role in US Foreign Policy*, Boston: South End Press.

Stark, David (1986), "Entrepreneurs on the Road to Post-Communism," *Contemporary Sociology*, September, pp. 671~4.

Sterling, Bruce (1992), *The Hacker Crackdown*, New York: Bantam.

Stevenson, John (1996), "The Silencing of a Democratic Medium: Early Public Policy on Radio and the Regulation of the Internet," in *The Internet: Transforming Our Society Now* (CD), The Annual Meeting of the Internet Society, 25~8 June 1996, Montreal, Canada.

Surman, Mark (1996), "Wired Words: Utopian, Revolution, and the History of Electronic Highways," in *The Internet: Transforming Our Society Now* (CD), The Annual Meeting of The Internet Society, 25~8 June 1996, Montreal, Canada.

Taylor, Frederick (1947), *Scientific Management*, New York: Harper.

Time, October 7, 1985, p. 35, "The Job Ahead for U.S. Business."

Tomaney, John (1994), "A New Paradigm of Work Organization and Technology," in *Post-Fordism: A Reader*, ed.) Ash Amin, Oxford: Blackwell.

Tronti, Mario (1972), "Workers and Capital," *Telos*, Winter, pp. 25~62.

United Nations Development Programme (UNDP) (1996), *Human Development Report 1996*.

USA Today, January 19, 1998.

von Hippel, Eric (1976), "The Dominant Role of Users in the Scientific Innovation Process," *Research Policy*, Vol. 5, pp. 212~39.

von Hippel, Eric (1988), *The Sources of Innovation*, Oxford University Press.

Washington Post, May 7, 1994.

Wasserman, G. (1994), *The Basics of American Politics*, New York: HarperCollins, pp. 195~6.

Wehling, Jason (1995), "Netwars and Activists Power on the Internet," in his web site (http://www.teleport.com/~jwehling/Netwars.html).

Winner, Langdon (1992), "Silicon Valley Mystery House," in *Variations on a Theme Park: The New American City and the End of Public Space*, ed.) Michael Sorkin, New York: Hill and Wang, pp. 31~60.

Winston, Brian and Paul Walton (1996), "Virtually Free," *Index on Censorship*, January 1996, pp. 78~83.

Wired News, March 12, 24, 1998.

Wired News, May 8, 1998.

Yates, Michael (1994), "The Myth of a High Skill, High Wage Future," *Z Magazine*, December, pp. 44~7.

Zerzan, John (1988), *Elements of Refusal*, Seattle: Left Bank Books.

Zerzan, John and Alice Carnes (eds.) (1991), *Questioning Technology: Tool, Toy or Tyrant?*, New Society Publishers.

Zuboff, Shoshana (1988), *In The Age of The Smart Machine: The Future of Work and Power*, New York: Basic Books.

■ 참고 웹사이트

리눅스	(http://expo.kornet.nm.kr/net/site/site063/s0630h10.html), (ftp://prep.ai.mit.edu/pub/gnu/GNUinfo/GnuManifesto)
서준식 무죄석방	(http://interpia.net/~rights/), (http://prison.cpnet.or.kr)
오구라도시마루	(http://www.jca.ax.apc.org/~toshi/)
월드와이드웹	(http://www.rpi.edu/internet)
익명화 웹사이트	(http://www.anonymizer.com)
인터넷의 역사	(http://www.isoc.org/internet-history)
인트라넷	(http://www.webi.co.kr/Intranet), (http://www.frontiertech.com/swebres/pagel.html)
진보네트워크	(http://www.jinbo.net)
통신매체 기술의 역사	(http://www.mediahistory.com)
Actlab	(http://www.utexas.edu:80/~zapatistas/neo.html)
American Air Lines 파이롯 노동조합 (공식)	(http://www.alliedpilots.org)
American Air Lines 파이롯 노동조합 (비공식)	(http://www.apapdp.org)
APC	(http://www.apc.org/)
EFF	(http://www.eff.org/)
IGC	(http://www.igc.apc.org/)
Latino Link	(http://www.latino.com/)
Netizen Activists Resource Centre	(http://www.netizen.org/Progressive/)
Resources for Activists	(http://www.afn.org/~acdec/resource.html)
Zapnet	(http://www.actlab.utexas.edu/~zaptistas/info.html)

갈무리에서 나온 책들

1. 오늘의 세계경제 : 위기와 전망

크리스 하먼 지음 / 이원영 편역

1990년대에 자본주의 세계경제가 직면한 위기의 성격과 그 내적 동력을 이론적·실증적으로 해부한 경제 분석서.

2. 동유럽에서의 계급투쟁 : 1945~1983

크리스 하먼 지음 / 김형주 옮김

1945~1983년에 걸쳐 스딸린주의 관료정권에 대항하는 동유럽 노동자계급의 투쟁이 어떻게 전개되어 왔는가를 실증적으로 분석한 역사서.

3. 오늘날의 노동자계급

알렉스 캘리니코스·크리스 하먼 지음 / 이원영 옮김

현대 자본주의 사회에서 노동자계급의 구성과 역할, 그리고 성격이 어떻게 변화하고 있는가를 실증적으로 분석한 책.

5. 서유럽 사회주의의 역사 : 1944~1985

이안 버첼 지음 / 배일룡·서창현 옮김

유럽 사회민주주의 정당들과 공산당들의 역사를 실제 행동을 중심으로 분석한 책.

6. 현대자본주의와 민족문제

알렉스 캘리니코스 외 지음 / 배일룡 편역

자본 국제화의 과정에서 국민국가의 위상은 어떻게 바뀔 것인가를 둘러싸고 전개된 논쟁집.

7. 소련의 해체와 그 이후의 동유럽

크리스 하먼·마이크 헤인즈 지음 / 이원영 편역

소련 해체 과정의 저변에서 작용하고 있는 사회적 동력을 분석하고 그 이후 동유럽 사회가 처해 있는 심각한 위기와 그 성격을 해부한 역사 분석서.

8. 현대 철학의 두 가지 전통과 마르크스주의

알렉스 캘리니코스 지음 / 정남영 옮김

현대 철학의 역사에 대한 비판적 분석을 통해 철학에서 마르크스주의의 역할은 무엇인가를 집중적으로 탐구한 철학 개론서.

9. 현대 프랑스 철학의 성격 논쟁

알렉스 캘리니코스 외 지음 / 이원영 편역·해제

알뛰세의 구조주의 철학과 포스트구조주의의 성격 문제를 둘러싸고 영국의 국제사회주의자들 내부에서 벌어졌던 논쟁을 묶은 책.

10. 자유의 새로운 공간

펠릭스 가따리·안토니오 네그리 지음 / 이원영 옮김

1968년 이후 등장한 새로운 집단적 주체와 전복적 정치 그리고 연합의 새로운 노선을 제시한 철학·정치학 입문서.

11. 안토니오 그람시의 단층들

페리 앤더슨·칼 보그 외 지음 / 김현우·신진욱·허준석 편역

마르크스주의 내에서 그리고 밖에서 그람시에게 미친 지적 영향의 다양성을 강조하면서 정치적 위기들과 대격변들, 숨가쁘게 변화하는 상황에 대한 그람시의 개입을 다각도로 탐구하고 있는 책.

12. 배반당한 혁명

레온 뜨로츠키 지음 / 김성훈 옮김

소련의 스딸린주의 체제가 한창 위세를 떨치던 1930년대. 혁명적 마르크스주의의 입장에서 통계수치와 신문기사 등 구체적인 자료를 바탕으로 소련 사회와 스딸린주의 정치 체제의 성격을 파헤치고 그 미래를 전망한 뜨로츠키의 대표적 정치 분석서.

13. 들뢰즈의 철학사상

마이클 하트 지음 / 이성민·서창현 옮김

들뢰즈 철학사상의 발전을 분석한 철학 개론서이자 현대 프랑스 철학과 포스트구조주의 사상을 이해하는 데 커다란 도움을 줄 수 있는 입문서.

14. 포스트모더니즘 이후의
정치와 문화

마이클 라이언 지음 / 나병철·이경훈 옮김

마르크스주의와 해체론의 연계문제를 다양한 현대사상의 문맥에서 보다 확장시키는 한편, 실제의 정치와 문화에 구체적으로 적용시키는 철학적 문화 분석서.

15. 디오니소스의 노동·I

안토니오 네그리·마이클 하트 지음 / 이원영 옮김

'시간에 의한 사물들의 형성'이자 '살아 있는 형식부여적 불'로서의 '디오니소스의 노동', 즉 '기쁨의 실천'을 서술한 책.

16. 디오니소스의 노동·II

안토니오 네그리·마이클 하트 지음 / 이원영 옮김

이탈리아 아우토노미아 운동의 지도적 이론가였으며 현재 파리 제8대학 교수로 『전미래』지를 주도하고 있는 안토니오 네그리와 그의 제자이자 가장 긴밀한 협력자이면서 듀크대학 교수인 마이클 하트가 공동집필한 정치철학서.

17. 이딸리아 자율주의 정치철학·1

쎄르지오 볼로냐·안또니오 네그리 외 지음 / 이원영 편역

이딸리아 아우또노미아 운동의 이론적 표현물 중의 하나인 자율주의 정치철학이 형성된 역사적 배경과 마르크스주의 전통 속에서 자율주의 철학의 독특성, 그리고 1980년대 이후 1990년대 중반에 이르기까지 그것이 거두어 온 발전적 성과를 집약한 책.

19. 사빠띠스따

해리 클리버 지음 / 이원영·서창현 옮김

미국의 대표적인 자율주의적 마르크스주의자이며 사빠띠스따 행동위원회의 활동적 일원인 해리 클리버 교수(미국 텍사스 대학 정치경제학 교수)의 진지하면서도 읽기 쉬운 정치 논문 모음집.

20. 신자유주의와 화폐의 정치

워너 본펠드·존 홀러웨이 편저 / 이원영 옮김

사회관계의 한 형식으로서의, 계급투쟁의 한 형식으로서의 화폐에 대한 탐구, 이 책 전체에 중심적인 것은, 화폐적 불안정성의 이면은 노동의 불복종적 권력이라는 것을 이해하는 것이다.

21. 정보시대의 노동전략 :
슘페터 추종자의 자본전략을 넘어서

이상락 지음